Les Fossoyeurs de la République

Du même auteur

Taqiyya ! Comment les Frères musulmans veulent infiltrer la France, Éditions de l'Observatoire, 2019 ; J'ai lu, 2021.

Où va l'Algérie ?... et les conséquences pour la France, Le Cerf, 2019.

Une seule voie : l'insoumission, Plon, 2017.

Histoire secrète de l'Algérie indépendante. L'État-DRS, Nouveau Monde éditions, 2012 ; 2014 ; 2019.

Bouteflika. Ses parrains et ses larbins, Encre d'Orient, 2011.

Al-Qaïda Maghreb islamique. Le groupe terroriste qui menace la France, Encre d'Orient, 2010.

Éric Zemmour. Une supercherie française, Armand Colin, 2010.

Ahmadinejad atomisé, 12 bis, 2010.

Pourquoi l'islamisme séduit-il ?, Armand Colin, 2010 ; 2015.

Ben Laden dévoilé, 12 bis, 2009.

Combattre le terrorisme islamiste, Grasset, 2007.

J'ai infiltré le milieu asiatique, Le cherche midi, 2007.

L'Affaire des caricatures. Dessins et manipulations, Éditions Privé, 2006.

Lettre aux islamistes de France et de Navarre, Le cherche midi, 2004.

Sur les traces de Ben Laden. Le jeu trouble des Américains, Le cherche midi, 2004.

Mes « frères » assassins. Comment j'ai infiltré une cellule d'Al-Qaïda, Le cherche midi, 2003.

La France, malade de l'islamisme. Menaces terroristes sur l'Hexagone, Le cherche midi, 2002.

Mohamed Sifaoui

Les Fossoyeurs de la République

Islamo-gauchisme : l'enquête inédite

Éditions de L'Observatoire

ISBN : 979-10-329-0934-8
Dépôt légal : 2021, mars
2e tirage : 2021, avril

170 *bis*, boulevard du Montparnasse, 75014 Paris

« Je hais les indifférents. Pour moi, vivre veut dire prendre parti. Qui vit vraiment ne peut ne pas être citoyen et parti prenant. L'indifférence est apathie, elle est parasitisme, elle est lâcheté, elle n'est pas vie. C'est pourquoi je hais les indifférents. »

Antonio Gramsci

« La République affirme le droit et impose le devoir. »

Victor Hugo

Avertissement

Parler « d'islamo-gauchisme[1] » est un projet ambitieux. Enquêter sur le sujet l'est encore davantage. Il y a donc lieu de préciser les choses afin de ne pas prendre le risque de se noyer dans des approximations. C'est par la justesse du propos, je l'espère, que la démonstration sera claire et efficiente. Et c'est par la capacité à documenter les faits, avec des éléments probants, qu'il sera possible de verser une pièce supplémentaire au débat. Ce livre veut clarifier les choses : « islamo-gauchisme » n'est pas une invective. C'est un fait politique.

Il y a autant de mouvements islamistes que de courants gauchistes. Tous ne sont pas alliés les uns aux autres, et tous ne convergent pas. Lénine avait défini le gauchisme comme la « maladie infantile du communisme ». Cette appellation qualifie plusieurs tendances : des trotskistes, des maoïstes, des staliniens, des anarchistes, des anarcho-syndicalistes, des communistes internationalistes, des marxistes-léninistes et beaucoup d'autres. Ce sont ceux-là que l'on désigne indistinctement par « gauchistes » ou « extrême gauche ».

1. Peut-être serait-il préférable d'entendre *islamisto*-gauchisme, car si on peut documenter des alliances entre des adeptes de l'islam politique, donc de l'islamisme (idéologie), avec les milieux de gauche, il n'y a pas de liens entre les fidèles musulmans, ceux qui pratiquent l'islam (religion) et ses mêmes courants.

Afin de lever toute confusion et éviter toute ambiguïté, il convient de souligner que tous les courants gauchistes ne soutiennent pas, systématiquement, les tenants de l'islam politique. Et heureusement ! Certains de ces courants de gauche, en France ou ailleurs à travers le monde, notamment dans les pays majoritairement musulmans, sont radicalement hostiles au projet islamiste.

Avant-propos

Le dimanche 10 novembre 2019, un peu plus de treize mille cinq cents personnes[1] – beaucoup d'entre elles ne sont pas musulmanes – se réunissent à Paris pour manifester contre l'« islamophobie ».

« L'islamophobie n'est pas une opinion, c'est un délit », pouvait-on lire lors de cette marche sur l'une des pancartes. Depuis quelques années, çà et là, on tente de récupérer les phrases et les slogans des milieux antiracistes pour faire croire qu'il s'agit, bel et bien, d'un qualificatif légitime, une expression qui désigne une réalité sociologique. Car on le verra plus loin, pour ces milieux, la France serait un « État islamophobe ».

Je le dis *ex abrupto*, c'est une appellation que je récuse (et je ne suis pas le seul). Elle serait accolée à un racisme, semble-t-il, spécifique, qui viserait les musulmans alors que le vocable n'a ni validité sémantique ni fondement juridique. Ce n'est pas parce qu'il aurait été prononcé une fois ou deux au début du XXe siècle – c'est l'avis de quelques « chercheurs » très militants – que nous serions sommés de l'utiliser, à notre tour, avec emploi immédiat et constant.

Parlons plutôt de « racisme anti-musulman ». C'est plus clair et surtout, cela correspond à la définition

1. Selon le comptage du cabinet indépendant Occurrence réalisé pour un ensemble de médias.

donnée par le législateur. Je rappelle que le caractère raciste est lié à l'appartenance réelle ou supposée à une ethnie, à une prétendue race, à une nation ou à une religion déterminée, voire, lorsqu'il s'exprime en direction d'une personne, en raison de son sexe, son orientation sexuelle ou son identité de genre, réelle ou supposée[1].

En vérité, et c'est la raison pour laquelle il serait dangereux et insensé de l'utiliser, le mot « islamophobie » permet à des milieux islamistes de dénoncer, certes, le racisme contre les musulmans – ce qui doit être fait –, mais surtout de jeter l'anathème indistinctement sur ceux qui critiquent l'islam en tant que religion – ce qui est complètement légitime –, sur ceux qui fustigent les islamistes et leurs textes aux relents totalitaires, et sur les « blasphémateurs » de culture musulmane (ou pas), les dessinateurs de presse ou les caricaturistes, voire les satiristes qui moquent l'islam ou grossissent le trait pour mettre le doigt sur une actualité particulière, ou condamnent le caractère tantôt misogyne, tantôt antisémite de l'islam politique. En somme, avec « islamophobie », les islamistes – et leurs alliés – ont inventé un mot-valise pour atrophier le débat et, depuis quelques années, de manière directe ou indirecte, placer une cible sur des personnes à abattre.

Ce fameux rassemblement de novembre 2019 était donc censé dénoncer les actes antimusulmans qui seraient légion en France. J'essaye, en toute honnêteté, de les dénombrer. Au moment où cet appel est lancé, seuls les chiffres de l'année précédente sont disponibles. Que montrent-ils ? Contrairement à ce que prétendent ces milieux, ce n'est pas l'hostilité envers les musulmans qui est croissante, mais le nombre d'actes antisémites : recensés en 2018 en France, ils ont augmenté de

1. Voir notamment les articles 132-76 et 132-77 du Code pénal.

74 % par rapport à 2017. Soit concrètement 541 actes (contre 311 cas l'année précédente)[1].

Durant la même année, on comptait 100 actes antimusulmans[2] et dix fois plus (1 063) d'actes antichrétiens[3]. Il est nécessaire de reconnaître que c'est l'expression de haine – celle qui vise les chrétiens – dont on parle le moins et qui est celle qui suscite le plus d'indifférence à la fois des médias, de la société civile, des associations antiracistes et du pouvoir politique.

Nous ne pouvions pas imaginer qu'une centaine d'actes antimusulmans – ce qui représente déjà cent de trop – auraient suscité autant de bruit, car même si un seul cas de racisme doit être dénoncé, il faut savoir raison garder ; on ne laisse pas croire que toute la société française serait raciste et qu'il y aurait, en France, une haine systémique des musulmans pour de telles statistiques. D'ailleurs, fait curieux, les chiffres officiels révèlent qu'il y a, selon les années, entre cinq et dix fois plus d'actes racistes et xénophobes, en général, que d'actes antimusulmans – ce qui ne semble pas outrer les adeptes de la posture qui ont pris part à cette « marche contre l'islamophobie ». En 2019, le ministère de l'Intérieur révèle que « 1 142 actes à caractère raciste et xénophobe ont été constatés contre 496 en 2018[4] ». C'est dire que derrière les slogans, il y a autre chose.

Premièrement, si ce chiffre du ministère de l'Intérieur est corroboré par un organe du CFCM[5] qui recense les

1. Source : ministère de l'Intérieur. Au cours de l'année 2019 – chiffres de 2020, donc après la manifestation –, « 687 faits à caractère antisémite ont été constatés (soit une hausse de 27 % par rapport à 2018) ».

2. *Ibid.* 154 faits antimusulmans ont été recensés contre 100 en 2018.

3. *Ibid.* « 1 052 faits antichrétiens en 2019. »

4. *Ibid.*

5. Conseil français du culte musulman. Il s'agit d'une instance créée en 2003 et qui renferme huit fédérations représentant plusieurs pays étrangers ou diasporas (Algérie, Maroc, Turquie, islam africain) et courants de

actes et l'hostilité contre les musulmans, il est contesté par le désormais dissous Collectif contre l'islamophobie en France (CCIF)[1]. Né en 2003, ce groupuscule est un outil créé par la mouvance islamiste, ce qui n'a pas empêché, en 2011, sa reconnaissance « d'intérêt général »[2] et son adhésion, la même année, en tant que « membre consultatif du Conseil économique et social des Nations unies »... Comme le précise Jean-Christophe Moreau, spécialiste de l'histoire du droit qui enquête sur ce groupuscule depuis plusieurs années, l'inventaire des actes dits islamophobes recensés par le CCIF a « curieusement disparu de ses rapports annuels depuis cette consécration[3] ». Il souligne que si l'association a voulu faire une OPA sur la défense des musulmans, et contre des violences et des discriminations qui peuvent exister, « elle profite de ce combat légitime pour faire avancer des causes plus suspectes ». Et l'énumération – non exhaustive – établie par Jean-Christophe Moreau est éloquente :

– En juillet 2004, le CCIF signalait, comme « acte islamophobe », la fermeture d'une école coranique à Grisy-Suisnes, en Seine-et-Marne. Elle avait été non seulement ouverte illégalement, mais, surtout, sa fermeture était intervenue à la suite de l'agression, par quatre personnes, dont Mohamed Hammami[4], le directeur de

l'islam, dont trois fédérations islamistes (les Frères musulmans, le Milli Görüs turc et le Tabligh) et enfin la grande mosquée de Saint-Denis de La Réunion.

1. La dissolution du CCIF est devenue effective le 2 décembre 2020.

2. Une association reconnue d'intérêt général, selon les critères de l'administration fiscale, peut émettre des reçus fiscaux au bénéfice de ses donateurs. Elle a notamment la possibilité de recevoir des dons et legs.

3. Jean-Christophe Moreau, « Le Collectif contre l'islamophobie en France : un islamisme à visage humain ? », *Huffington Post*, 27 décembre 2014.

4. L'imam Mohamed Hammami avait été par la suite expulsé vers la Tunisie le 31 octobre 2012 en application d'un arrêté pris quelques jours plus tôt. Le ministère de l'Intérieur, en rappelant que cet imam était le

l'époque, de trois journalistes, réalisant un reportage pour Canal+.

– En octobre 2006, le collectif s'indigne d'un rassemblement d'élus et de personnalités à Lyon contre la venue de Hani Ramadan. Est-il nécessaire de rappeler que ce dernier avait justifié l'application des châtiments corporels prévus, selon lui, par la charia, vantant, entre autres, les « vertus dissuasives de la lapidation » ? C'est ce contre quoi manifestaient les organisateurs dudit rassemblement, décrits comme « islamophobe ».

– En mars 2007, le CCIF condamne la « demande de fermeture de la mosquée de Noisy-le-Grand, arguant que les voisins du lieu de culte se plaignent de voir des “barbus” ». En réalité, cette salle de prière avait été ouverte, en violation des règles d'urbanisme, par une association salafiste qui refusait, aux autorités, tout droit de visite.

– En juillet 2012, le même collectif dénonçait le licenciement, à Gennevilliers, de quatre animateurs qui, en période de ramadan, refusaient de s'alimenter pendant leur travail. Le renvoi s'appuyait sur une clause ajoutée par la mairie au contrat de travail de tous les animateurs, leur imposant de « veiller à ce que les enfants et eux-mêmes se restaurent et s'hydratent convenablement ». Cette demande était intervenue après qu'une animatrice, pratiquant le jeûne, avait fait un malaise et provoqué un accident de la route dans lequel furent

---

responsable religieux de la fameuse mosquée Omar, de la rue Jean-Pierre-Timbaud (11e arrondissement de Paris) avait précisé que « les faits qui lui sont reprochés sont particulièrement graves. Lors de ses prêches, l'imam Mohamed Hammami a tenu des propos ouvertement hostiles envers les valeurs de la République. Il a valorisé le djihad violent, proféré des propos antisémites et justifié le recours à la violence et aux châtiments corporels contre les femmes ». Après le rejet de tous ses recours, Mohamed Hammami décèdera en Tunisie en mars 2019. Jusqu'en février 2021, c'est son fils, Hamadi Hammami, qui gérait l'association.

blessés plusieurs mineurs. Alors que le licenciement était manifestement lié à des considérations de sécurité, le CCIF a joué la surenchère en affirmant, dans son signalement, qu'« identifier le jeûne comme altérant la capacité au travail est [...] stigmatisant et insultant pour l'ensemble des musulmans dans le monde ».

Jean-Christophe Moreau conclut en précisant : on comprend bien qu'aux yeux du CCIF, « tout acte défavorable à un musulman, quelle que soit sa justification, peut être dénoncé comme "islamophobe". Il n'a pas seulement l'ambition de repousser la diabolisation des musulmans, mais aussi celle de sanctuariser la supposée communauté musulmane contre certaines interventions de l'État ». Je ne trouverai pas meilleure définition pour dire ce que fut ce collectif islamiste qui a fondé son approche sur le mensonge, la trituration des chiffres et, par ailleurs, sur une manipulation des analyses afin d'emmener l'opinion vers une seule conclusion : la France est raciste !

Dans son dernier rapport, celui de 2020, le CCIF l'a écrit, arguant que ceux qui refusaient le « terme d'islamophobie » cherchent à « invisibiliser sa dimension systémique ». Cela veut dire, en clair, que le racisme contre les musulmans – appelé ici « islamophobie » – ferait système et que nous serions quelques-uns à le nier. Nous verrons au fil des pages ce que cache ce discours complotiste et accusatoire, et surtout sa réalité.

En partant de chiffres et de statistiques amplifiées, parfois multipliées par quatre ou par cinq[1], le CCIF faisait croire que l'hostilité envers les musulmans serait à la fois criante et spectaculaire. Cette propagande a non seulement induit en erreur le monde arabo-musulman – on imagine les conséquences –, mais aussi

1. Quand le ministère de l'Intérieur parlait d'une centaine de cas, le CCIF en avançait quatre cents.

la presse anglo-saxonne, convaincue désormais que la France serait un pays peuplé de beaufs qui rendraient la vie impossible aux musulmans. Naturellement, peu d'observateurs – car le CCIF ne parle jamais de la complaisance médiatique et universitaire dont il a bénéficié – évoquent le millier d'actes antichrétiens. Le rappeler ferait probablement passer son auteur pour un affreux sympathisant d'extrême droite. Et peu de commentateurs analysent les chiffres alarmants de l'antisémitisme – et sa traduction répétée en meurtres[1] – en précisant ce constat terrifiant : les juifs sont victimes, à eux seuls, de plus de 50 % des violences racistes, cependant qu'ils représentent moins de 1 % de la population française[2]. Nous sommes donc, proportionnellement, dans un rapport incomparable avec les actes d'hostilité contre les musulmans.

J'insiste sur ce qui précède, car le CCIF a été, avec d'autres acteurs, sur lesquels je reviendrai, le principal initiateur de la marche du 10 novembre 2019[3]. Il faut

1. Sans donner la liste complète des victimes, rappelons tout de même que l'antisémitisme en France a tué Ilan Halimi, des enfants et un père de famille devant une école juive à Toulouse, quatre personnes à l'Hyper Cacher en janvier 2015. En 2016, l'institut Ipsos publiait une étude où il apparaissait que « les préjugés antisémites sont fortement répandus au sein de la population française et transcendent tous les critères sociodémographiques et politiques ».

2. Il y a à peine un peu plus de 450 000 juifs en France contre, au moins, dix fois plus de musulmans de confession, de culture ou d'ascendance.

3. Aux côtés du CCIF, les principaux organisateurs de la marche furent Madjid Messaoudene – à l'époque élu à Saint-Denis – la plateforme L.E.S. Musulmans créée par l'islamiste Marwan Muhammad, ancien porte-parole du CCIF ; le Nouveau Parti anticapitaliste (NPA) ; le Comité Adama ; l'Union communiste libertaire (UCL) ; l'Union nationale des étudiants de France (UNEF) et le journaliste activiste, Taha Bouhafs. On comptera plusieurs signataires qui se joindront à l'appel comme le journaliste Edwy Plenel, la sénatrice Esther Benbassa, l'ancien socialiste Benoît Hamon, le secrétaire général de la CGT, Philippe

être malhonnête intellectuellement pour ne pas constater que ce rassemblement ne visait pas tant à défendre les musulmans qui, très largement, vivent en paix dans ce pays, qu'à fustiger la République et à jeter le doute sur elle. Oui, à travers cette initiative, il était question de discréditer les institutions républicaines car, est-il écrit dans le texte de l'appel, « depuis des années, la dignité des musulmanes et des musulmans est jetée en pâture, désignée à la vindicte des groupes les plus racistes qui occupent désormais l'espace politique et médiatique français, sans que soit prise la mesure de la gravité de la situation ». Le même texte affirme que des discours racistes « se déversent sur nos écrans à longueur de journée, dans l'indifférence générale et le silence complice des institutions étatiques chargées de lutter contre le racisme », et ajoute, puisque l'indécence n'a guère de limites, qu'il y aurait des « délations abusives jusqu'au plus haut niveau de l'État contre des musulmans dont le seul tort serait l'appartenance réelle ou supposée à une religion ». Sauf à être de mauvaise foi ou à vivre très loin de l'Hexagone, qui peut, raisonnablement, accorder du crédit à ce qui précède, même s'il n'est évidemment pas question de nier l'existence, marginale, d'actes racistes contre les musulmans ni de récuser le fait que des discriminations, surtout à l'embauche et au logement, sont une réalité que je dénonce et combats, depuis de longues années, notamment aux côtés d'associations antiracistes ?

Il faut l'avouer sereinement : parmi les dangers qui guettent la cohésion nationale il y a la surenchère victimaire, les guerres mémorielles, la concurrence communautaire et l'indignation sélective, car tout ce qui précède est contraire à l'esprit de la République. Depuis

---

Martinez, l'activiste Rokhaya Diallo, le chef de la France insoumise, Jean-Luc Mélenchon et le représentant du NPA, Olivier Besancenot. Et beaucoup d'autres acteurs d'extrême gauche ou islamistes.

Platon, cette dernière consacre les droits de tous les citoyens. Elle les protège et fait preuve de justice à leur égard. Elle est supposée leur offrir un cadre pour qu'ils atteignent le bonheur et la sérénité. Depuis la Révolution française et la rédaction de la Déclaration universelle des droits de l'homme, la France est arrivée, avec le temps, à garantir la paix et la sécurité à toute personne vivant sur son territoire.

Beaucoup prétendent, en ces temps où les bonnes nouvelles sont perçues comme un mensonge d'État et l'expression raisonnée et lucide comme une tentative de manipulation des masses, qu'en théorie les musulmans vivraient en paix en France, mais qu'en pratique, ils subiraient le martyre. Je pense qu'il serait inutile d'essayer de convaincre – et ce n'est pas mon objectif – des esprits tordus qui, de toute manière, ont fait du propos victimaire à la fois une ligne de conduite et un discours structurant une doctrine idéologique. L'ensemble obéissant à des desseins très particuliers.

Je suis né dans une famille musulmane. Bien qu'étant profondément laïque et totalement éloigné de la chose religieuse, je suis très attaché aux luttes antiracistes et tout aussi respectueux de la liberté de conscience. Si un musulman est empêché de vivre sa foi en France ou ailleurs, je veux être parmi les premiers à le soutenir et à condamner ceux qui le stigmatisent en raison de sa croyance. Mais je suis avant tout journaliste et engagé contre l'islam politique. Partant de là, je reproduis d'abord des faits que je commente librement et en toute conscience. Est-il juste de dire qu'il y aurait un racisme d'État en France – même si de la discrimination existe ? La réponse est non. Et affirmer une telle contrevérité est une ignominie dont l'objectif est de fracturer la société et hypothéquer sa cohésion.

En suivant cette marche, ce fameux 10 novembre 2019, je me suis posé la question. Au-delà même du cadre hexagonal, les Français de confession ou de culture musulmane sont-ils vraiment harcelés en Occident ? D'ailleurs, s'ils l'étaient réellement, pourquoi la marche n'aurait-elle rassemblé que 13 500 participants dont beaucoup n'étaient pas musulmans ? Où étaient les autres, ces prétendues « victimes » qui n'en peuvent plus de vivre en France ? On estime à plusieurs millions le nombre de musulmans dans l'Hexagone. Certaines statistiques parlent de plus de 5 millions. L'extrême droite évoque un nombre trois fois plus élevé. Je me dis que si quelques milliers de personnes seulement battent le pavé, c'est que l'affaire ne doit pas être aussi grave que cela. Mais en réalité, ce n'est pas tant le chiffre de la participation qui jette le discrédit sur cette manifestation, c'est d'abord ses initiateurs, ensuite le profil des principales figures qui ont signé cet appel.

Je vais mettre les pieds dans le plat, car c'est le sujet de cette enquête, entamée quelques mois avant la marche, qui a été résumé lors de cet évènement. Les appelants sont d'un côté des islamistes – on pourra définir par souci de précision au fil des pages ce qu'est l'islamisme – et d'un autre des gauchistes – on en fera autant –, et c'est donc cette convergence des luttes qui est appelée « islamo-gauchisme » et qui est le cœur de cet ouvrage.

Avant le début de la manifestation, la tête de file de la France insoumise, Jean-Luc Mélenchon, qui y a pris part en bonne place, celui-là même qui avait fait l'oraison funèbre de Charb, le directeur de *Charlie Hebdo* et néanmoins auteur de la *Lettre aux escrocs de l'islamophobie qui font le jeu des racistes* (Les échappés, 2015), a appelé à ne pas « confondre quelques personnes [présentes lors du rassemblement] avec la valeur de la cause qui est servie ». Le problème, c'est que l'ancien socialiste, devenu l'incarnation d'une gauche qui se compromet avec l'islam politique, non sans se donner bonne conscience en se cachant derrière la « valeur de la cause », a participé lui-même à amalgamer son image avec celle de tous les tenants des idées islamo-gauchistes.

En tout état de cause, sans vouloir préjuger de la sincérité de son oraison funèbre qui avait fait pleurer à chaudes larmes tous les proches et les amis de Charb, il est évident que Jean-Luc Mélenchon n'a probablement jamais lu la *Lettre aux escrocs de l'islamophobie*, ou alors, il a, peut-être, oublié ce passage qui introduit le livre en question :

> Si tu penses que les musulmans sont incapables de comprendre le second degré, Si tu penses que les athées de gauche font le jeu des fachos et des xénophobes, Si tu penses qu'une personne née de parents musulmans ne peut être que musulmane, Si tu penses savoir combien il y a de musulmans en France, Si tu penses qu'il est essentiel de classer les citoyens selon leur religion, Si tu penses que populariser le concept d'islamophobie est le meilleur moyen de défendre l'islam, Si tu penses que défendre l'islam est le meilleur moyen de défendre les musulmans, Si tu penses qu'il est écrit dans le Coran qu'il est interdit de dessiner le prophète Muhammad, Si tu penses que caricaturer un djihadiste dans une position ridicule est une insulte faite à l'islam, Si tu penses que les fachos attaquent surtout l'islam lorsqu'ils visent un Arabe, Si tu penses que chaque communauté devrait avoir une association antiraciste dédiée, Si tu penses que l'islamophobie est le pendant de l'antisémitisme, Si tu penses que les sionistes qui dirigent le monde ont payé un nègre pour écrire ce livre, Alors, bonne lecture, parce que cette lettre a été écrite pour toi.

Je fais mienne cette introduction pour ajouter ici : *Si vous pensez que l'islamo-gauchisme n'existe pas, alors ce livre est pour vous !*

Introduction

Je ne partage pas ici de simples impressions, sensations ou suppositions, mais un travail tant scientifique qu'empirique qui m'a amené à étudier, quasiment au microscope, l'islam politique : d'abord à travers l'examen attentif de ses textes et de sa littérature, ensuite par le biais des prêches et des cours d'endoctrinement qu'il m'est arrivé de suivre au long de mes différentes investigations journalistiques, enfin, sur le terrain, auprès d'activistes, autant d'illuminés assurés souvent qu'ils parlaient au nom d'une puissance divine.

Il est donc question, à travers cette enquête, de décortiquer, à la fois, la vision des idéologues islamistes vis-à-vis de la gauche de manière globale, de scruter, sur la durée, en convoquant et en observant les faits dans leur historicité, l'attitude des milieux dits de gauche à l'égard de l'islamisme, et celle de ses promoteurs, que ce soit au niveau des États, des mouvements ou des mouvances qui s'en réclament. Car, quoi qu'on puisse en dire, l'islamo-gauchisme n'est pas seulement une simple expression péjorative visant à disqualifier un contradicteur.

J'ai été bercé dans les grandes valeurs de gauche qui m'ont structuré politiquement et m'ont amené à m'engager, une vie durant, contre l'islam politique, sujet sur lequel je travaille certes, mais aussi phénomène que je ne cesse de pointer du doigt en apportant tous les éléments objectifs pour étayer mon propos et ainsi rappeler objectivement son caractère totalitaire. Je suis donc d'autant plus perturbé, depuis plusieurs années, en constatant que ceux qui sont supposés être de mon camp idéologique, de ma famille politique, les défenseurs réputés de l'humanisme, de l'antiracisme universaliste, des grandes valeurs, en somme de la Déclaration des droits de l'homme et enfin de la laïcité, deviennent les meilleurs alliés des islamistes. Une anomalie que je ne finis pas d'explorer.

Dans un livre publié en 2002 et intitulé *La France malade de l'islamisme*, j'avais mentionné, suscitant quelques cris d'orfraie, la chose suivante : « Je pense sincèrement que la gauche en France – et en Europe – a, à travers ses politiques, servi les intérêts de l'islamisme durant ces dernières années. Il ne fallait surtout pas froisser la susceptibilité des activistes musulmans et prendre le risque de créer un malaise. Des courants d'extrême gauche, eux, font pire. Certains se sont transformés en porte-voix de l'Internationale islamiste[1]. » Naturellement, ce propos avait été jugé excessif, tout comme le titre du livre d'ailleurs. Certaines sphères de gauche, que ce soit dans les milieux médiatiques, associatifs ou universitaires, m'avaient dès lors désigné comme cible. D'aucuns connaissent la suite puisque même si l'actualité a démontré que ce phénomène s'attaquait à toutes les sociétés, il n'a eu de cesse d'être soutenu par des cercles qui se réclament pourtant du progressisme.

Dans mon précédent ouvrage, *Taqiyya !*, paru dix-sept ans plus tard, j'ai précisé en substance que l'islamisme, en premier lieu les Frères musulmans, représente une menace stratégique et toute analyse contraire serait l'expression d'une naïveté puérile, d'un mensonge éhonté ou d'une posture dogmatique, fruit d'un déni qui ne peut être lui-même que le produit d'une idéologie d'extrême gauche,

1. Mohamed Sifaoui, *La France malade de l'islamisme. Menaces terroristes sur l'Hexagone*, Le cherche midi, 2002.

en tout cas d'une idée diffusée par tous ceux qui espèrent, depuis longtemps, voir les courants extrémistes réaliser, à leur place, le « grand soir[1] » dont ils ont tant rêvé[2]. Quelques semaines après la publication de cet ouvrage, alors que je devais, à la demande de la direction de la formation continue de la Sorbonne, assurer un enseignement entrant dans le cadre de modules dédiés à la prévention de la radicalisation, des syndicats d'étudiants et de professeurs, ainsi que des associations islamistes firent pression sur les responsables de l'université pour faire annuler ces interventions, pourtant annoncées depuis plusieurs mois et qui avaient, par ailleurs, suscité l'intérêt de fonctionnaires et d'élus, et même d'imams. Les censeurs ont estimé qu'en plus d'être « médiocre » et totalement illégitime sur le sujet, je serais en plus un affreux « islamophobe »[3]. Naturellement, la couardise de la démarche voulue par Georges Haddad, le président de l'université, a fait le reste. Pour essayer de calmer la polémique, il promit d'organiser un « grand débat sur la radicalisation[4] ». Évidemment, on attend toujours cette rencontre.

1. Le « grand soir » est une expression apparue au XIXe siècle. Elle désigne le jour de la révolution sociale, l'espoir d'un bouleversement soudain et radical.

2. Mohamed Sifaoui, *Taqiyya !*, *op. cit.*

3. J'utilise systématiquement ce mot entre guillemets. Contrairement à ce que peuvent penser certains, il ne désigne pas un « racisme anti-musulmans ». Il s'agit d'un néologisme véhiculé, notamment, par les milieux islamistes et plusieurs de leurs alliés, dans le but de jeter une connotation péjorative aussi bien sur ceux qui abordent la religion musulmane avec un regard critique – c'est leur droit – que sur ceux qui luttent contre les phénomènes islamistes. Il s'agit de jeter sur ces derniers une suspicion de racisme et ainsi les disqualifier dans le but d'atrophier le débat et d'interdire notamment la légitime critique de l'islamisme. J'avais consacré dans *Taqiyya !* un chapitre pour expliquer la portée réelle de ce mot qui doit être perçu, lorsque ses auteurs l'utilisent de manière conscience, comme un révélateur sinon d'un discours islamiste, du moins d'un propos islamo-gauchiste.

4. « La Sorbonne va organiser un grand débat ouvert à tous sur la radicalisation », Figaro.fr étudiant, 31 octobre 2019.

Et on risque de patienter encore longtemps puisque ledit président est depuis cet épisode parti à la retraite.

Que se passe-t-il dans nos démocraties que beaucoup de progressistes arabes, maghrébins ou africains fantasment ? Que se passe-t-il pour que la censure s'érige en règle au nom de la gauche ? Quelle maladie a touché nos élites qui se réclament d'idées modernistes afin que le tenant d'une idéologie totalitaire s'exprimant, à tout le moins, au nom d'une vision archaïque d'une religion, puisse être mieux considéré, y compris dans des enceintes universitaires, qu'un promoteur de l'égalité femmes-hommes ou un défenseur de la laïcité ? J'y vois deux maux que je développerai à travers ce qui va suivre : *primo*, le mépris à l'égard de tous les musulmans, réels ou supposés[1], qui, pour une partie de la gauche, sont inaptes aux valeurs universelles, si chères aux yeux des sociétés occidentales ; *secundo*, le cynisme qui amène de petits calculateurs à s'imaginer que cette « masse » serait *de facto* l'incarnation d'un nouveau prolétariat qu'il serait opportun d'instrumentaliser par dogmatisme et à des fins électoralistes.

En effet, il faut être là aussi soit de mauvaise foi, soit mal informé pour ne pas constater le niveau de dangerosité du « projet islamiste ». Pour s'en convaincre, il serait souhaitable que le lecteur francophone – ou occidental – fasse un pas de côté et que, de manière sereine et lucide, il consente, d'une part, à observer l'état de déliquescence morale, spirituelle, politique, culturelle et économique dans lequel se morfond cette sphère qu'on

1. J'utilise souvent l'expression « musulman réel ou supposé », car beaucoup de ceux qui sont désignés de fait ou considérés comme « musulman » dans la société française ne le sont pas forcément. Beaucoup de ceux qui sont nés dans des familles musulmanes ou qui portent un nom ou un prénom à connotation musulmane ne sont pas forcément systématiquement musulmans.

désigne communément par l'appellation « monde musulman » et, d'autre part, à en saisir les raisons profondes.

De façon liminaire, il faut probablement rappeler que si on devait trouver des causes objectives au marasme multidimensionnel qui frappe ces États musulmans, on pourrait en énumérer quelques-unes : mauvaise gouvernance, corruption, nationalisme, populisme, autoritarisme, déficit démocratique et, évidemment, prégnance de l'islam politique. Ce dernier élément surgit presque d'évidence puisqu'on le retrouve aussi bien comme source de l'échec dans des pays riches à l'instar de l'Arabie saoudite, que dans le cas de nations pauvres tel le Soudan d'avant la révolution[1]. L'islamisme est central et a miné des puissances régionales à l'image de l'Iran, et il a participé, ne l'oublions pas, à la déstructuration de sociétés, pourtant disposant de fortes potentialités humaines et économiques. C'est le cas de l'Algérie par exemple[2].

J'ai expliqué à maintes reprises, et notamment dans *Taqiyya !* – et les faits et l'actualité ont, là aussi, donné raison à cette enquête publiée en septembre 2019 –, que les activistes qui s'expriment au nom de l'islam, surtout ceux défendant l'idéologie des Frères musulmans, opèrent, selon la stratégie qu'ils déploient dans le monde arabo-musulman, d'après une logique d'infiltration qui leur permet de gangréner de l'intérieur à la fois les sphères associatives, médiatiques, universitaires, et même les mairies et l'administration. En d'autres termes, les services publics. C'est désormais aussi la stratégie de la mouvance islamiste turque inféodée à Ankara. Ce ne sont pas des propos à relents

1. Une révolution a eu lieu au Soudan entre décembre 2018 et octobre 2019, qui a permis de faire chuter le régime islamiste et d'engager un processus démocratique.

2. Tous les éléments historiques seront détaillés plus loin afin que le lecteur puisse avoir une vision globale.

complotistes ni des poncifs d'extrême droite – d'ailleurs, prétendre comme ces derniers que l'islamisme aurait gagné, qu'il serait partout ou que les institutions seraient en voie d'islamisation est totalement faux et même ridicule. Non ! Il est question de préciser que ce phénomène – que ce soit dans son expression politique ou dans sa forme violente – a pénétré insidieusement plusieurs lieux, un peu comme un virus qui, sans contrôler un corps, l'affaiblit et le fragilise. Ce fléau a agi de manière meurtrière à la préfecture de police de Paris : le terroriste Mickaël Harpon était un agent administratif converti côtoyant un service de renseignement, la DRPP[1] ; il a gagné démocratiquement grâce aux urnes à Goussainville (Val-d'Oise) où Abdelaziz Hamida, un ancien adepte du Tabligh[2], est devenu maire, en juin 2020 ; il a infiltré le mouvement antiraciste à travers l'obscur CCIF (dissous en décembre 2020 par le gouvernement), qui a fait de la diabolisation des institutions françaises une ligne de conduite ; il s'est banalisé dans les écoles, collèges et lycées de certains quartiers, comme l'avait signalé le rapport de l'inspecteur général Jean-Pierre Obin, dès 2004, et par la suite, dans un ouvrage rappelant les complicités dont ont bénéficié les islamistes au sein de l'Éducation nationale[3] ; il s'est imposé, telle une fatalité, dans le monde du sport, comme l'ont raconté le vice-président de la région Île-de-France, Patrick Karam, et la journaliste Magali Lacroze dans *Le Livre noir du sport*[4]. Les exemples sont encore nombreux.

1. La Direction du renseignement de la préfecture de police.

2. Il s'agit d'un mouvement prosélyte né en Inde qui diffuse une vision archaïque de l'islam. Il est présent en France depuis les années 1960. Ce courant est parfois l'antichambre des milieux les plus extrémistes.

3. Jean-Pierre Obin, *Comment on a laissé l'islamisme pénétrer l'école*, Hermann, 2020.

4. Magali Lacroze et Patrick Karam, *Le Livre noir du sport*, Plon, 2020.

Je pourrais citer aussi le document intitulé « Les services publics face à la radicalisation » résumant la mission accomplie par deux parlementaires : Éric Diard (LR) et Éric Poulliat (LREM).

L'islamisme a crû avec une ampleur jamais évaluée scientifiquement, mais que l'on pourrait soupeser à l'aune de dangers idéologiques, désormais endogènes, qui se manifestent régulièrement, voire quotidiennement, dans la société française – mais peut-être parfois davantage en Belgique, aux Pays-Bas ou en Allemagne – et qui sont totalement incompatibles, non pas seulement avec nos coutumes démocratiques, mais, plus grave, avec l'ensemble des valeurs universelles. Car attention, nous ne parlons pas ici de quelques habitudes importées, difficilement assimilables, ni de pratiques culturelles ou cultuelles, d'us et coutumes, qui pourraient paraître « exotiques », peut-être archaïques, aux yeux du citoyen baignant dans la modernité. Si le phénomène était de cet ordre-là, il aurait été quelque peu indécent d'évoquer l'existence d'un « problème ». Nous aurions certainement été nombreux à expliquer que la France étant devenue plurielle, il faudrait, peut-être, qu'elle fasse preuve d'indulgence, de patience et de pédagogie, le temps que des primo-arrivants, et ainsi leurs descendants, s'intègrent progressivement. La bienveillance se serait probablement manifestée pour réclamer que l'on donne du temps au temps.

Mais non, nous parlons bien d'autre chose : il est question ici d'un projet politique et idéologique qui veut imposer un point de vue, totalement contraire aux valeurs qui fondent le socle de toute société démocratique sécularisée. Nous traitons d'une pensée structurée, avec sa stratégie, ses desseins, ses militants, ses idéologues, sa littérature, ses modes opératoires, sa logique propre, son histoire, qui ne reconnaît ni la démocratie, ni la laïcité, ni la liberté d'expression, ni les principes égalitaires. Cette pensée a pour nom l'islamisme.

Dans la présente enquête, j'ai souhaité vérifier à quel point les tenants de l'islam politique ont pu, notamment en Occident et singulièrement en France, bénéficier du soutien actif ou passif, conscient ou inconscient, des milieux se réclamant de la gauche.

Contrairement à la définition trop simpliste proposée souvent par la plupart des dictionnaires de la langue française, « la gauche » ne désigne pas seulement des « parlementaires qui siègent à gauche du président de l'Assemblée et qui aspirent aux changements en faveur des classes sociales », mais aussi et surtout une idée, des principes, une philosophie qui souhaitent placer l'individu, en l'occurrence le citoyen, au centre de toutes les préoccupations. D'une certaine manière, la gauche, c'est avant toute chose cette pensée qui refuse, de façon radicale, l'éventualité qu'il puisse exister une différence entre les personnes. C'est à partir de cette idée qui se veut très généreuse qu'est apparue cette alliance entre des courants politiques ou idéologiques se réclamant de ce bord et les tenants de ce qui est présenté comme une « vision religieuse ».

Certaines lectures des théories de la gauche estiment que l'homme, étant un produit de sa société, serait de fait irresponsable, notamment lorsqu'il est à l'origine de méfaits, car il ne serait que le résultat de son contexte, de son milieu social et de sa situation. Ce relativisme, mêlé à de prétendues « circonstances atténuantes » – le passé colonial, la condition de « dominé », l'esclavage –, a introduit une logique de l'excuse qui a fait naître à son tour un déterminisme culturel et social qui n'a eu de cesse de minimiser la dangerosité de l'islamisme, y compris lorsqu'il s'est manifesté sous ses aspects les plus violents, en d'autres termes, même quand il est question de terrorisme.

Depuis de longues années, nombreuses sont mes interrogations : qu'est-ce qui inciterait un citoyen engagé, s'exprimant au nom de « valeurs de gauche », censé placer au cœur de son action les combats progressistes, et ainsi les idées féministes, antiracistes, humanistes, libertaires et laïques, à se complaire, au contraire, de sexisme, de patriarcat, d'antisémitisme, d'homophobie, de communautarisme, voire de fanatisme, mais surtout de règles liberticides et enfin de bigoterie ? Nous avons là deux antagonismes – l'islamisme et la gauche – qui, par la force, non pas de l'esprit, mais de la magouille militante, arrivent à cohabiter, générant ainsi par hybridation, au fil du temps, quelque chose de totalement inédit qui ne cesse d'évoluer et que des historiens analyseront probablement de façon complète dans un siècle, lorsqu'ils auront suffisamment de recul pour évaluer les résultats objectifs d'un tel rapprochement.

Faut-il croire que la gauche, toute la gauche, est naïve et angélique ? Non. Pire ! Elle envisage une « convergence des luttes » qui, *in fine*, amène les deux parties à croire qu'elles utilisent l'autre. Car, en définitive, étant donné que nous traitons de la chose politique et idéologique, il est évident que nous devons prendre en considération le cynisme qui guide le plus souvent ceux dont la démarche est nourrie par des calculs irresponsables. De ce point de vue, on observera progressivement qu'il n'est pas seulement question de convictions. D'ailleurs, il s'agit rarement de cela. Il est aisé de constater en effet que ceux qui, à gauche, se rapprochent des partisans de ce totalitarisme le font avec cette arrière-pensée qui les amène à croire qu'ils en tireraient un gain politique. Tous les militants de gauche n'ont pas de sympathie, fort heureusement, pour l'islamisme. Certains d'entre eux, probablement de bonne foi, sont convaincus qu'à terme, une force internationaliste sera capable de briser simultanément la domination de l'Occident, avec l'aide des « barbus » qui, tôt ou tard, abandonneront la religion au profit de l'émancipation, et d'installer un système « égalitaire ».

D'un autre côté, tirant parti parfois de ce cynisme ou de la naïveté de leurs alliés, plusieurs adeptes de ce fanatisme politico-religieux n'ont eu de cesse d'utiliser tous les courants dits progressistes afin de faire avancer l'ensemble de leurs idées et de leurs symboles.

J'expliquerai donc comment les islamistes ont commencé, dès les années 1980, aussi bien en France qu'en Grande-Bretagne, notamment, et par ailleurs dans toutes les grandes capitales occidentales, par imposer le « voile islamiste » comme un normatif islamique et comment ils encourageront, à partir du milieu des années 2000, surtout au moment de l'« affaire des caricatures de Mahomet », l'instauration d'un « délit de blasphème ». Comment aussi des courants de gauche ont commencé par assumer un rapprochement stratégique avec les islamistes. Ce qu'il y a de fascinant dans cette union contre nature, c'est de voir certains militants de gauche ne plus hésiter, probablement par aveuglement et par dogmatisme, à saborder leurs propres valeurs en se faisant les défenseurs de leurs contraires idéologiques.

Quels sont les intérêts des uns et des autres ? Quelles sont leurs motivations psychologiques ? Simultanément, il faudra cerner l'historicité de ce phénomène, comprendre ses origines et identifier les acteurs – aussi bien islamistes que gauchistes – séduits par l'autre et cyniquement convaincus qu'une alliance permettrait d'obtenir des résultats politiques et idéologiques. Aussi ambitieux et ardu soit-il, le chantier mérite d'être ouvert. À travers mon enquête, j'ai cherché des explications rationnelles pour comprendre les raisons objectives qui amènent des journalistes, des intellectuels, des courants et des partis de gauche à se sentir solidaires des islamistes. J'ai donc exploré, investigué pour comprendre tous les thèmes, historiques, psychologiques, culturels, sociologiques, politiques, mais aussi géopolitiques, et essayé de cerner ce sujet brûlant qui est ce qu'on appelle communément l'« islamo-gauchisme ».

1re PARTIE

LA GENÈSE HISTORIQUE DE L'ISLAMO-GAUCHISME

1

Qu'est-ce que l'islamo-gauchisme ?

De quoi parlons-nous ? La question me semble d'autant plus légitime que le terme a envahi la controverse intellectuelle et la polémique politique alors que beaucoup de ceux qui l'emploient n'ont pas jugé opportun de comprendre sa véritable portée. Définir ce drôle de syntagme devient une obligation pour sortir cette expression – « islamo-gauchisme » – du statut d'invective dans lequel parfois quelques voix cherchent volontairement à la confiner. Le 17 février 2021, des chercheurs du CNRS ont estimé, à travers un communiqué, que le terme « ne correspond à aucune réalité scientifique ». Lorsqu'on constate le militantisme et le dogmatisme qui caractérisent souvent le monde académique, on est en droit d'émettre quelques réserves sur une telle sentence. C'est dire qu'il y a nécessité et même urgence de lui accoler une définition, d'autant qu'il y en a une au grand mécontentement de ceux qui veulent la réduire, comme le clament certains journalistes, à « un oxymore, aussi incongru que "militaro-pacifisme" ou "anarcho-royalisme[1]" » ou à « une arme rhétorique redoutable[2] ».

1. Luc Cédelle, « "Islamo-gauchisme", l'oxymore disqualifiant », *Le Monde*, 18 décembre 2019.

2. *Ibid.*

D'autres, comme pour mieux la marquer au surligneur fluorescent, vont, à l'instar de Shlomo Sand, jusqu'à la comparer aux expressions détestables prisées par les nazis, comme « judéo-bolchévisme »[1].

Un article du *Monde*[2] revient sur le sujet en faisant parler plusieurs intellectuels et universitaires. Ainsi pour Gilles Kepel, les islamo-gauchistes sont des « intellectuels tétanisés par la culpabilité postcoloniale ». Pour l'historien Jacques Julliard, « l'islamo-gauchisme s'appuie sur une sorte de haine du christianisme et du catholicisme en particulier, identifiés au colonialisme, à l'Occident, à l'identitarisme, etc. ». Pour le philosophe et historien Marcel Gauchet, il s'agit d'« une extrême gauche en quête de cause, qui n'a jamais rien compris à ce qu'était la religion et qui ne sait plus grand-chose de son passé matérialiste, [et qui] a trouvé dans ces musulmans providentiels son prolétariat de substitution ». Pour l'essayiste Pascal Bruckner, « toute l'ultragauche est fascinée par la puissance éruptive du djihadisme ». Ce passage est éloquent, car la vérité est probablement dans l'addition de toutes ces définitions.

La question semble d'autant plus légitime que beaucoup de ceux qui l'emploient n'ont pas jugé opportun de comprendre sa véritable portée.

D'aucuns affirment que le terme est apparu au début des années 2000 sous la plume du politologue Pierre-André Taguieff, notamment dans son livre *La Nouvelle Judéophobie*[3]. Interrogé, l'universitaire m'a révélé qu'il avait forgé l'expression entre octobre 2000, moment

1. L'historien israélien Shlomo Sand a publié une tribune sur le site internet de *L'Obs* le 8 juin 2016 sous le titre « Du "judéo-bolchévisme" à "l'islamo-gauchisme" : une même tentative de faire diversion ».

2. Valentin Faure, « "Islamo-gauchisme" : histoire tortueuse d'une expression devenue une invective », *Le Monde*, 11 décembre 2020.

3. Pierre-André Taguieff, *La Nouvelle Judéophobie*, Mille et une nuits, 2002.

des manifestations à Paris en soutien à la seconde Intifada[1], et l'année 2001 durant laquelle il vit des militants anarchistes et trotskistes, aux côtés d'activistes islamistes, scander davantage de slogans anti-israéliens, dits antisionistes, le plus souvent à connotation antisémite d'ailleurs, que des mots d'ordre en faveur de la « cause palestinienne ».

La locution s'imposa chez lui, explique-t-il, par la suite, durant des rencontres européennes altermondialistes, à partir de 2002, quand il constata que cette alliance se matérialisait à travers un rapprochement évident entre des milieux gauchistes et des identitaires musulmans fanatisés. Beaucoup se souviennent encore de Tariq Ramadan[2], alors chantre de la doctrine fériste[3] européenne, invité en *guest star* au colloque de Saint-Denis, en 2003, avant qu'il ne réussisse à parasiter une grande partie du rassemblement en y incluant ses thèmes et faisant en sorte, au grand dam des organisateurs, que la presse ne parle quasiment que de lui. Et pour cause, quelques jours auparavant, il avait publié un texte aux relents antisémites sur le site du Forum social européen (FSE). Même si son article était présenté comme une analyse des « intellectuels communautaires », il n'en demeure pas moins qu'il y avait

1. Déclenchée par les organisations palestiniennes après la répression sanglante des manifestations que suscita la visite, le 28 septembre 2000, d'Ariel Sharon, alors tête de file de l'opposition israélienne, sur l'esplanade des Mosquées (le mont du Temple pour les Juifs) à Jérusalem. Cette seconde Intifada embrasera les territoires occupés et suscitera plusieurs manifestations en Occident.

2. Une note du renseignement territorial, consulté par l'auteur en 2020, précise à propos de Tariq Ramadan qu'il s'agit d'un « islamologue autoproclamé et figure médiatique de la mouvance fériste, mis en examen en 2018, dans quatre affaires de viol. Ses déconvenues judiciaires l'ont discrédité au sein de la communauté musulmane ».

3. On désigne par « doctrine fériste » la pensée générée par les différents idéologues de la confrérie des Frères musulmans.

(déjà) quelque chose d'acariâtre dans cette façon de dresser une liste d'acteurs de la société civile, tous juifs selon lui – certains ne l'étaient pas –, et de les accuser, d'après la bonne vieille antienne, de ne pas être des penseurs humanistes et universalistes, mais des personnes sectaires nourries par la seule volonté de faire la promotion d'Israël. Évoquant Pierre-André Taguieff qu'il prend pour un juif, Tariq Ramadan estimera que celui-ci se serait mué « en défenseur d'une communauté [juive] en danger dont le nouvel ennemi réel ou potentiel est l'Arabe, le musulman, fusse-t-il français [...]. La conclusion est limpide : la communauté juive de France serait face au nouveau danger que représente cette nouvelle population d'origine maghrébine qui, de concert avec l'extrême gauche, banaliserait la judéophobie et la justifierait par une critique très retorse d'Israël[1] ».

L'activiste a écrit ce texte en octobre 2003, arguant du fait que Taguieff exagérait. De manière factuelle, on constate, *a posteriori*, que ce dernier avait raison et que Tariq Ramadan, trop enclin à déployer un discours islamiste et communautariste, a eu tort sur tout. Nous pouvons lui accorder quelques circonstances atténuantes liées à une cécité intellectuelle, qui résulte de sa doctrine. Son dogmatisme, on peut s'y attendre, ne pouvait pas lui permettre d'imaginer, honni soit qui mal y pense, que moins de trois ans plus tard, ce pauvre Ilan Halimi allait mourir, après plusieurs semaines de tortures, à cause d'un « gang des barbares » dont les membres étaient abreuvés de clichés antisémites, diffusés à la fois par les islamistes et par certains milieux gauchistes, en plus des cercles traditionnels d'extrême droite. Ramadan ne pouvait pas non plus croire qu'au moment de la rédaction de son texte nauséeux, Mohamed Merah baignait déjà dans un

1. Sous le titre « Critique des (nouveaux) intellectuels communautaires », cet article fut publié aussi sur le site islamiste oumma.com.

environnement judéophobe qui le préparait à agir, en 2012, avec une violence inouïe, pour ôter la vie, après trois militaires, à Myriam Monsonégo (8 ans), Arié (6 ans) et Gabriel Sandler (3 ans), ainsi que leur père Jonathan Sandler, devant leur école, seulement parce qu'ils étaient nés juifs. Certes, Merah ne fréquentait pas de gauchistes, mais des islamistes, totalement antisémites. Tariq Ramadan ne pouvait également anticiper (en est-il capable ?) et imaginer que douze ans après la propagation de son écrit et les accusations qu'il portait contre ceux, juifs ou non, qui alertaient sur la montée de l'antisémitisme et du danger djihadiste sous toutes ses formes – ni des racistes ni des intellectuels ou des journalistes hostiles aux musulmans –, qu'en 2015 donc, Amédy Coulibaly allait pénétrer dans une épicerie casher pour tuer des juifs, car juifs.

Tariq Ramadan et ceux qui l'ont aidé à diffuser sa pensée acrimonieuse sont, ne leur en déplaise, qu'ils soient de gauche ou islamistes, coupables de complicité morale avec les tenants de l'islam politique, de l'antisémitisme et du terrorisme qui continuent de menacer les sociétés.

Ce fut pour le moins curieux que des associations qui avaient adopté la charte du Forum mondial de Porto Alegre – qui insistait, entre autres choses, sur le « refus du racisme, de la xénophobie et de l'antisémitisme » – tolèrent la présence parmi eux d'un islamiste, fustigeant des figures, fussent-elles sionistes, en utilisant les éléments de langage prisés par les complotistes antisémites. Ce n'était pas nouveau. L'année 2001 et le Forum de Durban avaient déjà installé cet état d'esprit. Il n'était par conséquent guère étonnant de retrouver dans une grand-messe d'organisations de gauche à la fois le petit-fils du fondateur de la confrérie des Frères musulmans et des individus exhibant des tee-shirts sur lesquels était clairement mentionné : « Le monde a arrêté le nazisme. Le monde a arrêté l'apartheid. Le monde va arrêter le sionisme. »

« Pour moi, me dit Pierre-André Taguieff, “islamo-gauchisme” est un terme descriptif, un constat qui désigne la collusion effective entre des mouvances islamistes et des groupes d’extrême gauche. » En effet, un premier examen attentif et froid montre qu’il n’est pas un simple mot ou une accusation approximative. C’est une idée.

Pour les universitaires qui créent des ponts avec les islamistes et qui les soutiennent de façon directe ou indirecte en leur apportant la « couverture scientifique », l’« islamo-gauchisme » serait un mot fourre-tout qui ne veut rien dire et sert juste à disqualifier l’adversaire dans le débat d’idées. C’est l’accusation que porte une partie de la gauche se réclamant du combat contre l’« islamophobie ». Le sociologue Raphaël Liogier, dont la proximité idéologique avec les milieux islamistes n’est plus à démontrer, explique que « l’islam n’est plus seulement dénigré, objet de condescendance, assimilé à la religion du colonisé. Il est devenu l’objet de l’angoisse d’être colonisé par ceux que “nous avions jadis colonisés, autrement dit les Arabes et les Africains[1]” ». Il y a deux constantes qui se dégagent systématiquement de l’expression des islamo-gauchistes, nous le verrons le long du livre, et qui constituent une sorte de marqueur confirmant qu’il y a un prêt-à-penser déployé, avec des éléments de langage conçus pour venir en aide à l’islam politique. *Primo*, ceux qui appellent – et ils ont raison – à ne pas faire d’amalgames entre islam et islamisme sont les premiers à en faire. Liogier entend curieusement « islam » quand on parle d’« islamisme », dénigré, à juste titre, dans le débat public[2] – confusion

1. Cité dans l’éditorial de Valérie Toranian, « L’islamo-gauchisme : histoire d’une dérive », *La Revue des deux mondes*, octobre 2018.

2. Ce sont généralement les milieux d’extrême droite qui s’attaquent à l’islam. La plupart du temps, que ce soit dans l’expression politique,

qu'il n'est pas le seul à faire. *Secundo*, quand il s'étouffe de voir que l'islam « est devenu [un] objet d'angoisse », il n'interroge jamais les raisons. Et au lieu de faire une nécessaire pédagogie – car le grand public, et même une partie de l'élite politique, ne connaît pas forcément le sujet sur le bout des doigts –, il s'insurge et condamne. Au lieu de rappeler que si l'islam fait peur, c'est en raison des crimes, trop nombreux et trop récurrents, commis en son nom, et l'absence d'une vraie société civile musulmane en France – car au-delà des communiqués de circonstances des instances officielles, type CFCM, il n'y a pas véritablement d'initiatives de fond, suffisamment audibles et visibles, pour permettre une clarification.

Ce qui complique les choses, c'est le manque de sincérité de plusieurs acteurs islamistes, y compris ceux dits « non violents ». Lorsque les uns adoptent la violence comme mode d'action et les autres la fourberie, il est difficile d'être rassuré et de dissiper l'angoisse que suscitent plusieurs courants islamiques. Allez dire à la société : « Certains vous attaquent au nom de l'islam, d'autres créent les conditions de la division au sein de la société, une troisième partie alimente le communautarisme et le séparatisme, tandis que les plus "modérés", par peur le plus souvent, refusent parfois de prendre position clairement et de condamner, mais n'ayez pas peur de l'islam ! »

Pour un autre universitaire, Philippe Raynaud, spécialiste respecté en philosophie politique, « c'est une expression qu'[il] n'utilise pas personnellement même si elle ne [lui] paraît pas scandaleuse, parce qu'elle dit quelque chose ». Effectivement, « islamo-gauchisme » désigne une réalité qui ne cesse, depuis le début des années 2000,

---

universitaire ou médiatique c'est l'islam politique, en d'autres termes l'islamisme, qui est fustigé et non pas l'islam en tant que religion. Et ce sont les islamistes en tant qu'acteurs politiques et militants qui sont critiqués et non pas l'ensemble des musulmans en raison de leur croyance.

de s'accentuer. Il est évident que les excès de langage amènent quelques acteurs du débat public à traiter de la sorte leurs adversaires afin de jeter sur eux le discrédit et laisser croire que ceux-ci seraient d'éventuels « alliés » ou des « soutiens » des islamistes. Des personnalités d'extrême droite, qui, souvent en toute conscience, ne font pas la différence entre la critique légitime de l'islamisme et la stigmatisation condamnable du musulman, sont en effet très promptes à porter cette charge en direction des militants antiracistes. Pour autant, à l'instar du racisme, ce n'est pas parce que certains en sont injustement accusés que celui-ci n'existe pas.

Pour l'extrême droite et ses émules, en dehors du discours xénophobe et parfois stigmatisant qui fustige indistinctement l'islamiste, le musulman, le descendant d'immigré, le primo-arrivant et le réfugié, le monde, au-delà de sa sphère, est peuplé d'« islamo-gauchistes ». Pour les islamistes et leurs alliés, en dehors du propos victimaire diabolisant les démocraties, qui pourfend, de façon indiscriminée, l'identitaire haineux, le défenseur de la laïcité et de la liberté d'expression, le progressiste, le militant libertaire et les féministes qui refusent le voile, la planète, hors de son environnement bigot, est envahie d'« islamophobes ». Quant aux astucieux, qui utilisent régulièrement le contexte et le danger effectif que représente l'islam politique pour diffuser, avec des mots prétendument modérés, toujours bien choisis, parfois mielleux, des idées nauséeuses dont la seule vocation est de jeter l'opprobre, le doute sur tous les musulmans, ils n'apportent généralement rien au débat et ne servent pas autre chose qu'une volonté d'user de la facilité pour séduire un auditoire, celui des réseaux sociaux notamment, très porté sur la parole populiste, espérant collecter des voix visant à préfabriquer, à travers ces nouveaux supports, une notoriété ou une légitimité. Jadis, il fallait produire un livre de trois cents pages – et donc une pensée complexe – pour être audible ; désormais, il suffit de rédiger un tweet de trois cents signes pour exister et avoir un avis, y compris sur des sujets compliqués.

Si la dissimulation et le double discours sont une réalité et constituent parfois une sorte de doctrine au sein de la mouvance islamiste, il est exagéré et faux de considérer que chaque musulman (réel ou supposé) est un adepte de la duplicité. Peut-être que certains esprits complotistes auraient du mal à croire que beaucoup de musulmans, y compris pratiquants, ne savent même pas ce que signifie le mot *taqiyya* (« dissimulation », « mensonge », « double jeu ») et qu'ils sont totalement éloignés de ces habitudes prisées par les islamistes. *Idem* pour le vocable « islamo-gauchisme ». S'il désigne une réalité, il serait faux d'affirmer que chaque femme ou homme de gauche qui épaulerait, par antiracisme et par respect pour la liberté de conscience, un musulman serait *de facto* adepte de l'islamo-gauchisme. Estimer par exemple qu'un militant républicain, qu'on ne peut soupçonner d'une quelconque connivence avec l'islamisme, comme Dominique Sopo, le président de SOS Racisme, serait « islamo-gauchiste », car il défend, à juste titre, des musulmans victimes de discrimination et de haine, encore plus ardemment qu'un Jean-Luc Mélenchon qui a fait du soutien des islamistes une ligne de conduite, est aussi ridicule que de considérer que je serais, à l'instar de Mohamed Merah, un danger puisque partageant avec lui un prénom.

L'antagonisme évident entre adeptes de l'islam politique, porteurs d'idées réactionnaires, et activistes de gauche, en théorie défenseurs de valeurs progressistes, a donc mué en une convergence militante qui a imposé l'utilisation de ce néologisme dans le débat public. Une note du renseignement territorial (RT) que j'ai pu consulter, rédigée en juillet 2020, aborde cette question à partir d'observations de terrain et évoque clairement l'émergence d'une « alliance tactique de certains mouvements d'extrême gauche avec des groupes communautaristes musulmans ». Ces mentions rejoignent celles réalisées par plusieurs de leurs homologues européens[1], mais en plus elles sont corroborées, depuis plusieurs décennies, par ce qui est perçu comme des comportements et discours au sein de la société civile.

Il y a quelque chose de cocasse dans l'observation, au sein de nos sociétés sécularisées, de ce « néo-cléricalisme musulman »[2] qui a subitement ébloui une partie de l'intelligentsia européenne, de façon claire, nous le verrons plus loin, à partir de la révolution iranienne, et surtout celle qui se réclame de la pensée de gauche.

Des milieux intellectuels français ont commencé à considérer que cette religion, l'islam, serait celle des pauvres. Les théoriciens de la gauche sont souvent assez bien renseignés, leurs travaux sont suffisamment bien documentés pour ne pas ignorer que les sponsors du wahhabisme (l'Arabie saoudite) ou de la pensée des Frères musulmans (le Qatar ou la Turquie) sont loin d'être des « pauvres ». Nous pouvons évoquer une misère intellectuelle, spirituelle ou culturelle, mais non pas, loin de là, un dénuement économique !

La thèse qui veut qu'il y ait eu un changement de prolétariat et que toute la gauche, « par naïveté », ait

1. Des indiscrétions recueillies aussi bien auprès des services de renseignement de la police catalane en 2018 ou auprès de sources sécuritaires belges, en 2019, confirment, en effet, l'analyse des services de renseignement français quant aux liens existants entre des islamistes et des cercles de gauche.

2. L'utilisation des guillemets est liée au fait que l'islam sunnite, majoritaire puisqu'il représente autour de 85 % des musulmans, ne dispose pas d'une autorité cléricale, contrairement à l'islam chiite, minoritaire.

décidé par conséquent de parrainer ces nouvelles masses laborieuses ne tient pas. N'insultons pas les idéologues se réclamant de la gauche, même s'il existe, dans certains recoins, incontestablement de l'ingénuité ou peut-être aussi de la paresse intellectuelle. Il y a surtout un certain dédain, et peut-être de l'indifférence, chez quelques acteurs. Je pense à Clémentine Autain par exemple, qui, sans rien connaître du contenu de l'islam politique, ressent néanmoins le besoin de défendre *mordicus* le port du voile islamiste[1]. On ne peut pas mettre en doute la sincérité de son attachement aux idées féministes, mais il est stupéfiant de voir – même si des éléments psychologiques influencent probablement sa pensée politique (un grand-père d'extrême droite pour « l'Algérie française », un père proche de l'extrême gauche, des parents ami d'Alain Krivine) – que cette même Clémentine Autain, qui ne supporterait pas de vivre une demi-journée avec un islamiste – aussi « sympathique » soit-il –, arrive à renforcer, à ce point, ceux qui portent une idéologie nourricière de misogynie, de sexisme, de racisme et de violence. En fait de tout ce qu'elle dit honnir !

Évidemment, s'il y a une large part d'adhésion consciente au projet islamiste, dans sa version dite « non violente », il y a surtout, de la part d'une certaine gauche, une attirance pour le modèle communautariste anglo-saxon et donc un renoncement pour le modèle républicain et laïque français ; il y a aussi une grande part de naïveté chez certains acteurs de

1. Il est important, dans un souci de clarté et de précision, de parler de « voile islamiste », car cet accoutrement n'est pas un normatif islamique. En d'autres termes une prescription religieuse canonique obligatoire. Le voile, dans sa version contemporaine, est imposé par l'ensemble des écoles islamistes chiites ou sunnites. C'est la raison pour laquelle un grand nombre de femmes musulmanes ne le portent pas et c'est aussi la raison qui explique pourquoi les courants islamistes, qui le voient comme l'un de leurs marqueurs, défendent ardemment son port.

gauche qui, parfois de bonne foi, croient qu'en défendant les islamistes, ils sont du côté des musulmans alors qu'ils sont eux-mêmes victimes de ces islamistes. C'est en somme les limites de l'angélisme : on ne peut pas imaginer que les alliés des salafistes puisent se vivre comme des « humanistes amis des musulmans », cependant qu'ils ne peuvent ignorer que ces derniers sont souvent assassinés, ou à tout le moins opprimés, par les premiers.

Les islamistes – et cela n'est pas un fantasme – cherchent à faire tomber les démocraties en général et la République française en particulier, honnie pour son modèle de société. Ce n'est pas parce qu'elle serait uniquement « fille aînée de l'Église », ce n'est pas pour ce qu'elle fut, terre chrétienne ou puissance coloniale, ce ne sont là que des prétextes pour la diaboliser à travers la littérature islamiste ; c'est surtout pour ce qu'elle est aujourd'hui un pays égalitaire, garantissant les libertés de conscience et d'expression, intégrant des personnes de toutes origines, y compris des musulmans ou des citoyens de culture ou d'ascendance musulmane, et permettant grâce à la laïcité à tous les courants religieux de cohabiter en bonne intelligence. La crainte d'un islamiste – celle qui tourne parfois véritablement à l'obsession –, c'est de voir son épouse, sa mère, sa fille ou sa sœur s'émanciper du patriarcat et des doctrines salafistes, c'est de voir son entourage s'intégrer dans la société française, accepter la laïcité comme principe, se laisser séduire par la démocratie comme cadre, s'accrocher à la liberté comme outil d'affranchissement et apprécier l'égalité comme droit inaliénable. La France est combattue par les forces extrémistes – violentes ou non – se réclamant de l'islam, car elle est fondée, non pas sur ce qui sépare les hommes ou les distingue, mais sur ce qui les rapproche et les rassemble. Or, il s'agit là d'un projet inacceptable pour les tenants du communautarisme et davantage encore pour les adeptes du séparatisme. La France est haïe parce qu'elle est probablement le dernier rempart de l'universalisme voulu par un modèle occidental qui s'oppose aux revendications, souvent hystériques, de toutes les minorités et notamment les plus identitaires d'entre elles.

Cela étant, il ne faut pas écarter un élément qui représente une sorte de trait d'union idéologique entre certains courants islamistes et des cercles d'extrême gauche : la haine du christianisme. Interrogé pour les besoins de cette enquête, l'universitaire Philippe Raynaud l'explique clairement : « Dans certains journaux qui se disent de gauche, on ne tolère plus depuis longtemps les codes vestimentaires catholiques. Mais les mêmes sont souvent très permissifs à l'égard des habits musulmans. C'est comme dire : le catholicisme, c'est le passé qu'il faut oublier, et l'islam, c'est l'altérité qu'il est nécessaire d'accepter dans sa globalité. »

Ce rejet réunit en effet les deux courants, pourtant antagonistes. Il est, de ce point de vue, à tout le moins, singulier de constater à quel point toutes ces âmes sensibles s'insurgent face à ce qui est appelé « islamophobie », qu'elle soit réelle ou pas d'ailleurs, sans, ou peut-être ponctuellement, réagir avec la même verve devant les persécutions que subissent les chrétiens d'Orient ou les Kurdes, ou encore devant l'antisémitisme généré par des milieux musulmans. Ce qui est extraordinaire, c'est que même une organisation comme la Ligue des droits de l'homme (LDH) se laisse entraîner vers ces voies sinueuses et hypocrites. L'organisation, pourtant pionnière en matière de défense des droits de l'homme, est supposée connaître la différence qui existe entre ce qui relève du génocide et ce qui mériterait d'être qualifié d'utilisation abusive ou excessive de la force, ou encore entre un groupe terroriste reconnu et un État démocratique dirigé par une droite extrême, évidemment soumis à la critique. Quand des leaders de la société civile, ou censés jouer ce rôle, se mettent, par populisme de gauche, à opérer un nivellement par le bas et à considérer qu'une action génocidaire menée par un groupe terroriste est à mettre en parallèle avec les excès (réels ou supposés) d'une armée dépendant d'un État démocratique qui lutte contre une organisation terroriste, on participe à manipuler les masses et à les induire en erreur.

Ainsi, dans l'un des rares communiqués signés par l'organisation, sinon le seul, en faveur des chrétiens d'Orient, il était écrit : « Une population entière de chrétiens d'Irak fait l'objet d'une extermination ethnique et religieuse déclarée au nom de l'islam, de la part des troupes barbares de l'EIIL (Daesh). Femmes, hommes, enfants, civils et religieux sont expropriés, dépossédés de leurs biens, pourchassés de leurs maisons, de leur terre, ou tout simplement lâchement assassinés. » Mais une ligne plus loin, donnant quasiment l'impression de s'excuser d'avoir publié une telle affirmation, somme toute véridique, il est spécifié : « Déjà muette devant les crimes et les destructions perpétrés à Gaza, la communauté internationale ne semble pas s'émouvoir, outre mesure, de la tragédie que vivent les chrétiens d'Irak, comme s'il s'agissait d'un incident mineur, d'un dommage collatéral[1] ! » La LDH compare donc, toute honte bue, le sort des chrétiens d'Orient à celui des habitants de Gaza, ville sous domination du Hamas, organisation terroriste, nourrie par l'idéologie des Frères musulmans. De deux choses l'une : soit les rédacteurs de cette ignominie n'ont jamais mis les pieds à Gaza, soit ils usent volontairement de propagande mensongère. Comme s'il était décent et

1. Communiqué signé, entre autres, par la LDH, le 31 juillet 2014, et intitulé « Solidaires avec les chrétiens d'Irak ».

intellectuellement honnête de faire le parallèle entre Daesh et l'armée israélienne. Comme pour réaliser une apothéose d'indécence, le même texte précisera : « L'injustice et la barbarie doivent être combattues sans relâche, tant en Irak qu'à Gaza et ailleurs[1]. »

L'islamo-gauchisme, en résumé, c'est cela : ne jamais donner l'impression, lorsqu'on se réclame de la gauche, de froisser les musulmans ou de se montrer complaisant à l'égard des États-Unis (éternel grand Satan)[2], d'Israël (le petit Satan), mais aussi plus largement de l'ensemble des démocraties occidentales.

Le rejet de l'Occident, voire parfois du « système », pour les uns et les autres, la haine du clergé catholique, mais surtout celle de l'État d'Israël sont enrobés dans un lexique en apparence honorable construit autour d'une logique binaire, très prisée par les deux courants : soutien des Palestiniens (dépeints en toutes circonstances comme opprimés) et diabolisation des Israéliens (décrits en toutes circonstances comme oppresseurs). Cette posture, au demeurant fort confortable, laisse croire qu'entre les « bons » et les « mauvais », islamistes et gauchistes choisissent les « gentils », présentés systématiquement telles des « victimes innocentes ».

L'arrogance salafiste à l'égard de l'Occident et plus largement de toutes les grandes démocraties, pointées du doigt comme étant l'incarnation de l'« impérialisme », suscite encore aujourd'hui une sorte de déférence des marxistes pour les plus militants parmi les adeptes de la religion musulmane. Ils sont perçus à la fois en faibles et fiers, opprimés, mais rebelles. Mais si certains milieux de gauche sont fascinés par les

1. *Ibid.*

2. Ces expressions « grand Satan » et « petit Satan », utilisées initialement par l'ayatollah Khomeiny, ont intégré la littérature islamiste aussi bien sunnite que chiite, et ainsi celle des organisations terroristes.

islamistes, l'inverse n'est pas vrai. Pour les islamistes, la gauche est intéressante non pas lorsqu'elle défend la laïcité ou les droits de l'homme, mais quand elle leur permet de faire avancer leurs pions. Cette alliance est devenue, avec le temps, presque stratégique. Et pour les deux parties. Pas seulement en Europe ou en Amérique du Nord, mais aussi dans le monde arabo-musulman où les milieux attachés aux idées marxistes, jadis clairement hostiles aux tenants de l'islam politique, ont commencé progressivement à s'ouvrir à eux.

Que ce soit dans le monde arabo-musulman ou en Occident, ceux qui, à gauche, décident de s'allier avec l'islamisme trouvent toujours des « arguments » en apparence louables. En l'espèce, c'est comme il fallait systématiquement choisir entre dictateurs et islamistes. Comme si une voie démocratique était totalement impossible à envisager.

2

Les bases idéologiques

Si le mot a été forgé par le politologue Pierre-André Taguieff, comme expliqué précédemment, d'où vient l'islamo-gauchisme ? Comment est née cette idée, entre deux contraires, de concevoir, un rapprochement militant ? Quelles sont les racines historiques de cette convergence des luttes ? Pourquoi des courants se reconnaissant le plus souvent dans la gauche radicale, très peu représentative électoralement, pèsent-ils autant dans le débat idéologique et sur la vie culturelle et universitaire ? Et comment arrivent-ils à se faire, dans la société et les médias, les défenseurs, sinon les promoteurs de l'islam politique ? Comment des militants qui prétendent perpétuer la pensée d'un homme – Karl Marx – qui a dit que « la critique de la religion est la condition préliminaire de toute critique » peuvent-ils se transformer en alliés non pas des musulmans seulement, mais des plus extrémistes d'entre eux ?

Mais encore, comment s'est opérée cette dérive de la gauche qui a abouti à une véritable fracture idéologique au sein du camp progressiste ? Comment se sont séparées ces deux gauches aux « positions irréconciliables », pour reprendre l'expression de Manuel Valls, alors Premier ministre[1] ? Comment arrive-t-on à une situation où Edwy Plenel, militant trotskiste depuis sa tendre jeunesse, est en phase avec un parangon de l'islamisme contemporain comme Tariq Ramadan et si éloigné d'un républicain laïque, à l'image de Bernard Cazeneuve[2] ? Pourquoi un journal, historiquement de résistance, en l'occurrence *Libération*, fut-il si prompt à porter des raisonnements complotistes durant la guerre civile algérienne et à fustiger la plupart des démocrates venant de l'autre rive de la Méditerranée, à l'instar de Saïd Sadi[3] ? Pourquoi ai-je cette amère impression que *Le Monde*, ce quotidien de « référence » dont je fantasmais le professionnalisme et l'engagement lorsque, jeune journaliste, j'exerçais à Alger, est plus proche aujourd'hui des combats d'un Marwan Muhammad[4], activiste identitaire islamiste, appartenant à la mouvance fJériste, et de son discours victimaire, que des idées progressistes que je défends ?

À ce propos, il est curieux de voir, *a posteriori*, le procès en sorcellerie qui a été fait à Manuel Valls

1. L'ancien Premier ministre avait affirmé : « Parfois, il y a des positions irréconciliables à gauche et il faut l'assumer. Moi, je ne peux pas gouverner avec ceux qui considèrent que François Hollande, c'est pire que Nicolas Sarkozy, ou que Manuel Valls, c'est pire que Jean-Marie Le Pen. »

2. En septembre 2014, Edwy Plenel avait violemment attaqué un projet de loi antiterroriste porté par Bernard Cazeneuve, alors ministre de l'Intérieur, la comparant aux « lois scélérates » et la décrivant comme « une loi d'exception qui viole l'État de droit ».

3. Saïd Sadi est l'une des figures les plus célèbres du courant démocratique algérien. Pour avoir appelé de ses vœux et soutenu l'arrêt du processus électoral qui devait permettre aux islamistes de diriger le pays, en 1992, la ligne éditoriale de *Libération*, sous la plume de plusieurs journalistes, le classa *de facto* comme suppôt du régime.

4. Son vrai nom est Marouane Mohamed. Il a choisi, visiblement par coquetterie, d'écrire son nom à la façon anglo-saxonne, plus proche phonétiquement de l'arabe.

lorsqu'il a évoqué les deux « gauches irréconciliables ». Pourtant, celles-ci ont existé depuis la naissance de ce courant idéologique. La gauche n'a-t-elle pas été, depuis le début, plurielle, multiple et contradictoire, comme le rappelle brillamment l'historien Michel Winock dans la préface de l'ouvrage qu'il a dirigé, consacré aux figures de proue de la gauche[1] ? Jules Ferry et Georges Clemenceau n'avaient-ils pas profondément divergé, le premier faisant l'apologie de la colonisation quand le second la blâmait, pour ne citer que cet aspect ? N'y avait-il pas des ténors de la gauche qui versaient dans une sorte d'anticléricalisme primaire, scandant « le cléricalisme, voilà l'ennemi », quand d'autres œuvraient pour trouver le juste compromis afin que les croyants ne se sentent guère humiliés ou rejetés – c'est ainsi que l'on a abouti à la « loi de séparation » de 1905 ? N'y a-t-il pas eu, depuis le début du XXe siècle, une profonde ambivalence entre les tenants de la gauche réformiste de gouvernement et ceux de la gauche révolutionnaire ? Par ailleurs, des évènements majeurs n'ont-ils pas permis de révéler, à plusieurs périodes de l'histoire, et ce durant un siècle, les lignes de fracture ? Citons pêle-mêle l'affaire Dreyfus, le premier grand conflit mondial, la collaboration, les procès de Moscou, le colonialisme, le stalinisme, la guerre d'Algérie, et j'en oublie, autant d'épisodes qui ont montré l'existence de « gauches irréconciliables ». Désormais, depuis plus d'une vingtaine d'années, c'est l'islamisme qui joue ce rôle de révélateur.

Les défenseurs et autres émules de la gauche peuvent s'entêter à nier les évidences, se cacher derrière les très confortables « Non à l'amalgame » et « Non à la stigmatisation » – comme si cela suffisait à ne pas voir que des

1. Michel Winock (dir.), *Les Figures de proue de la gauche depuis 1789*, Perrin, 2019.

musulmans sont, tous les jours, tués par des terroristes se réclamant de l'islam – et continuer de croire et d'affirmer que les torts sont plus du côté des détracteurs de l'islamo-gauchisme que de celui de ses promoteurs. Il n'en demeure pas moins qu'ils ont trahi certes les valeurs de la gauche, en France celles de la République, mais davantage encore, l'essence même de l'esprit des Lumières.

Celles-ci avaient charrié une philosophie qui a matérialisé, au fil du temps, ce qui fonde toute société moderne : la libre critique. La raison se retrouve, depuis plus de deux siècles, sublimée. L'être désormais affranchi du poids que faisait peser sur lui l'autorité cléricale se définit, dès lors, à travers sa capacité d'analyser et d'apprécier le monde qui l'entoure à partir d'un regard rationnel. Aucun domaine, pas même la religion, n'échappe à cela. C'est le propre de la liberté la plus intime, la liberté de conscience, qui consacre cet idéal. Aucune « sacralité » n'est mise au-dessus du libre examen. La société sécularisée, produit des Lumières, accepte que des personnes entretiennent et préservent un « sacré », mais celui-ci n'est sacré que pour ceux qui croient qu'il l'est. Il n'est en aucun cas « sacré » pour la collectivité et ainsi placé en dehors de la critique. Notre ère est celle du « criticisme »[1], pour reprendre l'expression d'Emmanuel Kant, qui pousse à reconnaître aussi les limites de la pensée rationnelle. S'agissant même de l'islam en tant que tel, le devoir que nous impose la raison est de pouvoir contredire toutes les croyances et les idéologies, et la critique, fût-elle celle de l'islam, des autres religions ou du communisme ne serait, en aucun cas, une « stigmatisation » du musulman, des autres croyants, ou du communiste.

1. En philosophie, le criticisme pose un postulat : si l'être humain ne peut connaître la vérité des choses en *soi*, il peut connaître la vérité de ce qu'elles sont pour soi, en d'autres termes ce qu'elles représentent pour lui.

Cela étant dit, là où le bât blesse, c'est que notre sujet ne concerne pas la question relative à la détraction de la religion musulmane. Nous parlons ici d'islamisme. D'islamisme et de la protection dont bénéficient, non pas les musulmans, mais les adeptes de cet islam politique conquérant, belliqueux et violent qu'on appelle les « islamistes », de la part des tenants de la gauche.

Il est nécessaire de comprendre la mécanique, le fonctionnement intellectuel de ce que nous constatons aujourd'hui. Une culture, ou un mode de pensée, ne surgit pas de nulle part. Elle est le produit d'une manière de percevoir les choses, de sentir et d'agir qui, étant apprise et partagée par une pluralité de personnes, sert d'une façon à la fois objective et symbolique à constituer des personnes et une collectivité particulière, et donc, d'une certaine manière, de forger aussi un état d'esprit. C'est en substance la définition que donne le sociologue québécois Guy Rocher pour expliquer la construction d'une culture.

L'origine de l'attrait de certains courants désormais aveuglés par l'islam politique est très lointaine.

En premier lieu, il est important de rappeler l'existence d'un lien historique indéniable entre plusieurs idéologies se réclamant de la gauche et de l'islamisme. Cette relation s'est accentuée progressivement dès la fin du XIXe siècle à partir notamment de la critique de l'Occident moderne. À vrai dire, cela avait commencé au moins un siècle auparavant avec les théories de Jean-Jacques Rousseau qui, en substance, portait l'idée que la noblesse était plutôt du côté du « sauvage non contaminé par la civilisation occidentale ». Dans la continuité, vers 1857, dans sa préface aux *Nouvelles Histoires extraordinaires* d'Edgar Poe, Charles Baudelaire évoque en ces termes ce qui lui apparaît comme étant la « déchéance de l'homme moderne » – non sans essentialiser, au passage, et magnifier « l'homme sauvage » :

> Mais si l'on veut comparer l'homme moderne, l'homme civilisé, avec l'homme sauvage, ou plutôt une nation dite civilisée avec une nation dite sauvage, c'est-à-dire privée de toutes les ingénieuses inventions qui dispensent l'individu d'héroïsme, qui ne voit que tout l'honneur est pour le sauvage ? Par sa nature, par nécessité même, il est encyclopédique, tandis que l'homme civilisé se trouve confiné dans les régions infiniment petites de la spécialité. L'homme civilisé invente la philosophie du progrès pour se consoler de son abdication et de sa déchéance ; cependant que l'homme sauvage, époux redouté et respecté, guerrier contraint à la bravoure personnelle, poète aux heures mélancoliques où le soleil déclinant invite à chanter le passé et les ancêtres, rase de plus près la lisière de l'idéal. Quelle lacune oserons-nous lui reprocher ? Il a le prêtre, il a le sorcier et le médecin. Que dis-je ? Il a le dandy, suprême incarnation de l'idée du beau transportée dans la vie matérielle, celui qui dicte la forme et règle les manières. Ses vêtements, ses parures, ses armes, son calumet témoignent d'une faculté inventive qui nous a depuis longtemps désertés[1].

Déjà cette fascination pour l'exotisme – on ne sait si Baudelaire pense alors aux Indiens d'Amérique, aux Noirs d'Afrique ou aux musulmans d'Orient. Quoi qu'il en soit, on commence à trouver, que ce soit dans les travaux philosophiques ou dans la littérature, cette propension à l'autoflagellation et, dans un esprit souvent binaire, ce mépris pour le proche et cet attrait pour le lointain. C'est sur cette matrice idéologique que va s'ériger une pensée qui finira par estimer que l'herbe est toujours plus verte ailleurs, surtout dans le désert

---

1. *Nouvelles Histoires extraordinaires* est un recueil de nouvelles écrites par Edgar Allan Poe, réunies et traduites sous ce titre par Charles Baudelaire et publié par Michel Lévy frères, Paris, 1857.

d'Arabie. L'orientalisme d'abord, l'islamo-gauchisme ensuite, même s'ils sont évidemment différents, sont nés de cette construction intellectuelle.

Cet intérêt, voire parfois cette fascination, pour l'Orient a commencé à s'installer en Occident dès le XVIIe siècle, au moment de la première traduction complète du Coran[1], et davantage sous Louis XIV, quand ce grand commis de l'État qu'est Jean-Baptiste Colbert commença à s'inspirer des comptoirs hollandais pour créer la Compagnie française des Indes orientales (1664), la Compagnie du Levant (1670) et la Compagnie du Sénégal (1673). Dans la foulée, il donnera naissance à l'École des jeunes de langues, l'ancêtre de l'Inalco[2].

L'Europe est aussi envoûtée par l'Empire ottoman. Lui parviennent les récits des califes, notamment, depuis le XVIe siècle, ceux de Soliman Ier dit le Magnifique[3], douzième souverain de la dynastie ottomane. Ce dernier est autant admiré que craint. Si d'aucuns le surnomment « le Magnifique », d'autres, certaines cours d'Europe, lui accolent l'appellation péjorative de « Grand Turc ». Il donne l'impression d'être moderne pour son époque, mais il reste aussi conquérant que ses prédécesseurs. À la fin des années 1540, les Ottomans sont seuls maîtres en Méditerranée. La Turquie s'apparente alors au

---

1. *L'Alcoran de Mahomet, translaté d'arabe en français* par André du Ryer, 1647.

2. L'École des jeunes de langues, créée en 1669, sera absorbée par l'École spéciale des langues orientales vivantes (1775). Deux siècles plus tard, en 1971, elle deviendra l'Institut national des langues et civilisations orientales (Inalco), appelé communément dans les milieux universitaires « Langues O' ».

3. Soliman Ier le Magnifique, appelé aussi « le Législateur » pour avoir réformé la législation, fut, durant quarante-six ans, de 1520 à 1566, le plus flamboyant des sultans ottomans. À la tête d'une puissante armée, il défia sans relâche l'Europe chrétienne, mais s'allia aussi avec François Ier contre les Habsbourg.

raffinement et à une certaine préciosité orientale. On parle de magnificence et de somptuosité, l'on fantasme le luxe, mais surtout la luxure de ces monarques et sultans, et leurs goûts immodérés pour l'opulence. Ils sont considérés comme « magnifiques », tout comme leurs arts, leur artisanat, mais également la splendeur qui caractérise leurs habits[1]. L'on s'interroge alors sur le harem de Soliman le Magnifique. On imagine des femmes orientales voluptueuses et sensuelles, à moitié dénudées, cependant que l'Oriental est, quant à lui, perçu sous les allures d'un guerrier fier, mais joyeux, porté à la fois sur la légèreté et les plaisirs de la chair, mais aussi d'un être spirituel, entretenant quelques superstitions et autres bizarreries. C'est ainsi que naîtra, par la suite, l'orientalisme littéraire mêlant érotisme et exotisme. Beaucoup d'écrivains se pencheront, par exemple, sur la relation de Soliman avec l'une des femmes de son harem : Roxelane. On raconte que le souverain avait vu arriver cette captive slave de 17 ans, venue tout droit de Ruthénie (l'actuelle Ukraine). Le harem fonctionnait comme un couvent où l'on enseignait aux jeunes filles, outre les préceptes de la religion musulmane, la danse ou encore la broderie. L'ancienne esclave réussit à séduire la mère de Soliman, seule apte à choisir une favorite pour le monarque qui ne tarda pas à la repérer. Il fut ébloui par son charme, mais aussi par l'élégance

1. Dans ses *Lettres turques*, Ogier Ghislain de Busbecq, l'ambassadeur de Charles Quint auprès de Soliman, écrivait : « Maintenant, tiens-toi à mes côtés, et regarde avec moi une foule immense de têtes enturbannées, enveloppées dans une soie très blanche enroulée en spirale ; regarde les vêtements de tous les genres et de toutes les couleurs, comme tout brille avec l'or, l'argent, la pourpre, la soie et le velours. Il serait trop long de tout décrire, et on ne pourrait pourtant pas trouver les mots pour donner une idée de l'étrangeté de ce spectacle. Je n'ai jamais rien vu qui fût plus agréable pour les yeux. »

naturelle et le raffinement qui la caractérisaient. C'est ainsi qu'elle devint son épouse. Mieux : sa préférée.

L'Occident raffole alors de ce genre d'histoires, où se mêlent à la réalité quelques légendes et ce, même si une concurrence et une lutte d'hégémonie l'opposent à cet Orient incarné et dominé par l'Empire ottoman. Je souligne ce genre de récit parce que je suis convaincu qu'il sert de matrice idéologique, d'une certaine manière, à ceux qui sont aujourd'hui encore fascinés par la femme voilée et son prétendu « côté mystérieux ». Quelle explication donner sinon à ces attitudes qui amènent des défenseurs du féminisme à se transformer en allié du patriarcat dès qu'il s'agit d'islam.

C'est à la fin du XVIIe siècle et au début du siècle suivant que l'exotisme littéraire a pu s'épanouir. Jusque-là, il était constitué d'un type bien particulier que l'on pourrait qualifier de « roman pseudo-oriental » – traduction des *Mille et Une Nuits*[1], publication de plusieurs contes arabes, turcs et persans et celle de nombreux ouvrages parlant de l'Orient. Tout cela crée les conditions favorables pour la formation d'un courant littéraire de la fiction orientale. La pièce *Le Cid*, par exemple, représente un moment important dans l'élaboration et la confirmation d'une idée de l'Orient qui finira par être très utile pour l'Europe. Dans certains cas, l'exotisme est désigné par la géographie politique de la Grèce ancienne ; dans d'autres cas, il est signifié par l'histoire des relations entre les chrétiens et les musulmans, ou

1. Texte connu mondialement, devenu universel, *Les Mille et Une Nuits* est un livre qui rassemble des anecdotes et récits autour d'un thème central : chaque nuit, Shéhérazade diffère l'heure de sa mort par un nouveau récit qu'elle raconte au monarque jusqu'à ce que le sommeil l'emporte. Évoqué une première fois au Xe siècle, le recueil, écrit en arabe, est d'un auteur anonyme. C'est au savant et voyageur Antoine Galland que l'Occident doit sa traduction qui commence en 1704 pour s'achever, douze volumes plus tard, en 1717.

par l'actualité des tensions diplomatiques et commerciales entre la France et l'Empire ottoman (l'Anatolie, le Levant et l'Afrique du Nord)[1].

Au XIXᵉ siècle, l'Orient devient une préoccupation pour l'ensemble du continent européen, « une scène théâtrale attachée à l'Europe », selon Edward Saïd, l'auteur du célèbre *L'Orientalisme. L'Orient créé par l'Occident* (Seuil, 1980). Deux faits historiques viennent considérablement fragiliser l'Empire ottoman et rapprocher, malgré le cadre conflictuel, musulmans et Occidentaux : l'expédition de Napoléon Bonaparte en Égypte, dès 1798, et la prise d'Alger en 1830, début de la colonisation française en Algérie. Si le premier fait visait à affaiblir la Couronne britannique en s'attaquant à un territoire qu'elle contrôlait, il n'en demeure pas moins que, là aussi, Bonaparte fut fasciné, à son tour, par l'Orient. On dira qu'il est allé jusqu'à se convertir à l'islam. Mais ce ne sont là que des rumeurs qui continuent parfois d'être relayées dans le monde musulman. Certains islamistes utilisent cette contrevérité, avec d'autres, pour essayer de démontrer que leur doctrine a réussi à séduire y compris de puissants personnages.

Des historiens, à l'instar de Henry Laurens, estiment que Napoléon Bonaparte s'est, un temps, intéressé à la religion musulmane. Elle pouvait, selon lui, « lui permettre de réaliser ses ambitions ». Cette curiosité pour l'Orient lui vient probablement de ses lectures de jeunesse, au cours desquelles il avait été fasciné par la littérature exotique. Lorsqu'il arriva au Caire, les liens qu'il a voulu entretenir très vite avec les *ulémas*, les théologiens d'Al-Azhar, ont laissé croire à certains

---

1. Michèle Longino, « Politique et théâtre au XVIIᵉ siècle : les Français en Orient et l'exotisme du *Cid* », dans Dominique de Courcelles (dir.), *Littérature et exotisme (XVIᵉ-XVIIIᵉ siècle)*, École nationale des chartes, 1997, p. 35-59.

commentateurs arabes qu'il aurait embrassé leur religion – à l'image d'un de ses généraux, Jacques-François de Menou, baron de Boussay, qui se fera appeler Abdallah Menou au lendemain de sa conversion, alors qu'il était, général en chef à la tête de l'armée d'Égypte.

Dans ses discours, Bonaparte exhibe une fine connaissance de la rhétorique musulmane, exprime de la déférence à l'égard de l'islam et use de mots qu'on retrouve dans le Coran et qui servent notamment à définir la divinité, Allah, qui est appelée aussi « le Clément », « le Miséricordieux », etc. : « Je sais que beaucoup [d'entre] vous ont été faibles, dira-t-il au lendemain d'une forte répression contre la population cairote qui s'était rebellée contre ses troupes, mais j'aime à croire qu'aucun n'est criminel ; ce que le Prophète condamne surtout, c'est l'ingratitude et la rébellion [...]. Je ne veux pas qu'il se passe un seul jour où la ville du Caire soit sans faire les prières d'usage ; la mosquée d'Al-Azhar a été prise d'assaut, le sang a coulé : allez la purifier. Tous les saints livres ont été pris par mes soldats, mais, pleins de mon esprit, ils me les ont apportés ; les voilà, je vous les restitue. Ceux qui sont morts satisfont à ma vengeance. Dites au peuple du Caire que je veux continuer à être clément et miséricordieux pour lui. Il a été l'objet spécial de ma protection, il sait combien je l'ai aimé : qu'il juge lui-même de sa conduite. Je pardonne à tous[1]... » À l'époque, les *oulémas* cairotes sont associés au pouvoir. Ils soutiennent Bonaparte, surtout qu'il n'a pas hésité à proclamer « la supériorité de la loi islamique ». De plus, son expédition est portée par une propagande à l'adresse des populations locales qui véhicule, dans ce contexte post-révolutionnaire, l'idée suivante : les Français sont les ennemis des catholiques et du pape.

1. Napoléon Bonaparte, *Campagne d'Égypte et de Syrie*, Imprimerie nationale éditions, 1998.

Beaucoup d'observateurs avertis, dont l'historien Henry Laurens, n'hésitent pas à considérer Bonaparte comme le grand précurseur de ce qui allait devenir, par la suite, la politique musulmane de la France. Toujours est-il qu'il est faux de croire qu'il aurait eu pour l'islam un intérêt autre que cyniquement politique. Dès qu'il réalise que son aventure orientale est vouée à l'échec, Napoléon Bonaparte revient en Europe et, en quelques mois seulement, son attrait pour l'islam disparaît – il y reviendra, un temps, lorsque, à Sainte-Hélène, il écrira ses mémoires.

À partir de l'expédition napoléonienne, plusieurs travaux sont publiés sur l'Égypte. La France est prise, en vérité, d'une réelle égyptomanie. Le même engouement naîtra, quelques années plus tard, avec la colonisation de l'Algérie, sous Charles X. Ainsi, en ce milieu du XIXe siècle, deux orientalismes vont se côtoyer, parfois s'alimenter mutuellement, d'autres fois se chevaucher. Il y eut d'un côté un orientalisme scientifique qui s'est matérialisé par la création de chaires universitaires et de publications, voire, par la suite, de travaux de recherches, et d'un autre, un orientalisme d'exotisme, fait de fantasmes, d'images, souvent erronées, mais aussi d'arts, de peinture. À travers les toiles de Vernet ou de Delacroix, s'est notamment construit progressivement un imaginaire qui a figé, à partir de tableaux des scènes de vie, des lieux, en somme une esthétique qui continue de nourrir la société française contemporaine.

À partir du XXe siècle, au fur et à mesure que les pays occidentaux adoptaient la démocratie comme système politique – libérant les mœurs en rejetant au passage les idéologies moyenâgeuses, surtout celles qui s'inspirent des religions – et aboutissaient, en premier lieu à la sécularisation des sociétés et à la mise en place, à l'image de la France, d'un cadre laïque, certains intellectuels, surtout de gauche, favorisaient ou fantasmaient des régimes qui s'appuyaient sur l'oppression et la violence. Ils voyaient systématiquement dans le « modèle occidental » non pas une expression universaliste, encore moins humaniste, mais la consécration d'une logique capitaliste. L'homme libre, celui qui jouit de ses loisirs après le travail, celui qui s'éloigne des synagogues, des églises et des mosquées, celui qui œuvre pour la libération de la femme et lui permet de s'émanciper, est forcément un allié, conscient ou inconscient, du capitalisme, mais aussi de l'individualisme et par conséquent un ennemi de l'égalitarisme.

La plupart des intellectuels du XXe siècle publièrent ainsi des textes dont l'ambiguïté n'a d'égale que la schizophrénie qui les amenaient à profiter du système (démocratique) qu'ils fustigeaient et à vanter le système (totalitaire) qu'ils fuyaient. Une mécanique qui continue de fonctionner à ce jour. Qui peut imaginer un Jean-Luc Mélenchon vivant une année complète au Venezuela, voire chez les sponsors des Frères musulmans, fût-ce dans un palais à Doha, au Qatar ?

Quel intellectuel français – et pas seulement de gauche –, de Henri Bergson à Paul Valéry, en passant par André Gide et André Malraux, n'a pas critiqué l'Occident ? Qui ne s'est pas inscrit systématiquement dans une sorte de lecture quasi freudienne des évènements ? Et comment penser le contraire tant nous pouvons avoir l'impression que la civilisation occidentale engendre *de facto* un homicide œdipien qui pousse ses enfants à entretenir une névrose née d'une culpabilité qui les amène, une ère après l'autre, à ériger des murs de tabous ? Comme si au cœur de la civilisation occidentale, tout ce qui représente le passé, l'histoire (le colonialisme, l'esclavage, la collaboration) devait se transformer en un secret honteux qui ne serait résorbé qu'en fustigeant continuellement cette même civilisation occidentale. N'avons-nous pas assisté en définitive, depuis un siècle de vie intellectuelle, à la naissance en France d'une certaine « haine de soi » ou, à tout le moins, d'une méfiance à l'égard de soi ?

Les fantasmes qu'entretiennent quelques intellectuels, et qui peuvent parfois trouver leur source dans l'exotisme orientaliste[1] et les schémas véhiculés par la littérature française depuis au moins trois siècles, ont donc forgé un inconscient collectif qui sert aujourd'hui de matrice à cette fascination, parfois sans limites, de la part de certains à l'égard du monde arabo-musulman. Ils font ainsi de la femme voilée l'inatteignable, l'inaccessible et, de fait, la mystérieuse. Des constructions intellectuelles les amènent donc à voir dans les femmes voilées d'aujourd'hui des héroïnes des *Mille et Une Nuits*. N'ai-je pas entendu à maintes reprises, lors de conférences notamment, des militants de gauche, défendant le voile islamiste, dire : « Elles sont belles avec leur voile, laissez-les tranquilles ! » ?

Quel lien entre la beauté physique d'une personne et la critique d'un vêtement, très connoté idéologiquement ? Si une certaine prestance peut caractériser le Grand Timonier et son célèbre col nommé d'après lui, cela ne peut pas nous empêcher de critiquer les crimes et les affres du Parti communiste chinois. Si on pouvait, une fois pour toutes, expliquer aux âmes charitables que la critique d'un accoutrement strictement lié à une idéologie politique n'est pas un acte d'hostilité envers des croyants, mais le nécessaire rappel qui doit nous inviter à réitérer la dénonciation de tout ce qui est de nature à diaboliser la femme à travers son corps, et à la considérer comme un être qu'il faudrait infantiliser, cacher et « protéger » en la voilant…

1. *Cf.* Michèle Longino, « Politique et théâtre au XVIIe siècle : les Français en Orient et l'exotisme du *Cid* », *op. cit.*

Les phrases toutes faites, sentencieuses, qui sortent souvent de la bouche d'acteurs de gauche, sont donc liées au fantasme entretenu, depuis des lustres, à l'égard de la femme orientale. Par exemple, beaucoup répètent en effet, cependant qu'aucune étude ne prouve cette assertion, qu'en France, « l'intégration des Maghrébins ou des Africains passe par la femme », ou alors ce jugement trop hâtif que « les filles musulmanes sont mieux intégrées que les garçons ». C'est certainement davantage le fruit d'un imaginaire qui projette sur la « femme orientale » quelques idées reçues qu'un constat sociologique documenté. Dans cette construction, le « garçon » est fidèle à l'image qu'on se fait du « musulman », guerrier et rebelle, ce qui renvoie chez certains au « délinquant » des quartiers populaires ou au terroriste islamiste, alors que la « fille » serait, de leur point de vue, légère, sensuelle, plus prompte à adhérer à un projet émancipateur et donc à s'insérer dans une société occidentale. En somme, pour eux, la femme maghrébine ou africaine est, de fait, moderne et l'homme archaïque. Si seulement les choses étaient aussi simples. En vérité, il y a aujourd'hui autant de militants que de militantes islamistes, dont l'activisme est même plus tenace. La diffusion du voile – et sa banalisation – en est une des illustrations. Au lieu de penser les phénomènes idéologiques ou sociologiques en termes de genre et au lieu d'essentialiser, raisonnons donc plutôt en termes de citoyenneté.

En critiquant Tariq Ramadan, une partie de la gauche craint peut-être inconsciemment de rééditer l'affaire Dreyfus. Et d'ailleurs, les acteurs islamistes ont bien compris comment piéger ce pan de l'élite : il suffit de lui rappeler que le sort des musulmans aujourd'hui serait similaire à celui des juifs hier. Et comme une partie de la droite est souvent mal à l'aise face à la critique d'un positionnement extrême ou radical exprimé par un juif, si les uns ont peur d'être qualifiés de racistes, les autres redoutent le soupçon d'antisémitisme. En France, la critique est régulièrement soumise à un préalable qui donne l'impression d'exiger l'examen des origines ethnoreligieuses avant de s'exprimer de telle ou de telle façon. Beaucoup ne regardent plus leurs vis-à-vis comme des compatriotes, mais à partir de leur appartenance communautaire, y compris lorsqu'ils ne s'en réclament pas. Évidemment, beaucoup instrumentalisent tout ou partie de leur identité. Cela étant dit, cette attirance pour l'islam politique n'est en rien inédite. Les intellectuels français, beaucoup d'entre eux en tout cas, ont longtemps entretenu l'ambiguïté face à plusieurs sujets cruciaux. Ce discours victimaire, qui est devenu une marque de fabrique chez beaucoup d'islamo-gauchistes, est convoqué en majesté à chaque fois qu'il s'agit d'atrophier le débat et ainsi bannir la critique. Faire croire que le désaccord avec une personne comme Rokhaya Diallo puise sa source dans sa couleur de peau, sa croyance réelle ou supposée, ses origines ou son sexe n'a d'égale que la petitesse d'esprit de ceux qui cherchent à inverser les valeurs. Concrètement, faire passer la défense du port du voile pour une valeur féministe et sa critique comme l'illustration d'un propos misogyne, voilà une escroquerie intellectuelle qui n'a pas toujours été dénoncée.

À l'instar d'André Malraux, certains intellectuels eurent d'abord une fascination pour l'Asie tout en rejetant leur propre modèle. Ensuite, la mode fut à l'Union soviétique et même au stalinisme – la position de plusieurs militants de gauche lors des procès de Moscou en fut un des épisodes les plus révélateurs ; exemple éclatant : la commission juridique de la Ligue des droits de l'homme fit savoir, pour justifier son refus de critiquer cette parodie de justice, que les condamnés à mort avaient fait des aveux publics. Fin de la blague[1] ! Enfin, depuis quelques décennies, cette incroyable fascination qui s'exprimait en premier lieu pour le « monde musulman » a mué en fascination pour l'islamisme.

Les choses se sont construites progressivement en effet, notamment au sujet de l'autoflagellation qui, souvent inconsciemment, participe à la diabolisation de notre démocratie. *La Tentation de l'Occident*, considéré comme la « matrice des œuvres » d'André Malraux – qui, soit dit en passant, ne connaissait pas la Chine sinon à travers trois courts voyages qui ne l'ont pas véritablement mis en contact avec la population et la culture locales –, est l'histoire croisée d'un Français qui se rend en Chine et celle d'un Chinois qui traverse l'Europe[2]. Les deux voyageurs ont un échange épistolaire – naturellement tout cela est né de l'imagination de l'auteur – au cours duquel chacun exprime à l'autre ses impressions sur sa civilisation et sa culture. Malraux oppose ainsi les deux cultures – chinoise et occidentale – en estimant que l'une repose sur l'obéissance au monde et l'autre sur les ambitions de l'esprit ; il commet évidemment, de mon point de vue, ce péché originel de l'intellectuel français en prédisant un déclin civilisationnel occidental dû aux défauts propres de l'Occident et un déclin chinois, conséquence, là aussi, d'une occidentalisation conquérante et hégémonique. En somme, dans les deux situations, si les deux cultures s'érodent, c'est que l'Occident est coupable. À tout le moins responsable. Avec, en prime, une invite à investir la culture asiatique, principalement chinoise, pour trouver des solutions à même de sauver la civilisation occidentale. Rappeler ces contextes

1. À ce propos, lire l'excellent livre de Thierry Wolton paru chez Grasset en 2019, *Le Négationnisme de gauche*.

2. André Malraux, *La Tentation de l'Occident*, Grasset, 1926.

historique, philosophique et politique, voire littéraire aide à expliquer que l'intérêt de certains milieux de gauche pour l'islamisme n'est pas soudain. Il est l'aboutissement d'une construction intellectuelle très ancienne.

Depuis un siècle, une partie de la gauche raisonne donc avec le même logiciel. Elle l'applique désormais aux courants islamistes, notamment ceux dits « non violents », qui, aux yeux de certains leaders de la gauche, incarneraient une sorte d'islamisme social. L'engagement, exhibé de façon ostensible, des tenants de l'islam politique dans les causes humanitaires et autres actions en faveur des plus démunis œuvrent dans ce sens : séduire la gauche et créer ainsi des ponts avec elle. D'une certaine manière, les théoriciens de l'islamisme, qui sont loin d'être des idiots, savent qu'*a fortiori* dans une société démocratique occidentale, ce sont d'abord les pensées de gauche qu'il est nécessaire de neutraliser, car elles sont théoriquement plus dangereuses pour un courant idéologique se réclamant d'une quelconque religion. De ce point de vue, il faut reconnaître que les islamistes ont réussi un véritable coup de génie en arrivant à s'allier avec ceux supposés être des anticléricaux, des areligieux, des partisans de la laïcité, des antitotalitaires et des progressistes, donc ceux qui incarnent potentiellement leur adversaire majeur tant ils sont tout le contraire de ce qu'est l'islamisme !

De plus, il est important de souligner la temporalité de la convergence entre la gauche et l'islamisme. C'est dans le bouillonnement politique et intellectuel du début du siècle dernier que s'est érigée l'idéologie islamiste contemporaine à la fois à la faveur de la chute du califat ottoman en 1924, de la création de la confrérie des Frères musulmans en 1928, de la naissance de l'Arabie saoudite en tant qu'État-nation dès 1932. Si le régime à la tête de ce pays allait devenir un allié stratégique de l'Occident, la pensée islamiste du

XXe siècle s'est construite, quant à elle, sur la critique de l'Occident moderne, tenu pour responsable du déclin du monde musulman, ensuite de la critique du matérialisme et du consumérisme, enfin du colonialisme, au sens large, sur le rejet de l'édification de l'État d'Israël et du sionisme en tant qu'idéologie. Les idéologies de gauche sont apparues quasiment à la même époque.

D'un autre côté, il faut constater, au-delà des aspects esthétiques, mystiques ou culturels, l'attrait d'une partie de la société, notamment ses intellectuels, pour la violence et la terreur. Jean-Paul Sartre, figure mythique de la gauche parisienne, déplorait que la Révolution n'ait pas guillotiné davantage. « Les révolutionnaires de 1793 n'ont probablement pas assez tué et ainsi inconsciemment servi un retour à l'ordre, puis la Restauration[1] », estimait-il dans un entretien avec Michel-Antoine Burnier. L'échange portait alors à la fois sur les modes d'action de la Gauche prolétarienne, groupe maoïste très en vogue au début des années 1970, et sur la responsabilité et l'engagement des intellectuels dans le mouvement révolutionnaire. Celui qui fut attentiste au moment de l'Occupation et qui s'empressa à la Libération de dresser des listes de collabos n'a pas agi par anticolonialisme – on l'aurait applaudi volontiers –, mais contre la France en tant que puissance capitaliste. J'ai l'impression que l'engagement de Sartre en faveur de l'indépendance de l'Algérie est plus le fruit d'un dogmatisme que l'expression d'une valeur essentielle.

Quelques années avant cette sortie, en rédigeant la préface du célèbre ouvrage de Franz Fanon, *Les Damnés de la terre*, le même Sartre justifiait déjà la violence – que Fanon n'a fait, lui, qu'analyser, notamment à

1. L'entretien est paru dans le numéro 28 du magazine *Actuel*, février 1973.

partir de son regard de psychiatre –, n'hésitant pas à radicaliser la pensée de l'auteur : « Abattre un Européen, c'est faire d'une pierre deux coups, supprimer en même temps un oppresseur et un opprimé : restent un homme mort et un homme libre[1]. » Ce passage qui prend les allures d'une apologie de la violence n'incite-t-il pas clairement à la criminalité ? Et donc au terrorisme ? C'est dire pour quelle raison, par la suite, une partie de la gauche sartrienne ne s'est jamais offusquée de la violence, y compris islamiste. Tant que celle-ci était aseptisée par des vertus révolutionnaires, elle devenait presque un idéal. Au diable les grandes idées et les valeurs humanistes : Paris vaut bien une messe !

C'est ainsi que les crimes du communisme, ceux de Staline plus tard, mais aussi le massacre de Melouza, perpétré par le FLN pendant la guerre d'Algérie[2], et quelques tueries commises par les émules du GIA durant la fameuse « décennie noire »[3] n'indisposeront pas plus que ça ce courant de pensée. Dès la fin des années 1960, raconte Guy Konopnicki[4], « autour des anciens "porteurs de valise" un noyau va se constituer et va soutenir l'idée que l'islam ne doit pas être critiqué. Déjà, ils adoptaient les ambiguïtés du FLN[5] ».

En 2005, le philosophe Daniel Bensaïd, référence intellectuelle incontestée de la gauche révolutionnaire, estimait que les militants de jadis étaient remplacés

---

1. Franz Fanon, *Les Damnés de la terre*, préface Jean-Paul Sartre, Librairie François Maspero, 1961.

2. Le Front de libération nationale (FLN) est le principal parti indépendantiste algérien. Lors de la guerre d'Algérie, il avait lancé une guerre fratricide contre le Mouvement nationaliste algérien (MNA) pour s'imposer comme seul leader du courant indépendantiste.

3. Une guerre civile a ensanglanté l'Algérie entre 1992 et le début des années 2000. Elle fut qualifiée de « décennie noire ».

4. Journaliste et romancier, Guy Konopnicki a été militant communiste dans sa jeunesse et président de l'UNEF.

5. Entretien avec l'auteur.

par d'autres aux profils beaucoup plus inquiétants : « L'heure n'est plus aux luttes de libération des années 1950 et 1960, et à leurs grandes promesses. Les leaders n'ont plus pour nom Hô Chi Minh, Guevara, Cabral, Lumumba, Ben Bella, Ben Barka, Malcolm X, mais Ben Laden, Zarkaoui ou mollah Omar[1]. » Mais en vérité, les militants eux-mêmes ont changé. Ils ne sont pas – plus – systématiquement abreuvés au marxisme et n'ont, pour la plupart, jamais lu Lénine, qu'ils considèrent comme un affreux « mécréant » tout en pointant à la CGT. L'activiste proche de la gauche est désormais un identitaire islamisé qui ne revendique pas davantage de « congés payés », mais une salle de prière et une nourriture halal à la cantine de son entreprise. Nous y reviendrons.

Si l'islamo-gauchisme a commencé à montrer, de manière effective, ses premiers signes durant la guerre d'Algérie, en d'autres termes à la fin des années 1950, c'est en raison d'une réorientation de la vision gauchiste qui, faisant son deuil du « grand soir », avait placé de grands espoirs dans l'ensemble des révoltes insurrectionnelles qui traversaient les pays du « tiers monde », expression lancée vers 1952 pour désigner les pays les moins développés et ceux qui réclamaient alors leur indépendance. L'Indochine et l'Algérie, et dans la foulée Cuba, deviennent, à ce moment-là, des symboles iconiques de ces combats. Cette évolution est d'autant plus constatée qu'au lendemain de la Seconde Guerre mondiale, on observe de profondes transformations dans les pays libéraux industrialisés. En France, les Trente Glorieuses connaissent une insolente croissance économique qui fait entrer la société dans une ère de civilisation de masse. De fait, la modernisation de l'outil économique engendre une meilleure redistribution des

1. Jean Birnbaum, *La Religion des faibles*, Le Seuil, 2018.

richesses, à travers le « plein emploi », ce qui va progressivement déplacer les revendications gauchistes vers les mœurs et les questions culturelles. De plus, pour le dire schématiquement, dès lors que le descendant du prolétaire s'est lui-même embourgeoisé, il s'empresse d'aller chercher des « causes » à défendre. Si les « pieds-rouges »[1] décident de se rendre en Algérie au lendemain de son indépendance, c'est aussi, d'une certaine manière, pour aller « donner du bonheur » à ces populations que l'on regarde avec une certaine admiration parce qu'elles ont su, en accédant à leur indépendance, atteindre leurs objectifs révolutionnaires, défier l'impérialisme et ainsi, par ailleurs, le capitalisme. L'intérêt grandissant pour des situations éloignées est, à mon sens, intimement lié à une amélioration des conditions de vie des militants de gauche. Le prolétariat est lui-même remplacé dans l'imaginaire. Il va progressivement être incarné par les immigrés, puis par les « Français d'origine étrangère ». Il deviendra dès lors important, pour plusieurs partis de gauche, d'essayer de séduire ces populations, y compris lorsque, à partir des années 1980, l'islamisme commencera à gangréner les esprits.

---

1. Par opposition aux « pieds-noirs », l'appellation « pieds-rouges » désigne les Français militants de gauche qui, après avoir soutenu l'indépendance de l'Algérie, s'étaient installés dans le pays pour contribuer à y bâtir « le socialisme ». Ils déchanteront bientôt, soumis à la fois à l'autoritarisme du régime et à sa propension à rejeter les Occidentaux.

3

Avant l'islamisme, l'islam qui rate sa réforme

Les complicités idéologiques et politiques qui acceptent la pénétration de l'islamisme, à bas bruit, dans toutes les couches de la société sont le fruit de la superposition de plusieurs utopies. La première amène certains, au nom d'un dogmatisme, à s'attendre à voir un projet de société d'inspiration religieuse, susceptible de garantir le bonheur à tous les « fidèles », y compris contre leur gré. C'est là, une caractéristique que l'on retrouve dans tous les totalitarismes. La deuxième laisse croire, à partir de pensées progressistes, que seule une « révolution » pourrait renverser l'ordre des choses, surtout le capitalisme et les idées impérialistes, et favoriser l'émergence d'un prétendu système parfaitement égalitariste. La troisième incite à imaginer qu'aujourd'hui, les tenants d'une vision anarchiste, seraient-ils suscités par un ordre religieux, sont capables de générer une logique insurrectionnelle. La quatrième utopie, identique à la précédente, croit qu'il est nécessaire, même pour des musulmans, de s'allier avec les groupes les plus « révolutionnaires » de la gauche pour installer, là aussi, l'incontournable chaos qui, de l'avis des théoriciens islamistes, créerait les conditions d'un affaiblissement des puissances démocratiques, représentées comme étant l'incarnation du mal, mais également comme principal obstacle contre l'instauration du modèle théocratique, voire totalitaire, prisé par cette mouvance.

C'est la rencontre de toutes ces utopies qui a permis de fonder, non pas une pensée « islamo-gauchiste » au sens propre, mais surtout une stratégie militante, une fusion d'intérêts entre l'islamisme et le gauchisme moderne qui s'est construit en opposition au catholicisme d'abord, au communisme ensuite, à la décentralisation enfin. Car ne l'oublions pas, cette approche réformatrice – née déjà sous Jean Calvin, célèbre théologien protestant du XVIe siècle, et qui s'épanouira davantage deux siècles plus tard avec la philosophie antichrétienne et, dans la continuité, au lendemain de la Révolution française – a forgé l'âme de la gauche française et, par la suite, européenne.

Avec un ami musulman pratiquant, néanmoins totalement hostile aux islamistes – oui ça existe ! –, nous essayions pendant une discussion de comprendre pour quelles raisons certaines de nos connaissances respectives de gauche n'arrivaient pas à saisir, qu'au sein de cette sphère dite « musulmane », il y a des laïques croyants, des croyants non pratiquants, des observants très assidus, des fanatiques et des extrémistes, ceux qui se retrouvent de fait assignés en tant que musulmans alors qu'ils sont complètement athées ; bref, nous tentions de résoudre cette énigme quand mon interlocuteur me rétorqua : « L'islam, c'est un peu comme cette matière austère qui nous emm… quand nous étions sur les bancs de l'université. Personne ne veut véritablement l'aborder, la cerner ou l'étudier, sauf lorsqu'on y est contraint à la veille des examens. » Je pense que de manière imagée, cet ami a trouvé l'explication. C'est le thème qui embête beaucoup de personnes, hormis une minorité ; voilà pourquoi en France, malgré des liens désormais très anciens avec le monde musulman, on ne comprend souvent toujours rien au sujet.

Il est important pour cerner la situation actuelle d'avoir quelques repères historiques et de saisir, autant que possible, les raisons profondes qui empêchent le monde musulman de sortir du marasme dans lequel il se morfond. Le principal écueil auquel est opposée, depuis plusieurs siècles, la culture arabo-musulmane tourne autour de la confrontation entre la tradition et la modernité. Si les tentatives de conciliation entre les deux paraissent souvent complexes, cela est lié, en premier lieu, à l'échec patent du réformisme engagé dès le début du XIXe siècle et qui s'est étalé jusqu'à la fin des années 1920. Période qui a été suivie par l'irruption d'un nationalisme, qui a occupé le champ idéologique entre les années 1930 et le milieu des années 1970. Au lendemain de la guerre du Kippour en 1973, la pensée islamiste qui, jusque-là était contrainte de sommeiller en raison notamment des vagues de répression lancées par les régimes égyptien et syrien entre les années 1950 et 1960, est sortie de son hibernation. Voilà donc deux siècles que le monde musulman est à la traîne. Son malheur est lié probablement, au moins en partie, au fait que sa décadence a débuté lorsque le monde occidental a commencé à être traversé par l'esprit des Lumières. L'autre raison est certainement à mettre en adéquation avec une autre temporalité. Quand le concept d'État-nation fut inventé, la sphère musulmane était largement dominée soit par l'Empire ottoman soit par les empires coloniaux. Deux rendez-vous ratés avec l'histoire qui n'ont jamais été rattrapés.

Nous sommes alors au XIXe siècle, l'Empire ottoman subit un processus de décomposition qui lui vaut, de la part de Nicolas Ier, le nom d'« homme malade de l'Europe[1] ». Certaines de ses élites politiques essaient, sans grand succès, d'intégrer la modernité à travers l'adoption de valeurs comme le rationalisme, le nationalisme, la démocratie, le sécularisme, tels que définis en Occident, avec la volonté d'abandonner en grande partie l'héritage du passé. Le nom de Méhémet Ali[2], vice-roi d'Égypte de 1804 à 1849, se confond souvent avec cette volonté. Mais l'échec fut cuisant malgré des tentatives de réformes qui ont permis l'émergence d'une période intellectuellement fastueuse, mais sans réel impact sur la base. L'approche élitaire du mouvement n'a jamais permis de traduire une pensée très progressiste en projet politique intelligible des populations. Il est admis que c'est la nature dialectique et globale de ce large mouvement intellectuel, fondée sur une nouvelle herméneutique théologique, qui lui a valu d'être désigné par le terme *En-Nahda*[3], qui signifie « renaissance ».

Méhémet Ali est considéré, à juste titre, comme le fondateur de l'Égypte moderne. Il est à l'origine d'une multitude de réformes (l'armée, l'enseignement, l'administration…) et son objectif politique visait à accéder à une indépendance à l'égard de « l'homme malade », surtout qu'en face, la montée en puissance de l'Europe révélait des prétentions expansionnistes. L'expédition napoléonienne en Égypte – évoquée précédemment – fut l'élément déclencheur de cette prise de conscience. Pour beaucoup de contemporains de Muhammad Ali,

1. Le tsar Nicolas Ier s'adressant à l'ambassadeur d'Angleterre, en 1853, donc à la veille de la guerre de Crimée : « Nous avons sur les bras […] un homme très malade ; ce serait, je vous le dis franchement, un grand malheur si, un de ces jours, il venait à nous échapper, surtout avant que toutes les dispositions nécessaires fussent prises » (voir Moussa Sarga. « La métaphore de "l'homme malade" dans les récits de voyage en Orient », *Romantisme*, vol. 131, 2006, p. 19-28).

2. Parfois orthographié « Mehmed » ou « Muhammad » Ali.

3. À ne pas confondre avec le parti islamiste tunisien Ennahdha.

il était nécessaire d'essayer de faire cohabiter héritage arabo-musulman et modernité plutôt que d'accepter une attitude mimétique. Ce qui sera appelé plus tard l'« occidentalisation » sera rejeté en bloc, à ce jour, les valeurs universelles sont perçues comme des principes strictement occidentaux.

Rifaâ Tahtawi (1801-1873) et Djameleddine al-Afghani (1838-1897) sont incontestablement les deux premiers penseurs les plus illustres de la *Nahda*.

Comme le précise parfaitement le livre collectif dirigé par Daniel Dagenais, à partir de 1826, Tahtawi séjourne à Paris dans le cadre d'une mission d'étude dépêchée par Muhammad Ali[1]. À son retour en Égypte, en 1831, il publie un ouvrage qui va lui assurer la postérité. *L'Or de Paris* devient le livre phare de l'époque, rédigé dans un style esthétiquement limpide, sans fioritures verbeuses, une façon d'écrire et de décrire qu'on retrouvera ensuite chez l'ensemble des érudits de la *Nahda* et qui ouvrira la voie à une rénovation des lettres, laquelle produira au siècle suivant les plus grands noms de la littérature arabe, de Khalil Gibran à Naguib Mahfouz. Dans son ouvrage, Tahtawi fait la synthèse de ce qu'il juge être le meilleur de ce que la modernité a engendré en France, notamment la citoyenneté et la démocratie représentative ; cette synthèse aura un immense impact sur les intelligentsias arabes successives. Djameleddine al-Afghani fut le premier à lancer un dialogue avec la modernité. Résolument antimatérialiste, il a engagé, dès 1883, une polémique à la fois courtoise et ferme avec Ernest Renan à la suite d'attaques sévères que ce dernier a dirigées contre l'islam. Observons qu'à l'époque, le monde musulman ne ressentait pas le besoin d'entrer dans une hystérie collective lorsqu'il était critiqué.

1. Daniel Dagenais (dir.), *Hannah Arendt. Le totalitarisme et le monde contemporain*, Presses de l'université de Laval, 2003.

Ses élites débattaient ou polémiquaient avec courtoisie et civilité.

À vrai dire, c'est avec Mohamed Abduh, le plus illustre disciple d'al-Afghani, que la *Nahda* allait véritablement prendre son envol. Il commente l'œuvre d'Avicenne, figure emblématique de la pensée islamique classique. En même temps, Mohamed Abduh ne perdait pas de vue les ravages provoqués par plusieurs siècles de décadence intellectuelle.

Il s'opposait au littéralisme qui s'inscrira plus tard au cœur de l'idéologie wahhabite, celle-là même qu'adopteront les différents mouvements islamistes contemporains. Abduh fondait sa théorie progressiste sur un retour, d'après lui, à un « islam authentique » (mais pas celui proposé par les salafistes) qui, selon sa lecture, garantit l'absence d'intermédiaire entre Dieu et l'être humain, de façon à restituer au croyant son autonomie et sa spontanéité rationnelle. Dans une telle conception de l'islam, la tyrannie religieuse ou politique doit être rejetée sans équivoque. Au début du XXe siècle, Abduh est recteur de l'université Al-Azhar, haut lieu de légitimité théologique en Égypte. Légitimé par son statut, il s'attaqua aux vieilles jurisprudences religieuses pour légaliser le prêt à intérêts, les assurances, pour affirmer que le « port du voile » n'est en rien une obligation religieuse et bien d'autres pratiques considérées soit contraires à la religion, soit incontournables.

Le notable syrien Abderrahman Kawakibi, contemporain d'Abduh, occupe une place importante, lui aussi, parmi les penseurs de la *Nahda*. À la fin du XIXe siècle, il écrit un traité politique particulièrement sévère dans lequel il adresse une critique acerbe au despotisme. Sa cible était l'Empire ottoman dans lequel les réformistes voyaient en général une puissance d'occupation sans autre légitimité que celle de la force. L'ouverture de Kawakibi, comme celle d'Abduh, traduit l'amorce d'une réflexion qui avait toutes les chances de s'intégrer avec sa spécificité dans le débat général sur la liberté et la démocratie. En vérité, l'échec des réformateurs ne s'explique ni par la nature de leur pensée ni par celle de leurs actions, même si leur élitisme y était aussi pour quelque chose. Leur défaite puise sa source dans les convulsions géostratégiques qui, à partir du XIXe siècle, ne leur ont pas accordé de répit. Une chose est certaine : à l'époque de la *Nahda*, les sociétés musulmanes n'ont pas rejeté la modernité et ne voyaient pas de contradiction entre valeurs modernes et foi religieuse. Mais cette renaissance, quoi qu'on en pense, fut trahie[1].

Là aussi, au lieu de faire la part belle à ceux-là, des médias ou des universités ont préféré dérouler le tapis rouge à des adeptes des Frères musulmans ou à des enragés du salafisme. Je crois en effet, et je le dis à l'adresse des grandes voix de la gauche qui parlent au nom de l'antiracisme et des valeurs essentielles, que l'autre racisme, le leur, moins outrancier peut-être, mais tout aussi destructeur que celui de l'extrême droite, sinon pire, car plus pernicieux, est celui qui réduit l'islam à cette chose fanatisée, archaïque et barbare qu'est l'islamisme. En criant systématiquement, comble du cynisme ou de l'ignorance : Non à l'amalgame !

Pour comprendre la première expansion de l'islamisme, il est nécessaire de saisir ce qui s'est produit durant épisode de l'histoire qui s'est étalé, en deux actes, sur deux siècles.

---

1. Pour aller plus loin sur le sujet, voir Mohamed Sifaoui, *Pourquoi l'islamisme séduit-il ?*, Armand Colin, 2010, et Daniel Dagenais (dir.), *Hannah Arendt*, *op. cit.*

Acte 1

Le premier essor de ce qui est appelé aujourd'hui « islam politique » puise ses origines dans une histoire contemporaine liée entre autres facteurs aux intérêts géostratégiques des grandes puissances et de ceux d'une tribu du désert arabique, fondatrice d'une idéologique politico-religieuse : le wahhabisme[1]. Les deux parties avaient pour objectif, car ils y avaient un intérêt direct, de faire obstacle à la *Nahda*.

Le même scénario se répètera bien plus tard, durant les années 1980, à travers l'alliance des États-Unis avec les islamistes les plus extrémistes contre l'URSS et contre les pouvoirs nationalistes arabes.

Comme le détaille notamment Miloud Chennoufi dans *Hannah Arendt. Le totalitarisme et le monde contemporain*, deux facteurs principaux concourront à relancer les prétentions saoudiennes dès 1902[2]. D'une part, les rivalités coloniales entre grandes puissances, et, d'autre part, la vigueur d'un Abdelaziz Ibn Saoud, revigoré par ses nouveaux objectifs de conquête. Ce dernier s'empare de la région du Nejd, dans la péninsule Arabique, et y installe sa capitale en 1905. Six ans plus tard, Al-Hassa, la façade maritime du Nejd, où seront découverts d'importants gisements pétroliers,

1. Le wahhabisme fait référence à Mohamed Ibn Abdelwahhab (son fondateur). Né dans la région du Nejd en 1703, Abdelwahhab ne peut en aucun cas être considéré comme « réformateur », contrairement à la présentation qui en a été faite par des orientalistes durant les années 1980. Il n'a jamais fait partie des noms qui ont façonné la *Nahda*. Il est, au contraire, à l'origine d'un dogme sectaire, qui reste minoritaire dans l'histoire des musulmans, ayant pour seule référence l'école hanbalite (la plus rigoriste) et les élèves de celle-ci comme Ibn Taymiyya.

2. Daniel Dagenais (dir.), *Hannah Arendt*, *op. cit.*

tombe entre ses mains. La région du Hedjaz, qui compte les deux premiers lieux saints de l'islam, La Mecque et Médine (le troisième étant la mosquée al-Aqsa de Jérusalem), lui échappe encore. En 1916, les Anglais lui reconnaissent de façon définitive l'autorité sur le Nejd et Al-Hassa et lui promettent, par l'intermédiaire de l'Office des Indes, de ne pas remettre en cause cette reconnaissance après la guerre lorsqu'il sera question de démembrer l'Empire ottoman. Ils iront jusqu'à le décorer, lui octroyer une allocation mensuelle de 5 000 livres sterling-or, et lui assurer la fourniture d'armes et l'assistance militaire en cas de besoin. La même année, les Anglais font la promesse, cette fois-ci au chérif Hussein – descendant des Hachémites, les dépositaires légitimes de l'autorité sur les lieux saints de l'islam –, dont l'influence s'étalait sur le Hedjaz, de ne pas s'opposer après la guerre à l'édification d'un État arabe qui devait comprendre, en plus du Hedjaz, la Syrie, le Liban et la Palestine. Le marché consistait à ce que les Arabes s'opposent à l'Empire ottoman durant la guerre. Dans une lettre datée du 4 juillet 1915 adressée aux Anglais, le chérif Hussein prend l'engagement de leur accorder le soutien arabe contre les Ottomans. Il ignorait tout de la promesse faite en parallèle à Ibn Saoud. Même le célèbre Lawrence d'Arabie, pourtant attristé par la politique manichéenne de ses collègues et compatriotes anglais, ne jugea pas opportun de l'en informer.

Toujours en 1916, une réunion ultra-secrète se tient, le 16 mai, entre Mark Sykes et François Georges-Picot, respectivement ministres anglais et français des Affaires étrangères, pour décider du démantèlement de l'Empire ottoman et de la mise sous tutelle mandataire anglaise et française de ses provinces après la guerre. À la France devait revenir le mandat sur la Syrie et le Liban, à l'Angleterre le mandat sur la Palestine, la Jordanie et l'Irak. C'est en fait un projet qui rend tout simplement caduque la promesse faite au chérif Hussein et qui sera considéré à juste titre comme une trahison par les Arabes. En 1918, Abdelaziz Ibn Saoud tente de s'emparer du Hedjaz, mais sans succès. L'année suivante, à la conférence de la paix à Paris, les Anglais souhaitent sa présence et sa participation aux discussions, mais ne réussissent pas à l'imposer. C'est finalement Fayçal, fils du chérif Hussein, qui y prendra part, sans pour autant réussir à faire valoir la promesse faite à son père. Contre la volonté des puissances européennes victorieuses, le congrès de Damas de 1920 proclame tout de même Fayçal roi des Arabes dans un État arabe unifié. Mais le 24 juillet de la même année, l'armée française sévit violemment contre l'armée syrienne et chasse Fayçal qui part se réfugier en Irak. C'est un coup sévère asséné aux aspirations arabes. Tout ce qui restait des territoires de cet État est ce qui représente l'actuelle Jordanie ; les Anglais installent à sa tête Abdallah, l'autre fils du chérif Hussein.

En 1920, le traité de Sèvres, qui fait suite à la conférence de la paix, ne laisse aucun doute : les promesses faites au chérif Hussein ne seront pas tenues, car il reflète l'esprit des accords secrets entre Sykes et Picot. L'État national arabe devant regrouper le Hedjaz, la Mésopotamie, la Syrie et la Palestine ne sera pas créé. À sa place, le traité de Sèvres imagine la création d'entités étatiques dont les frontières devaient se confondre avec celles des provinces arabes de l'Empire ottoman et être soumises à l'influence coloniale française et britannique. Mais Français et Anglais se rendent de plus en plus à l'évidence que la mise en œuvre du traité de Sèvres ne va pas sans provoquer une résistance arabe. C'est ce qui les pousse, dans un premier temps, à retirer leurs troupes des frontières prévues par les accords Sykes-Picot, une manière de reculer pour mieux avancer. D'une certaine manière, et à leur façon, le Britannique Mark Sykes et le Français François Georges-Picot étaient, eux aussi, des « orientalistes » et de grands amoureux du monde arabo-musulman.

La raison supplémentaire est que la Turquie, qui devait, elle, être dépecée après la guerre, a survécu grâce à Mustapha Kemal Atatürk et au prix du massacre et de l'expulsion d'Arméniens, de Grecs et de Kurdes. Cela a conduit en 1923 à la conclusion d'un autre accord, celui de Lausanne, entre la toute nouvelle République turque qui a aboli le califat en 1922, la France, l'Angleterre, le Japon, la Grèce et la Bulgarie[1].

En l'absence de toute possibilité d'indépendance immédiate, les populations des régions émancipées du joug ottoman portèrent leur préférence sur les États-Unis pour être leur mandataire. Cela s'explique par le fait qu'à l'époque, les populations arabes ne voyaient pas dans les États-Unis la force impérialiste aux visées géostratégiques hautement machiavéliques qu'ils voyaient dans la France et l'Angleterre, les deux grandes puissances du XIXe siècle – le sentiment général des Arabes à l'égard des États-Unis demeura le même jusqu'à ce que la politique américaine s'aligne totalement sur la politique israélienne, c'est-à-dire après la mort du président Kennedy. Sur la Palestine, la commission conseillait « des modifications sérieuses du programme sioniste maximaliste ». Le projet présenté à la conférence de la paix de Paris, le 3 février 1919, fut qualifié d'extrémiste, car il réclamait « des frontières englobant les deux rives du Jourdain, soit toute la Palestine plus la Transjordanie, le sud du Liban jusqu'à Sidon, y compris toute la façade méditerranéenne du mont Hermon à cheval sur le Liban, la Syrie et la

1. *Ibid.*

Palestine [...] ; les frontières avec l'Égypte étant à déterminer par négociation »[1].

Quand, en 1925, peu de temps après l'abolition du califat par les Turcs, les Saoudiens (protégés des Anglais) passent à l'offensive pour s'emparer du Hedjaz, les Anglais n'y trouvent rien à dire, se contentant de croire ou feignant de penser qu'il s'agit là d'une querelle de légitimité religieuse. Par le truchement des manœuvres coloniales françaises et britanniques, les Hachémites sont discrédités auprès des leurs alors que les Saoudiens apparaissaient comme des bâtisseurs de royaume ; leur idéologie wahhabite ténébreuse pourra se répandre un peu partout dans le monde arabe et musulman tout au long du XXe siècle, non par un effet de séduction ou du fait qu'elle exprimerait la déclinaison la mieux appropriée de l'islam, comme le voudrait un certain nouvel orientalisme, mais parce que l'État saoudien s'y emploiera énergiquement et que les puissances mondiales, les Britanniques d'abord, les Américains ensuite, y verront une arme redoutable contre le nationalisme arabe après la Seconde Guerre mondiale (donc en faveur d'Israël), ainsi que contre la propagation de l'influence soviétique au Moyen-Orient. En 1926, Abdelaziz Ibn Saoud est intronisé : c'est la naissance de l'Arabie saoudite. Très vite, les rapports du nouvel État avec l'Angleterre sont privilégiés. Par exemple, Ibn Saoud s'empresse de redéployer ses troupes de la région d'Aqaba, en mer Rouge, que les Anglais considéraient stratégique. Le caractère de cette région est d'autant plus stratégique qu'elle allait devenir un passage obligé du premier oléoduc devant transporter le pétrole de Mésopotamie à la Méditerranée.

Pourquoi les grandes démocraties ont-elles préféré les Saoudiens aux Hachémites ? Selon l'historien libanais

1. *Ibid.*

Georges Corm, cité dans le livre dirigé par Daniel Dagenais[1], c'est parce que ces derniers incarnaient un nationalisme moderne imprégné de l'esprit de la *Nahda* dont l'Europe ne voulait pas. Et elle n'en voulait pas car « il ressembl[ait] trop à celui des puissances européennes et utilis[ait] ses mêmes arguties juridiques, sa même théologie nationale et révolutionnaire. Derrière ce nationalisme, s'il s'accomplissait, pourrait donc se profiler un nouveau monstre, une puissance qui pourrait aller du golfe Arabo-Persique à l'océan Atlantique au nom de l'unité de la nation ».

Les conséquences de la Première Guerre mondiale sur les sociétés arabes ont été dramatiques. La désagrégation progressive de l'esprit de la *Nahda* et la propagation de l'idéologie wahhabite, mais aussi, à partir de 1928, de la pensée des Frères musulmans, alors portée et financée par les Saoudiens, a fait en sorte qu'en face des islamistes se sont trouvé des modernistes qui, à l'opposé des réformistes, se refusaient à toute référence locale et cherchaient à se dissoudre intellectuellement dans l'Occident. Les islamistes ne cesseront jamais de le leur reprocher violemment ni de l'utiliser contre eux pour mieux les disqualifier aux yeux des populations. Mais des années 1930 à la fin des années 1960, les fanatiques, qu'on appelait à l'époque les intégristes, étaient nettement minoritaires dans la majorité des pays arabes, dont les populations étaient engagées dans les mouvements nationalistes de libération que dirigeaient des élites politiques socialisantes soutenues par les intelligentsias modernistes, plutôt marxistes-léninistes. L'échec des nationalistes avec la défaite dans la guerre contre Israël en 1967 sera aussi celui des élites modernistes. En un peu plus d'un siècle, deux grands projets de modernisation ont été menés dans les pays arabes.

1. *Ibid.*

Les deux ont échoué et ont ainsi ouvert la porte à une expansion de l'islamisme à grande échelle.

La décantation politique consécutive à la Première Guerre mondiale a plongé l'élite réformiste dans le désarroi et la désillusion. Le sentiment d'avoir été trahis a conduit certains d'entre eux, comme Rachid Ridha, à radicaliser leurs positions à un point tel que leur pensée s'éloigna de plus en plus de l'esprit éclairé de la *Nahda* pour lui substituer les thèmes rigoristes du wahhabisme. En 1928, Hassan al-Banna fonde la confrérie des Frères musulmans sur une base religieuse rigide qui se recoupera plus tard avec le wahhabisme et se répandra largement sous la forme d'une alliance stratégique avec l'Arabie saoudite et les États-Unis contre le communisme et les régimes nationalistes arabes dont les faiblesses lui faciliteront la tâche. Plus qu'une simple association, les idées diffusées par Hassan Al-Banna formeront à la fois une pensée, c'est-à-dire une idéologie, et davantage encore un projet politique qui s'évertuera à imaginer une déclinaison politique à la religion musulmane.

Cette alliance est au centre de la discussion qui a lieu en 1945 à bord du *Quincy* entre le président Roosevelt et le roi Ibn Saoud. Les États-Unis sont ainsi assurés de la livraison du pétrole dans des conditions privilégiées et du soutien saoudien à l'échelle internationale, alors que l'Arabie saoudite a la garantie de sa sécurité et la liberté d'appliquer une politique interne conforme au dogme obscurantiste du wahhabisme. Voilà le premier acte de naissance de l'islamisme contemporain[1].

1. Pour en savoir plus sur ce premier acte qui recèle des détails surprenants, voir *ibid.*, ainsi que le coffret CD intitulé *Histoire de l'islam politique* (Mohamed Sifaoui, Frémeaux et associés, 2020). Il faut souligner aussi que si Roosevelt était issu du camp démocrate, cette alliance avec le wahhabisme a été respectée aussi bien par la gauche que par la droite américaine.

Acte 2

Le second épisode a commencé par une sorte d'aveuglement qui a laissé croire que l'islam politique pouvait être un outil contre l'Empire soviétique, mais qu'en aucune manière il n'était capable de se retourner contre ses propres promoteurs. Là où les États-Unis notamment ont cru voir dans ce phénomène un boulet de canon qu'il suffisait d'utiliser comme une munition vers la cible désignée, ils n'ont pas été en mesure de comprendre sa réalité et de la voir comme une bombe qui, une fois utilisée, risquait d'irradier sur un périmètre très important tous ceux qui s'y trouvaient, y compris ses propres concepteurs.

Le fatalisme culturaliste est sans fondement. C'est le constat que l'on fait lorsqu'on observe froidement le cheminement de l'islam politique durant une quarantaine d'années, à commencer par la révolution iranienne en 1979.

L'Iran a connu pendant les années 1970 une lame de fond contestataire animée à la fois par des islamistes et des mouvements de gauche. Rien ne pouvait expliquer *a priori* une telle alliance de fait. Le dénominateur commun entre tous les opposants iraniens consistait à l'époque en un sentiment partagé de répugnance à l'égard des Pahlavi et de leur politique. En effet, durant vingt-huit ans de règne, la monarchie iranienne n'a rien fait pour éviter que l'opposition se radicalise. Les concessions pétrolières démesurées accordées aux Américains, la politique étrangère totalement ajustée en fonction des intérêts géostratégiques des États-Unis, le développement spectaculaire de la misère et de la pauvreté alors que la famille royale et ses proches baignaient dans un luxe clinquant, la corruption minant une économie de bazar, un étranglement des libertés, etc., sont les facteurs qui ont fait le lit du renversement du shah et l'arrivée au pouvoir de Khomeiny. Il faut préciser que les islamistes iraniens étaient les seuls à échapper au contrôle saoudien et américain. C'est pourquoi l'Arabie saoudite et les États-Unis réagiront rapidement pour maîtriser l'influence iranienne dans les autres pays musulmans. Cet élément est fondamental pour la compréhension de la guerre entre l'Iran de Khomeiny et l'Irak de Saddam Hussein. Autrement dit, l'Irak a servi pendant les années 1980 de bras armé aux États-Unis et à l'Arabie saoudite, soutenus par les monarchies pétrolières du Golfe – dont le Koweït –, contre l'Iran. Mais c'est l'effet contraire qui s'est produit, car l'adversité imposée aux Iraniens n'a fait que légitimer et renforcer le pouvoir totalitaire des islamistes. Il faudra attendre les années 1990, un renouvellement de générations aidant, pour voir ce pouvoir se fissurer lentement et, ce faisant, ouvrir la voie à l'élection comme président de Mohammad Khatami, un réformateur.

Toutes ces nations musulmanes connaissent d'immenses difficultés qui se sont accentuées, depuis une quarantaine d'années, lorsque l'islam politique est devenu une donne essentielle après l'extinction progressive des idées nationalistes qui avaient fait illusion, un temps, dans le monde arabo-musulman, notamment au début des processus de décolonisation, entre le moment où les « officiers libres »[1] prirent le pouvoir en Égypte et

1. Le comité des Officiers libres est une organisation égyptienne révolutionnaire clandestine. Elle s'est constituée, au lendemain de la Seconde Guerre mondiale, au sein de l'armée égyptienne et a pris le pouvoir, à la faveur d'un coup d'État, en 1952, qui a renversé la monarchie. Dirigé par plusieurs officiers supérieurs, ce mouvement engendra notamment celui qui allait essayer de mettre en application les théories du « nationalisme arabe », Gamal Abdel Nasser, plus connu sous le nom de « Nasser ». Ce mouvement affichait une volonté de libérer l'Égypte de la monarchie et de

la séquence relative à la défaite arabe contre Israël en 1973 lors de ce qui fut appelé la « guerre du Kippour »[1].

C'est au lendemain de ce conflit que l'Arabie saoudite, membre central de l'OPEP, a, à l'issue d'une réunion au Koweït, décidé d'un embargo sur le pétrole et le gaz en direction de tous les États alliés ou soutiens d'Israël. Les nations les plus industrialisées, qui viennent de profiter des Trente Glorieuses – trois décennies de forte croissance –, sont alors très dépendantes des hydrocarbures, importés principalement des pays du Moyen-Orient. À la fin de la guerre du Kippour, les régimes arabes, surtout les monarchies régies par les lois islamiques, à commencer par l'Arabie saoudite dirigée à l'époque par l'ultraconservateur roi Fayçal, réduisent leur production et augmentent les prix de 70 % avant de mettre en place le blocus.

En quelques semaines, le prix du brut est multiplié par quatre (le baril d'Arabian Light, qui valait 2,9 dollars en octobre 1973, coûte 11,60 dollars deux mois plus tard). Les conséquences sont alors désastreuses pour les économies occidentales. La croissance s'effondre littéralement et le taux de chômage ne tarde pas à exploser. Parallèlement, après la débâcle militaire face à l'État hébreu, la rue musulmane a l'impression de recouvrer un peu de fierté et, d'une certaine manière, même les milieux de gauche estiment que c'est grâce à l'islam que les « Arabes » ont réussi à tenir tête aux capitalistes occidentaux.

Pour autant, même s'il lui arrive de faire illusion, le projet islamiste n'a jamais été autre chose qu'une

l'« impérialisme ». Les « officiers libres » prirent le pouvoir avec le soutien de la confrérie des Frères musulmans avant de se retourner contre eux.

1. La guerre du Kippour a commencé en pleine fête juive, Yom Kippour, à la suite d'une offensive surprise lancée par l'armée égyptienne le 6 octobre 1973.

logique destructrice et autodestructrice. Il n'y a qu'à voir l'état de l'Afghanistan, plus de trente ans après la fin de la guerre contre l'Union soviétique et le départ des troupes de l'Armée rouge ; ou celui du Soudan, jadis plus grand pays d'Afrique en superficie, désormais scindé en deux, trente ans après l'instauration de la charia, pourtant maintes fois vantée par ses promoteurs et présentée comme socle pour l'émergence de la félicité. Observons la situation de la société algérienne, traversée par ce fléau, et la faillite culturelle et morale qui frappe ce pays, ou celle que connaît l'Iran depuis l'avènement des mollahs en 1979.

Cette fameuse année 1979 a été porteuse d'une aubaine pour les Saoudiens et les Américains : l'invasion de l'Afghanistan par l'URSS. Les Soviétiques n'étaient vraisemblablement pas conscients qu'ils allaient s'enliser dans un conflit qui leur serait fatal. La guerre d'Afghanistan, tout au long de la décennie 1980, donna une envergure phénoménale à l'islam politique dans l'ensemble du monde musulman. Par leur athéisme, les communistes représentaient un ennemi de choix. Mais sans l'aide financière, logistique et militaire massive des Saoudiens, des Pakistanais et des Américains, les Afghans n'auraient probablement pas réussi à infliger une défaite aussi humiliante à l'Armée rouge. L'Arabie saoudite déploya des moyens énormes pour financer l'effort de guerre en organisant le départ vers l'Afghanistan de milliers de jeunes musulmans fraîchement acquis au dogme islamiste ; parmi eux, un certain Oussama Ben Laden qui devint lui-même recruteur. Les États-Unis n'étaient pas en reste. À travers le Pakistan et l'Arabie saoudite, la CIA entretenait des relations étroites avec les factions islamistes afghanes les plus fanatiques, que les médias américains n'hésitaient pas à qualifier de « combattants de la liberté ». La guerre d'Afghanistan est venue se greffer au conflit israélo-arabe pour servir de propagande additionnelle aux mouvements islamistes, qui mobilisaient les franges les plus écrasées des sociétés arabes et musulmanes pour les dresser de manière encore plus radicale contre leurs propres gouvernements à la légitimité vacillante à cause de leur immobilisme face à Israël et de leurs échecs répétés dans le domaine économique et social. Le pouvoir du Soudan sera le premier à céder. D'autres pays comme l'Algérie et l'Égypte connaîtront durant les années 1990 les pires cauchemars d'assassinat d'intellectuels et de massacre des populations.

Idéologie totalitaire, l'islamisme est un projet dangereux pour au moins deux raisons : sa capacité à tromper les défavorisés, donc les plus démunis, non sans leur faire croire à un hypothétique paradis, après la mort, à défaut d'une vie digne ici-bas. Et l'antagonisme de cette idéologie – qui prétend parler au nom d'une religion – avec les grandes valeurs universelles : la laïcité, les droits de l'homme, la démocratie ou l'égalité entre les sexes. Oui, nous aurions des motifs valables d'en vouloir à ceux qui se font les soutiens d'une telle doctrine, *a fortiori* lorsqu'on estime être un progressiste, car il est question de trahisons, à partir de dogmatismes, dont les principales victimes sont les classes populaires, celles-là mêmes que toutes les gauches prétendent défendre.

Effectivement, d'aucuns l'ont constaté, l'islamisme est nocif, toxique, souvent mortel, pour les sociétés musulmanes elles-mêmes, mais aussi pour les démocraties occidentales, de plus en plus gangrénées par ce phénomène. C'est dire si nous évoquons un programme qui, à juste titre, angoisse et terrifie, en raison de la barbarie qu'il génère, mais qui est, quoi qu'on puisse en dire, je l'ai expliqué, un projet voué assurément à l'échec. *A fortiori*, sous les habits d'un totalitarisme, des groupes idéologiques, des pays ou même des civilisations qui ne produisent plus rien, sinon de la haine et des logiques nihilistes, ne peuvent pas réussir. C'est l'histoire qui l'enseigne.

Le nazisme, et tout ce qu'il pouvait mobiliser comme moyens humains, matériels et idéologiques, n'a pas pu perdurer au-delà d'une douzaine d'années. Que penser alors d'une doctrine stérile ? Que génère, en effet, la logique islamiste si on devait la comparer aux productions de la Chambre de la culture du Reich qui supervisait et régulait les différentes facettes de la culture allemande en fonction de l'esthétique nazie, notamment de la « race aryenne » ?

Je fais ce parallèle pour insister sur le fait qu'un totalitarisme, quel qu'il soit, fût-il né au cœur d'un continent européen bénéficiant d'une extraordinaire révolution industrielle et d'une autre culturelle, fût-il né dans un grand pays et instrumentalisant une grande civilisation, ne peut réussir, car comme l'écrivait Hannah Arendt, « le totalitarisme a découvert un moyen de dominer et de terroriser les êtres humains de l'intérieur ». Or, justement, un mouvement qui détruit ceux qu'il est supposé « emmener au paradis » ne peut être pérenne.

Tout au long de ces années qui m'ont amené à travailler sur l'islam politique et à approcher de très près ses promoteurs, en France et ailleurs en Europe, mais aussi en Algérie ou en Afghanistan, voire au Pakistan et en Égypte, je n'ai eu de cesse de souligner sa dangerosité, de rappeler par ailleurs que son caractère totalitaire, l'extrémisme jusqu'au-boutiste de ses adeptes le condamnaient, tôt ou tard, à disparaître, en tout cas à ne jamais atteindre les objectifs contenus dans sa littérature : islamisation de la planète, humiliation des nations non musulmanes et, *a minima*, garantie d'un hypothétique bonheur terrestre pour tous ceux qui vivrait sous charia. Voilà un demi-siècle ou presque

que ce phénomène complexe suscite le brouhaha ambiant. Mais à part tout ce bruit et la barbarie qui en résulte, il n'a pas réussi – et il ne pourra probablement pas – à ériger quelque chose de solide et de durable. L'expression la plus achevée de l'islamisme s'est manifestée sous sa forme la plus hideuse à la suite d'un concours de circonstances sur les plans militaire, géopolitique et sociologique qui a donné naissance à ce chimérique proto-État que l'on a appelé Daesh ou « État islamique ».

Ce totalitarisme peut prendre des aspects moins spectaculaires et ainsi plus rassurants. Ceux-ci sont généralement matérialisés par les milieux qui diffusent la pensée des Frères musulmans. Aucun observateur sérieux du phénomène ne pourra prétendre qu'il y aurait un courant plus compatible qu'un autre avec la démocratie et les valeurs qu'elle porte. En réalité, au mieux, ce n'est pas une forme d'islamisme qui serait conciliable avec les principes universels, mais plutôt certains de ses militants qui pourraient opportunément se rendre accordables avec certaines idées modernistes pour faire croire que leur idéologie le serait tout autant. Cet aspect a été également expliqué en détail dans *Taqiyya !* C'est d'ailleurs la raison pour laquelle il apparaît logique de situer cette enquête dans la continuité de celle qui m'a permis de décortiquer le fonctionnement des islamistes en perpétuelle quête d'infiltration des sociétés[1].

1. Voir Mohamed Sifaoui, *Taqiyya !*, *op. cit.*

4

Connaissez-vous l'an zéro de l'islamo-gauchisme ?

Avant Pierre-André Taguieff, le Britannique Chris Harman, journaliste et historien, mais surtout cadre dirigeant trotskiste – à la tête du Socialist Workers Party (SWP)[1] –, a, dès 1994, posé les jalons de cette convergence qu'il assumait complètement. Non pas en appelant à un soutien inconditionnel à l'islam politique, mais en considérant que face aux États, c'est la mouvance islamiste qu'il convenait de supporter. Il a présenté une « étude » de près d'une centaine de pages, qui repose sur l'examen incomplet et imprécis de quatre situations (Algérie, Égypte, Iran et Soudan), pour étayer une conclusion totalement surréaliste dans laquelle on peut lire : « Nous défendons le droit de ne pas porter le foulard comme nous défendrons le droit des jeunes filles dans les pays racistes comme la France de le porter si elles le désirent[2]. » Nous sommes alors cinq ans après la discorde autour de l'affaire du voile de Creil qui a mis à l'épreuve la laïcité et divisé non seulement la classe politique, mais aussi la gauche elle-même.

1. Le Parti socialiste des travailleurs.

2. Chris Harman, *The Prophet and the Proletariat*, Socialist Workers Party, 1994.

Toujours est-il que partir d'une polémique qui a pour origine le non-respect d'une loi, celle de 1905, pour conclure de manière sentencieuse que la France serait un des « pays racistes » qui opprimeraient les femmes voilées est à tout le moins surprenant, d'autant plus que dans les pages précédentes, l'auteur reconnaît qu'en Iran ou en Égypte, mais également en Algérie, des femmes sont agressées, voire tuées parce qu'elles ne portent pas le voile : « Dans les villes algériennes où [les islamistes] ont établi leurs fiefs, ils organisent des attaques ayant pour cible les femmes qui osent dévoiler un petit morceau de peau[1]. »

En réalité, lorsque certains observateurs pensent que les Anglo-Saxons ne saisissent pas la spécificité française, je crois pour ma part au contraire qu'ils comprennent parfaitement le cadre laïque ; ils savent bien évidemment que l'islamisme est misogyne et oppresseur, mais en raison d'une approche totalement cynique, ils estiment, depuis très longtemps, que le représentant d'une « minorité », face à un État capitaliste, a toujours raison puisque ce sont généralement des milieux idéologiques qui ont un profond mépris pour les lois et les usages des pays démocratiques.

Cette position qui s'est dessinée au fil du temps est devenue une sorte de constante dans le discours des islamo-gauchistes : tel un vieux disque rayé, ils ressassent les mêmes propos et sont prompts à user des termes les plus crispants et des qualificatifs les plus excessifs pour évoquer l'application de la laïcité en France et éviter tout commentaire donnant l'impression de condamner les islamistes qui « organisent des attaques ayant pour cible les femmes qui osent dévoiler un petit morceau de peau ». Dans sa conclusion, Harman se voudra encore plus clair : « Les socialistes

1. *Ibid.*

révolutionnaires ne peuvent apporter leur soutien à l'État contre les islamistes. Ceux qui lui apportent leur soutien en le justifiant par la menace que les islamistes font peser sur les valeurs laïques ne font que leur rendre la tâche plus facile de présenter la gauche comme une composante de la conspiration "impie" et "laïciste" des oppresseurs contre les fractions les plus pauvres de la société[1]. »

C'est plus loin que Chris Harman, qui n'appelle pas à une alliance idéologique avec l'islamisme, va plaider pour une instrumentalisation, voire une utilisation cynique de ces derniers : « Les islamistes ne sont pas nos alliés. Ils sont des représentants d'une classe qui tente d'influencer la classe ouvrière [...]. Leurs sentiments de révolte pourraient être canalisés vers des objectifs progressistes, si une direction leur était offerte par une montée des luttes ouvrières [...] ; beaucoup de ceux qui sont attirés par des versions radicales de l'islamisme peuvent être influencés par les socialistes – à condition que ceux-ci combinent une indépendance politique à l'égard de toutes les formes d'islamisme, avec la volonté de saisir les opportunités pour entraîner à leurs côtés des individus islamistes dans des formes de lutte authentiquement radicales[2]. »

Je récapitule : il est précisé que la gauche n'est pas une alliée des islamistes, mais que dans tous les cas de figure, au nom de l'existence d'un ennemi commun, l'État capitaliste, il est évident, à ses yeux, qu'il ne faut pas soutenir ledit État et qu'il serait, par ailleurs, très utile d'étudier la possibilité de récupérer certains militants islamistes, de canaliser leur fougue pour faire avancer des idées socialistes. C'est exactement ce qui se fait généralement dans une grande partie de la gauche.

1. *Ibid.*
2. *Ibid.*

Chris Harman lui-même résume ainsi sa vision : « Là où les islamistes sont dans l'opposition, notre règle de conduite doit être : "avec les islamistes parfois, avec l'État jamais[1]". » Tout est clair !

Pour autant, faut-il considérer Chris Harman comme le fondateur de l'islamo-gauchisme ? Peut-être pas, car en cherchant les sources de cette convergence militante, on trouve des éléments qui permettent véritablement de situer précisément le point de départ. Il suffit de remonter le temps.

Ce que j'ai expliqué dans un chapitre précédent a permis d'installer une matrice, un état d'esprit, un rapport particulier, fait de fantasmes et d'exotisme, avec le monde musulman en général et, par la suite, avec la mouvance islamiste en particulier. Dans cette partie, il convient de revoir les moments importants qui ont jalonné le XXe siècle et qui ont permis de construire, non pas une idéologie ni une pensée, mais une logique islamo-gauchiste.

Égypte 1952, an zéro de l'islamo-gauchisme

Quelle est l'année zéro de l'islamo-gauchisme ? Et si le rapprochement opérationnel constaté par Pierre-André Taguieff et confirmé par les services de renseignements occidentaux puisait ses origines dans le monde arabo-musulman ? Et si en définitive toute cette affaire avait commencé bien loin du Vieux Continent ? En observant les évolutions de plusieurs pays comme l'Égypte, l'Algérie, l'Iran ou le Soudan – ce n'est pas un hasard si ce sont ces pays-là qui sont cités dans l'essai de Chris Harman –, l'on s'aperçoit que cette alliance

1. *Ibid.*

entre l'islam politique et les tenants de la gauche révolutionnaire se manifeste, en réalité, une première fois dans une partie de la composante des « officiers libres » qui allaient renverser le roi Farouk d'Égypte le 23 juillet 1952, non sans instrumentaliser au passage la confrérie des Frères musulmans qui disposait alors d'une base populaire très importante. Celle-ci était bénéfique pour les putschistes, car il fallait, sinon la neutraliser, du moins l'utiliser pour créer la nécessaire jonction, dans ce genre d'opérations, entre le peuple et l'armée. De plus, certains des militaires étaient adeptes du mouvement islamiste, notamment le lieutenant-colonel Abd Al-Munîm Abdel Raouf, l'une des figures de proue des Frères musulmans au sein des « officiers libres ». C'est lui et ses hommes qui ont assiégé le palais royal de Ras Al-Tin à Alexandrie. Ils ont échangé des tirs avec les gardes royaux pour forcer le roi Farouk à abdiquer. C'est probablement le gradé qui assumait le plus son appartenance à la confrérie.

Le groupe islamiste avait très tôt fondé une structure, Tanzim al-Dubbat al-Ikhwan (Organisation des officiers de la confrérie), chargée de faire du prosélytisme au sein des corps constitués et ainsi recruter des policiers et des militaires, ces derniers ayant été impactés aussi bien par des théories marxistes et nationalistes que par des idées islamistes propagées dans l'Égypte des années 1930 et 1940. Un autre officier, Kamal-eddine Hussein, illustre également cette hybridation idéologique qui caractérisait ceux qui ont fait tomber le régime monarchique, outre le futur président Anouar el-Sadate et même Gamal Abdel Nasser dont on ignore s'il avait flirté avec les Frères musulmans dans l'unique but de les manipuler ou s'il partageait réellement, à un moment de sa jeunesse, tout ou partie de leur doctrine. Quoi qu'il en soit, à travers la révolution de juillet 1952 en Égypte, on peut documenter l'existence d'une alliance stratégique entre les islamistes et les « officiers libres ». Certains militaires étaient à tout le moins très conservateurs et s'accommodaient, sans problème, de la pensée islamiste, tant que ses promoteurs ne s'occupaient que des affaires de société (le voilement des femmes, l'éducation, les mosquées...). Il va sans dire qu'en visitant l'histoire récente de tous les régimes arabo-musulmans dits « laïques », on voit qu'ils ont tous combattu l'islamisme d'une main et l'ont nourri d'une autre, installant parfois des logiques islamo-gauchistes lorsqu'ils prétendaient défendre des idées marxistes-léninistes.

D'ailleurs, Nasser ne tarda pas à nommer, au poste de ministre des Affaires religieuses, un membre important de la confrérie : Ahmed Hassen Al-Baqouri, qui deviendra par la suite l'un des dirigeants d'Al-Azhar, avant de finir conseiller à la présidence égyptienne.

Le rapprochement de Nasser avec l'URSS l'a amené à opter pour la stratégie du balancier pour ne pas se couper de la frange conservatrice de son pouvoir et de la partie islamiste de la société. C'est ainsi qu'il rééquilibra sa démarche, dès la fin des années 1950, en accordant aux « barbus » une place non négligeable, et ce, paradoxalement, tout en domptant violemment les Frères musulmans. Il leur permet ainsi de diffuser à travers le système éducatif et le réseau de mosquées les visions les plus archaïques de l'islam, tout en permettant aux plus patients d'entre les « Frères » d'engager une politique de fond et d'attendre des « jours meilleurs » pour récolter ce qu'ils étaient en train de semer. C'est l'une des raisons qui explique le résultat final : malgré la répression des années 1950 et 1960 qui a décapité le groupe, poussé à l'exil plusieurs cadres, fait exécuter des théoriciens comme Sayyid Qutb, qui deviendra une icône, et condamné à de la prison plusieurs milliers de militants, le mouvement, sous ses différentes formes, finira non seulement très puissant, mais surtout, quoi qu'on puisse en dire, culturellement victorieux. À ce jour, l'Égypte est l'otage de la pensée islamiste. Tout en combattant les Frères musulmans, l'autocrate Abdel Fatah Al-Sissi est lui-même, ainsi que ses proches, impacté par les idées puisées dans cette forme radicale de la religion. On l'entend à chacun de ses discours, on le voit par l'intermédiaire du voile exhibé par son épouse (il suffit de la comparer aux anciennes Premières dames) et on le remarque à travers la politique éducative et culturelle menée par son régime.

Aussi paradoxal que cela puisse paraître, plusieurs autocrates arabo-musulmans, y compris ceux qui donnent l'impression d'être résolument anti-islamistes, ont mis à l'œuvre en vérité une logique islamo-gauchiste, tout en engageant une politique féroce de répression contre les islamistes, ce qui les nourrissait, puisqu'elle continue de les poser en victimes.

S'il fallait trouver un début effectif à la convergence opérationnelle entre l'islamisme et les milieux de gauche, il est évident que l'avènement des « officiers libres » constitue, à mes yeux, l'an zéro de cette histoire.

Algérie 1962, an 1 de l'islamo-gauchisme

Le deuxième acte est à analyser en Algérie à partir de 1954. Dans la rhétorique du FLN, l'objectif était contenu dans la dénomination du mouvement : la « libération » de la domination coloniale. On ne peut pas dire que l'action des indépendantistes algériens ait eu pour dessein premier une cohérence idéologique. Cela étant dit, en créant un « front », ils ont donné naissance, là aussi, à une hybridation qui permettait, avec le même objectif – l'indépendance du pays – de faire cohabiter, aux côtés des nationalistes, des communistes à l'image de Amar Ouzegane et des islamistes comme Larbi Tébessi. Le premier était membre du parti communiste et le second appartenait au mouvement des oulémas algériens[1], qui s'inscrivait dans le courant « réformateur », *Nahda*.

En communiste convaincu, Ouzegane écrivit pourtant, dès 1961 – ce qui donne la preuve que l'alliance entre l'islam politique et des mouvements se réclamant de la gauche était déjà d'actualité à cette époque : « Le FLN s'est gardé du danger sectaire en évitant tout schématisme conduisant à l'anticléricalisme vulgaire[2]. » C'est dans le même ouvrage que ce pur produit de l'école française et des Lumières, nourri par la pensée du parti communiste, écrivit sa célèbre phrase fustigeant alors les mariages mixtes : « Celui qui épouse une Française introduit le colonialisme dans son foyer. » Même si cette phrase visait Messali Hadj, l'un des leaders du mouvement nationaliste algérien, marié à une Française non musulmane, elle n'était pas pour déplaire aux franges les plus conservatrices du mouvement qui, au fil du temps, montraient qu'ils souhaitaient, plus qu'une indépendance, un État reposant sur deux éléments : l'arabité et l'islamité. La doctrine s'est dessinée sur le fil des évènements pour se compléter juste avant la fin de la guerre. Avec Ouzegane, nous avons une illustration de l'islamo-communisme. Ce dernier n'était

1. Le mouvement dit des « oulémas algériens » était composé de religieux qui furent accusés d'être d'obédience wahhabite, mais dont l'identité idéologique était, en vérité, proche du Libano-Syrien Rashid Rida, lui-même impacté par le wahhabisme, et qui avait été un mentor pour Hassan Al-Banna, fondateur des Frères musulmans. Le mouvement a rejoint tardivement le FLN en 1956. Ses dirigeants, initialement opposés à l'action armée, s'y rallièrent progressivement.

2. Amar Ouzegane, *Le Meilleur Combat*, Julliard, 1962.

pas « gauchiste » au sens classique du mot, mais communiste stalinien.

Celui qui fut pourtant l'un des rédacteurs de la plateforme de la Soummam[1] voulait en vérité mettre sur pied un État et non un changement social. De ce point de vue, ce n'est pas un révolutionnaire au sens premier du terme.

En réalité, même si le propos sera probablement jugé politiquement incorrect par une majorité d'Algériens, il ne serait pas excessif de dire que le FLN, certainement de manière inconsciente, a laissé s'ériger une pensée islamo-gauchiste sans véritablement l'affirmer. C'est un élément qui se matérialisera davantage au lendemain de l'indépendance. Durant les sept années de guerre, l'unique mot d'ordre qui devait s'imposer en quasi-doctrine répétait en substance que le peuple était uni dans son combat libérateur. Mais, pour l'après, c'était le néant. C'est la raison pour laquelle ce mouvement indépendantiste n'a pas voulu mettre en évidence un leader en particulier, estimant qu'à travers le mythe « un seul héros, le peuple », il serait plus facile de faire avaler, en un second temps, à ce même peuple n'importe quelle pilule.

C'est sur ce silence, cette absence d'affirmation d'une véritable identité idéologique, qu'est né un régime algérien fait de bric et de broc. C'est pourquoi il me semble assez réducteur de considérer le FLN comme un mouvement marxiste-léniniste, car s'il s'est incontestablement inspiré de ces idées, il s'est laissé influencé, par ailleurs, durant la guerre et au lendemain de celle-ci, par les théories islamistes. Et assez allègrement. J'en donne pour preuve l'absence d'un véritable projet de société qui continue de pénaliser ce pays dirigé par un

1. Document rédigé lors du « congrès de la Soummam » par des leaders du FLN, réunis clandestinement dans un village en Kabylie, pour doter la guerre d'indépendance d'un projet politique.

régime mi-civil, mi-militaire, mi-gauchiste, mi-affairiste, mi-laïque, mi-religieux, qui n'a, à aucun moment de son histoire, fait un choix cohérent. La posture inaugurée en 1955, en pleine guerre, lors de la conférence des « non-alignés » de Bandung, avait séduit quelques « révolutionnaires » empiriques qui prenaient en compte l'utopie sans évaluer sa traduction effective[1]. Mais cette posture a fait long feu.

Au lendemain de l'indépendance, plusieurs mesures décidées par Ahmed Ben Bella, le premier président algérien, ne pouvaient que plaire aux militants anticolonialistes, les fameux « pieds-rouges » qui avaient parcouru le chemin inverse de celui des pieds-noirs, espérant faire de ce pays, nouvellement souverain, un champ d'expérimentation pour un « socialisme authentique ». Car, en 1963, en théorie, les objectifs de ce régime tout frais visaient à assurer une redistribution gratuite des terres fertiles et la création de coopératives sur adhésion libre. Dans les discours, l'islam était régulièrement convoqué en composante essentielle de l'identité à construire – ou plutôt à reconstruire – et la « bourgeoisie d'exploitation » (entendre les propriétaires terriens) était quant à elle fustigée – même si l'islamisme a toujours consacré la propriété privée, mais passons... Le régime voulait également nationaliser le crédit et le commerce extérieur, et subordonner l'industrialisation au développement de l'agriculture. Autant de résolutions qui font asseoir, de manière on ne peut plus officielle, son caractère socialiste, voire autogestionnaire.

1. Le FLN n'a abordé le « socialisme » que dans la charte de Tripoli en juin 1962, un mois avant l'indépendance officielle. Dans aucune de ses précédentes plateformes, ni dans la Déclaration du 1er novembre 1954 qui annonçait la naissance du FLN et le début des hostilités, ni durant le congrès de la Soummam, en août 1956, il n'a été question de « socialisme ». Il fallut attendre la Charte d'Alger, en 1964, pour en constater l'inspiration nettement marxiste.

Simultanément, sur le plan social, l'islam politique se mit en marche. Le code de la nationalité concocté dans le courant de l'année 1963 allait montrer, surtout aux pieds-rouges, l'autre visage du pouvoir.

La citoyenneté algérienne n'existant pas, d'un point de vue juridique, avant l'indépendance du pays, il fallait déterminer, à travers un code spécifique, les moyens de son obtention. Dans le projet initial, comme dans le texte adopté, est définie une « nationalité d'origine », accordée rétroactivement à ceux dont la loi considère qu'ils n'ont pas à acquérir la nationalité algérienne. Ainsi l'article 34 allait fixer le sens du mot « algérien », selon la doctrine prônée par Ben Bella : « Il s'agit de toute personne dont au moins deux ascendants en ligne paternelle sont nés en Algérie et y jouissent du statut musulman[1]. » Le moins que l'on puisse dire, c'est qu'on ne traite pas là d'une vision qui découle, loin de là, d'une pensée marxiste.

Les soutiens non musulmans du FLN, nés en Algérie et ayant porté eux aussi, au péril de leur vie, l'ambition indépendantiste, ne s'étaient pas rendu compte que derrière l'utopie fraternelle et socialiste, le projet islamisant allait leur dénier le droit d'accéder automatiquement et de plein droit à la nationalité algérienne. Quelle ingratitude !

Pire : Ben Bella a exaucé le vœu d'un islamiste égyptien, Toufik Al-Chaoui[2], membre des Frères

---

1. Circulaire du 9 mai 1963 relative à l'application de la loi n°°63-96 du 27 mars 1963 portant Code de la nationalité algérienne. *Journal officiel de la République algérienne* du 24 mai 1963. Deux fois réformé, en 1970 et 2005, ce code précise, à ce jour, à travers son article 32 modifié : « Lorsque la nationalité algérienne est revendiquée à titre de nationalité d'origine, elle peut être prouvée par la filiation découlant de deux ascendants en ligne paternelle ou maternelle, nés en Algérie et y ayant joui du statut musulman ».

2. Toufik Mohamed Ibrahim Al-Chaoui est né le 15 octobre 1918 près de Doumiath, une ville du nord de l'Égypte. Membre des Frères musulmans, ce constitutionnaliste s'engagera d'abord auprès des dirigeants

musulmans, d'exclure de la nation les non-musulmans, érigeant un pont entre les courants de gauche du FLN et ceux qui suivaient clairement une ligne islamiste. Constitutionnaliste venu du Caire, il était devenu conseiller et ami personnel du président algérien, et surtout agent d'influence des Frères musulmans chargé par la confrérie, après la décolonisation, de la stratégie de réislamisation des pays du Maghreb. Il avait dès lors initié une démarche ouvertement xénophobe. Toufik Al-Chaoui avait même exprimé le regret que l'Algérie n'aille pas plus loin dans la consécration de l'option islamo-nationaliste. Lui qui avait soufflé à Ben Bella d'adopter comme appellation officielle pour le jeune État fraîchement indépendant le très connoté « République algérienne arabe et islamique » au lieu de la dénomination finalement choisie : « République algérienne démocratique et populaire ». Le constitutionnaliste égyptien, comme tout islamiste qui se respecte, caressait en vérité le rêve de fonder un État théocratique.

L'islam, avec la complicité de plusieurs courants de gauche, est déjà instrumentalisé pour servir de « ciment » à la société. Cela étant dit, il ne serait pas juste d'affirmer que les indépendantistes algériens se réclamant des pensées de gauche aient décidé d'utiliser l'islam autrement que pour des raisons purement pragmatiques. Pour s'en convaincre, il faut essayer de comprendre quelle est, en Algérie, la place de cette religion durant les années 1950 et pendant les décennies qui les ont précédées.

En réalité, il s'agit d'une croyance alors quasiment en voie de disparition, réduite à des pratiques

---

marocains et tunisiens avant de se rapprocher des Algériens. Il deviendra un proche d'Ahmed Ben Bella. Dès 1965, il ira s'installer en Arabie saoudite où il sera conseiller juridique auprès du ministre saoudien du Pétrole.

rituelles, à de la sorcellerie et à du maraboutisme. Le Coran est ânonné mécaniquement et les superstitions supplantent la spiritualité. Plusieurs indépendantistes formés à l'école française et, politiquement, aux idées marxistes-léninistes par la CGT et le parti communiste estiment, même s'ils ne l'avoueront jamais publiquement, qu'il est question surtout de se servir de l'élément religieux à des fins politiques, car si c'est, à leurs yeux, un facteur d'arriération culturelle, il est important d'en tenir compte pour pouvoir attirer les classes désœuvrées et le « petit peuple » qui y est très sensible.

D'ailleurs, même la tête de file des oulémas algériens, le cheikh Abdelhamid Ben Badis, dira plus tard : « L'islam est notre religion, l'arabe est notre langue et l'Algérie est notre patrie[1] » – ce qui deviendra une sorte de credo du régime –, écrivit quelques années plus tôt, en 1925 : « Le peuple algérien est un peuple faible et peu évolué [...]. Il éprouve la nécessité vitale d'être sous l'aile protectrice [...] d'une nation forte, juste et civilisée qui lui permette de progresser dans la voie de la civilisation et du développement[2]. » En réalité, les deux phrases répondent à deux contextes différents. La seconde, celle de 1925, correspond à une époque où les religieux – l'association des oulémas n'est pas

1. L'Association des oulémas algériens a créé à partir des années 1930 un réseau d'écoles qui enseignaient simultanément les sciences profanes et religieuses. Au départ, elles luttaient contre une « désislamisation » de la société pour intégrer, en un second temps, une logique purement politique qui passait notamment par la défense de la religion musulmane et de la langue arabe. En 1938, l'association est entrée en conflit ouvert avec l'administration coloniale qui, voyant la montée en puissance du réseau d'écoles et le rôle de celles-ci, a légiféré pour essayer de limiter l'influence des oulémas. Ces derniers cherchaient à uniformiser la société algérienne pour la fédérer et ils ont ainsi, au-delà des écoles, créé des cercles culturels, des troupes de théâtre et des clubs sportifs, visant aussi bien les enfants que les adultes.

2. Yves Michaud, *La Guerre d'Algérie*, Odile Jacob, t. XIV, 2005.

encore créée – sont plutôt assimilationnistes. Ils veulent le respect de leurs pratiques, espèrent les uniformiser et les étendre, et, surtout, réclament des droits de la France tout en restant sous son « aile protectrice ». Les revendications indépendantistes commencent à se faire entendre à travers notamment des émules du parti communiste. Durant les années 1920, ce n'est pas Abdelhamid Ben Badis qui parle d'indépendance, mais plutôt l'émir Khaled, le petit-fils du célèbre émir Abdelkader, qui fit une synthèse entre pensée communiste et vision islamo-nationaliste à l'image des Jeunes-Turcs[1]. La première phrase, quant à elle, bien qu'elle intervienne sept ans plus tard, en 1932, s'inscrit dans une autre dynamique. Celle des années 1930.

L'orientaliste et anthropologue Jacques Berque a repéré au cœur de cette décennie un véritablement basculement au sein des sociétés maghrébines, notamment de leurs élites, et un début de mobilisation contre le système colonial, l'espoir de réformes étant suscité par la naissance du Front populaire. En Algérie, on assiste alors à la création d'une opinion publique algérienne et à des tentatives pour ériger des espaces franco-musulmans. C'est donc par dépit, probablement aussi par provocation, qu'Abdelhamid Ben Badis écrivit ce qui allait devenir sa plus célèbre phrase et qui fut d'ailleurs catastrophique pour la suite, puisqu'elle servit de matrice au futur régime FLN qui n'admit plus, sinon à la marge, une autre religion en Algérie, bafouant le droit des chrétiens et des juifs, voire des athées, qui avaient combattu pour l'indépendance, rejetant toute autre langue que l'arabe, méprisant ainsi les langues

1. Ce parti politique nationaliste, moderniste et réformateur ottoman a mené une rébellion contre le sultan Abdülhamid II (renversé et exilé en 1909), planifié le génocide arménien et mis en œuvre la turquification de l'Anatolie.

berbères et la Kabylie, qui fut soumise à une politique d'arabisation, et enfin exacerbant par la suite le nationalisme algérien. Autant de ferments idéologiques qui constitueront, de mon point de vue, la crise multiple dans laquelle continue de se débattre l'Algérie.

Pendant la guerre, le FLN, notamment soutenu par les pablistes, un courant trotskiste porté par Michalis Raptis dit Michel Pablo[1], confirmait, plus l'indépendance approchait, l'hybridation de l'idéologie du futur régime algérien. Ce n'est guère un hasard si, par la suite, parmi les conseillers d'Ahmed Ben Bella à la présidence algérienne, on trouve Toufik Al-Chaoui, Égyptien appartenant à la mouvance des Frères musulmans, et Michel Pablo, concepteur de la fusion des mouvements trotskistes français au sein de la « IVe Internationale ». C'est dire ! Ce sera donc l'islam religion d'État pour accompagner un projet fondé sur le « socialisme spécifique »[2]. On peut dire que, d'une certaine manière, cela signe l'an 1 de l'islamo-gauchisme. Après 1952 et la révolution des « officiers libres », 1962 et l'indépendance de l'Algérie.

Quoi qu'il en soit, le Code de la nationalité, adopté en mars 1963 par l'Algérie, va, quelques mois plus tard, être confirmé par la Constitution approuvée en septembre de la même année. Malgré les protestations de l'avocat Jacques Vergès[3], célèbre « défenseur de la cause algérienne », les textes fondamentaux consacraient le

1. De leur côté la plupart des anarchistes et des trotskystes étaient messalistes, en d'autres termes des soutiens de Messali Hadj, leader du Mouvement national algérien (MNA)

2. Défini par Ahmed Ben Bella, le « socialisme spécifique » prend au marxisme-léninisme l'analyse économique scientifique, mais puise des éléments d'identité dans les tréfonds arabo-islamiques pour préserver la personnalité algérienne.

3. Considéré comme l'avocat des terroristes, il fut amené, par ses engagements gauchistes, à épouser la cause des Palestiniens et surtout celle du terroriste Carlos dont il sera le principal défenseur.

caractère « populaire » et de la langue arabe comme seule langue officielle, le nationalisme arabe comme socle doctrinal et l'islam comme « religion d'État ». Les premiers articles de la Constitution suffiront donc à signifier cette hybridation. Il s'agit déjà d'un régime islamo-gauchiste ! Jacques Vergès accédera finalement à la citoyenneté algérienne à la faveur de son mariage avec une héroïne indépendantiste, Djamila Bouhired, avec laquelle il eut deux enfants, et surtout grâce à un article de loi qui permettait de naturaliser tous ceux, parmi les « étrangers » – entendre les non-musulmans –, qui pouvaient prouver « une participation à la guerre de libération ». En tant qu'avocat du FLN, il fut même intégré dans le premier cabinet du ministre des Affaires étrangères. Il est dit que Vergès s'est converti à l'islam lorsqu'il a épousé Djamila Bouhired, mais il a toujours démenti cette information. Il apparaît cependant, selon plusieurs témoignages et recoupements, qu'il l'aurait fait, mais « pour la forme seulement », pour reprendre l'expression d'une source qui a requis l'anonymat et qui l'a bien connu. Comprendre « sans convictions ».

Au lendemain de l'indépendance de l'Algérie, le régime militaire qui accapara le pouvoir installa une façade civile. Certes, initialement, le FLN était d'inspiration léniniste, marxiste, mais progressivement le parti prit en compte sa composante conservatrice, mais aussi celle qui déjà, consciemment ou pas, était impactée par l'idéologie des Frères musulmans, importée par des étudiants ou des militants ayant sillonné, pendant quelques années, les rues du Caire ou de Damas. C'est ainsi que beaucoup de cadres du FLN se laissèrent influencer aussi bien par les logiques nationalistes de gauche, s'appuyant surtout sur le panarabisme nassérien[1], que par

1. Depuis 1952, le président égyptien Nasser, soutien de l'indépendance algérienne, était également le chantre du nationalisme arabe.

les théories islamistes très en vogue, notamment à partir des années 1960. Plus tard, aussi bien en Algérie qu'ailleurs, plusieurs mouvements de gauche, généralement méfiants à l'égard de l'islam politique, se laissèrent séduire par cette doctrine ou se rapprochèrent de ses adeptes pour des motivations purement cyniques. Paradoxalement, au moment où des groupes se disant de gauche s'alliaient avec les tenants de l'islam politique, des théocraties islamistes – comme l'Arabie saoudite ou le Koweït – pactisèrent avec ce qui symbolise le plus le capitalisme et le libéralisme : les États-Unis d'Amérique.

Années 1960 : l'islamisme devient l'opium du peuple

Abdelaziz Ibn Saoud, futur fondateur de la monarchie saoudienne, avait chassé quelques années plus tôt, on l'a vu en 1924, Hussein Ibn Ali, le chérif de La Mecque, néanmoins protégé des Britanniques, et concéda ainsi aux Américains l'exploitation des richesses pétrolières. Ces intérêts liés aux ressources du sous-sol prirent ainsi une place prépondérante dans les relations internationales, notamment au lendemain de la Seconde Guerre mondiale.

C'est donc à partir des années 1960 que la convergence entre islamistes et gauchistes va se matérialiser. Au lendemain de l'indépendance de l'Algérie, le combat tiers-mondiste va attirer différents courants se réclamant de la gauche. Mais le marxisme révolutionnaire est également très attentif à la fois au conflit israélo-arabe et aux travaux du théoricien islamiste Sayyid Qutb. Le sionisme, l'impérialisme et le colonialisme sont les trois thèmes qui reviennent dans leur littérature. Or, ce sont des sujets qui sont aussi chers à plusieurs tendances de la mouvance islamiste, notamment des Frères musulmans. L'islam politique est perçu par plusieurs gauchistes comme la pensée qui galvanise les peuples opprimés. La religion n'est alors plus l'opium du peuple, mais plutôt sa cocaïne !

Et d'ailleurs, c'est la raison pour laquelle un certain nombre d'entre eux n'hésitent pas à soutenir les islamistes. Dans sa jeunesse, Edwy Plenel, pour ne citer que lui, et plusieurs de ses amis trotskistes aiment à rappeler que « tout ce qui bouge est rouge ». Même si tous les courants de gauche – certains se méfient naturellement de tout ce qui sent la religion – n'ont pas misé sur les tenants de la théologie de la libération pour s'aliéner les masses, plusieurs gauchistes, cherchant à s'inventer un nouveau golem prolétarien après l'embourgeoisement des classes ouvrières européennes après guerre, ont finalement choisi de placer leurs espoirs d'abord dans les « masses arabes », ensuite dans les pays en voie de décolonisation qui forment le cœur du tiers-mondisme et enfin, en dernier ressort, dans l'islamisme.

Cette construction, qui a débuté, durant les années 1950, par une fascination pour les desperados du FLN, les troupes castristes, voire pour les hommes de Hô Chi Min, s'est poursuivie, dans les années 1980, jusqu'aux recruteurs islamistes des quartiers populaires de l'Hexagone. Si les ennemis des premiers sont les États « impérialistes », la bête noire des seconds va devenir – par commodité et simplisme intellectuel, et non sans malhonnêteté et mauvaise foi – la République, décrite comme l'incarnation de « l'islamophobie » et donc du nouvel impérialisme. Elle sera même fustigée comme « colonialiste ». Y compris chez elle, la France, porteuse d'une idée égalitaire et n'ayant rien à voir avec les affres du passé, demeure aux yeux de certains la « puissance coloniale » à abattre. C'est toute la logique portée par le groupuscule les Indigènes de la République que j'aborderai plus loin.

Entre la fin des années 1960 et la décennie suivante, ce sont les conflits proche et moyen-orientaux qui vont redéfinir les alliances. Les guerres israélo-arabes évidemment, mais aussi la guerre civile libanaise.

Lorsque l'on sait que même l'emblématique Georges Habache, fondateur du Front populaire de libération de la Palestine (FPLP)[1] d'inspiration marxiste-léniniste, reconnaîtra à la fin de sa vie – il est mort en 2008 – que certains de ses militants étaient attirés par l'islam, il y a de quoi étayer cette victoire culturelle et politique de l'islamisme sur plusieurs mouvements de gauche, y compris les plus résolument laïques. Habache dira dans un livre-entretien avec le journaliste Georges Malbrunot :

> Les mouvements laïques comme le nôtre étaient intéressants, car ils considéraient la religion comme une affaire personnelle. Mais, aujourd'hui, même au FPLP, des sympathisants commencent à être attirés par les idéaux islamiques. C'est un sujet très sensible, je ne rentrerai pas dans les détails afin de ne pas être mal interprété. Nous avons besoin d'avoir des sympathisants, c'est pourquoi nous devons les ménager pour ce qui est de leurs croyances. Même si ce débat sur la place de la religion n'est que très peu abordé aujourd'hui, je garde l'espoir que, dans deux ou trois ans, cela pourra changer[2].

1. En décembre 1967, quelques mois après la défaite des armées arabes face à Israël et sous la houlette de Georges Habache, trois organisations palestiniennes décident de former le FPLP. Il s'agit alors de Abtal Al-Awda (« Les Héros du retour »), de la « Jeunesse de la vengeance » – tous deux d'inspiration nationaliste arabe – ainsi que du Front de libération de la Palestine (FLP) de tendance marxiste.

2. Georges Habache, *Les Révolutionnaires ne meurent jamais. Conversations avec Georges Malbrunot*, Fayard, 2008.

Ce propos – ou plutôt cet aveu – peut paraître hallucinant, mais lorsqu'on replace l'ensemble dans le contexte historique qui a prévalu depuis les années 1960, les choses s'intègrent presque dans une logique. En tout cas, une cohérence se dessine.

Au moment de la guerre de 1967, qui porte un coup sérieux au prestige de Nasser – et Georges Habache est un inconditionnel du raïs égyptien –, une violente déprime traverse le FPLP et l'ensemble des mouvements nationalistes panarabistes. Nombre d'entre eux veulent bouger pour essuyer l'« humiliation » – le terme revient d'ailleurs régulièrement, aussi bien dans la littérature islamiste que dans les textes des groupes marxistes. Au lendemain de la guerre des Six Jours, la voie militaire classique ne semble plus efficiente pour les différentes factions arabes et le recours au terrorisme est, à leurs yeux, l'unique mode opératoire possible. Les défaites militaires successives ne peuvent être vengées que par des opérations spectaculaires moins coûteuses et plus rentables politiquement. Stratégiquement, à cette période, au moment où commence à s'opérer une convergence des luttes entre milieux d'extrême gauche européens, gauche révolutionnaire arabe et milieux islamistes très impactés par les écrits[1] de Sayyid Qutb[2], exécuté par Nasser en 1966, le terrorisme devient un axe de travail se développant autour de la « question palestinienne » qui cristallise et permet à plusieurs de ces courants de réaliser une synthèse. Cette affaire proche-orientale prend bientôt une dimension mondiale et devient un

1. Nous verrons plus loin qu'avant de rejoindre officiellement les Frères musulmans, Sayyid Qutb avait produit des textes à connotation gauchiste, qui fustigeaient le capitalisme et appelaient à militer pour la justice sociale.

2. Sayyid Qutb fut un idéologue du djihadisme contemporain. Il a notamment théorisé la question de l'excommunication des dirigeants.

véritable point de ralliement. Et pour cause : elle symbolise à la fois ce qui intéresse les nationalistes arabes (la libération du peuple palestinien), tous les courants de la « gauche révolutionnaire » (la lutte contre l'impérialisme, le colonialisme et le sionisme) et tous les groupes islamistes (la lutte contre les juifs et la récupération de Jérusalem, troisième lieu saint de l'islam).

C'est le moment d'ailleurs qu'utiliseront les tenants de l'islam politique pour essayer de sortir de leur tanière et de distiller leur doctrine – « l'islam est la solution », répètent-ils inlassablement : la religion serait le moyen de sortir du marasme socio-économique des sociétés inégalitaires érigées par les autocrates arabo-musulmans et d'essuyer l'affront de la défaite face à l'« ennemi israélien ».

Installé en Jordanie avec son groupe, le chef du FPLP va frapper l'imaginaire collectif occidental notamment en multipliant les détournements d'avions. Celui qui vise en juillet 1968 un Boeing de la compagnie El Al – le vol 426 reliant Rome à Londres – restera dans les mémoires. Détourné vers Alger, l'avion sera envoyé à la fourrière par les autorités algériennes. Les passagers non israéliens seront envoyés en France et vingt-deux personnes – dont dix membres de l'équipage – seront retenues en otage pendant plus d'un mois, jusqu'à l'obtention par le FPLP de la libération d'une quinzaine de prisonniers arabes détenus dans les prisons israéliennes.

Plusieurs actions spectaculaires sont menées par le FPLP. Le groupe terroriste intensifie les attaques, les détournements d'avions deviennent un mode opératoire classique. Une autre opération va viser, en septembre 1970, quatre avions étrangers dont les pilotes, pour trois d'entre eux, ont été forcés de se poser à Zarqa, à une quarantaine de kilomètres d'Amman, en Jordanie, et au Caire pour le quatrième. L'opération prendra pour nom les « détournements de Dawson's Field », du nom de l'aérodrome jordanien. Deux des appareils sont dynamités après que les passagers ont été évacués. Des tentatives de détournement de deux autres avions ont échoué. C'est ce qui donnera naissance à ce qui sera appelé les évènements du Septembre noir[1]. Plus de trois cent passagers sont alors libérés le 11 septembre 1970. Nous sommes trente et un ans avant les attentats islamistes à New York et Washington. Autre petit clin d'œil de l'histoire, probablement : le futur terroriste d'Al-Qaïda Abou Mossab Al-Zarkaoui, qui n'a que 4 ans, vit à Zarqa. C'est une anecdote mais il est nécessaire de ne pas oublier de prendre en considération la concurrence qui a toujours existé entre les mouvements terroristes d'inspiration nationaliste marxiste-léniniste d'un côté et les groupes djihadistes de l'autre. Omettre cela, c'est atrophier l'analyse d'éléments psychologiques importants. Les images produites par Al-Qaïda des avions percutant les tours jumelles ont complètement effacé celles pourtant spectaculaires de Dawson's Field. De la même manière, la sauvagerie qui caractérisera Zarkaoui fera oublier les pirates de l'air du FPLP qui ont épargné la vie de la plupart des otages.

À l'époque – et singulièrement après les évènements de ce Septembre noir –, un débat interne va opposer une tendance nationaliste panarabiste et une autre marxiste-léniniste. Habache est alors convaincu qu'il

1. Il s'agit du conflit qui est né le 12 septembre 1970 entre le roi Hussein de Jordanie et l'OLP de Yasser Arafat ainsi que d'autres factions palestiniennes. Le monarque jordanien commençait à étudier les contours d'un plan de paix avec Israël, ce qui a été perçu comme une trahison par les Palestiniens qui se virent interdits de mener des opérations contre l'État hébreu à partir du royaume hachémite. L'affaire du détournement d'avions a donné au roi Hussein l'opportunité de passer à l'action contre les différents groupes terroristes.

peut allier les deux. Mais il ignore que celles-ci sont déjà gangrénées par des influences islamistes.

Deux ans plus tard, c'est un commando terroriste qui prendra le nom de « Septembre noir » pour attaquer des athlètes israéliens lors des Jeux olympiques de Munich. Cette émanation du Fatah commettra en trois ans une quarantaine d'attentats, dont l'assassinat du Premier ministre jordanien Wasfi Tall. Les membres de Septembre noir ne sont *a priori* pas islamistes, mais c'est la personnalité de Mohammed Youssef Al-Najjar, plus connu sous son nom de guerre Abou Youssef, qui intéresse. Né en 1930, il est considéré comme le chef opérationnel de Septembre noir, à partir de sa position de patron du service de renseignement du Fatah. Une fonction qu'il occupe depuis l'été 1971. Plus intéressant encore, Abou Youssef, dirigeant un groupe nationaliste d'inspiration marxiste-léniniste, a intégré la confrérie des Frères musulmans dès 1951. En clair, il est un islamiste convaincu, encore plus que Yasser Arafat, qui a flirté un temps avec la mouvance fririste.

On peut penser que ce ne sont là que des coïncidences, des faits éparpillés qui ne racontent rien de concret. Mais en vérité, plus on avance dans le temps, plus l'on s'aperçoit que cette convergence des luttes entre islamistes, marxistes-léninistes, plusieurs groupes trotskistes et nationalistes arabes est une réalité. Il s'agit en vérité d'un creuset dans lequel se reconnaît une grande partie des haines et de la violence. C'est la raison pour laquelle les querelles de mots, souvent très byzantines au demeurant, ne doivent pas nous empêcher de voir la réalité, surtout quand celle-ci contredit nos attentes ou heurte nos certitudes.

De ce point de vue, le parcours d'un homme en particulier est éloquent. Communiste d'origine vénézuélienne, Carlos – Vladimir Ilich Ramírez Sánchez de son vrai nom – va devenir, bien avant Ben Laden, le plus connu des terroristes de la planète. Il n'a eu de cesse de se rapprocher des milieux islamistes, jusqu'à se convertir à l'islam[1] en octobre 1975 et à prôner par la suite un front islamo-révolutionnaire « contre les juifs et les croisés ». C'est dire que lorsqu'il dirigea le rapt qui allait le rendre célèbre – celui de la conférence de l'OPEP à Vienne – alors qu'il agissait comme leader du FPLP « opérations externes », Carlos était déjà... de confession musulmane. Dans la foulée, lui, ses complices ainsi que leurs otages quitteront Vienne en avion pour Alger – alors considérée comme « La Mecque des révolutionnaires » – où ils libéreront les ministres du Pétrole pris en otage. Tout un symbole. L'expression en elle-même, « Alger, Mecque des révolutionnaires », résume notre sujet.

Carlos expliquera plus tard sa démarche : « J'utilise souvent le terme convergence, au sujet de militants d'idéologies différentes avec qui nous nous retrouvons d'accord sur l'essentiel. [...] Tous ceux qui combattent les ennemis de l'humanité, à savoir l'impérialisme états-unien, les sionistes, leurs alliés et leurs agents, sont mes camarades. [...] Je me suis converti à l'islam en octobre 1975, et je continue à être communiste. Il n'y a pas de contradiction entre la soumission à Dieu et l'idéal de la société communiste. J'ai eu un profond soulagement en voyant les héroïques opérations de sacrifice du 11 septembre 2001. J'ai compris que mon sacrifice à Khartoum n'avait pas été vain. Cheikh Oussama Ben Laden est le modèle du moudjahid. C'est un martyr vivant, un pur[2]. »

---

1. Il l'a affirmé lui-même dans un entretien à *Libération* du 19 octobre 2011, réalisé à partir de sa prison.

2. « Entretien avec Ilich Ramírez Sánchez, dit Carlos », *Résistance ! Bimestriel des résistants au nouvel ordre mondial et à la pensée unique*, n° 16, février-mars 2002. Cité par Pierre-André Taguieff, « L'émergence

Je crois que ceux qui voulaient une définition claire de ce qu'est l'islamo-gauchisme peuvent trouver, dans ce qui précède, un début de réponse...

Les années 1970 sont particulières. Elles sont celles de la « défense des minorités ». Comme l'analyse le politologue Philippe Portier, si pendant la décennie précédente « [Gilles] Deleuze, [Félix] Guattari, [Michel] Foucault ont influencé un discours sur la déconstruction de la raison des Lumières, présentant l'universalisme comme mutilant[1] », ils appellent alors à retrouver les singularités, les identités dont les sujets sont porteurs. C'est à partir de cette époque que la gauche, au sens large, va reprendre ces idées et faire de la défense des droits des minorités une ligne de conduite. Une doctrine même. Or, c'est durant cette fameuse décennie que l'islam politique va sortir de son hibernation. Nous l'avons vu, c'est après la guerre du Kippour, en 1973, que les islamistes vont commencer à revenir sous les feux des projecteurs. Cela s'explique par le fait que, fragilisés sur la scène intérieure, la plupart des régimes arabes, dont les armées venaient d'être défaites, ne pouvaient déployer de nouvelles sessions de répression contre les différentes tendances islamistes. C'est ainsi qu'à partir des années 1970, indistinctement, des mouvements comme les Black Panthers, l'OLP, les Frères musulmans, le clergé chiite iranien, mais aussi les femmes sont tous devenus des « minorités » qu'il faut soutenir, comme si le combat en faveur des droits du sexe dit « faible » était similaire à celui d'un groupe qui réclame la mise en place de la charia. Les luttes

d'une judéophobie planétaire : islamisme, anti-impérialisme, antisionisme », *Outre-Terre*, vol. 3, n° 2, 2003, p. 189-226.

1. Voir Valentin Faure, « "Islamo-gauchisme" : histoire tortueuse d'une expression devenue une invective », art. cit.

émancipatrices furent mises sur un pied d'égalité avec les combats rétrogrades.

L'irruption de l'islam politique comme acteur primordial sur la scène internationale se fera donc par la grande porte. En 1979, la révolution iranienne et l'invasion soviétique de l'Afghanistan, avec en sus la prise d'otage de La Mecque, vont façonner l'islamisme contemporain, celui qui ne tardera pas à séduire encore davantage la majeure partie de la mouvance gauchiste. En vérité, tous ces évènements vont accélérer d'une certaine manière le cours de l'histoire, mais aussi matérialiser les convergences militantes.

5

Et l'oncle Sam dans tout ça ?

Le 14 février 1945, un pacte était signé, sur le croiseur *USS Quincy*, entre le roi d'Arabie saoudite, Abdelaziz Ibn Saoud, et le président américain Franklin Roosevelt. Il peut être résumé ainsi : « pétrole contre protection ». Il permet à la monarchie wahhabite, aujourd'hui encore, d'échapper à la « mise à niveau démocratique » souhaitée par les États-Unis pour l'ensemble des pays musulmans.

S'il est des populations à travers la planète qui ne pouvaient en aucun cas voir dans la fin de la guerre froide les promesses d'un avenir radieux, ce sont bien celles qui composent les sociétés majoritairement arabo-musulmanes. Car non seulement elles ne percevaient pas d'issue équitable et juste à la question palestinienne, par ailleurs largement instrumentalisée à la fois par les dictatures nationalistes et par la mouvance islamiste, mais en plus cette nouvelle ère s'était ouverte pour eux sur le conflit du Golfe.

La guerre contre Saddam Hussein

Même si l'invasion du Koweït en août 1990 ne fut pas particulièrement appréciée par la rue arabe, la décision des États-Unis de former la plus importante coalition militaire de l'histoire depuis 1945 pour inaugurer un front, à partir de territoires musulmans de surcroît, contre leur allié d'hier ne le fut pas non plus. Le fait que les Américains se soient soudainement souvenus que Saddam Hussein, longtemps leur partenaire dans la région, était un dictateur sanguinaire qui avait gazé les Kurdes et les Iraniens contrastait étrangement avec le mutisme complice que le monde entier avait observé auparavant. On saisissait encore moins pourquoi l'application des résolutions du Conseil de sécurité de l'ONU devait être imposée par la force à l'Irak alors qu'Israël les foulait aux pieds impunément depuis 1948. Le pire est que la guerre n'a même pas conduit à la chute de Saddam Hussein qui, plus despote que jamais, a continué à sévir en Irak, asservissant son peuple, notamment les minorités. Le sentiment déjà fort présent chez les Arabes et les musulmans d'être sacrifiés sur l'autel des seuls intérêts américains et israéliens s'est accentué de plus belle avec la mort cruelle de plus d'un million d'Irakiens du fait de l'embargo qui a duré de longues années. La guerre du Golfe du début des années 1990 a eu une autre conséquence, dont les évènements du 11 septembre 2001 se sont fait l'écho. Pour la première fois, le régime saoudien a perdu son emprise sur l'une des branches les plus extrémistes du mouvement islamiste, celle qui a été à l'origine de la destruction des tours jumelles du World Trade Center et d'une partie du Pentagone. Il est nécessaire de souligner que le mouvement salafiste djihadiste était jusque-là totalement inféodé au régime de Ryad.

Oussama Ben Landen, qui deviendra l'ennemi public numéro un, n'a pas fait les choses à moitié. Lui qui savait calculer et élaborer des stratégies n'ignorait pas qu'en mettant quinze kamikazes saoudiens dans des avions qui allaient frapper le cœur des États-Unis, il allait pouvoir rappeler aux uns et aux autres qu'il était opposé à la présence américaine sur le sol saoudien au moment de la guerre du Golfe, et dire surtout qu'il n'avait pas oublié que ses déboires – il avait même été déchu de sa nationalité saoudienne – étaient le résultat de ces liens qu'il voulait briser. Car d'une certaine manière, Ben Laden est le fils illégitime que les Américains ont eu avec les Saoudiens lors d'une alliance secrète qui a poussé les uns, les responsables de la CIA notamment, à soutenir la légion arabe d'où est issu le chef d'Al-Qaïda, envoyée et financée par les services saoudiens durant le conflit afghan. L'attaque sur le sol américain fit rejaillir en effet quelques remugles de l'histoire.

La coalition de 1991 n'était pas consciente que les conséquences de la guerre du Golfe risquaient d'être durablement très graves d'abord pour les Arabes et les musulmans. Car les extrémistes qui sont sortis de ce conflit symboliquement renforcés n'hésiteront pas à commettre les pires atrocités en Algérie, en Égypte, au Soudan et bien sûr en Afghanistan. Le cas de l'Algérie est édifiant. Très peu d'observateurs ont relevé, après le 11-Septembre, que la responsabilité de Ben Laden dans certains actes barbares du GIA en Algérie avait été souvent assumée à partir de Londres par des milieux liés à Al-Qaïda. La première menace visant la France a été relayée en 1994 à travers la revue djihadiste *Al-Ansar*, éditée dans la capitale britannique pour revendiquer les hauts faits d'armes des terroristes algériens. On y promettait alors à Jacques Chirac et au peuple français une campagne de terreur. Quelques mois plus tard débutait la vague d'attentats de l'été 1995.

Ni la gauche française ni la gauche britannique ne s'en soucièrent. J'avais réalisé à l'époque, alors que j'étais encore journaliste en Algérie, l'une de mes premières grandes enquêtes sur les bases arrière du GIA en Europe. Je m'étais rendu dans plusieurs villes,

Paris évidemment, Londres tout aussi naturellement et Bruxelles. C'était la première fois que je découvrais Molenbeek. Déjà ! Là-bas, dans une petite salle de prière, officiait librement Ahmed Zaoui, un terroriste algérien qui alimentait les maquis de l'intérieur en armes et en munitions en récupérant des lots d'armement provenant notamment des stocks de l'ex-Yougoslavie.

L'Algérie vue de Washington

On en a la certitude aujourd'hui, certains théoriciens américains pensaient qu'il était possible de faire de l'Algérie sous régime islamiste, donc devenant une théocratie, ce qu'ils avaient fait de l'Arabie saoudite : un allié important, cette fois en Afrique du Nord, afin de faire main basse sur le gaz et le pétrole, mais aussi d'utiliser sa position géostratégique pour renforcer son influence en Méditerranée et, en tant que porte d'entrée pour le continent noir, étendre son hégémonie en Afrique et ainsi, pourquoi pas, marcher sur les plates-bandes françaises et européennes. Cela a été imaginé, un temps, d'autant plus que les anciennes colonies cultivaient un ressentiment contre la France et, de ce point de vue, selon certains stratèges américains, il y avait une place à récupérer, surtout que la Chine post-guerre froide commençait déjà à lorgner sur l'Afrique et ses potentialités. L'objectif est à l'époque double : d'une part, écarter la France de sa zone d'influence traditionnelle et, d'autre part, prendre de vitesse Pékin qui envisageait de réaliser quelques investissements et sceller des partenariats commerciaux fort juteux. Au final, c'était l'hégémonie américaine qui est préservée quitte à passer par un contrat avec les tenants de l'islam politique, où qu'ils soient. Car, à y regarder de plus près, ce n'est pas tant l'islamisme qui gêne les

Américains – et les autres puissances occidentales – que le terrorisme. Et encore.

Aussi, l'explosion de la violence en Algérie ne dérangea-t-elle pas outre mesure, tant qu'elle ne se répandait pas chez ses voisins. Les États-Unis furent, pendant les années 1990, le pays occidental dont la position a été la plus laconique vis-à-vis de la situation dans ce pays maghrébin. Ils étaient persuadés que les islamistes étaient sur le point de s'emparer du pouvoir et qu'il fallait s'en accommoder tant que leurs intérêts n'étaient pas mis en cause.

Ce n'est donc pas par hasard si la RAND Corporation[1] publie en 1996 *Algeria: The Next Fundamentalist State?*, un texte rédigé par Graham Fuller, déjà à l'origine de la note d'orientation qui a conduit à l'*Irangate*. Que des idées lumineuses !

L'élément central du rapport est qu'un pays musulman, avec à sa tête des salafistes ou autres radicaux, ressemblera à l'Arabie saoudite entretenant une relation privilégiée avec les États-Unis : « Le FIS a maintenu d'assez bonnes relations avec l'Arabie saoudite [...]. L'Arabie saoudite cherchera à ramener une Algérie islamiste dans son propre cercle plutôt que de la laisser dériver vers une cause commune avec l'Iran : les liens financiers sont un instrument saoudien clé à cet égard », lit-on dans le texte, qui continue ainsi :

> Le réalisme islamiste algérien pourrait contraster énormément avec le manque de réalisme iranien [...]. L'Algérie n'agirait pas dans le monde en tant que pouvoir « révolutionnaire » comme l'a fait l'Iran. Elle pourrait particulièrement vouloir améliorer les relations

---

1. Institution américaine de conseil et de recherche, fondée en 1948 pour conseiller l'armée américaine, qui se donne pour objectif d'améliorer la politique et le processus décisionnel par la recherche appliquée et l'analyse stratégique.

> américano-iraniennes. Mais une Algérie entre les mains du FIS pourrait ménager l'opportunité d'assumer une sorte de leadership international des mouvements islamistes, rivalisant peut-être avec l'Iran. La tendance algérienne à l'activisme en matière de politique étrangère, surtout en ce qui concerne les affaires du tiers monde, ne doit pas être négligée lorsqu'on réfléchit sur l'avenir du FIS.

Du grand art ! Fuller n'hésitait pas à soutenir que « le FIS accueillerait avec plaisir tout investissement privé américain en Algérie et entreprendrait des relations commerciales avec les États-Unis ». Il était par conséquent « extrêmement improbable qu'un gouvernement islamiste cesse de fournir du gaz et du pétrole à l'Occident ». La doctrine américaine s'est construite en deux temps. D'abord, avant Bill Clinton, la perspective d'une victoire du FIS en Algérie s'était lentement cristallisée dans le discours du département d'État comme une vision cauchemardesque de ce que la démocratie pourrait apporter au monde arabomusulman : des gouvernements islamistes légitimement élus, anti-américains, hostiles au libéralisme et finalement antidémocratiques.

La position de Bill Clinton (1993-2001) sur la crise algérienne ne différait pas de celle de son prédécesseur en ce sens qu'elles militaient toutes deux contre l'accession au pouvoir du FIS. Néanmoins, l'administration Clinton a adopté une démarche si nuancée que, tout en empêchant la montée des islamistes, elle a reconnu, sur le plan rhétorique, seulement le droit de ces derniers à la participation politique. Pratiquement, le département d'État a maintenu des contacts de bas niveau avec le régime militaire jusqu'à l'élection présidentielle algérienne de 1995 ; critiqué le bilan du pouvoir algérien en matière de droits de l'homme, tout en étant peu prolixe au sujet des attentats ; mis la pression pour accélérer les réformes économiques ; et appelé au dialogue avec toutes les parties, y compris les islamistes dits « non violents », en l'occurrence les Frères musulmans d'un côté et la composante politique du FIS qui n'avait pas pris les armes de l'autre. Pour cela, les Américains ont établi des contacts discrets avec le parti islamiste, notamment par l'intermédiaire de l'un de ses représentants de l'extérieur, Anouar Haddam, autorisé à demeurer à Washington. Pour l'anecdote, s'il faut la considérer ainsi, commentant, à partir du territoire américain, un attentat à la bombe qui visait un commissariat central à Alger et qui a causé la mort de plusieurs civils, ce dernier annonça en substance : « Ceux-là iront au Paradis, car ils n'étaient pas visés. » Cela pendant que lui profitait non pas de l'idéal coranique, mais du rêve américain.

Cela étant dit, le soutien rhétorique de l'administration Clinton à l'inclusion des « islamistes modérés » a relativement reculé, et la menace de l'extrémisme est devenue le thème essentiel de la politique américaine à partir de la seconde moitié de la décennie. Lors d'un témoignage devant la sous-commission sur l'Afrique de la commission des relations internationales de la Chambre des représentants, en octobre 1995, Bruce Riedel, alors sous-secrétaire adjoint du département de la Défense pour les affaires du Proche-Orient et de l'Asie du Sud, avertissait : « Si la situation en Algérie se détériorait complètement – guerre civile à grande échelle où l'Algérie se transformerait en pays révolutionnaire islamique hostile –, ces forces pourraient très vite compromettre le déroulement de certaines opérations militaires américaines dans le monde entier. Simultanément, le chaos pourrait rapidement se répandre dans les États voisins, déstabilisant l'Afrique du Nord et peut-être l'Europe du Sud. »

L'élection présidentielle algérienne de novembre 1995, par laquelle Liamine Zéroual est arrivée au pouvoir, semble avoir réussi à restaurer une partie de la légitimité du régime algérien. Le taux de participation, assez important, a démontré que le pouvoir, aussi peu démocratique fût-il, n'était pas au bord de l'effondrement et que les islamistes ne bénéficiaient pas du soutien écrasant qu'ils avaient trois ans plus tôt auprès de la population. Le pragmatisme américain a amené Washington à changer de vision et à considérer que Zéroual et ses généraux pouvaient continuer d'être des interlocuteurs.

In God we trust

Voilà donc l'image que l'on se fait de l'islamisme à Washington sept ans avant les attentats du 11-Septembre. Une approche machiavélique propre au dogme aveuglant de l'école réaliste. À la RAND Corporation comme au département d'État, on croit fermement que « l'islamisme ne ressemble pas au communisme : il n'a pas de direction, pas de programme central. La politique islamiste découle directement de la culture locale traditionnelle[1] ». Ce mépris renvoie à la certitude d'être en mesure de manipuler tout pouvoir islamiste. Pendant ce temps, les morts se comptent par dizaines de milliers, victimes d'un « islamisme qui ne ressemble pas au communisme ». On retrouve la même logique en 1996 dans la réaction du département d'État à l'arrivée des talibans au pouvoir en Afghanistan. Toujours sous Bill Clinton, mais soyons clairs : que démocrates ou républicains soient aux commandes, il n'y a, sur ce sujet, presque aucune différence. Au pays de l'oncle Sam, toutes les compromissions sont

1. Daniel Dagenais (dir.), *Hannah Arendt, op. cit.*

possibles, surtout avant le 11-Septembre. On s'allie avec le diable si cela sert les intérêts de Washington.

L'administration américaine voyait donc d'un bon œil l'apparition d'un pouvoir afghan fort. Peu importait sa nature obscurantiste, l'essentiel était qu'il fût capable d'assurer la sécurité et par la même occasion la faisabilité de la stratégie de certaines entreprises pétrolières américaines comme la Socal et Unocal. En effet, la Socal s'intéressait de très près aux ressources d'hydrocarbures en Asie centrale et souhaitait la construction d'un pipe-line qui traverserait l'Afghanistan et déboucherait sur l'océan Indien. Quant à Unocal, elle s'était engagée, par un protocole avec le Turkménistan, à participer à l'étude de faisabilité d'un pipe-line reliant deux régions afghanes diamétralement opposées et se projetant jusqu'au Pakistan. La suite sera tragique. *Business is business*...

L'administration de Georges W. Bush (2001-2009), composée de néo-conservateurs, a été incapable de venir à bout des talibans, car seule l'action militaire a été préconisée. Aucune impulsion idéologique ni initiative diplomatique de fond n'ont été imaginées. Au lendemain du 11-Septembre, il y a eu une incroyable connivence avec le régime saoudien, qui n'a été encouragé à opérer que quelques « réformettes » sans conséquence pour la doctrine nourricière du terrorisme qui a frappé l'Amérique dans son cœur et qui, à partir de 2001, menacera la planète entière.

Après l'invasion de l'Irak en mars 2003, les Américains ont voulu changer de stratégie. Non pas qu'ils se fussent rendus compte qu'ils s'étaient trompés, mais ils croyaient que le monde musulman avait évolué. L'idée consistait à déstabiliser, autant que possible, le Moyen-Orient et à laisser s'y déclencher des conflits de basse intensité, dans l'optique que le chaos y serait à terme productif. Ils pensaient qu'ils seraient capables de « bombarder » la démocratie en Irak et de créer une sorte d'effet domino qui permettrait de révolutionner par contamination toute la région.

Contrairement à son père qui militait pour l'avènement d'un « nouvel ordre mondial », ayant pour but de redéfinir de nouvelles relations internationales après la dislocation de l'URSS et au lendemain de la guerre du Golfe en 1991, George W. Bush a voulu, d'une certaine manière, soustraire Washington à ses engagements internationaux, prônant un unilatéralisme justifié par les attentats du 11 septembre 2001. Le « avec ou contre nous », dans une lutte qui se disait totale contre le terrorisme, a tétanisé les alliés et les adversaires de l'oncle Sam. Là aussi, il fallait s'y attendre, seule l'action militaire a été privilégiée.

La représentation manichéenne du monde dressée par les faucons de la Maison-Blanche, les mensonges éhontés devant le Conseil de sécurité de l'ONU pour faire accepter une intervention en Irak, les cas de mauvais traitements, pire, de torture concernant les détenus de Guantanamo et ceux de la prison d'Abou Ghraib en Irak furent des évènements catastrophiques qui ont eu un quadruple impact : jeter le discrédit sur les démocraties ; nourrir le discours islamiste et ainsi faciliter l'adhésion au projet djihadiste ; déstabiliser certains équilibres fragiles au Moyen-Orient qui reposent aussi, à certains endroits, sur un système archaïque tribal ; et édifier des ponts entre cette partie de la gauche sensible à l'anti-américanisme et la mouvance islamiste. Il faut mener des guerres quand cela est nécessaire et que l'intervention est légitime, mais pour une démocratie, bâtir les arguments justifiant une campagne militaire sur un amas de mensonges est catastrophique, non seulement pour le pays qui commet une telle faute, mais aussi pour tous les autres qui se réclament des principes démocratiques.

Les espoirs trahis

Plus tard, sous Barack Obama (2009-2017), on ne s'allie plus aux terroristes, mais aux anciens djihadistes « repentis ». On ne fait plus la part belle aux wahhabites, mais aux Frères musulmans, jugés plus « modérés ». Les émules de Hassan al-Banna, connus pour leur capacité à phagocyter les administrations et les lieux les plus stratégiques, ont accueilli cette nouvelle orientation non sans joie. Ce qui a favorisé cet entrisme, c'est le concept d'« islamophobie », largement porté par la gauche américaine et notamment sur les campus où il est désormais question de considérer l'islamisme comme étant la « norme » et que, partant de là, fustiger l'islamisme, ce serait critiquer la « religion » d'une minorité. Et cela, pour eux, c'est du racisme. Simple, efficace et redoutable. Soutenus par les Saoudiens, les Turcs et les Qataris, les islamistes américains, généralement très actifs, vont utiliser à fond cette forme de dissuasion massive qu'est le chantage à l'« islamophobie » – et cette manière de voir les choses va progressivement se déplacer vers l'Europe et, évidemment la France. Naturellement, les débats outre-Atlantique sont biaisés par une droite qui, et c'est le moins que l'on puisse dire, n'est pas connue pour maîtriser le sens de la nuance. Par conséquent, leurs adversaires démocrates, sur ce sujet en particulier, jouent sur du velours.

Le rapprochement avec la mouvance islamiste, notamment fériste, devient donc effectif. On ne peut pour autant imaginer, contrairement à ce que pensent les complotistes d'extrême droite, que le président américain « roule » pour les islamistes. En vérité, il s'est inscrit dans une continuité d'erreurs qui, de Roosevelt à Trump, en passant par le très conservateur Ronald Reagan, n'ont eu de cesse de faire la part belle aux islamistes. Les Frères musulmans étaient déjà accueillis à la Maison-Blanche sous Eisenhower. Et nous connaissons les liens qui unissent les Saoudiens à Washington. La Turquie, même sous Erdoğan, est membre de l'OTAN, sans oublier que l'arrivée de Khomeiny au pouvoir et le départ du shah ne sont pas des évènements qui ont empêché Jimmy Carter de dormir.

Dans son dernier livre, Barack Obama est très lucide à propos des Frères musulmans, les définissant, à juste titre, comme un « groupe cherchant à établir un gouvernement islamique sur la base d'une mobilisation politique de terrain et de bonnes œuvres, mais dont certains membres avaient parfois recours à la violence », ou encore comme « une organisation sunnite dont l'objectif premier était l'application stricte de la charia en Égypte et dans le reste du monde arabe »[1] ; ensuite, à l'endroit du président turc, il affirme :

> Lorsque Recep Tayyip Erdoğan, à la tête du Parti de la justice et du développement, s'était hissé au pouvoir en 2002-2003, devenant Premier ministre, en défendant des idées populistes et souvent ouvertement islamistes, cela avait perturbé l'élite politique laïque, dominée par les militaires. Erdoğan avait professé sa sympathie à la fois pour les Frères musulmans et pour le Hamas dans leur lutte en faveur d'un État palestinien, ce qui avait fortement inquiété Washington et Israël. Et pourtant, le gouvernement d'Erdoğan avait jusqu'à présent respecté la Constitution, honoré ses obligations vis-à-vis de l'OTAN et géré efficacement l'économie, allant jusqu'à initier une série de modestes réformes dans l'espoir de pouvoir un jour répondre aux critères d'intégration à l'Union européenne. Certains observateurs suggéraient qu'Erdoğan offrait l'exemple d'un islam modéré, moderne et pluraliste, et une alternative aux

1. Barack Obama, *Une terre promise*, Fayard, 2020.

> autocraties, aux théocraties et aux mouvements extrémistes que l'on rencontrait dans la région[1].

Ces passages permettent, même si l'exercice est vain, de doter de quelques éléments factuels les complotistes qui arguent que l'ancien président américain était lui aussi un complice des islamistes.

Les déclarations d'Obama dans ses mémoires peuvent donner l'impression d'un paradoxe entre ce qu'il écrit aujourd'hui et la politique qu'il a menée. En réalité, il n'en est rien. Tout cela ne montre qu'une chose : le niveau de cynisme des Américains.

En vérité, c'est davantage une sorte de cécité intellectuelle, doublée d'un pragmatisme politique et de considérations à la fois géopolitique et économique, qui amène, à chaque fois, les dirigeants américains à préférer le pire pour gérer des urgences au lieu d'installer, avec leurs partenaires occidentaux, une stratégie à long terme pour lutter contre l'islam politique. Le résultat est simple à comprendre : nous parlons certes, dans ce livre, de gauchistes qui soutiennent les islamistes à travers le monde, espérant ainsi les utiliser contre les régimes impérialistes et les systèmes qu'ils veulent abattre ; mais ils ignorent (ou peut-être le savent-ils) que ces mêmes islamistes, ou au moins quelques-unes des variantes de cette mouvance, sont également utilisés pour servir les intérêts de Washington. Finalement, qui sort systématiquement gagnant ? L'islamisme, bien sûr.

En d'autres termes, que les États-Unis instrumentalisent l'Arabie saoudite, le Koweït ou le Qatar, ou qu'ils se laissent manipuler par des forces proches des Frères musulmans agissant à partir de l'intérieur – notamment au sein des campus, de certains *think tanks* ou des médias influents acquis désormais à la *cancel culture*,

1. *Ibid.*

cette culture de la dénonciation et de l'ostracisation, qui profite aussi aux islamistes –, dans tous les cas, ce sont ces derniers qui gagnent.

À son arrivée à la Maison-Blanche, Barack Obama a bien à l'esprit les crimes du 11-Septembre, encore vivaces dans les mémoires américaines. Cela étant, le nouveau président américain introduit dans sa politique quelques nuances par rapport à ce qui a été mis en place par les néo-conservateurs qui entouraient son prédécesseur. Il a par exemple compris que la méthode de ce dernier sur les questions afghane et irakienne, ainsi que dans le traitement du terrorisme djihadiste, était à la fois inefficace, contre-productive et surtout catastrophique pour l'image de la première puissance mondiale dans la sphère arabo-musulmane. Vouloir donner naissance à un Grand Moyen-Orient en forçant, au passage, les pays de cette région à se démocratiser tout en entretenant de bonnes relations avec les islamistes dits « modérés » relevait sinon de la réflexion puérile, du moins de l'erreur stratégique majeure.

En alternant le *hard power* contre le régime de Saddam Hussein, Al-Qaïda, l'Iran ou les talibans, et le *soft power* en essayant d'aider certains régimes (Égypte, Tunisie, Maroc...) à se moderniser, l'administration américaine a commis la faute de croire que les révolutions démocratiques pouvaient être réalisées en une génération, et sans pertes ni fracas. En réalité, en jouant à la déstabilisation d'une région déjà bien fragile, elle a réuni les conditions nécessaires pour assurer l'évolution de la mouvance djihadiste, qui se nourrit depuis trente ans d'un affrontement avec l'oncle Sam, et ainsi l'émergence de ce qu'on connaîtra plus tard sous l'appellation de Daesh. Je ne dis pas que les États-Unis ont donné naissance au fameux « État islamique », mais j'affirme que leurs erreurs successives, depuis les années 1990 notamment, ont créé les conditions du chaos et favorisé l'apparition d'une force terroriste qui est née initialement – tout cela est désormais documenté – du désordre irakien, puis de la complaisance malsaine à l'égard d'un nouveau régime irakien chiite qui a marginalisé les tribus sunnites et amené ces dernières à fraterniser à la fois avec les anciens officiers de l'armée de Saddam et avec les émules d'Al-Qaïda. Le reste vient de la déstabilisation de la Syrie et de l'incapacité des Occidentaux, surtout l'administration américaine sous Obama, à prendre les bonnes décisions rapidement et à précipiter la chute de la dictature de Bachar el-Assad.

Le discours du Caire, un tournant

Le discours d'Obama au Caire, le 4 juin 2009, lève le voile sur les nouvelles orientations géopolitiques des États-Unis dans leur rapport au monde musulman. On comprend alors immédiatement que le choix qui est fait n'est pas celui de l'universalisme, mais celui du relativisme culturel. Personnellement, je n'y ai pas perçu un « discours historique », mais le propos d'un très bon communicant, cherchant non pas à défendre de profondes convictions démocratiques, incarnées théoriquement par la première puissance mondiale, mais à plaire à tous les segments de son auditoire. Quelques exemples : tout en marquant son attachement pour l'égalité entre les femmes et les hommes, le président américain a tenu à banaliser le voile islamiste, le réduisant à un simple « signe religieux » – ce qu'il n'est pas –, ou à une « obligation religieuse » – ce qu'il n'est pas non plus –, le mettant au même niveau qu'une mosquée. Ainsi dira-t-il : « La liberté en Amérique est indissociable de celle de pratiquer sa religion. C'est pour cette raison que chaque État de notre union compte au moins une mosquée et qu'on en dénombre plus de mille deux cents sur notre territoire. C'est pour cette raison que le gouvernement des États-Unis a recours aux tribunaux pour protéger le droit des femmes et des filles à porter le *hijab* et pour punir ceux qui leur contesteraient ce droit. » Rien n'obligeait Barack Obama à fustiger le voile, ni à aborder ce sujet clivant, mais rien ne l'incitait non plus à le mettre sur un piédestal, sinon la volonté d'asséner un petit coup de canif aux amis français qui commençaient à polémiquer, notamment autour du port du « voile intégral » après avoir légiféré, quelques années plus tôt, contre le port des « signes religieux » dans les écoles publiques, au grand dam de certaines voix de gauche. Je ne peux imaginer qu'un président américain, entouré de conseillers qui connaissent parfaitement les réalités du monde musulman, ait fait cette sortie sans chercher à donner des gages aux islamistes et surtout aux Frères musulmans, puisque au sujet du terrorisme et de la mouvance djihadiste, Obama avait été évidemment très clair.

Autre clin d'œil aux islamistes, une vacherie est faite aux alliés français dans le passage sur le colonialisme. Alors que les États-Unis ne sont pas une ancienne puissance coloniale, le locataire de la Maison-Blanche ressent le besoin de reprendre, à son compte, le propos victimaire particulièrement apprécié des islamistes et de rappeler que « dans un passé relativement plus récent, les tensions ont été nourries par le colonialisme qui a privé beaucoup de musulmans de droits et de chances de réussir ». C'est, là aussi, la phrase type que l'on retrouve dans des conférences aussi bien au Caire qu'à Alger, à Damas qu'à Tripoli. La phrase qui ignore que la plupart des pays musulmans ont accédé à leur indépendance depuis au moins un demi-siècle et que, durant cette période, ce n'est pas à cause du colonialisme si l'Arabie saoudite continue d'exporter la médiocrité wahhabite, si l'Égypte est dirigée par des autocrates qui ont livré la société aux islamistes, si l'Algérie est entre les mains d'un pouvoir mafieux et corrompu qui continue de cohabiter avec l'islam politique... Il ne s'agit pas de dédouaner les systèmes coloniaux de leurs crimes et de leurs affres, mais un discours d'une certaine tenue, à ce niveau, devant de tels enjeux, n'a pas le droit d'entretenir le monde musulman dans l'infantilisation et de ne pas l'inviter de regarder de plus près les errements de ses élites dirigeantes et intellectuelles.

Le troisième exemple concerne le relativisme culturel. Le président américain a voulu, dans une vieille tradition anglo-saxonne, s'inscrire dans un strict « respect » des cultures locales. En apparence séduisante, c'est cette approche qui permet à beaucoup d'acteurs de fermer les yeux sur l'excision – culture locale répandue en Égypte et dans certains pays d'Afrique –, sur la polygamie, courante dans la plupart des pétromonarchies – et pas seulement –, ou encore sur l'esclavage, toujours en vigueur sous des formes plus ou moins détournées, notamment en Mauritanie. Au sujet de la démocratie, Barack Obama dira qu'« aucun système de gouvernement ne peut ou ne devrait être imposé par un pays à un autre ». En clair : *Amis musulmans, appliquez la charia, si cela sied à votre culture !* Ajoutant que « chaque nation donne naissance à ce principe [la démocratie] de sa propre manière, en fonction des traditions de son propre peuple », il fait l'erreur, parmi beaucoup d'autres, de croire que cette valeur – la démocratie – se réduit à des processus électoraux. Nous sommes alors à la veille du « Printemps arabe ». C'est donc une manière de dire la messe. Si la future « démocratie » est islamiste, Barack Obama ne sera pas gêné. Ce qui sera le cas au Caire à l'issue du départ de Hosni Moubarak et de l'arrivée au pouvoir des Frères musulmans.

Le propre d'un discours islamo-gauchiste, c'est qu'il se nourrit toujours en apparence de très bonnes intentions, qu'il donne l'impression de défendre de nobles valeurs, mais en réalité, il invisibilise complètement l'existence de tout mouvement progressiste ou démocratique dans le monde musulman et il réduit son expression à un antagonisme entre les dictateurs et les islamistes. Ainsi, ces derniers deviennent-ils l'alternative quand une « revendication démocratique » se manifeste ou lorsqu'une « révolution » se déclenche.

À ceux qui, à l'extrême droite notamment, ont voulu faire croire que Barack Obama serait un « allié » de l'islamisme, ou qu'il serait lui-même « musulman », voire « peut-être islamiste », il faut expliquer, au-delà du caractère ridicule, volontairement complotiste et même raciste de leur accusation, que tous les présidents, de droite comme de gauche, républicains comme démocrates, de Eisenhower à Trump (oui à Donald Trump !), en passant par Kennedy, Carter, Reagan, Clinton ou Obama – et probablement demain Biden –, tous, absolument tous, ont soutenu, voire instrumentalisé, les tenants de l'islam politique, *realpolitik* oblige.

Les dirigeants américains, à l'évidence, ne savent pas incarner des valeurs, mais des postures, et ils préfèrent défendre leurs intérêts. Et, je dirais, le plus souvent, leurs intérêts seulement. James Baker appelait à faire le tri entre les « bons » et les « mauvais » intégristes. Colin Powell décrivait la Turquie comme une « démocratie musulmane ». Madeleine Albright ne cachait pas, dans ses mémoires publiés en 2003, son souhait de voir, pourquoi pas, la Turquie intégrer l'Europe, estimant que cela serait bénéfique pour les relations entre l'Occident et le monde musulman ; au sujet de l'islamisme, elle n'hésitait pas à affirmer que, lorsqu'ils sont majoritairement pour cette doctrine, il faudrait peut-être laisser gouverner ses adeptes « non violents ». Hillary Clinton, quant à elle, avait déjà évoqué, en mars 2009, la nécessité de négocier avec « les talibans modérés ».

Voilà le point de vue de quatre secrétaires d'État qui ont servi, pour les uns une politique de droite, pour les autres une politique de gauche.

L'illusion de Trump

En ce qui concerne Donald Trump (2017-2021), sa politique moyen-orientale fut assez lisible. Elle reposait sur deux doctrines et suivait deux logiques : isoler le régime iranien et faire signer, coûte que coûte, des accords de paix entre le plus grand nombre de pays arabes et Israël. Pour autant, la normalisation des relations entre l'État hébreu et quelques pays musulmans (pour l'instant Émirats arabes unis, Soudan, Bahreïn, Maroc) est-elle vraiment, dans tous les cas, un succès à mettre à l'actif du sulfureux ancien président américain ?

Depuis le début de l'année 2020, les liens entre l'administration américaine et Téhéran connaissent un pic de tension. Le 3 janvier 2020, le général Qassem Soleimani, chef de la Force Al-Qods des Gardiens de la révolution, a été tué lors d'un raid ordonné par Donald Trump en personne. Moins d'une semaine plus tard, l'Iran a riposté par une attaque aux missiles visant plusieurs bases américaines en Irak. En mars, Washington a imposé de nouvelles sanctions contre Téhéran, l'accusant d'avoir violé la résolution des Nations unies sur le nucléaire, et demandé à l'instance onusienne de prolonger l'embargo sur les ventes d'armes qui devait prendre fin en octobre 2020. Pour autant, ce durcissement, hormis le fait d'avoir suscité les hourras des partisans du président américain, ici et là, et notamment au sein de la droite israélienne, a-t-il véritablement fragilisé le régime iranien ? La réponse est non. En aucune manière. Cette démarche aux allures volontaristes et au ton martial qui ne prend en compte que les aspects guerriers finit toujours, nous le savons, par livrer des résultats contraires à ceux escomptés, si elle n'est pas accompagnée d'une politique qui assume, par ailleurs, le combat idéologique. Or, comme tout partisan de la « manière forte », Trump n'était pas de ceux qui comprennent les subtilités de la lutte idéologique.

Après l'Égypte en 1979 et la Jordanie en 1994, deux pays du Golfe (Émirats arabes unis et Bahreïn) ont donc signé le 15 septembre 2020 un accord reconnaissant Israël. Le 23 octobre, Donald Trump annonçait la normalisation des relations entre Israël et le Soudan, et, le 10 décembre, le rétablissement des liens diplomatiques entre l'État hébreu et Rabat. Naturellement, il est nécessaire de se réjouir des initiatives de paix, surtout lorsqu'elles permettent de rapprocher Israël et le monde arabe. Les islamistes, comme les milieux d'extrême gauche, se nourrissent depuis plus de soixante-dix ans de ce conflit pour recruter et alimenter leurs thèses antisémites. Mais une question essentielle se pose : ces accords de paix sont-ils réellement une réconciliation entre les pays arabes qui les ont signés et Israël, ou seulement des « accords » entre des régimes – le plus souvent coupés de leur population – et l'État hébreu ? Je connais trop bien ce monde arabo-musulman pour ne pas mettre un bémol à cette avancée – même si c'est toujours mieux que rien – et ne pas laisser un enthousiasme débordant enflammer mon regard sur un sujet qui doit dépasser le cadre de la politique spectacle et de la communication. Ce qui est à la mode dans plusieurs capitales arabo-musulmanes est centré autour d'une logique que l'on peut résumer ainsi : le philosémitisme pour l'élite et l'antisémitisme pour la base ! Bien sûr que le roi du Maroc n'est pas antisémite, loin de là, mais peut-on en dire autant de la rue marocaine, de la jeunesse de son pays, d'une partie des intellectuels et des journalistes, du corps enseignant… ? Si l'Égypte a signé un accord de paix séduisant en 1979, annonciateur de beaux jours – qui a, il est vrai, permis d'empêcher des guerres, mais coûté la vie à Anouar Al-Sadate deux ans plus tard –, la société égyptienne est toujours aussi antisémite en raison de l'incapacité de ses pouvoirs à engager des politiques cohérentes. Une paix doit être sincère, complète, globale et générale. De ce point de vue, lorsqu'on veut vraiment normaliser ses relations avec Israël, on ne laisse pas des partis islamistes, ou autres, propager plus ou moins librement des thèses antijuives sous couvert d'antisionisme. De la même manière, on ne peut pas imaginer un processus de paix, sans les principaux concernés : les Palestiniens.

De plus, Trump a construit toute sa démarche à partir d'une complaisance totale envers le régime saoudien. Ni l'activisme de la Ligue islamique mondiale (LIM) – organe qui diffuse pour le compte de Riyad le wahhabisme et qui fait du *soft power* religieux –, ni l'assassinat dans un consulat saoudien du journaliste Jamal Khashoggi dans des circonstances particulièrement horribles – puisqu'il apparaît selon l'enquête que son corps aurait été dissous dans de l'acide –, ni le soutien de Riyad à certaines organisations criminelles concurrentes de Daesh opérant en Syrie, ni la guerre engagée au Yémen, ni les graves atteintes aux principes élémentaires des droits de l'homme qui visent aussi bien des intégristes que des opposants progressistes, dont des féministes, ni aucun des agissements du roi et surtout de son fils, l'héritier Mohammed Ben Salmane, n'ont amené le président américain à tempérer son aide à cette monarchie qui continue d'être, quoi qu'on en pense, parmi les principaux sponsors du fanatisme avec le Qatar et la Turquie. La LIM a même lorgné un temps en direction de l'islam de France pour essayer de réinjecter, sous une forme plus acceptable, ce poison idéologique qu'est le wahhabisme dit « non djihadiste », présenté à certains dirigeants occidentaux comme étant un « salafisme quiétiste », antidote du terrorisme. L'escroquerie du siècle !

Zbigniew Brzeziński, l'un des architectes américains du soutien à l'extrémisme anticommuniste durant la guerre froide, résume les certitudes dangereuses de la politique aveugle qui fut celle des États-Unis : « Qu'est-ce qui est plus important au regard de l'histoire du monde ? Les talibans ou la dislocation du bloc soviétique ? Quelques islamistes excités ou la libération de l'Europe centrale et la chute du Mur[1] ? » Il y a un siècle, le credo était le même. Les grandes puissances voulaient libérer les peuples de l'Empire ottoman, mais les ont finalement mis sous tutelle et on a créé l'Arabie saoudite pour mieux les étouffer. Aujourd'hui, nous assistons aux conséquences d'une politique identique : celle qui visait à libérer les peuples du communisme en encourageant des courants des plus sanguinaires. Dans un cas comme dans l'autre, l'émancipation effective des sociétés n'a pas dépassé et ne devrait pas dépasser le stade de la rhétorique diplomatique la plus cynique. Depuis le 11-Septembre, ceux qui refusent de considérer l'islamisme pour ce qu'il est réellement – c'est-à-dire un phénomène complexe dont la genèse et l'essor sont indissociables des manipulations géostratégiques aux relents machiavéliques et des facteurs strictement politiques relevant de l'évolution interne des États arabes modernes en lien avec les convulsions mondiales – sont ceux-là mêmes qui, très souvent pris d'hystérie, n'hésitent pas à incriminer injustement l'islam et à ne pointer du doigt que les Arabes et les musulmans. C'est le dernier avatar du racisme du monde dit civilisé. Il est plus aisé visiblement d'être véhément avec

1. Daniel Dagenais (dir.), *Hannah Arendt*, *op. cit.*

un islamiste irakien et si docile avec son sponsor qatari, turc ou saoudien.

Aujourd'hui, une partie de la gauche est convaincue qu'il faut s'allier avec les islamistes pour vaincre des « systèmes » trop libéraux, trop capitalistes. En fait, ils font la même erreur que celle faite par leur grand ennemi, les États-Unis, un demi-siècle auparavant. L'histoire n'est-elle pas un éternel recommencement ?

2e PARTIE

LES FONDEMENTS

6

Ali Shariati, l'intellectuel qui séduisit Saint-Germain-des-Prés

Chaque phénomène politique est précédé d'une histoire complexe qui confectionne son idéologie comme on tresse un panier d'osier, méthodiquement, lentement et avec précision. L'idéologie, ce sont des opinions qui se superposent et qui finissent par se fondre dans un système de valeurs. Ainsi, l'islamo-gauchisme possède son histoire, méconnue, son évolution, mais aussi ses acteurs, conscients ou inconscients, favorisant, au gré des époques, ses évolutions.

Avant Tariq Ramadan, un autre intellectuel islamiste avait séduit une partie de l'intelligentsia parisienne. C'était une vingtaine d'années à peu près avant l'apparition médiatique en France du petit-fils du fondateur de la confrérie des Frères musulmans.

Pourtant, peu de personnes connaissent Ali Shariati. Figure intéressante, proche de la gauche, notamment de Jean-Paul Sartre et de Frantz Fanon. Il s'était d'ailleurs illustré, comme le rappelle Gilles Kepel[1], en traduisant en persan *Les Damnés de la terre* de Franz Fanon, mais

1. Entretien réalisé le 17 novembre 2020.

aussi en utilisant, le plus souvent, une terminologie très prisée par les islamistes. Construire, par la sémantique, des ponts entre la gauche anticolonialiste et les tenants de l'islam politique est une chose qui, depuis, est devenue courante. Élève de Jacques Berque, un des meilleurs connaisseurs du Coran et de l'Afrique du Nord, et formé à la Sorbonne, Ali Shariati aurait pu, à vrai dire, disputer le leadership, lors du renversement du shah d'Iran, au représentant du clergé chiite. Il suivit aussi les cours de Louis Massignon et, en sociologie, ceux d'Henri Lefebvre et de Georges Gurvitch.

Le père d'Ali, Mohammad Taqi Shariati fils, petit-fils de mollah et mollah lui-même, est le fondateur d'un centre de recherches islamiques à Mashhad, deuxième ville d'Iran, considérée aujourd'hui comme la capitale culturelle. C'est là qu'Ali, né en 1933 à Mazinân, dans la région de Khurasân, grandit, dans une ambiance entre vie religieuse ancestrale et modernité. Le pays est alors dirigé d'une main de fer par l'empereur Reza Chah. Lorsque le régime, dans les années 1930, crée une Éducation nationale dépendant de l'État et non plus du clergé, son père est contraint d'abandonner son turban et son statut clérical contre un costume à l'occidentale afin d'enseigner dans un lycée public. En 1945, alors que les troupes soviétiques occupent encore une partie du nord-est de l'Iran, le ministère de l'Éducation nationale est confié à un dirigeant communiste : Fereydoun Kechavarz. Comme beaucoup d'enseignants, Mohammad Taqi Shariati s'imprègne d'idées sociales et hostiles à « l'impérialisme » britannique, qu'il transmet à son fils Ali. Alors qu'il n'a que 15 ans, ce dernier devient militant dans les rangs d'un « centre de propagation des vérités islamiques » créé par son propre père. Il est à l'époque décrit comme un « socialiste pieux ». C'est une période où il est témoin d'une mobilisation des musulmans contre l'influence du communisme en Iran, mais aussi de la diffusion de l'idéologie agnostique du modernisme désislamisé prôné par les Pahlavi. Il participe de loin à la vague nationaliste des années 1951-1953 – il a à peine une vingtaine d'années – qui soutient le combat de Mohammad Mossadegh, contre les Britanniques, au sujet de la nationalisation du pétrole.

C'est à Paris que le jeune homme va parfaire sa formation idéologique. Il est âgé de 26 ans quand il débarque, en 1959, dans un Paris en pleine ébullition intellectuelle et politique, en raison notamment de la guerre d'Algérie. Il se lie d'ailleurs très vite aux milieux qui luttent pour l'indépendance de ce pays, étant entré en contact avec des membres de la fédération de France du FLN et les soutenant, y compris d'un point de vue logistique parfois en les laissant utiliser sa chambre comme planque. Doté d'une bourse du gouvernement iranien afin de compléter ses études et obtenir un doctorat, il est déterminé à poursuivre aussi son militantisme en faveur des idées qui ne s'inscrivent pas dans une doctrine de gauche classique, mais qui s'apparente davantage, selon ses nouveaux camarades, à un islamo-socialisme qui semble leur convenir. C'est un peu comme la théologie de la libération, pensent-ils. Le jeune étudiant est déjà conscient des tensions qui agitent les peuples pour s'émanciper des relations coloniales.

La capitale française, surtout son Quartier latin, est aussi le centre des idées révolutionnaires. C'est là que le jeune Shariati, venu tout droit de cet Iran fantasmé, se fait adopter, à la fois par les cercles religieux catholiques de gauche et par les activistes intellectuels d'extrême gauche. Il n'aime pas ce qu'il appelle la « débauche » qui règne à Paris. Conservateur, et probablement encore coincé, il écrit à ses proches : « Ici il n'y a rien d'autre que danse, cabaret, vin, casino et toutes sortes de recherches sur les différentes façons de copuler [...], dans cette ville du vin, de la concupiscence et du fric. [...] La plupart des femmes ressemblent à des oies plus belles que Brigitte Bardot, mais moins chères qu'un paquet de cigarettes[1]. » Il ne s'agit pas de quelques impressions exprimées par un jeune exilé dépaysé, bien loin de la très pieuse ville de Mashhad, mais d'une conviction qui se confirmera à travers ses futures publications. Dans *Les Qualités de Muhammad*, il écrit : « Les sociétés occidentales auparavant puissantes et prospères se sont alors enfoncées dans un isolement pénible. Elles furent envahies par un courant opposé à celui de Issa [Jésus] qui les a conduites vers les bassesses de la vie d'ici-bas, vers la guerre et vers les plaisirs. Aujourd'hui, l'Europe a changé de voie et est devenue l'Europe de Néron, de Jules César et des gladiateurs. L'Europe éprouve une soif de chrétienté[2]. »

Ne trouvent alors grâce à ses yeux que les étudiants catholiques de l'Alliance française où il apprend la langue de Voltaire. Ali Shariati voit dans leur Église un antidote à « l'extinction certaine de la société française. » Simultanément, il écrit dans des publications d'opposants au régime iranien et il est d'ailleurs très vite remarqué par la police politique du shah. Celle-ci, la redoutable SAVAK, l'arrête dès son retour en Iran pour des vacances.

Un chrétien pratiquant va jouer un rôle important dans son cheminement intellectuel : son directeur de

1. Pour dresser ce portrait, je me suis inspiré notamment du travail de Michel Taubmann sur l'Iran et de son article sur Ali Shariati, dans le magazine *Contre-Terrorisme*, janvier 2018.

2. Ali Shariati, *Les Qualités de Muhammad*, Éditions Albouraq, 2011. Il s'agit d'une conférence qui a été traduite et publiée en français après sa mort.

thèse à la Sorbonne, Louis Massignon, professeur au Collège de France et fondateur des études « Islamisme et religions de l'Arabie » à l'École pratique des hautes études à Paris. Cet islamologue, par ailleurs sommité universitaire, qui formera Henry Corbin et toute une génération d'orientalistes, était réputé pour son exigence et sa rigueur. Mais sa fascination à l'égard de l'islam, renforcée par son indignation envers le colonialisme, alors qu'il s'engageait lui-même contre la guerre d'Algérie, finit par obscurcir son jugement et le rapprocher totalement des principes défendus par Ali Shariati – ordonné prêtre au Caire à 67 ans, Massignon, surnommé le « catholique musulman », développera l'idée d'une pureté originelle de l'islam servant de chemin vers la libération humaine, calquée sur la théologie de la libération suivie par des chrétiens. Entretenant une relation très étroite avec son disciple, Louis Massignon cautionna par son autorité morale la passion anti-occidentale dévorant le jeune Iranien qui pourtant ne l'a pas côtoyé très longtemps puisque Massignon est mort en 1962. Car Shariati ne s'en cachait pas : autant il n'hésitait plus à affirmer son rejet de l'Occident, autant il multipliait ses interventions hostiles au shah, y compris durant ses séjours dans son pays. On observe à travers la chronologie de ses écrits une sorte de « radicalisation » qui s'accentue à mesure qu'il prend confiance en lui, fréquente indépendantistes algériens et gauchistes français, et parachève son parcours estudiantin.

De retour au pays en 1964, doctorat en poche, Shariati, désormais en lutte ouverte contre les autorités iraniennes, est contraint d'abandonner l'idée d'une carrière universitaire à Mashhad, d'où il est écarté par le pouvoir, pour devenir, à Téhéran, un orateur populaire. Il intervient notamment dans un institut de réislamisation, qui sera créé en 1969, pour offrir aux étudiants et aux membres des classes moyennes une alternative non communiste au régime. Finalement, l'institut sera fermé quatre ans plus tard. Celui qui est appelé « le Docteur » par ses admirateurs depuis son retour au pays en 1964, doctorat en poche, porte deux pensées directrices, comme le rappelle l'iranologue français Yann Richard[1] : « Le chiisme doit être réformé, car depuis qu'il est la religion officielle de l'Iran, il est devenu une institution au service du pouvoir : les oulémas ont exploité pour leurs seuls intérêts une situation ambiguë, fermant les yeux sur le despotisme, faisant du chiisme une religion de vaincus et tournant les croyants vers la conservation de formes extérieures », car, précise le théoricien iranien : « l'islam vrai c'est un combat héroïque pour la justice, la révolte contre la tyrannie[2] » ; sa seconde idée précise que « la conscience des peuples du tiers monde a été aliénée par l'Occident grâce aux idéologies qu'il leur impose. Pour se libérer, ils doivent revenir à leur culture nationale et à leur foi. L'islam apporte un système de valeurs que l'Occident ne peut pas détourner à son profit, si elles sont vécues dans leur force première, qui est révolutionnaire ». Sur ce second point, Shariati porte la même idée que l'écrasante majorité des idéologues sunnites. Toujours selon Yann Richard, le penseur iranien proposait trois solutions : *primo*, il considère que le Coran n'est pas dépassé, et que son message est révolutionnaire, si on le lit à la lumière de la première communauté islamique. Encore faut-il l'interpréter, et ne pas se bloquer dans les superstitions. De ce point de vue, y compris en tant que chiite, il partage l'avis

1. Yann Richard fut notamment sous-directeur du département d'iranologie de l'Institut français de Téhéran et directeur de recherche au CNRS.

2. Yann Richard, « Shariati et le gouvernement islamique », *Le Monde*, 31 janvier 1979.

des salafistes sunnites. De façon redondante, cette quête d'un islam purifié, celui « des origines », s'impose dans les différentes pensées islamistes. *Secundo*, il est convaincu que la démocratie est formelle lorsqu'elle est gérée par le capitalisme, et revient à donner à une majorité conservatrice le droit d'opprimer une minorité progressiste... Et *tertio*, Shariati estime que pour bien gouverner il faut une démocratie « engagée » ou « dirigée » : si la société n'est pas encore mûre, le pouvoir doit être confié à un groupe élitaire, sur un programme progressiste, avec pour objectif de guider l'homme vers la perfection. Dans son développement le plus démocratique (société évoluée), ce pouvoir ne sera jamais livré à une quelconque « idéologie laïque ». Le peuple n'ayant pas de guide religieux présent, c'est lui qui choisit le remplaçant de son imam. Shariati ne parle évidemment pas de suffrage populaire ; le peuple ayant reçu une mission sacrée, la continuation de la mission prophétique, celle de se guider lui-même, on ne peut envisager que ne se forme pas un consensus dans la communauté ainsi dirigée. D'avance, la résistance à un tel consensus est condamnée : il faut, « par n'importe quel moyen », dit-il, sauver la société des méfaits de ceux qui, par l'abus de leur puissance, de leur argent ou de leur liberté, entraîneraient sa stagnation ou sa corruption.

Ali Shariati est particulier car il n'a pas l'allure d'un islamiste en turban. Il aime plutôt se présenter en costume-cravate, avec un style un peu dandy. Il est convaincu que l'islam qu'il prône n'est guère éloigné de celui de Khomeiny, même s'il cultive, semble-t-il, en secret, un mysticisme. Toujours est-il qu'il propose l'application d'une charia qui serait compatible avec les principes de justice sociale et de libération des peuples. Son langage n'est pas directement politique, mais il sape la base idéologique du régime et, malgré des recours fréquents aux penseurs modernes, il se démarque nettement de l'athéisme et du rationalisme des Occidentaux et ainsi de ce qui est porté par le pouvoir du shah. Comme Sayyid Qutb avant lui, Ali Shariati semble obsédé par la présence à l'intérieur ou à proximité du monde musulman d'un Occident qu'il juge arrogant, mais surtout, comme le dénonce l'extrême gauche, colonialiste et impérialiste, et qui ne cesse de pervertir les sociétés musulmanes de l'intérieur, dénaturant l'islam, déviant les croyants de leur chemin vers la félicité, faisant d'eux des êtres humiliés et opprimés qui perdent à la fois leur identité et leur honneur. Pour Qutb et pour Shariati, l'un pourtant sunnite et l'autre chiite, l'Occident est dénué d'éthique et il érige des citoyens vides de sens. D'après les deux théoriciens, tout cela est lié à l'édification d'une pensée individualiste, égoïste et matérialiste. C'est de ce point de vue qu'ils rejoignent aussi les logiques des combats anticapitalistes. Lutter contre l'occidentalisation des sociétés musulmanes et contre cette nature diabolique susceptible de pervertir les musulmans devient à leurs yeux une impérieuse nécessité pour empêcher la destruction morale de leurs sociétés respectives. Les islamistes, d'une manière générale, sont ainsi convaincus qu'en se mettant sous le joug du « Dieu unique », ils se libèrent de la domination de l'homme par l'homme.

À Paris, Ali Shariati côtoie également Michel Foucault, qu'il séduit, et l'Algérien Malek Bennabi, comme lui défenseur du projet islamiste – même si, là aussi, l'un est chiite et l'autre sunnite. Dans cette époque compatible avec toute idée révolutionnaire, tous les liens se nouent évidemment dans un syncrétisme qui souligne à la fois l'originalité de cette formation partisane et, d'une certaine manière, le potentiel émancipateur que la pensée islamiste a revêtu pour toute une génération d'acteurs, bien au-delà des adeptes de la future révolution iranienne.

Autre rencontre déterminante dans son parcours : Jean-Paul Sartre. On est au moment des accords d'Évian qui préparent l'indépendance de l'Algérie. Ali Shariati et quelques étudiants iraniens se retrouvent souvent dans un café du Quartier latin pour discuter, au milieu des volutes de fumée, avec le « maître à penser » de l'existentialisme. Le célèbre intellectuel français écoute religieusement le trentenaire iranien expliquer, en substance, que « l'islam est le langage que doivent utiliser les marxistes pour se faire comprendre des masses en Iran ». Shariati, qui commence à parler en idéologue, est désormais suivi. Sartre et lui ont un ami en commun : Franz Fanon, dont le premier est le préfacier, le second le traducteur de la version persane. Là aussi, tout un symbole : un livre, *Les Damnés de la terre*, réunit l'anticolonialiste martiniquais acquis à la cause algérienne, l'intellectuel français illustrant la gauche parisienne et l'islamiste iranien !

Dans un échange de lettres entre lui et Franz Fanon, alors que Shariati explique le « rôle que peut assumer l'islam dans la marche de l'histoire et la lutte des peuples opprimés contre tous les tyrans étrangers et autochtones », l'auteur des *Damnés de la terre* répond : « Je ne porte pas envers l'islam les mêmes sentiments que toi, mais je suis d'accord avec toi et je confirme tes paroles avec insistance, et j'irai même plus loin, je dirai que l'islam est, dans le tiers monde, l'élément social et idéologique le plus puissant pour faire face à l'Occident... J'espère de tout cœur que les intellectuels authentiques dans vos pays sauront s'attacher à cette arme formidable, cette réserve immense de richesses morales et culturelles, qui gît dans les profondeurs des sociétés musulmanes. »

La chose peut paraître incroyable, mais voilà un militant anticolonialiste, antiraciste qui, probablement par totale méconnaissance, à partir d'une observation qui l'amène à voir l'islam uniquement comme religion des « damnés de la terre », des « minorités opprimées » ou des « peuples colonisés », qui, fasciné par un idéologue islamiste n'aimant pas l'Occident, pas même ses valeurs qui émancipent les femmes, encore moins sa laïcité, espère un retour de l'ordre religieux chrétien dont il feint d'ignorer que c'est à partir de sa mise à l'écart que les sociétés modernes occidentales ont réussi à consacrer les principes de liberté et d'égalité, toujours en perpétuelle construction, tant il s'agit d'un idéal, non pas seulement d'un objectif ! Fanon, avant de s'éteindre en 1961 d'une leucémie, voit l'islam de Shariati, qui est celui de Sayyid Qutb ou de Malek Bennabi, non pas comme une religion ou une spiritualité, non pas comme un référent culturel, mais comme une « arme formidable ». De ce point de vue, il ne s'y est pas trompé. Déjà un aveuglement qui ne cessera d'obstruer la vision de la gauche occidentale, incapable, encore une fois, de constater que cet islam politique est, dans ses moindres recoins, non seulement dangereux, mais contradictoire avec tous les messages qu'elle entend porter haut et fort. L'islam politique est, en tant qu'idéologie, selon les principaux marqueurs que l'on enseigne dans les Instituts d'études politiques, une logique d'extrême droite. En tout cas, c'est aux antipodes du progressisme. Donc, oui, cette gauche européenne soutient depuis, une extrême droite qui ne cesse de progresser dans les champs politiques arabo-musulmans !

Véritable futur cerveau de la révolution iranienne, Ali Shariati fut donc le brillant théoricien d'un « islamo-marxisme » liant l'islam et la lutte des classes, une théologie de la libération qui n'a eu de cesse de se développer parallèlement à celle dont se revendiquaient à la même époque des chrétiens de gauche, notamment en Amérique latine. Il pensait l'islam comme source unique non seulement des autres religions, judaïsme et christianisme, mais de toute pensée positive. « Tout ce qui se trouve dans les idées progressistes des intellectuels occidentaux se trouvait bien avant dans l'islam », a-t-il déclaré devant l'Association Iran-France. En revenant au bercail, en 1964, il est persuadé que la nouvelle pensée révolutionnaire permettra de réaliser la synthèse du socialisme, de l'existentialisme et de l'islam politique. Ses interlocuteurs et amis français s'étaient montrés très soucieux de prendre en compte l'apport de ce théoricien islamiste, représentant à leurs yeux la partie du monde opprimée par « l'impérialisme ». Évidemment inconscients de l'immensité du malentendu, beaucoup continuent à être fascinés. Des idées que plusieurs islamistes contemporains continuent de véhiculer à ce jour.

Dans son livre *Chiisme rouge*, Shariati tente de préciser sa vision en distinguant le bon grain chiite de l'ivraie sunnite. Islamisant la théorie marxiste de la lutte des classes, il érige en « moteur de l'histoire » l'opposition irréductible entre l'islam chiite, confession des « pauvres et de la révolte », identifiée au prolétariat, et le sunnisme, défenseur de « l'aristocratie du califat », symbolisé notamment par les pétromonarchies du Golfe, alliées de l'Amérique, incarnant la grande bourgeoisie islamique. Ali Shariati défend ainsi une sorte de chiisme contestataire, activiste, le « chiisme rouge », celui d'Ali, le quatrième calife auquel se réfèrent les chiites, contre un autre plus institutionnalisé, conservé par les clercs et protégé par le pouvoir en place, celui de la dynastie des Safavides. Selon lui, en outre, la lutte contre le mal ne souffre pas d'attendre la réapparition du Mahdi (le douzième imam qui jouerait le rôle de Messie), il faut l'entamer ici et maintenant afin de hâter son retour. Cette démarche, certes originale pour ceux qui attendent théoriquement l'avènement du douzième imam pour trouver le salut, s'inscrit en vérité, dans quelque chose qui ressemble à une vocation du chiisme, puisqu'elle précipite l'arrivé de l'imam occulté. Définissant aussi précisément le modèle de société islamique dont il rêve

– et que Khomeiny imposera plus tard –, il s'inspire de Lénine. Refusant le suffrage universel à un peuple supposé arriéré, non apte pour la démocratie et conservateur, il prône le leadership d'une avant-garde éclairée – par Dieu – et guidée par un imam. Là aussi, rien de nouveau sous le soleil, étant donné que plusieurs penseurs islamistes continuent d'insinuer cette idée, plus ou moins insidieusement.

À partir des années 1970, Ali Shariati devient le véritable idéologue de la révolution iranienne qui se dessine et la tête de file du mouvement. Pour lui, le chiisme ne doit plus être attentiste, donc, mais adopter une attitude clairement révolutionnaire, non sans intégrer au passage dans sa lutte le renversement des responsables de l'injustice sociale. Shariati semble avoir trouvé le ton et le positionnement pour séduire à la fois les tenants de la gauche occidentale, les milieux indépendantistes et anti-impérialistes, et, en Iran, établir concrètement des ponts entre les différents pans de la société et intéresser ainsi à son discours aussi bien les très austères membres du clergé que les étudiants, mais également la petite bourgeoisie, représentée par les commerçants, les artisans et les classes populaires. Là aussi, l'hybridation idéologique va donner naissance à une capacité à créer un discours qui plaît de manière transversale. Combiné à la version ambivalente que donnera l'ayatollah Khomeiny d'un chiisme politique, le discours de Shariati devient un appel mobilisateur pour la jeunesse contre le régime du Shah avec un double résultat : construire une vraie politisation du sacré et donner l'impression qu'il n'y a aucune contradiction entre la revendication, les idées révolutionnaires et les demandes sociales portées par la gauche iranienne. La première jonction entre les contraires est faite, le soutien international est acquis à travers des opinions publiques françaises et occidentales influentes, il ne reste qu'à attendre que la rue bouge et que l'armée fraternise avec le peuple. Chose assez aisée à un moment où il y a une sorte d'alignement des planètes qui s'accompagne d'un lâchage, de la part des puissances occidentales, de la maison des Pahlavi.

Après plusieurs séjours en prison qui l'ont marqué – il y passe dix-huit mois, jusqu'au printemps 1975 –, Shariati avait dû se résoudre à l'exil[1]. Il s'installa dans la banlieue londonienne, mais apprenant que sa femme était bloquée par la police politique à Téhéran et qu'elle ne pourrait pas le rejoindre, il succomba à une crise cardiaque, le 19 juin 1977[2], à l'âge de 43 ans à peine. Sa mort deux ans avant la révolution iranienne l'aura empêché d'y tenir un rôle de premier plan. Mais durant les gigantesques manifestations qui secouèrent une grande partie de l'Iran tout au long de l'année 1978 et qui précipitèrent le renversement du shah, on vit son portrait, jeune homme vêtu à l'occidentale, côtoyant celui du vieux mollah Khomeiny, coiffé de son turban traditionnel. Les Iraniens ne s'y étaient pas trompés. Ils savaient le rôle qu'avait joué cet intellectuel dans la préparation idéologique et mentale de la société. Et alors qu'après sa mort, les livres de Shariati n'avaient pratiquement circulé que sous forme de brochures imprimées semi-clandestinement, parfois sans nom d'auteur, ou même sous forme de

1. Pour l'anecdote, ce sont les autorités algériennes, sous Houari Boumédiène, qui appréciaient particulièrement Shariati pour son rôle à leur côté à Paris durant les deux dernières années de la guerre et ses travaux (et pour cause !), qui étaient intervenus auprès du Shah, avec lequel le président algérien de l'époque entretenait une bonne relation, pour intercéder en faveur de la libération de l'idéologue. Là aussi, tout un symbole pour un pays qui sera traversé, quelques années plus tard, par une vague de terrorisme islamiste sans précédent.

2. Ses admirateurs continuent de jurer qu'il aurait été assassiné (empoisonné ?) par la police du shah, mais personne n'en a jamais apporté la moindre preuve.

copies carbone dans le milieu étudiant (en recopiant à la main un exemplaire, on en distribuait quatre ou cinq), à la libéralisation du régime iranien, notamment de la censure, on vit soudain des queues impressionnantes se former devant les librairies qui osaient enfin diffuser Shariati et ses livres s'arracher par centaines de milliers[1].

De façon probablement involontaire, Shariati avait réussi à rendre « sympathique » une vision extrémiste de l'islam, aux antipodes de l'esprit des Lumières et des valeurs de gauche. Lui qui estimait en atterrissant à Paris que « la plupart des femmes ressembl[aient] à des oies » n'aurait pas été choqué de voir les femmes iraniennes, quelques mois après l'avènement des mollahs « ressemblant à des ombres », au « nom de l'islam et de la justice sociale ! »

À l'issue de la révolution iranienne, on s'apercevra qu'Ali Shariati a non seulement armé intellectuellement le clergé chiite, politisé le sacré, mais en plus revivifié les ressorts de l'idéologie chiite qui seront utiles pour donner, plus tard, une justification au martyre des jeunes sur le front de la guerre Iran-Irak qui va s'ouvrir, et, surtout, pour apporter du lustre à un pouvoir qui, tout au long du conflit, n'a pu qu'organiser le déclin socio-économique de la société iranienne. De plus, les idées de Shariati ont fait leur chemin. Outre les membres du clergé et la jeunesse, elles ont profondément influencé les moudjahidines du peuple, pourtant d'inspiration marxiste, qui ont un temps théorisé cette fusion islamo-gauchiste, du moins d'un point de vue opérationnel, et se sont lancés, dès 1965, dans l'action

1. L'œuvre de Shariati, regroupée en trente six volumes soigneusement édités par un collectif désireux de tout publier, comprend des textes n'ayant jamais paru de son vivant, souvent simples transcriptions des enregistrements de conférences publiques ou de ses carnets intimes.

violente. Jadis détracteurs du Shah, ils s'opposent désormais au régime islamiste[1]. La vision sophistiquée de Shariati contribua à populariser la révolution islamique à Saint-Germain-des-Prés. Michel Foucault, l'un des philosophes français pourtant les plus éclairés de son époque, qui tenait Shariati en haute estime, écrivait dans *Le Nouvel Observateur* en octobre 1978, quatre mois avant la prise de pouvoir par Khomeiny : « Un fait doit être clair, par “gouvernement islamique”, personne en Iran n'entend un régime politique dans lequel le clergé jouerait un rôle de direction ou d'encadrement. » Influencé par les thèses de Shariati, le philosophe voit alors en l'islam chiite une spiritualité quasi libertaire. Oui, rien que ça ! Michel Foucault eut le courage néanmoins, contrairement à beaucoup d'autres, de reconnaître assez rapidement son erreur.

En 1979, alors que la révolution iranienne n'a pas encore montré son vrai visage, Yann Richard, évoquant un Shariati mort depuis à peine dix-huit mois, écrivit dans *Le Monde* : « [Il n'est pas un] écrivain politique, un théoricien de gouvernement. S'il fallait le résumer en prenant un exemple connu chez nous, disons qu'il est un combattant de la vérité, de la justice et de la foi ; il est comme Charles Péguy, idéologue et idéaliste. Ce n'est pas pour rien qu'il a derrière lui toute la jeunesse intellectuelle iranienne. »

1. Il s'agit aujourd'hui d'une machine bien opaque, peu lisible idéologiquement, au service d'une dirigeante, Maryam Radjavi, transformée en gourou, et probablement des intérêts étrangers qu'il est difficile d'identifier tant le groupe qui tourne en vase clos a quasiment adopté un fonctionnement sectaire. Idéologiquement, ce mouvement repose donc sur une sorte de synthèse entre l'islam politique chiite, les idées nationalistes tiers-mondistes et la pensée marxiste qu'on retrouve au sein de la gauche radicale. Initialement fortement influencé par les travaux d'Ali Shariati, il revendique un projet basé sur une société sans classes et nourri d'une lecture islamique de gauche.

La révolution iranienne mélangeait slogans anti-impérialistes et anticolonialistes, déclarations anti-occidentales et messianisme chiite. Certains des manifestants, je l'ai précisé, brandissaient la photo d'Ali Shariati au côté de celle de Khomeiny. Les milieux gauchistes ont vite déchanté : les envolées anti-impérialistes se poursuivent, mais toujours point de justice sociale. S'agissant du respect des notions élémentaires des droits de l'homme, n'en parlons même pas.

Si beaucoup de gauchistes, aveuglés par leurs certitudes, continueront longtemps à soutenir le régime des mollahs, d'autres, comme certains trotskistes anarcho-syndicalistes, manifestaient devant l'ambassade d'Iran à Paris contre Khomeiny dès 1979. « Pour nous, dira l'un d'eux, la priorité, c'étaient les critères de classe. Or, le nouveau pouvoir ne prenait pas cela en compte. D'ailleurs on se méfiait de tous les religieux, y compris de la gauche chrétienne. » Certes, ceux-là ont existé et existent encore. Ils n'aiment pas être amalgamés avec les islamo-gauchistes, car ils ne se considèrent complices, « ni hier ni aujourd'hui », des islamistes. Mais il faut reconnaître qu'ils sont minoritaires. À gauche, le soutien fut pour les hommes en turban qui ont chassé le shah !

Les années post-révolution verront les droits des femmes régresser en Iran. En Égypte, l'islamisme assassine en 1981 le président Anouar Al-Sadate, diabolisé parce qu'il a voulu construire la paix avec Israël. En Afghanistan, la guerre qui fait rage contre les Soviétiques met en scène des moudjahidines qui, eux aussi, vont fasciner les sociétés occidentales. En Algérie, les premiers maquis, celui de Bouyali notamment, n'inquiètent personne, car après tout le régime militaire est détestable et, même aux yeux de ses alliés français d'hier, il a trahi les idéaux de la révolution algérienne.

Une vingtaine d'années après la disparition d'Ali Shariati, une grande partie de l'intelligentsia parisienne va donc s'inventer une nouvelle idole musulmane : Tariq Ramadan. Comme s'il fallait continuer de croire que chez « cette peuplade primitive », les plus fascinants ne doivent être ni démocrates ni laïques ni de gauche, mais juste islamistes.

7

De gauche et antisémites

On ne peut pas traiter de la question islamo-gauchiste sans se pencher sur ce phénomène, de plus en plus courant désormais, qui amène des militants liés à des milieux gauchistes, se disant « pro-palestiniens », à s'exprimer comme le faisaient jadis des activistes d'extrême droite. Il faut le dire, nombre d'entre eux n'en pensent pas moins, mais, pour des considérations tactiques, la majorité ne l'assume plus ouvertement, cherchant plutôt à créer des ponts avec l'extrême droite ou la droite extrême israélienne ou pro-sioniste européenne. Mais cela est une autre histoire.

L'antisémitisme de la gauche est un sujet tabou. Depuis un demi-siècle, elle qui n'a pas toujours été exemplaire sur tous les sujets, a fait une OPA sur tous les « bons sentiments ». Un esprit binaire pourrait croire – ou faire croire – que l'antiracisme est forcément de gauche et que le racisme est nécessairement de droite ; que l'antisémitisme est forcément et uniquement à l'extrême droite et pas du tout à l'extrême gauche. Pourtant, cette gauche qui n'a pas « le monopole du cœur » continue de faire croire qu'en toutes circonstances, il suffit de se déclarer de son bord pour être dans le « camp du bien ». On constate dans les faits que les choses sont un peu plus complexes.

Depuis longtemps – c'est peut-être aussi la faute des historiens et des journalistes –, on n'ose plus rappeler que les « restes » du Front populaire, soit deux cent quatre-vingt-six parlementaires de gauche ou de centre gauche, ont voté les pleins pouvoirs au maréchal Pétain. On ne rappelle pas non plus, assez souvent, les noms de toutes les figures de gauche qui furent antidreyfusardes[1]. Le boulangisme aussi avait jeté les jalons d'un antisémitisme où se rencontraient alors une gauche antiparlementaire et une droite autoritaire. L'image du « banquier juif et cosmopolite » s'était alors bien ancrée, y compris dans un imaginaire de gauche. Pierre Leroux, révolutionnaire français du XIXe siècle, qui avait forgé le mot « socialisme » pour désigner ce qui devait être l'idéal d'une société « qui ne sacrifie[rait] aucun des termes de la devise *Liberté, Égalité, Fraternité* », avait déclaré devant ses camarades : « Quand nous parlons des Juifs, nous voulons dire l'esprit juif : l'esprit du profit, du lucre, du gain, de la spéculation ; en un mot, l'esprit du banquier. »

Le socialiste Marcel Déat soulignait le « subtil byzantinisme » de Léon Blum et sa « passivité tout orientale ». Adrien Marquet, maire socialiste de Bordeaux, lui reprochait, pour sa part, de « pousser à la guerre pour l'URSS et la juiverie ». Même le « grand » Jaurès, longtemps convaincu de la « trahison » de Dreyfus, s'était laissé aller à des sorties antisémites à faire hérisser le poil avant de se ressaisir. « Nous savons bien que la race juive, concentrée, passionnée, subtile, toujours dévorée par une sorte de fièvre du gain quand ce n'est pas par la force du prophétisme, nous savons bien qu'elle manie avec une particulière habileté le mécanisme capitaliste, mécanisme de rapine, de mensonge,

1. Voir Michel Winock, *Nationalisme, antisémitisme et fascisme en France*, Le Seuil, 1982.

de corset, d'extorsion », dira-t-il en 1898 lors d'un discours. Ses laudateurs jureront la main sur le cœur qu'il faudrait étudier cela dans son contexte.

La haine du juif d'une partie de la gauche n'est donc pas nouvelle. Elle est restée longtemps en sommeil, elle sera tue, comme une maladie honteuse, notamment au lendemain de la Seconde Guerre mondiale et la découverte de l'horreur des camps. La gauche antiraciste a aussi joué un rôle important pour mettre en cage la bête. Mais celle-ci devait être libérée un jour. L'antisémitisme a commencé à réapparaître sous les habits des groupes révolutionnaires d'extrême gauche, surtout ceux sensibles à la « cause palestinienne ». Au nom de l'antisionisme, la haine du juif pouvait s'exprimer à nouveau. La conférence de Durban, en Afrique du Sud, organisée sous l'égide des Nations unies, achevée quatre jours avant le 11 septembre 2001, a offert, au nom de la défense d'un « peuple opprimé », sous couvert des luttes antiracistes et des valeurs de gauche, un avant-goût de cet antisionisme raciste[1]. Elle a été ternie par de vives oppositions qui se sont exprimées autour de la question proche-orientale et de la « reconnaissance de dette envers l'esclavage et le colonialisme ». Des documents clairement antisémites ont été distribués, des représentants d'ONG israéliennes ont été chahutés et parfois interdits de participation à certaines séances. La police sud-africaine est intervenue à plusieurs reprises. Des déclarations officielles de certaines organisations, adoptées en pleine nuit, véhiculaient, elles aussi, des propos clairement antijuifs.

---

1. L'Assemblée générale des Nations unies a décidé, dans sa résolution 52/111 du 12 décembre 1997 d'organiser une Conférence mondiale contre le racisme en 2001. Celle-ci s'est déroulée du 31 août au 7 septembre 2001 à Durban en Afrique du Sud. Elle s'est achevée par l'adoption d'une Déclaration finale et d'un Programme d'action.

Comment est-on arrivé là ?

En France, dès le début de la révolution iranienne, l'ayatollah Khomeiny devient un symbole. Une star aux allures de « leader révolutionnaire » qui séduit littéralement les plus célèbres des intellectuels français. Ils s'appellent Simone de Beauvoir, Jean-Paul Sartre et Michel Foucault. Ils ont alors une renommée mondiale, leurs propos et leurs écrits sont scrutés et attendus car ils font autorité. Pour autant, ils sont de gauche, se disent progressistes et opposés aux totalitarismes et aux logiques réactionnaires. Ils sont proches des milieux anticolonialistes, tiers-mondistes et anti-impérialistes. Jean-Paul Sartre est, depuis 1966, président du Comité pour la défense des prisonniers politiques iraniens. Au moment où il se lie d'amitié avec Shariati, on l'a vu, il prononce cette phrase qui deviendra célèbre : « Je n'ai pas de religion, mais si je devais en choisir une, ce serait celle de Shariati. »

Sartre musulman ? Quand même pas, mais il ne serait pas excessif d'affirmer qu'il fut l'islamo-gauchiste le plus connu de son époque. Pour autant, comment celui qui avait pris les positions les plus courageuses pour dénoncer l'antisémitisme aurait-il évolué s'il avait vécu quelques années de plus ? Comment aurait-il commenté cette période ? Il est évidemment impossible de faire parler les morts et je ne tomberai pas dans une telle indécence. Jean-Paul Sartre est décédé en 1980 et s'il n'a pas caché son adhésion aux thèses révolutionnaires islamistes, il n'a jamais versé dans la haine du juif. Cela étant dit, il ne cachait pas son malaise par rapport à la situation proche-orientale, ne reconnaissant pas, sinon à demi-mot, que les élites de gauche, qui se réclamaient de « la cause palestinienne », se laissaient entraîner vers un antisémitisme qui a vite fait de devenir une détestation à peine dissimulée. En pleine guerre des Six Jours, dans un numéro de juin 1967 des *Temps modernes* qu'il dirigeait, il écrivait : « Je voulais seulement rappeler qu'il y a, chez beaucoup d'entre nous, cette détermination affective qui n'est pas, pour autant, un trait sans importance de notre subjectivité, mais un effet général de circonstances historiques et parfaitement objectives que nous ne sommes pas près d'oublier. Ainsi sommes-nous allergiques à tout ce qui pourrait, de près ou de loin, ressembler à de l'antisémitisme. À quoi nombre d'Arabes répondront : "Nous ne sommes pas antisémites, mais anti-israéliens." Sans doute ont-ils raison : mais peuvent-ils empêcher que ces Israéliens, pour nous, ne soient aussi des Juifs ? » Sartre voyait que « nombre d'Arabes » étaient antisionistes. Mais il était probablement trop tôt pour dire que cet « antisionisme » allait conduire à l'antisémitisme. Ne lui faisons pas le procès, ni à lui ni à d'autres, qu'il pourrait être responsable de cette haine d'Israël, qui finira en moins d'un demi-siècle à travailler toute une génération dont sortiront un Mohamed Merah ou un Amedy Coulibaly qui, en tuant des juifs français, fût-ce un enfant de 3 ans, eurent l'impression de lutter contre Israël et pour « la cause palestinienne[1] ».

D'autres que Sartre, en revanche, dévièrent ouvertement.

Garaudy, le « marxisto-islamiste »

Roger Garaudy, célèbre intellectuel communiste, fut l'un d'eux. Il embrasse l'islam au début des années

1. Partisan d'une paix négociée entre Israël et le monde arabo-musulman, Jean-Paul Sartre avait salué le voyage d'Anouar Al-Sadate en 1977 en Israël. Dans la foulée, il s'était lui-même rendu à Tel-Aviv, en compagnie du philosophe Benny Lévy, pour rencontrer Israéliens et Palestiniens et voir comment il pouvait soutenir les initiatives de paix.

1980. Cette conversion ne l'incite pas pour autant à renoncer à ses convictions marxistes, lui qui était considéré comme l'enfant terrible du communisme français. Au bout d'un certain temps, probablement en raison de ses différentes fréquentations, il deviendra l'une des icônes du révisionnisme contemporain. Il ira jusqu'à dénoncer un « complot sioniste » qui aurait décidé d'inventer la Shoah de toutes pièces afin de justifier l'édification de l'État d'Israël. Que s'est-il passé pour que cet intellectuel en arrive à de tels extrêmes ?

L'une des premières fois que Roger Garaudy fait parler de lui, c'est au lendemain de la Seconde Guerre mondiale, quand ce héros qui s'est battu dans la Somme, détenteur de la croix de guerre, est élu député sous les couleurs du PCF[1]. Il participe alors à l'Assemblée constituante de la IVe République et est chargé de diriger la commission de l'Éducation nationale. Plus tard, au début des années 1960, le personnage, plutôt stalinien, devient une sorte de philosophe officiel du parti, avec des contributions nombreuses, car il est de surcroît prolifique, ne cache pas ses désaccords et n'a pas peur des polémiques – il attaque frontalement aussi bien Raymond Aron que Jean-Paul Sartre. Il publie dans les célébrissimes *Lettres françaises* des chroniques à travers lesquelles il fustige les travaux et les prises de position de certains intellectuels. En 1967, il signe des pétitions contre la guerre au Vietnam aux côtés de prestigieux contributeurs : Simone de Beauvoir, Aragon, François Mauriac, Pablo Picasso, Jean-Paul Sartre ou Elsa Triolet. L'année suivante, non sans

1. Roger Garaudy est arrêté le 14 septembre 1941 et déporté par le régime de Vichy dans un camp à Djelfa (Algérie) jusqu'en février 1943. Il devient ensuite rédacteur en chef de Radio-France à Alger, mais démissionne au bout de quelques mois pour devenir le collaborateur d'André Marty à l'hebdomadaire communiste *Liberté*.

s'attirer les foudres du Parti communiste français et de la *Pravda*, il critique l'intervention des chars soviétiques en Tchécoslovaquie. Rien ne semble prédestiner cet homme, tour à tour militant politique, sénateur, professeur d'université, considéré comme un « pur » du communisme, à embrasser l'islam. Sa dérive débute lentement à partir de la fin des années 1960 quand il commence à nier l'existence des goulags, mais aussi la terreur mise en place par Lénine durant la révolution d'Octobre. Il s'éloigne progressivement de la ligne du PCF – il en sera exclu en mai 1970 – pour se rapprocher des courants d'extrême gauche autogestionnaires. Il fait alors un voyage en Égypte où il est reçu par le président Nasser et, dans la foulée, se rend en Israël, au moment où les communistes sont plutôt très critiques envers l'État hébreu.

En 1982, avec d'autres, il achète un encart publicitaire dans *Le Monde* du 17 juin, en pleine offensive israélienne au Liban, pour publier un texte présenté comme « antisioniste » (déjà !), dans lequel on peut lire notamment : « La postérité d'Abraham est ainsi définie d'une manière raciste non par la communauté de la foi, mais par la continuité du sang. » Mais il y est surtout écrit : « Annexion enfin de Jérusalem et du Golan syrien, comme Hitler annexait les Sudètes », à propos des territoires contrôlés par les Israéliens au lendemain de la guerre des Six Jours. Il relayera également l'une des idées phares qu'utilisent, à ce jour, des antisémites de France et de Navarre : « hégémonie du lobby sioniste sur l'ensemble des médias dans le monde, de la presse à la télévision, du cinéma à l'édition ». L'article est aussi signé par Michel Lelong et Étienne Mathiot. Le premier, prêtre catholique, sera plus tard compagnon de route de Tariq Ramadan ; le second, pasteur protestant, est un ancien défenseur de la cause algérienne et éternel allié des « milieux tiers-mondistes ». La sortie inattendue de Garaudy a lieu alors qu'il est encore un intellectuel qui suscite certes parfois la controverse, mais qui reste respecté, écouté et lu. Son livre *Appel aux vivants*, paru en 1979, est un best-seller, vendu à plus de deux cent cinquante mille exemplaires et lauréat du prix des Deux Magots, une récompense germanopratine alors très à la mode. Poursuivis devant les tribunaux, notamment par la Licra, les auteurs de ce texte paru dans *Le Monde* ne sont pas condamnés. Probablement que la justice, de leur point de vue, n'était pas soumise au « lobby sioniste »... C'était une époque – en 1982 – où le quotidien *Libération* pouvait tranquillement publier une lettre d'un lecteur qui appelait ses « frères arabes » à faire en sorte qu'« aucun juif ne puisse se sentir en sécurité » à Paris après l'entrée des troupes israéliennes au Liban. Cela pour rappeler que la vague antisémite qui s'élancera en France au début des années 2000 est loin d'être le fait d'une génération spontanée.

Au moment de la diffusion de l'encart publicitaire dans *Le Monde*, Roger Garaudy s'intéresse à l'islam depuis quelques mois. Il s'est officiellement converti à cette religion à la fin de l'année 1982, sans « rien renier de ses idéaux antérieurs ». Il est toujours « homme de gauche », mais dorénavant porteur d'idées « antisionistes » et proche des milieux islamistes. Le philosophe répète dès qu'il peut qu'au-delà de la foi qui est désormais la sienne – il se disait auparavant protestant et communiste –, il veut être surtout « du côté des dominés ». Il raconte partout que c'est quand sa vie fut épargnée par un soldat musulman, pendant sa détention dans un camp algérien tenu par la troupe vichyste, qu'il a vu la « lumière » de l'islam. Il se remémore : « Déportés à Djelfa, au Sahara, en 1941, parce qu'on ne déportait pas encore en France, lorsque nous avons voulu saluer, par notre chant *Allons au-devant de la vie* l'arrivée des autres déportés des Brigades internationales, le commandant du camp ordonna de nous fusiller. Nous ne dûmes la vie qu'au refus des soldats ibadites (une secte musulmane du Sud) pour qui un homme armé ne tire pas sur un homme désarmé. » Puis quelques mois après sa conversion, il affirme qu'il a décidé de se « désolidariser du christianisme qui relaie une certaine idéologie sioniste[1] ».

La construction de son identité islamo-gauchiste est alors en cours. Qui peut nier, dans ce cas précis, qu'un parcours aussi éloquent que le sien est l'expression même de ce qu'est cette convergence militante que je n'ai eu de cesse d'expliquer. L'homme fit également une rencontre. Un peu grâce au fameux encart publicitaire aux relents antisémites publié dans *Le Monde*. Une Palestinienne, vivant alors en Suisse, tombe sous le charme à distance de ce non (encore) musulman qui « ose s'attaquer aux sionistes ». Elle s'appelle Salma Al-Farouki. Elle s'empresse de lire son dernier livre, *Promesses de l'islam*[2], et l'invite à donner une conférence sur le sujet au sein du centre islamique qu'elle dirige. Ils restent en contact et il lui avouera quelques semaines plus tard qu'il pense se convertir à l'islam. Son admiratrice l'y encourage, elle sera témoin de sa conversion et ne tardera pas à devenir son épouse. C'est l'imam algérien Mahmoud Bouzouzou, installé en Suisse depuis le début des années 1960, cofondateur avec Saïd Ramadan (père de Tariq) du Centre islamique de Genève, qui scellera sa conversion.

Désormais, il s'appelle Roger Rajaa Garaudy. En arabe, *rajaa* veut dire « espoir ». L'histoire aurait pu s'arrêter là et ne représenter qu'une étape spirituelle dans la vie d'un homme aux « convictions bien trempées ». Le

1. *Jeune Afrique*, n° 1145, 15 décembre 1982.
2. Roger Garaudy, *Promesses de l'islam*, Le Seuil, 1981.

problème, c'est qu'à partir de cet instant, l'ancien philosophe du PCF n'a pas connu une dérive, mais une vraie submersion. Il ne s'agit plus d'« outrances » à l'égard de la politique israélienne – somme toute discutable et critiquable – ni même d'« antisionisme » qui, nous le savons désormais, peut très vite devenir le faux-nez de l'antisémitisme. Chez Garaudy, le naufrage commence par ses penchants pour les sorties révisionnistes, ensuite clairement négationnistes[1], qui plairont tant aux islamistes, et seront des « références » et des « arguments » cités par plusieurs milieux d'extrême gauche, porteurs, sous couvert de lutte contre le colonialisme et l'impérialisme, de discours là aussi « antisionistes » qui ne tarderont pas à reprendre les clichés traditionnels des propos antisémites. Allez savoir pourquoi, en prenant prétexte de la défense d'un peuple, on se sent obligé de nier l'existence des souffrances d'un autre. Les faits historiques peuvent être interprétés ou commentés. Il n'y a pas de vérités officielles en histoire. En revanche, il y a des invariables. Si tel fait s'est produit à tel instant et si les historiens détiennent les éléments suffisants pour l'étayer, il n'y a pas possibilité de le réfuter, sauf à vouloir tromper l'opinion publique dans la volonté de nuire.

Le révisionnisme ou le négationnisme ne sont pas des « coquetteries intellectuelles » de quelques auteurs fainéants ou incompétents en mal de reconnaissance. Ce sont des actes politiques. Et pas n'importe lesquels. Le 20 janvier 1998, quelques années après la première sortie de route du philosophe communiste converti à l'islam, une dépêche de l'AFP annonce, alors que ce dernier va se retrouver devant les juges, que le président iranien de l'époque, Mohammad Khatami, a critiqué

1. En 1996, il publie *Les Mythes fondateurs de la politique israélienne*. C'est l'ouvrage à travers lequel il a révélé l'étendue de ses convictions négationnistes.

« le procès de l'écrivain français Roger Garaudy, jugé en France pour contestation de crimes contre l'humanité » et a affirmé : « Les gouvernements occidentaux ne tolèrent pas qu'on s'oppose à leurs intérêts, et c'est pourquoi l'Occident juge un érudit pour avoir écrit un livre sur les sionistes. »

Cinq ans plus tard, ce n'est pas un idéologue, mais un humoriste, Dieudonné M'Bala M'Bala, qui ripe. Le naufrage sera tellement profond que lui aussi finira par recevoir sa décoration, comme Roger Garaudy : soutien d'un président iranien et invitation à Téhéran. On connaît la suite. Pourtant, Dieudonné était également de gauche et… militant antiraciste. En 1997, il était candidat aux élections législatives à Dreux, contre Jean-Marie Le Pen. En 2012, il se représentera dans la même ville, mais cette fois sous les couleurs d'un obscur « parti antisioniste ». L'humoriste, désormais antisémite – il est multi condamné pour ces faits –, ne s'est pas converti à l'islam. En revanche, il est devenu une sorte de coqueluche pour un public très particulier où se mêlent et s'entremêlent partisans de la « cause palestinienne », supporters du régime iranien, vrais antisémites qui détestent profondément les juifs, membres de l'ultragauche et quelques personnes sans aucune culture politique ou idéologique, juste des « suiveurs » qui, entre deux joints, rient bêtement lorsqu'on leur dit que les juifs contrôlent le monde.

Le 23 janvier 2006, Garaudy répond aux questions du journaliste Michaël Prazan et de l'agrégé d'histoire Adrien Minard qui terminent un livre-enquête sur le philosophe négationniste[1]. C'est Roger-Pol Droit, journaliste au *Monde*, qui raconte les faits. La rencontre se fait en présence de l'avocate de l'époque de Garaudy, Isabelle

1. Michaël Prazan et Adrien Minard, *Roger Garaudy. Itinéraire d'une négation*, Calmann-Lévy, 2006.

Coutant-Peyre, épouse du terroriste Carlos – comme quoi ce petit monde vit dans une certaine endogamie. Robert Faurisson, icône des négationnismes d'extrême droite et d'ultragauche de l'époque, n'est « pas un mauvais homme », dit-il. Les attentats du 11-Septembre ? « Organisés par la Maison-Blanche ». Tariq Ramadan ? « Un bon copain, qui fait du bon boulot. » Avec ce dernier, le copinage n'est pas du tout surprenant.

Faut-il écrire un livre pour démontrer la vacuité de sa pensée ? Pourquoi pas. Je lui consacre pour ma part un demi-chapitre. Et si c'est trop, il suffit de relire ce que disait de lui Pierre Vidal-Naquet, historien engagé et humaniste :

> Voilà un homme [Roger Garaudy], agrégé de philosophie, qui s'est converti de façon multiple, d'abord au protestantisme, puis au communisme, puis au catholicisme, puis à l'islam. Ce n'est donc pas exactement un exemple de stabilité intellectuelle. Deuxièmement, il a toujours travaillé d'une façon extraordinairement légère. Pour oser soutenir une thèse sur « la liberté à l'université de Moscou, sous Staline », il faut quand même avoir une sacrée dose ! En fait, Roger Garaudy ne travaille pas, n'a jamais travaillé. Son livre *Les Sources françaises du socialisme scientifique* est un pillage d'autres travaux. Il a toujours été ce qu'on appellera en termes modérés un emprunteur de textes. Dans cet ouvrage négationniste, on lit des choses incroyables. Il confond, par exemple, Roosevelt et Eisenhower. Il cite les *Diaries* de Herzl et, dans la même page, le *Tagebuch*, c'est-à-dire le même livre, mais une édition anglaise dans un cas, une édition allemande dans l'autre ! Il confond le procès Eichmann, en 1961, et le procès Kastner, qui date de 1953... Il confond le nombre de morts d'Auschwitz et le nombre de morts de la Shoah. Roger Garaudy a toujours été un spécialiste du n'importe quoi.

Faut-il en dire davantage ?

Combien d'intellectuels, aux parcours atypiques, ont emprunté le chemin sinueux de Garaudy, communiste devenu musulman négationniste, parce qu'il symbolise une nouvelle dynamique, celle des années 1980 ? Il expliquera plus tard :

> Pour choisir une fois encore son camp, contre l'idéologie dominante des dominés, j'ai choisi l'Islam, idéologie dominante des dominés, non pour en partager les nostalgies du passé ou l'imitation de l'Occident, mais pour prendre parti à l'exemple des théologies de la libération. Elles sont nées en Amérique latine, en Afrique, en Asie, là où les multitudes meurent de leur misère, au rythme d'un Hiroshima, tous les deux jours, parce que le modèle de croissance de l'Occident ne cesse d'aggraver leur sous-développement, corollaire de leur dépendance[1].

Une ambiance qui va apparaître au lendemain de la révolution iranienne et qui va s'appuyer sur le conflit israélo-palestinien comme point de ralliement pour tous les tenants des pensées et des discours antisémites, qu'ils soient islamistes ou activistes d'extrême gauche.

Le 16 décembre 1983, un article non signé du *Monde* débutait ainsi : « Le philosophe marxisto-islamiste Roger Garaudy[2]... » Marxisto-islamiste ? C'est un peu comme islamo-gauchiste, non ? À vrai dire, je ne sais pas si le quotidien du soir reprendrait aujourd'hui la même expression. Je n'en suis pas très sûr...

Quoi qu'il en soit, même si les idées révisionnistes et négationnistes étaient déjà là, dissimulées dans des tiroirs

---

1. « Roger Garaudy, ce philosophe communiste devenu musulman », *El Watan*, 21 juin 2012.

2. « Roger Garaudy : "Je déteste Camus" », *Le Monde*, 16 décembre 1983.

pleins de naphtaline, beaucoup de Français, surtout d'ultragauche, commencèrent progressivement à laisser libre cours à leurs théories nauséeuses. Certains, selon quelques indiscrétions de maisons d'édition pourtant très respectées, sous forme de romans. Ça passe mieux, c'est de la fiction. Roger Garaudy libéra une parole. L'ancien philosophe du PCF faisait quand même autorité dans certains cercles. Des alliances rouges-brunes (communistes-fascistes) se tissaient discrètement. Au nom de la défense des Palestiniens. Toujours. Il est plus facile de dénoncer les juifs que les Khmers rouges. Parler de Jérusalem permet aussi de ne pas évoquer le désert de Gobi où la « révolution culturelle » chinoise envoyait en déportation quelques récalcitrants pour des stages de mise à niveau. Oui, il faut quand même le dire, car l'islamo-gauchiste est un spécimen rare que l'on reconnaît à son indignation sélective.

Roger Garaudy a été par ailleurs un excellent révélateur. À travers ses errements – euphémisme ironique –, il a facilité les choses à la société française et fondamentalement à une grande partie de la gauche qui a découvert la réalité de ses mythes ou certaines de ses figures iconiques – comme l'abbé Pierre, dont on ignore s'il lui apporta son soutien par bêtise, par convictions antisémites provenant d'un fond catholique ou par une amitié loyale qui peut parfois aveugler.

Mais il y a aussi le choix de son avocat : Jacques Vergès. Évidemment, le défenseur du FLN est un homme de gauche. Il a porté des combats louables. Je suis de ceux qui pensent que l'anticolonialisme est une valeur qui honore celui qui la revendique. Pour autant, c'est le glissement qui est dangereux. Soutenir *mordicus* des condamnés à mort, fussent-ils des poseurs de bombe, c'est une chose ; prendre fait et cause pour des mouvements terroristes, c'en est une autre. Son rejet du colonialisme qui évolue ensuite vers une aide totale à la « cause palestinienne » pose question. Son ralliement à ladite cause qui se transforme en adhésion opérationnelle dans des « groupes révolutionnaires » violents également. Mais, davantage encore, son antisémitisme grandissant avec le temps devient de plus en plus visible. En l'espace de dix ans, Jacques Vergès s'engage auprès de groupes terroristes – une zone d'ombre dans son parcours est comblée par une histoire qui dit qu'il a passé plusieurs années dans un camp d'entraînement – et défend dans la foulée Klaus Barbie (en 1987). Un peu plus d'une décennie plus tard, il se transforme en défenseur acharné de Roger Garaudy (1998).

Boniface

Nombre de commentateurs se réclamant de la gauche, comme Pascal Boniface, vous disent à longueur d'année qu'il n'est pas permis de « vilipender Israël en France » tout en publiant un livre, en faisant une dizaine d'articles et en participant à une trentaine d'émissions de radio, de télé et de conférences pour… fustiger Israël[1]. En avril 2001, l'ancien socialiste avait

---

1. Pascal Boniface, directeur de l'IRIS, a révélé son « antisionisme », qui a fait scandale et polémique, dans une note, rédigée en avril 2001, destinée à une commission du parti socialiste dont il était membre. Il expliquait alors en substance que le parti devait réorienter sa politique et ses discours en faveur des Palestiniens pour faire de l'électoralisme et ainsi attirer le vote des Français de confession musulmane ou des Franco-Maghrébins. Tout en vantant le fait qu'Israël était une démocratie et tout en condamnant l'antisémitisme, il avait conclu sa note ainsi : « Il est grand temps que le PS quitte une position qui, se voulant équilibrée entre le gouvernement israélien et les Palestiniens, devient du fait de la réalité de la situation sur place de plus en plus anormale, de plus en plus perçue comme telle, et qui par ailleurs ne sert pas – mais au contraire dessert – les intérêts à moyen et long terme du peuple israélien et de la communauté juive française. »

rédigé un pamphlet[1], pour s'interroger à propos de la « critique d'Israël » et savoir, avec la fausse naïveté qui peut le caractériser, si elle pouvait être envisagée. Et, par la suite, il a fait une tournée des médias français pour expliquer que les mêmes médias n'autorisaient pas la critique d'Israël. Oui, la chose aurait été loufoque si l'affaire n'avait été si grave.

Évidemment, Boniface n'est pas antisémite. Honni soit qui mal y pense. Il vous citera probablement quelques-uns de ses amis ou de ses soutiens juifs. Mais le moins que l'on puisse dire, si les sionistes ne sont pas juifs, c'est qu'il a une sorte d'obsession contre les sionistes qui tourne parfois à la passion. On n'affirmera pas, par conséquent, que Pascal Boniface fait partie des antisémites, mais on peut dire, dans un souci de vérité, qu'il est leur idiot utile. En 2009, il s'en était pris à moi alors qu'aucun différend ne nous opposait. Durant une conférence donnée à Alger – il y était invité pour participer à un salon du livre organisé par le régime –, il m'avait gravement diffamé en affirmant : « Ces gens [les pourfendeurs de l'islam] disent qu'ils ne sont pas contre les musulmans, mais ils s'en prennent à l'islam ! Ils entretiennent un discours contradictoire et diffusent la confusion et l'amalgame. D'ailleurs, ils ouvrent les portes à tous les musulmans qui regagnent leur rang et se trahissent comme Mohamed Sifaoui[2]. » Autant à l'époque la chose n'est pas comprise par un public profane, autant aujourd'hui on sait que dire d'une personne, originaire du Maghreb, qu'elle fait preuve de « traîtrise », c'est lui coller une cible sur le dos et alimenter le propos islamiste qui aime jouer sur l'excommunication pour

1. Pascal Boniface, *Est-il permis de critiquer Israël ?*, Robert Laffont, 2003.

2. C'est la phrase exacte mentionnée par le journal algérien *Le Jour d'Algérie* du 5 novembre 2008.

justifier l'élimination physique. Celui qui s'admire en intellectuel hors pair n'était pas sans savoir que non seulement je n'ai plus jamais remis les pieds en Algérie depuis la fin des années 1990, mais que je suis poursuivi par le pouvoir en raison de mes positions, qui ne cesseront de réclamer la démocratisation du pays, et de mes enquêtes journalistiques, et par ailleurs littéralement condamné à mort par des membres de la mouvance terroriste. Raison pour laquelle je suis sous protection policière depuis de nombreuses années.

Après cette sortie pour le moins inopportune et mensongère qui simultanément me jetait en pâture aux tenants du communautarisme, aux fanatiques et au régime algérien, et m'assignait à résidence identitaire – je serais arabo-musulman de fait, je dois par conséquent parler comme un arabo-musulman, prendre la défense des islamistes et être au moins antisioniste et défenseur de la cause palestinienne –, Pascal Boniface a découvert que je lui avais adressé une réponse sur mon blog où je m'interrogeais sur ses motivations et ses réelles convictions. En bon polémiste, il m'intenta un procès. J'ai donc sollicité quelques personnes qui me connaissent, du président de SOS Racisme Dominique Sopo à l'essayiste Caroline Fourest en passant par Richard Prasquier, alors président du CRIF, et Bernard-Henri Lévy. Évidemment, il perdit son procès. La 17e chambre le débouta lamentablement. Le champion de la controverse de cours de récréation[1], en mauvais joueur, fit publier en 2011 un livre intitulé

1. C'est Alain Beuve-Méry du *Monde* qui résumera le mieux, à mon avis, son pamphlet. Il écrit : « Pascal Boniface ressasse et règle manifestement ses comptes, même s'il s'en défend [...] ; l'essai s'inscrit dans une veine pamphlétaire, ce qui en constitue la principale limite. Certes, les intellectuels faussaires qu'il désigne ne sont pas tous, loin de là, exempts de reproches [...] Mais à trop vouloir détruire ses cibles, Boniface le polémiste finit par les manquer. » Tout est dit.

Les Intellectuels faussaires (Gawsewitch, 2011) à travers lequel il lança une charge contre plusieurs des personnes qui avaient témoigné en ma faveur et évidemment contre moi-même. Son brûlot deviendra le livre de chevet, certes des islamo-gauchistes et autres milieux antisionistes, mais aussi de beaucoup d'islamistes. Son objectif, non avoué, mais clairement déchiffrable : tenter de discréditer tous ceux qui dénoncent ou alertent au sujet de l'islamisme et, au passage, ceux qui rappellent que l'antisionisme, c'est le faux-nez de l'antisémitisme.

Il n'en était pas à son coup d'essai. En 2006, il s'en était pris à Caroline Fourest après que cette dernière avait été récompensée pour son excellent ouvrage *La Tentation obscurantiste*[1]. Vilipendant le prix du Livre politique 2006 attribué à la courageuse féministe, par ailleurs engagée contre le racisme, l'antisémitisme, mais aussi contre l'extrême droite, il énonçait que cette dernière « était une recrue qui mérite récompense[2] ». Une recrue de qui ? Boniface évitait soigneusement de livrer le fond de sa pensée, préférant faire dans le sous-entendu. Mais les raisons profondes de son animosité à l'égard de cette journaliste engagée contre *tous* les intégrismes[3] transparaissent néanmoins quand il écrit : « Fourest dénonce le terrorisme et le radical islamiste, moi aussi, mais elle ne dit pas un mot des raisons de cette montée. Et, bien sûr, à aucun moment, elle ne condamne, fût-ce à demi-mot, les occupations militaires israéliennes et américaines et leurs effets[4]. »

1. Caroline Fourest, *La Tentation obscurantiste*, Grasset, 2005.

2. Pascal Boniface et Élisabeth Schemla, *Halte aux feux*, Flammarion, 2006.

3. En 2003, Caroline Fourest et Fiammetta Venner publiaient *Tirs croisés. La laïcité à l'épreuve des intégrismes juif, chrétien et musulman* (Calmann-Lévy, 2003).

4. Pascal Boniface et Élisabeth Schemla, *Halte aux feux*, *op. cit.*

Pascal Boniface ne soutient pas le terrorisme palestinien. Mais lorsqu'il tente de l'analyser, il affirme dans une interview : « Lorsqu'on estime qu'il n'y a pas de voie politique, on recourt au terrorisme [...]. Regardez le terrorisme palestinien. Lorsqu'il n'y a pas d'horizon politique, il augmente[1]. » Je n'ai pas souvenance d'avoir lu ou entendu le « spécialiste » – qui n'accepterait naturellement pas qu'on le traite de faussaire –, tant il prétend comprendre quelque chose au terrorisme islamiste – mettre en évidence la responsabilité propre de la pensée djihadiste. Il ne rappelle jamais que le principe du djihad est consubstantiel à l'islam politique. Il ne pointe pas – ce serait trop lui demander – le rôle des idéologues, aussi bien ceux des Frères musulmans que ceux des wahhabites qui ont toujours considéré la violence comme un mode d'action légitime. Et il omet volontairement de mentionner, dans le cadre du conflit israélo-palestinien par exemple, la charte du Hamas, écrite en 1988, qui cite, en préambule, cette phrase de Hassen Al-Banna : « Israël existe et continuera à exister jusqu'à ce que l'islam l'abroge comme il a abrogé ce qui l'a précédé. L'imam martyr Hassan Al-Banna, que Dieu lui fasse miséricorde[2] ! » L'un des articles du texte fondateur du mouvement extrémiste est clair quant aux visées de l'organisation islamiste palestinienne affiliée aux Frères musulmans et rejette *ex abrupto*, lors de sa création, toute « voie politique » au règlement du conflit. Les rédacteurs de la charte avaient, en effet, dès le départ précisé : « Il n'y aura de solution à la cause palestinienne que par le djihad. Quant aux initiatives, propositions et autres conférences internationales, ce ne sont que pertes de temps et activités futiles[3]. »

1. Interview de Pascal Boniface par A. Ben Driss, *Perspectives du Maghreb*, juin 2007. Reprise dans un site pro-palestinien.
2. Archives personnelles de l'auteur.
3. Article 13 de la charte du Hamas.

Pascal Boniface est donc comme ça. Il aime avoir ses obsessions. Et ses boucs émissaires aussi. Outre Caroline Fourest, il fait une fixette sur le journaliste Frédéric Haziza, les philosophes Bernard-Henri Lévy et Pascal Bruckner, l'ancien Premier ministre Manuel Valls, l'imam Hassen Chalghoumi, l'ancien directeur de *Charlie Hebdo* Philippe Val, le spécialiste en géopolitique Frédéric Encel, le politologue Alexandre Adler, les avocats Richard Malka et Patrick Klugman, ou encore le préfet Gilles Clavreul. Pascal Boniface n'est pas antisémite. Je l'ai dit, honni soit qui mal y pense. Il refuse aussi d'être qualifié d'« antisioniste ». Soit ! Mais le fait est là. Dans les listes qu'il dresse, il n'y a pas que des juifs, certes, j'en fais partie, mais le dénominateur commun qui existe entre tous ceux qu'il ne cesse de vilipender est le suivant : ils combattent l'islam politique et ils condamnent l'antisémitisme. J'ai interrogé Manuel Valls qui l'a bien connu, puisqu'ils étaient dans la même section socialiste, il y a plusieurs années. L'ancien Premier ministre estime qu'« au départ, dès les années 2000, Boniface était plus sur de la rancœur, car il n'a jamais été véritablement reconnu comme chercheur et universitaire au niveau auquel il aurait souhaité, ensuite il s'est laissé dériver[1] ». Et la dérive fut effectivement complète, car le problème n'est pas tant de critiquer ceux qui doivent l'être. Ce qui est ennuyeux et qui ne fait pas honneur ni au personnage ni au débat public, c'est qu'alors qu'il cherche à disqualifier ses contradicteurs en les détruisant et en ternissant leur image avec des insinuations douteuses ou des approximations, il construisait des ponts avec l'auteur islamiste Tariq Ramadan, l'antisémite Alain Soral ou le rappeur communautariste Médine. Chacun a les amis qu'il mérite !

1. Entretien avec Manuel Valls le 29 novembre 2020.

De l'antisionisme à l'antisémitisme

On aimerait penser que les « idiots utiles », tous ces fameux islamo-gauchistes conscients ou inconscients, ont été mal formés aux réalités de l'islamisme ou mal informés sur la nature de ce phénomène, ou qu'ils ne perçoivent pas encore les dangers du terrorisme. On souhaiterait qu'il ne faille pas attendre un équivalent – toutes choses égales par ailleurs – de la révélation du goulag ou de l'invasion de la Tchécoslovaquie pour que les écailles leur tombent des yeux. Mais on a tout lieu de craindre que leur obstination à intégrer dans le combat politique, qu'ils ont bien le droit de mener, le principe selon lequel « l'ennemi de mon ennemi est un allié » ne les mène, de compréhension en excuse, d'excuse en approbation, à faire le jeu d'un totalitarisme qui, s'il avait les coudées franches, ne leur réserverait qu'un sort peu enviable. Il serait urgent, dépassant nos animosités réciproques, que nous puissions en discuter franchement.

Toujours cet antisionisme. Je ne dirais pas ici que derrière tout antisioniste il y a forcément un antisémite. Je veux que l'on puisse accorder le bénéfice du doute à des militants anticolonialistes qui s'offusquent parfois, à juste titre, d'une politique brutale, inhumaine et jusqu'au-boutiste engagée par certains gouvernements israéliens. On est en droit cependant, si on leur accorde ce bénéfice du doute, de s'interroger sur les raisons qui amènent des militants qui se drapent souvent derrière des « idées humanistes » à ne jamais s'offusquer devant un acte terroriste qui vise des civils israéliens, parfois des enfants. À ne jamais condamner les crimes perpétrés par des tueurs du Hamas, y compris contre leurs propres frères du Fatah. Encore cette indignation sélective si répandue à gauche. Cet antisionisme revêt, très souvent, plusieurs formes, qui servent d'écran les unes aux autres. Et contribuent même à le banaliser. Trop souvent… Cet antisionisme contemporain est apparu au confluent des luttes anticoloniales, antiracistes, tiers-mondistes, d'abord, anti-mondialisation, altermondialistes et écologistes ensuite – auxquels sont donc venues s'ajouter les différentes théories identitaires à connotation islamiste, voire terroristes. Cet antisionisme, souvent subterfuge pour dissimuler un antisémitisme, est incarné par une mouvance protéiforme d'extrême gauche. Aussi, Israël, en « petit Satan », est systématiquement assimilé aux États-Unis, le « grand Satan », et ainsi au monde de la finance, à la mondialisation ultralibérale, et est dépeinte en État colonial et raciste qui opprime sans fondement un peuple innocent du tiers-monde. Il ne prend cependant pas toujours cette forme extrémiste. En mettant l'accent sur la dénonciation de « la politique israélienne » et en se recommandant de certaines voix juives dissidentes, il se donne des cautions de respectabilité et entend suggérer qu'il n'est pas assimilable à un antisémitisme.

Ce glissement « monde arabe, anticolonialisme, islam, cause palestinienne, antisionisme, antisémitisme », un inspecteur de l'Éducation nationale, Jean-Pierre Obin, désormais connu pour son remarquable travail et son courage républicain, l'avait vu et dénoncé dans un rapport qui porte son nom. Et ce, dès 2004. Il avait surtout constaté que des familles juives, vivant dans certains quartiers, plutôt de gauche, étaient presque systématiquement obligées de déscolariser leurs enfants, en raison d'un antisémitisme grandissant, et de les inscrire dans des écoles communautaires. Dans son dernier livre publié en 2020, il revient sur le sujet et écrit qu'il avait alors « la certitude que le départ forcé des élèves juifs de beaucoup d'établissements publics était un phénomène national[1] ».

Qui dit Éducation nationale, dit courants de gauche. Je le dis sans ambages, si des enseignants, des éducateurs, des chefs d'établissement voient, depuis vingt ans, cet antisémitisme prendre de l'ampleur, y compris à l'école, c'est qu'il y a certes un problème politique et sociologique profond, mais aussi un problème chez eux. Être de gauche, ce n'est pas seulement voter pour Mélenchon, c'est surtout garder intact sa capacité d'indignation et de révolte devant des phénomènes de haine et d'exclusion. Surtout si les stigmatisations dont on parle touchent des enfants. De gauche, disent-ils ? Oui peut-être, mais beaucoup, quand ils ne sont ni antisionistes ni antisémites, sont passifs face à ces phénomènes. C'est aussi très grave.

Comment tous ces territoires, ces quartiers, ces écoles en sont arrivés là ? Tout ce qui précède explique en partie la situation. Quand cela a commencé à être visible, c'était déjà trop tard. Même les plus engagés en faveur des valeurs de la République se sentent souvent impuissants.

> J'ai rencontré l'islamo-gauchisme à Évry lorsque j'étais maire, raconte Manuel Valls, se souvenant des moments où il a commencé à observer la dérive antisémite d'une certaine gauche : il y avait un jumelage entre la ville palestinienne de Khan Younès [située dans le sud de la bande de Gaza] et Évry. Quelques mois après le déclenchement de la seconde Intifada, dans le comité Évry-Palestine, on compte quelques sympathisants socialistes, plutôt sincères au début, mais surtout des écolos. Très vite, ils basculent dans l'antisémitisme sous couvert de critique de la politique israélienne. Comme

1. Jean-Pierre Obin, *Comment on a laissé l'islamisme pénétrer l'école*, *op. cit.*

élu local, c'est là que je constatais cet antisémitisme de gauche sur le terrain. Il y a eu ensuite un second temps. Quasiment à la même période, à l'intérieur du PS éclate l'« affaire Boniface », liée à sa fameuse note. Ses conséquences idéologiques et les polémiques qui sont nées par la suite m'ont amené à découvrir ce phénomène au sein du PS pour la première fois[1].

Manuel Valls cite un troisième moment, plus tôt, en 1992, lors de l'arrêt du processus électoral en Algérie, après la victoire du FIS : « C'était plus de la bonne foi de la part de certains de mes camarades qui ont sacralisé la démocratie – et c'est normal – et qui ne voyaient pas les dangers que pouvait représenter l'islamisme. J'avais beau me référer à la révolution iranienne, il y avait une sorte d'entêtement. » Tout cela a désarmé la gauche intellectuellement et a préparé toutes les défaites à venir, mais également la naissance de groupuscules comme les Indigènes de la République qui ont émergé grâce à l'incapacité de cette gauche à s'emparer de certaines thématiques et, surtout, à faire de la pédagogie pour que jamais, sous aucune manière, l'antisémitisme ne s'exprime de manière assumée ou dissimulée à travers des voix se réclamant d'elle. L'échec de Manuel Valls durant la primaire en 2017 est lié aussi à l'image que certains de ses « camarades », de façon directe ou pernicieuse, lui ont construite : « sa compagne est juive », chuchotaient certains dans les quartiers qui, traditionnellement, votent à gauche pendant que d'autres aimaient répéter qu'il soutenait le gouvernement israélien. L'affaire Dieudonné, qu'il avait prise à bras le corps lorsqu'il était à Matignon, a accentué ce fossé entre lui et la partie antisémite de la gauche. Il faut le dire ainsi. D'ailleurs, il reconnaît

1. Entretien avec l'auteur.

lui-même aujourd'hui que c'est notamment sur ces thèmes qu'il a perdu sa popularité. « Beaucoup à la primaire étaient venus, dira-t-il, pour me faire battre et non pas pour faire gagner Benoît Hamon. Au premier tour des élections, ils ne voteront pas pour ce dernier, mais pour Jean-Luc Mélenchon. »

Longtemps, en sillonnant le monde arabo-musulman, j'ai croisé des discours antisémites. Je ne parle pas de ce qui pourrait passer pour du mépris à l'égard des juifs, véhiculé par une sorte de surenchère portée par des religions antagonistes. J'aborde véritablement ce qui relève du fait idéologique : l'antisémitisme avec vocation génocidaire. Naturellement, cette diffusion de la haine du juif est intimement liée à la montée de l'islam politique. Elle n'est ni atavique ni congénitale, contrairement à ce que propagent certains auteurs quelque peu frustrés par leur propre histoire ou guidés par leur subjectivité. Cet antisémitisme s'est démultiplié une première fois durant les années 1970, puis s'est amplifié de façon exponentielle à partir des années 1980. Mais dans chacun de mes voyages, je me rendais compte de l'évolution des « arguments » déployés. Plusieurs interlocuteurs arabo-musulmans n'utilisent plus – sinon rarement – le Coran et les hadiths[1] pour justifier, à travers des lectures littérales, leur antisémitisme. Non, ils citent désormais des auteurs ou des personnalités occidentales. Souvent de gauche. D'un autre côté, sur Internet, les ouvrages à télécharger librement que l'on retrouve le plus sur des sites arabophones fréquentés par des milieux islamistes ou communautaristes sont évidemment la traduction du célèbre faux confectionné par la police tsariste, *Les Protocoles des sages de Sion*, mais également les livres traduits de Roger Garaudy. J'observe aussi combien les discours antisionistes,

1. Les hadiths sont les paroles ou les sagesses attribuées à Mahomet.

depuis certaines franges de l'extrême gauche jusqu'aux islamistes, reprennent et rallument, tantôt à leur insu, tantôt volontairement, une série de clichés antijuifs forgés dans un certain inconscient collectif de longue date. Ces choses qui sommeillent, il suffit de les réactiver : la diabolisation, la conspiration, le cosmopolitisme financier, la domination des médias et du monde de la culture hantent certaines représentations.

8
Une naïveté coupable

Il faut rappeler le simplisme de la vision culturaliste du monde musulman et montrer qu'elle procède d'une vieille tradition ethnocentrique de l'orientalisme. Il faut également revenir succinctement sur la genèse et le développement historique de l'idéologie islamiste en tant que phénomène politique strictement contemporain, notamment depuis les années 1980, à la fois dans les pays arabo-musulmans et en Occident : toute forme d'explication de ce phénomène à la lumière d'évènements antérieurs à l'époque moderne serait un anachronisme.

La guerre froide venait de prendre fin lorsque Olivier Roy, une voix autorisée de l'orientalisme renouvelé dans l'habit neuf de l'islamologie militante, mais non assumée comme telle, publia, en 1992, *L'Échec de l'islam politique*, un ouvrage lu avec la plus grande attention dans les milieux rompus à la réflexion savante sur les bouleversements mondiaux[1]. Asséner une telle sentence peut paraître paradoxal de la part d'un auteur qui avait mis quelques années auparavant sa connaissance des mouvements islamistes au service d'une thèse quasi apologétique de leur idéologie, à une époque où celle-ci

1. Olivier Roy, *L'Échec de l'islam politique*, Le Seuil, 1992.

était portée à bras le corps par les « combattants de la liberté » et représentait encore un rempart contre le nationalisme arabe et le communisme. Il était si content de côtoyer les moudjahidines afghans qu'il apprit à tirer, à leur côté, à la kalachnikov. Pour lui, combattre aux côtés des islamistes contre l'Armée rouge était une lutte contre le totalitarisme. Par conséquent, les premiers étaient, de fait, vus comme des progressistes. Et de toute manière, selon lui, l'islamisme ne devait pas inquiéter plus que ça, puisqu'il était soluble dans la nation et, par ailleurs, dans la modernité aussi. C'est dire.

Pour Olivier Roy, et la majorité des nouveaux orientalistes, l'islamisme « modernisé » était perçu comme le seul horizon politique sérieux des musulmans. Selon cet essentialisme, il est affirmé en substance que tout croyant qui se veut conséquent avec lui-même doit être politiquement islamiste. Ceux dont l'islam est la religion et qui considèrent que l'islamisme est une idéologie qui va à l'encontre de leur foi – que ce n'est ni plus ni moins que l'actualisation contingente d'une contestation dont le mobile n'est pas spirituel, mais politique ou socio-économique – sont forcément soit des colonisés d'esprit soit les détenteurs d'un pouvoir illégitime, soit les deux à la fois. Rien n'égalait la force de cette certitude si ce n'est celle de la répulsion viscérale face au nationalisme arabe. Et je ne suis pas le seul à l'exprimer ainsi[1]. Le livre-sentence de Roy méritait un autre titre, *La Fin du rôle géostratégique de l'islamisme*, « qui aurait mieux correspondu à l'esprit qui se dégageait de l'œuvre des nouveaux orientalistes. Car il annonçait à sa manière la fin de l'histoire avec ce dernier épisode de la guerre froide. Cette idéologie ayant joué une partition déterminante dans l'enlisement soviétique en Afghanistan,

1. Voir notamment Daniel Dagenais (dir.), *Hannah Arendt*, *op. cit.*

rien ne justifiait plus sa légitimation maintenant que l'"Empire du mal" n'existait plus[1] ». C'est, en substance, ce que laissaient entendre la plupart de ces nouveaux « orientalistes » que l'on appelaient désormais « islamologues ». C'est ainsi que l'étude de l'islamisme fut lâchée par une partie des tenants de l'islamologie. Au diable la rigueur scientifique, place à la subjectivité et au militantisme, voire à l'engagement non assumés.

Illustration : lors d'une interview sur France Inter, Olivier Roy raconte qu'un jour, alors qu'il traversait un col avec un groupe d'Afghans, il se fait interpeller en français par un jeune « Arabe », prénommé Abdallah : « Qu'est-ce que tu fais là, espèce d'infidèle, retourne dans ton pays, ce djihad, c'est pour les musulmans ! » Protégé par ses amis moudjahidines afghans, le jeune politologue ne reverra pas le personnage qui lui a exprimé de l'hostilité. « Vingt ans plus tard, raconte-t-il, j'étais à Londres pour une conférence sur la "déradicalisation". À côté de moi, il y avait un grand barbu qui s'appelait Abdallah. On se regarde. Et il me dit : "Toi, je te connais, je t'ai vu quelque part." Je lui ai dit : "Et moi je crois aussi." Il m'a dit : "Écoute, il y a vingt ans, j'ai injurié un pauvre Français dans un col en Afghanistan." Je lui ai répondu : "Écoute, il y a vingt ans, j'étais un pauvre Français sur un col [en Afghanistan] et je me suis fait injurier par un grand barbu algérien." On a rigolé[2] ! »

L'histoire est belle. Presque un conte pour enfants naïfs et purs. Sauf qu'Olivier Roy précise à la fin de son récit – qui doit être sans doute vrai – qu'il s'agissait d'Abdallah Anas, pseudonyme de Boudjemaa Bounoua, un islamiste algérien devenu une icône dans les rangs

1. *Ibid.*

2. France Inter, *La Marche de l'histoire*, « Le témoin du vendredi : Olivier Roy », 15 mai 2015.

djihadistes – il était le gendre d'Abdallah Azzem, le fondateur de la « Légion arabe » en Afghanistan, et le mentor d'Oussama Ben Laden, néanmoins père spirituel d'une génération de terroristes. Soyons très clairs. Abdallah Anas n'est pas de la même école de pensée que les fous furieux de Daesh. Il avait pris ses distances avec les hommes d'Al-Qaïda. C'est ce que l'on pourrait appeler un « notable » du djihad, une notion qu'il refuse, cela dit, de bannir. Certes, il s'est embourgeoisé, il a quelques rides, de l'embonpoint, mais ses convictions sont intactes. Il œuvre pour propager l'édification de régimes islamistes. Il le dit quasiment à chacune de ses interventions télévisées, notamment en arabe. Dans de récentes déclarations, il affirmait que le « djihad est un pilier de l'islam » lorsque les conditions sont réunies. Il était aussi un cadre du FIS algérien, partisan de la « guerre sainte ». Il avait d'ailleurs été expulsé de France aux débuts des années 1990 en raison de ses activités. Il vit depuis en Grande-Bretagne. Ce n'est pas un opérationnel. C'est plus une personnalité médiatique qui agit désormais de manière subtile pour faire avancer les idées islamistes.

J'en parle d'autant plus aisément que je le connais personnellement. Au début des années 2000, je l'avais rencontré pendant une enquête journalistique au cours de laquelle j'avais infiltré une cellule terroriste[1], le réseau Omar Saïki[2], du nom d'un terroriste franco-algérien qui naviguait à l'époque entre le Groupe salafiste pour la prédication et le combat (GSPC) et Al-Qaïda, et qui avait été condamné en France pour

1. Voir Mohamed Sifaoui, *Mes Frères assassins. Comment j'ai infiltré une cellule terroriste*, Le cherche midi, 2003.

2. Émir du GSPC en France et représentant de Hassan Hattab auprès des autres cellules actives dans l'Hexagone, Omar Saïki avait été arrêté et condamné en 1998. À l'issue de sa détention, il avait été déchu de la nationalité française, ce qui l'avait poussé à se réfugier en Grande-Bretagne.

avoir élaboré des projets d'attentats qui devaient se dérouler durant la Coupe du monde de football de 1998. C'est ce même Omar Saïki qui m'avait présenté Abdallah Anas. Ce dernier croyait que j'étais moi-même islamiste. Il m'avait parlé assez librement et m'avait fait clairement comprendre qu'il souhaitait créer un organe médiatique que nous puissions contrôler afin de faire de la propagande en faveur de certaines factions djihadistes. Évidemment, s'il avait pris ses distances avec les opérationnels d'Al-Qaïda, il soutenait à l'époque, quasi ouvertement, les terroristes sévissant en Algérie.

Il est donc pour le moins curieux de redécouvrir Anas dans une mauvaise version remastérisée du *Docteur Folamour*, en train de faire de la « déradicalisation » – déjà que le concept lui-même laisse songeur – aux côtés d'un intellectuel français, tout fier de se retrouver à son tour auprès d'un pur produit du djihad afghan. Nous avons là un condensé d'islamo-gauchisme, de bêtise, de naïveté coupable. Pour Olivier Roy, qui a toujours été proche des religieux, son ami Abdallah n'est probablement coupable de rien, c'est l'Occident qui l'est.

La fin de l'histoire ?

Comme au lendemain de la Première Guerre et du démantèlement de l'Empire ottoman, plusieurs commentateurs occidentaux annoncèrent avec assurance, à la fin du XXe siècle, que la démocratie libérale allait émerger *ex nihilo* et spontanément partout à travers la planète, y compris dans les pays musulmans.

« Le monde islamique paraîtra plus vulnérable à long terme aux idées libérales que l'inverse, puisque ce libéralisme a attiré de nombreux et puissants partisans musulmans au cours du dernier siècle et demi », affirmait Francis Fukuyama en 1992. Confusion cynique s'il en est, car, premièrement, elle ne tient pas compte du fait que la démocratie a été régulièrement et sciemment, dès le début du XXe siècle, empêchée dans les pays dits arabo-musulmans, souvent par une politique délibérée des grandes puissances démocratiques ; deuxièmement, elle perd de vue que cette politique s'est parfois articulée autour de l'encouragement de l'islamisme le plus violent, estimant que celui-ci serait l'antidote aux régimes nationalistes, alors pour la plupart proches de Moscou ; et troisièmement, elle n'accorde pas l'attention qu'il mérite au fait que la donne politique actuelle dans les pays arabes et musulmans s'est structurée par les convulsions géostratégiques mondiales des deux siècles précédents, de sorte qu'aucun changement ne peut être envisagé sans qu'une réflexion sérieuse soit menée sur cette structuration. Un recul auquel se refuse Fukuyama. Tout comme beaucoup de nouveaux orientalistes. Ils ne pouvaient vraisemblablement pas imaginer que ce refoulé allait un jour les rattraper et les mettre, un certain 11 septembre, devant leurs propres apories. Ce dont il s'agit en vérité, c'est plutôt d'un retour de manivelle, celui d'un brin de mépris, largement répandu en Occident, de l'islam et des musulmans. Et, le plus souvent, davantage dans les courants de gauche. En l'espace d'un siècle, les musulmans ont été dupés deux fois, pour des motifs géostratégiques. Une première fois en 1915, lorsque les Britanniques ont obtenu le soutien des Arabes contre les Ottomans puis leur ont tourné le dos et les ont dominés avec le concours des embryons islamistes qui fonderont l'Arabie saoudite, premier État théocratique contemporain. Une seconde fois quand les États-Unis se sont fait les alliés des Saoudiens et, à travers ces derniers, ont activement participé, un peu comme l'avait fait le docteur Frankenstein, à la création d'un monstre qui a défiguré l'image de l'islam au nom de la lutte contre le nationalisme arabe et le communisme.

Britanniques et Américains notamment pouvaient donc se croire fondés à mépriser des populations qu'ils avaient par deux fois manipulées ; ils pouvaient en outre se permettre d'ignorer les souffrances que l'islamisme, l'allié d'hier, faisait endurer aux musulmans. Ils ne pouvaient tout simplement pas s'attendre à ce que le pion utilisable à souhait se retourne contre eux. Ils ont eu tort. Doublement, même. D'abord parce que la réalité s'est avérée beaucoup plus complexe que ce que pouvaient l'imaginer les fins stratèges de la guerre froide et les esprits brillants de l'islamologie ; ensuite car la remise en cause de soi n'a pas eu lieu, ou a été trop escamotée par les thèses substantialistes qui préfèrent voir le problème sous l'angle du choc des cultures.

Un choc des civilisations ? Lewis, Huntington…

Le capitalisme anglo-saxon initiateur de la révolution industrielle, l'État-nation hérité de la Révolution française et l'historicisme hégélien devant mener à une fin de l'histoire sont les surfaces économique, politique et réflexive au confluent desquelles la modernité occidentale estime avoir enclenché un processus historique universalisant conduisant au salut de l'humanité. Malgré les critiques sévères adressées par Arnold Toynbee, Jacques Derrida et bien d'autres à cette conception ethniquement unidimensionnelle, cette dernière a paradoxalement gagné en superbe au lieu de s'estomper à l'issue de la guerre froide. Le discours aujourd'hui dominant sur la mondialisation ne vise pas moins la justification de la généralisation du capitalisme anglo-saxon à l'ensemble des économies de la planète ; les États-nations, même si d'aucuns annoncent leur disparition imminente au nom d'un multiculturalisme qui, à vrai dire, dépasse rarement le stade de la rectitude politique discursive, demeurent l'horizon de l'articulation de la mondialisation économique et financière ; enfin, l'accomplissement historique de l'humanité a été remis au goût du jour par la thèse de Fukuyama. Le tout selon une logique immuable de séparation nette entre l'ego occidental et le reste de la planète. Samuel Huntington a élevé ce distinguo au rang de paradigme dans l'étude des relations internationales[1]. D'un côté, un Occident – fantasmé – laïque, pacifiste, tolérant et fort de sa démocratie libérale ; de l'autre, des régions du monde dont les cultures, tout aussi fantasmées, sont foncièrement réfractaires aux valeurs occidentales pourtant considérées comme universelles. Reproduisant un schéma pervers du rapport à l'altérité beaucoup plus ancien que sa reformulation par le politologue, le postulat du *choc des civilisations* offre le territoire idéal pour une lecture manichéenne des phénomènes politiques aussi complexes que l'islamisme, de façon à ce qu'à aucun moment la responsabilité de la logique impérialiste, à tout le moins hégémonique, des grandes puissances durant les XIXe et XXe siècles ne soit évoquée. Le problème réside également dans le fait que dans cette position et celle, gauchiste, qui fantasme l'islam et les musulmans, en opérant selon la même logique qui invite à voir ces derniers comme un groupe homogène et monolithique, il n'y a pas de juste milieu.

Samuel Huntington est l'héritier d'une tradition qui participe du fondement mythique de la modernité[2]. Cette coutume intellectuelle veut que la Renaissance ait rétabli un lien naturel avec l'Antiquité grecque, que le Moyen Âge avait rompu. De cette façon, les

1. Voir Samuel Huntington, *Le Choc des civilisations*, Odile Jacob, 2000.

2. Voir à ce propos en détail Daniel Dagenais (dir.), *op. cit.*

Lumières pouvaient continuer une œuvre originelle selon des principes universels issus de l'intronisation de la raison à la place du divin comme opérateur cognitif de la société. L'individu émerge précisément de ces principes, ses droits lui sont garantis et son émancipation devra donner le ton à l'épanouissement de l'être humain partout où elle serait étouffée par le poids des traditions. Sur le plan politique, la modernité s'ouvre sur l'ère des nations, des nationalités et des États-nations avec des limites *naturelles* que seul le capitalisme sera admis à outrepasser. Le positivisme du XIXe siècle, le développement de la biologie et de la philologie serviront de caution scientifique à des tentatives de définition scientiste de la « nation », de ses frontières géographiques et ethniques, ainsi qu'un réexamen des religions, de façon à aboutir à une hiérarchisation des peuples. Ainsi, la civilisation a été circonscrite aux nations européennes et coupée de toute autre source qui s'éloignerait un tant soit peu de l'Antiquité classique. Depuis lors, l'Orient ne cessera jamais de servir de repoussoir, d'Autre diamétralement opposé, d'incarnation du mal.

Pour Ernest Renan, la science comme fruit moderne de l'héritage gréco-romain se définit négativement en opposition à tout ce que l'Orient a pu représenter, l'islam bien sûr, mais aussi le judaïsme et le christianisme. C'est en ce sens que la modernité du XIXe siècle était antisémite : les religions monothéistes étant orientales et sémites, elles représentaient l'exact contraire de l'esprit scientifique développé à partir du legs antique. Sur les musulmans, Renan écrivit : « Ce qui distingue en effet les musulmans, c'est la haine de la science, c'est la persuasion que la recherche est inutile, frivole, presque impie, la science de la nature parce qu'elle est une concurrence faite à Dieu, la science historique parce que s'appliquant à des temps antérieurs à l'Islam, elle pouvait raviver d'anciennes erreurs[1]. » Selon cette approche, que Renan n'était pas seul à adopter, l'islam est régulièrement décrit, parfois à raison, comme un système clos, un prototype des sociétés traditionnelles fermées, ce qui dénie toute capacité de transformation aux hommes et aux sociétés d'islam.

En observant de plus près, on s'aperçoit qu'alors que l'islamisme tuait des musulmans en terre d'islam, il était, malgré tout, réduit à l'islam. Mais ce qui est curieux, c'est de voir que tout en le craignant, beaucoup sont allés le titiller, le réveiller, le manipuler.

Pour comprendre l'adhésion d'un certain nombre de musulmans à l'islamisme, il faut garder présent à l'esprit un fait important qui consiste en l'émergence du politique comme médium quasi exclusif des rapports sociaux dans les sociétés musulmanes. Ce ne sont ni la piété des prêcheurs islamistes ni leurs envolées théologico-lyriques qui séduisent les musulmans, mais plutôt l'expression de la contestation après l'échec des expériences réformistes et nationalistes. En d'autres termes, l'islamisme, et peut-être *a fortiori* depuis la mort du communisme, apparaît comme une alternative idéologique de remise en question de régimes autoritaires. On ne devient pas musulman très pratiquant, dans le monde où cette religion est majoritaire, pour y trouver un équilibre spirituel. Cela existe, mais cette motivation reste marginale. On adhère à l'islam désormais et le plus souvent pour s'opposer au *taghout*, le tyran qui fait régner l'injustice sur Terre, comme Pharaon jadis, et qui spolie les droits et piétine ses propres lois. En Occident, il y a une autre raison, car la répartition des richesses est plus équitable et les droits mieux garantis : on va vers l'islam politique car il offre une identité, il

1. Voir notamment Daniel Dagenais (dir.), *Hannah Arendt*, *op. cit.*

propose une aventure héroïsante si le candidat entre dans des logiques djihadistes, et permet, ou donne l'impression, de recouvrer une dignité, d'appartenir à un groupe qui – à tout le moins en apparence, c'est souvent une posture – ne fait pas du consumérisme et du matérialisme ses seules préoccupations.

Il s'agit d'une adhésion à connotation hautement politique, philosophique et idéologique qui permet à un observateur attentif des sociétés arabes de soutenir qu'on ne devient pas militant islamiste parce qu'on est musulman pratiquant, mais, au contraire, parce qu'on est militant.

9

Le révélateur algérien

J'ai déjà évoqué à maintes reprises l'Algérie. Si le conflit armé qui a opposé ce pays à l'ancienne puissance coloniale fut le moment où s'est forgé l'an 1 de l'islamo-gauchisme, celui qui a commencé au début des années 1990 a incontestablement été un révélateur de la nature du débat qui animait alors les salons parisiens et les rédactions.

Ce qui s'est produit pendant cette époque est assez connu, mais dans un souci de contextualisation, il est nécessaire de resituer les grandes lignes et les dates les plus importantes. Résumons-les de la manière suivante : depuis son indépendance, l'Algérie est dirigée d'une main de fer par un régime militaire qui repose sur un parti unique, le FLN, celui-là même qui avait mené la guerre pour accéder à la souveraineté. Sa doctrine, plutôt islamo-nationaliste avec quelques bribes de marxisme-léninisme, va vivre une légère ouverture libérale durant les années 1980. Cette décennie a connu un bouleversement économique et l'émergence d'une première revendication démocratique, née en Kabylie notamment, ainsi que l'apparition d'une mouvance fanatisée résultat d'une politique d'arabisation et de réislamisation du pays au lendemain de la décolonisation.

À ces évolutions se sont ajoutées quelques contradictions au sein du régime et l'ensemble a donné lieu à des manifestations assez spectaculaires, en octobre 1988, portées par une jeunesse rongée par le chômage, une crise identitaire et l'absence de perspectives. Une génération par ailleurs largement travaillée par le discours islamiste depuis le milieu des années 1970. À l'issue de ces troubles, le pouvoir, incarné alors par le président Chadli Bendjedid, va imaginer une « ouverture démocratique », et ainsi le multipartisme et la libéralisation du champ médiatique. Ce changement va immédiatement profiter aux courants extrémistes, organisés, bénéficiant d'un important réseau de mosquées et tablant sur l'action sociale, le conservatisme de pans non négligeables de la société et le rejet du système de gouvernance. C'est ainsi que naît le Front islamique du salut (FIS), qui dominera la scène politique. Les progressistes seront représentés surtout par le FFS[1] et les sociaux-démocrates du RCD[2], aux côtés des communistes, pour ne citer que les trois formations les plus crédibles.

En premier lieu, des élections municipales sont organisées en 1990. Les intégristes remportent une victoire éclatante, et la plupart des mairies. En décembre 1991, un scrutin législatif est en voie d'être gagné par le FIS. Au premier round, le parti islamiste, qui ne cesse de menacer les Algériens et de multiplier les discours enflammés promettant la charia, provoque un raz-de-marée grâce notamment à un fort taux d'abstention. Entre les deux tours, l'état-major de l'armée et les principaux caciques du régime

1. Front des forces socialistes, créé en 1963 par une figure du mouvement national algérien, Hocine Aït Ahmed.

2. Rassemblement pour la culture et la démocratie, parti fondé par Saïd Sadi.

décident, à l'issue de plusieurs jours de discussion, de pousser le président Chadli Bendjedid à la démission et d'annuler, en un premier temps, le second tour des élections parlementaires puis, deux mois plus tard, de dissoudre le FIS dont des membres ont déjà soit pris les armes, soit appelé à verser dans la violence et la désobéissance civile.

L'islamo-gauchisme mitterrandien

À Paris, la situation est évidemment suivie de très près. Les socialistes sont très divisés. François Mitterrand, on le sait aujourd'hui, qui a approuvé en privé l'arrêt du processus électoral, s'empresse de condamner le coup de force de l'armée, estimant que le « processus démocratique » doit se poursuivre. À partir de cet évènement, deux camps s'opposent : les premiers estiment que les galonnés ont raison d'intervenir et d'empêcher qu'Alger se transforme en capitale d'une théocratie sanguinaire, les seconds soutiennent que ce « coup d'État » est une entrave à un processus démocratique.

Je me positionne immédiatement avec les premiers, même si je n'éprouve aucune sympathie pour le régime, comme l'écrasante majorité, je crois, de la génération née en Algérie au lendemain de l'indépendance. Pour autant, entre un pouvoir autocratique détestable et une théocratie islamiste, il n'y a pas à mes yeux de discussion : l'option de l'arrêt du processus électoral était la moins pire. D'ailleurs, ceux qui pensent que c'est ce qui a motivé le début de la guerre civile se trompent, car ils ne connaissent visiblement rien du premier maquis, celui de Bouyali (déjà évoqué), qui a émergé à partir de 1982, et ils ignorent que des menaces, des intimidations et des agressions contre la population, surtout les femmes non voilées, n'ont jamais cessé depuis la naissance du FIS ; par ailleurs, certains des desperados revenus d'Afghanistan, rapidement organisés pour prendre les armes, ont, dès l'automne 1991, attaqué un poste de l'armée et assassiné sept conscrits. Nous étions alors trois mois avant l'arrêt du processus électoral.

Au lendemain de la démission du président Chadli, Mohamed Boudiaf, une figure historique, est venu diriger une présidence collégiale ayant vocation à assurer une période transitoire jusqu'à l'organisation d'un autre scrutin et le recouvrement d'une légitimité institutionnelle et démocratique. Il est assassiné, dans des conditions particulièrement obscures, par un membre des forces de sécurité qui, officiellement, avait des sympathies islamistes. Dès lors s'ensuivit un cycle de violence sans précédent dans l'histoire de l'Algérie indépendante. On avance aujourd'hui le nombre – non vérifié – de deux cent mille victimes. J'étais alors journaliste à Alger. Ce dont je peux témoigner, c'est qu'il y avait tous les jours des attentats et des morts sur quasiment l'ensemble du territoire.

Dès mai 1993, le GIA, l'un des groupes islamistes les plus actifs, inaugure l'élimination de journalistes, de féministes, d'universitaires, de syndicalistes, d'intellectuels et d'avocats qui viennent rejoindre le lot de policiers, de gendarmes et de militaires, y compris de jeunes appelés, déjà ciblés. À partir de 1995, pour avoir participé massivement aux élections présidentielles organisées la même année, le groupe terroriste excommunie tous les Algériens et se lance dans une folie meurtrière qui l'amène à assassiner sans distinction. Désormais, les médias qualifieront les années 1990 de « décennie noire ».

Théoriquement, on peut s'attendre à un emballement international de solidarité initié par toutes les grandes démocraties. J'ai évoqué précédemment le cynisme américain. En France – le pays probablement le plus engagé si on compare avec les autres États qui regardent cette affaire avec une certaine indifférence –, il y a, certes, des mouvements de solidarité. Mais en lieu et place d'un soutien clair, qui ne s'est jamais véritablement exprimé, sinon à la marge chez quelques personnalités, les débats portent plutôt sur le sexe des anges. « Il semblerait que les membres de tel groupe terroriste ont été tués alors qu'ils auraient pu être arrêtés vivants », disent les uns. « Oui, mais il paraît que ce n'étaient pas de vrais barbus. C'est probablement un coup tordu de l'armée », rétorquent les autres. D'aucuns rapportent : « Selon les victimes, les assaillants étaient tous des islamistes », ajoutant : « mais selon la direction du FIS à l'étranger, le parti rejette toute implication ». Cinq minutes pour les victimes, cinq minutes pour leurs tueurs – comme on disait jadis cinq minutes pour les juifs, cinq minutes pour les nazis !

Avec du recul, maintenant que l'opinion occidentale connaît mieux la nature de l'islam politique et les codes qui caractérisent ce terrorisme, il est certain que la compréhension de la réalité de ce qui s'est produit en Algérie durant la « décennie noire » devient plus accessible pour tout le monde. En vérité, c'étaient les aînés des Mohamed Merah, frères Kouachi et autres qui agissaient quotidiennement contre toute la société. Ce n'est guère un hasard si, de nos jours, on continue de trouver des noms ayant été mêlés au terrorisme en Algérie dans des dossiers de même type en France. La complexité, c'est qu'en face, il n'y avait pas de régime démocratique répondant avec les armes de l'État de droit. Pour autant, cette réalité qu'il n'y a pas lieu de nier ne doit, en aucun cas, dédouaner les islamistes de leurs crimes. Je le précise, car c'est ce qui s'est produit durant de longues années dans plusieurs médias parisiens, notamment *Libération* et *Le Monde*, dont les rédactions étaient dirigées respectivement à l'époque par Serge July et Edwy Plenel. Un ancien communiste devenu maoïste d'un côté, un trotskiste de l'autre.

Notons, parmi moult exemples, l'étendue de la malhonnêteté intellectuelle et de l'aveuglement qui poussèrent une journaliste de *Libération*, emportée par une espèce d'abrutissement subjectif, à écrire au lendemain de la mise hors d'état de nuire d'Antar Zouabri, un émir du GIA, probablement le plus sanguinaire d'entre tous si on devait créer une hiérarchie entre les tueurs islamistes : « L'élimination du septième chef des GIA survient au meilleur moment pour le pouvoir, qui accuse ces groupes d'avoir assassiné des milliers de civils depuis leur création en 1992. » Alors que le groupe terroriste assumait quasiment toutes ses opérations, notamment à travers la revue *Al-Ansar*, diffusée depuis Londres, des journalistes de *Libération* prenaient un malin plaisir à avoir de « gros doutes » au sujet de l'identité réelle des criminels, quand tout, y compris des revendications authentifiées, accusait les islamistes. En revanche, les mêmes journalistes, qui prenaient énormément de distance et de « précautions » face aux agissements des groupes terroristes, n'avaient aucun problème à pointer systématiquement du doigt le régime algérien, souvent avec aplomb et certitudes, l'accusant d'être le vrai commanditaire des massacres, pour peu qu'un « témoin », quelle que fût sa crédibilité, leur permît d'entendre les récits qui leur convenaient. Et si par malheur, que vous fussiez algérien ou français, que vous viviez de l'autre côté de la Méditerranée ou dans l'Hexagone, et que votre témoignage ne collât pas avec la version officielle qu'une partie de la gauche médiatique ou intellectuelle voulait « vendre » à l'opinion publique, vous deveniez suspect de connivence avec le pouvoir algérien, voire d'être un obscur agent de ce régime. J'en sais quelque chose. À l'époque, le problème majeur – qui émanait d'une lecture idéologisée des évènements – résidait dans le fait qu'une partie de l'intelligentsia française d'une part renvoyait dos à dos assassins islamistes et régime autoritaire, et d'autre part faisait un parallèle entre des crimes salafistes et une répression non maîtrisée. Une incapacité à sortir du manichéisme et à dénoncer clairement l'islam politique est à la source de cette imposture. Qu'on dise que le régime algérien n'a jamais fait du respect des droits de l'homme le cœur de sa politique, ce n'est pas un scoop. Il faut déplorer et dénoncer cet état de fait. Mais de là à le rendre coupable des crimes perpétrés par les islamistes en dédouanant ces derniers, mieux, en les victimisant, il y a un pas, à ne pas franchir. Ne serait-ce que par décence et par honnêteté intellectuelle.

Ainsi, à maintes reprises, des dépêches de l'AFP ou de Reuters évoquèrent-elles la « mort de plusieurs rebelles tués par l'armée », évitant ainsi soigneusement les termes « terroristes » et « islamistes ». Ou encore : « un groupe d'islamistes présumés démantelé ». Au cas où ce ne seraient pas des islamistes, mais des militaires déguisés… Une thèse largement répandue à l'époque, répétée tellement de fois qu'on en vient à se demander si véritablement les islamistes ont pris les armes en Algérie et si ces pauvres malheureux ont vraiment un jour causé la mort de qui que ce fût.

Nous sommes alors au début des années 2000. Je suis en France depuis peu de temps et j'essaye de me reconstruire, à la fois psychologiquement et professionnellement, puisque j'ai quitté l'Algérie, de manière précipitée, peu de temps après avoir échappé *in extremis* à un attentat islamiste (revendiqué) perpétré contre la Maison de la presse, le 11 février 1996, et notamment contre le journal qui m'employait à l'époque, *Le Soir d'Algérie*. J'y ai perdu trois collègues et amis, morts aux côtés de nombreux passants. Le fourgon piégé, nous dira-t-on, contenait trois cents kilos de TNT. Tout le quartier a été ravagé.

Quelque temps plus tard, des articles critiques contre le régime ont commencé à me valoir certains problèmes. D'abord en 1996 et 1997, puis quand je suis devenu correspondant en Algérie de l'hebdomadaire français *Jeune Afrique*, les deux années suivantes. De convocation en garde à vue, je fus mis en examen dans une affaire de « diffamation », montée de toutes pièces par les services de renseignement de l'armée qui voulaient trouver le moyen de me mettre au pas en multipliant les pressions. Apprenant par la bouche d'un juge d'instruction que j'allais être emprisonné arbitrairement, j'ai décidé de partir. Ne pouvant accepter de subir d'un côté les menaces islamistes et d'un autre le harcèlement du régime, il me fallait prendre mes distances avec ce pays. Depuis, je n'ai plus jamais remis les pieds en Algérie. Au moment de l'achèvement de cet ouvrage, j'entamais ma vingt-deuxième année d'un exil qui n'en est plus un, puisque je considère que je n'ai plus rien à voir avec ce pays – sinon une curiosité intellectuelle. Ma vie est depuis lors en France où je me suis complètement engagé comme citoyen et acteur de la société civile, à la fois pour participer aux débats et faire partager une expérience d'une trentaine d'années sur la réalité de l'islam politique. Cela pour le contexte personnel.

Mon expérience

En m'installant en France et en témoignant de ce que j'avais vu en tant que journaliste et subi en tant que citoyen, je pensais qu'il était important de partager mon vécu pour aider à la compréhension d'un phénomène complexe – l'islam politique – qui l'était encore davantage il y a de cela vingt ans. Par un pur hasard, j'ai fait la connaissance à Paris d'un ancien militaire algérien, membre des forces spéciales, qui disait avoir déserté l'armée et vouloir témoigner à la fois des affres du terrorisme islamiste et de la sauvagerie avec laquelle lui et ses collègues avaient mené la lutte antiterroriste. Ce qu'il m'avait raconté corroborait les constatations que j'avais faites sur le terrain, depuis le début des bouleversements politiques en Algérie. Je lui ai donc proposé d'écrire un livre à quatre mains mêlant nos deux expériences, celle d'un militaire et celle d'un journaliste, pour raconter la « guerre civile » algérienne.

J'ai alors pris contact avec François Gèze, à l'époque patron des Éditions La Découverte, maison qui avait pris la suite, en 1983, des Éditions François Maspero, créées en 1959 pour relayer une vision révolutionnaire et tiers-mondiste. Aussi incroyable que cela puisse paraître, c'est Robert Ménard, actuel maire de Béziers, alors secrétaire général de Reporters sans frontières, qui m'avait mis en contact avec lui, et ce, avant qu'il ne montre son vrai visage de militant xénophobe, proche des thèses d'extrême droite[1].

Quoi qu'il en soit, François Gèze, dont je ne tarderai pas à découvrir également le militantisme effréné contre le régime algérien, parfois au détriment de la vérité, relayant, dès le début des années 1990, les thèses islamo-gauchistes, a accepté avec grand enthousiasme ce projet. Un contrat d'auteur est alors établi avec

1. Je comprendrai ultérieurement que ce pied-noir, qui à l'évidence n'a jamais digéré l'indépendance de l'Algérie, était davantage dans une démarche revancharde, de règlement de comptes avec le pouvoir algérien, que dans une quête de manifestation de la vérité nourrie par la curiosité traditionnelle qui anime chaque journaliste.

La Découverte d'une part, Habib Souaïdia, l'ancien militaire, et moi-même d'autre part. Tout a fonctionné plus ou moins normalement jusqu'à ce que l'ancien militaire, au contact de Gèze, fasse évoluer son récit initial, passant d'une mise en accusation du terrorisme islamiste d'un côté et des dérives du régime de l'autre, à un quasi-dédouanement de l'islam politique ainsi que des groupes djihadistes et à la construction d'une thèse conspirationniste qui, en substance, laissait entendre que presque tous les attentats contre les civils perpétrés en Algérie étaient l'œuvre, non pas des islamistes, mais exclusivement du pouvoir et de ses militaires.

J'essayai de raisonner à la fois celui qui devait être mon coauteur et celui qui devait être mon éditeur. En vain ! Au début de l'année 2001, sortit le « livre évènement » – c'est ainsi qu'il fut présenté – intitulé *La Sale Guerre*, qui véhicula donc, grâce à un grand battage médiatique, une thèse totalement fausse. À l'époque, j'avais qualifié ce livre de tissu de mensonges construit sur un socle de vérité – il reste à mes yeux une honte pour l'édition française. Évidemment, tous les tenants de l'islamo-gauchisme s'en sont délectés – au diable la vérité historique et l'honnêteté intellectuelle.

Toujours est-il que, après plusieurs mois de polémique, y compris judiciaire, j'ai fini par gagner mon procès, dans la plus grande indifférence, contre la maison d'édition et l'ancien militaire, condamnés solidairement à « 6 000 euros à titre de dommages et intérêts et 2 800 euros au titre des frais d'avocat », alors que le directeur de cette maison d'édition se répandait partout, avançant, avec force « arguments » fallacieux[1], que

1. Le plus souvent, pour étayer ses propos, l'ancien patron de La Découverte s'appuyait sur les déclarations du journaliste d'investigation Jean-Baptiste Rivoire et inversement. Ce journaliste de l'agence Capa travaillait régulièrement, à l'époque, pour des émissions d'enquête

je devais être le « nègre » de l'ancien militaire algérien et que j'étais probablement proche du régime algérien. Toujours la même méthode. Je dois rappeler, pour lever toutes les éventuelles ambiguïtés, que j'ai rédigé deux ouvrages pour dénoncer le régime algérien, le système militaire, et expliquer, dans une démonstration jamais contestée et qui m'a valu d'ailleurs l'ire du cœur du système mafieux en Algérie, la réalité de ce que fut la « décennie noire ». Toute tentative – et l'histoire post-11-Septembre l'a prouvé – visant à dédouaner l'islam politique serait l'œuvre d'un dogmatisme au pire malhonnête, au mieux conspirationniste. Pour résumer la situation algérienne, il suffit de rappeler la responsabilité des islamistes (ils ont eux-mêmes *a posteriori* reconnu la plupart de leurs crimes et les preuves existent) et de pointer celle du pouvoir algérien ou plus précisément de certains cercles de ce régime et singulièrement des clans de l'armée qui ont, de manière cynique, instrumentalisé le contexte soit pour conforter leurs positions politiques au sein du sérail, soit pour préserver leurs intérêts économiques.

C'est donc pour avoir refusé de cautionner une manipulation médiatique, et surtout de me rendre complice d'un mensonge grossier, que je me suis retrouvé pointé du doigt et désigné, sans autre forme de procès, comme un « agent des services secrets algériens ». En février 2003, dans l'émission de Daniel Schneidermann, à l'époque diffusée sur France 5, toujours très prompte à dénicher de pseudo-complots et à jeter l'opprobre sur des journalistes avec souvent beaucoup de légèreté, le présentateur et procureur des médias laissa le journaliste Jean-Baptiste Rivoire, lui aussi très militant sur la question conspirationniste du « qui tue qui ? »,

---

de Canal+ qu'il utilisait pour relayer ses thèses souvent approximatives et parfois fantaisistes.

dire des inepties sans prendre soin de le contredire. Ce dernier déclara, avec une déconcertante assurance, sans aucune éthique ni respect pour la centaine de journalistes assassinés, comme pour ma personne : « Il y a dans les journaux algériens des journalistes qui se disent journalistes algériens et qui travaillent en fait pour les services secrets d'Alger », ajoutant : « Par exemple, dans le cas de Mohamed Sifaoui, je m'interroge [...]. Il se présente comme journaliste mais l'ensemble de son travail depuis trois ans est dans un sens bien particulier... » Il ira jusqu'à affirmer : « Je m'interroge sur sa véritable identité... » Quatre mois avant ces inepties, le 14 octobre 2002, une dépêche de l'AFP avait pourtant annoncé le fait que la justice me donnait entièrement raison[1] – elle fut très peu reprise dans la presse, certes, quand les accusations dont j'ai fait l'objet ont été, elles, largement diffusées. Daniel

1. Dépêche AFP du 14 octobre 2002 : « Le TGI de Paris a jugé que [...] Mohamed Sifaoui, auteur d'un premier manuscrit de *La Sale Guerre*, livre publié en 2001 par La Découverte, était bien coauteur avec Habib Souaïdia, dont le nom figure en couverture [...]. Le jugement [...] ajoute qu'en publiant le livre sans l'accord de M. Sifaoui mais en reprenant des éléments de son manuscrit, M. Souaïdia et La Découverte ont porté atteinte à ses droits. Il les a condamnés solidairement à lui verser 6 000 euros de dommages-intérêts. Le tribunal ajoute qu'à la demande de M. Sifaoui, son nom sera supprimé dans les rééditions du livre. M. Souaïdia n'ayant pas la capacité de rédiger un livre en français avait fait appel à M. Sifaoui au printemps 2000 [...]. Mécontent du résultat [...] l'éditeur avait décidé [...] de procéder lui-même à la réécriture avec M. Souaïdia. M. Sifaoui s'était alors plaint d'avoir été manipulé par Daniel Schneidermann "pour régler ses comptes avec ses supérieurs hiérarchiques" alors que les éditions La Découverte ont "dénaturé" et "vidé de sa substance" son manuscrit. "À l'origine [le livre] mettait autant en évidence les exactions des groupes islamistes que celles de l'armée. Il n'a jamais été question pour moi d'écrire un ouvrage qui imputerait l'exclusive responsabilité des massacres à l'armée", avait-il dit dans une interview au magazine *Marianne* [...]. L'éditeur avait alors poursuivi M. Sifaoui en diffamation mais a perdu son procès le 17 octobre 2001. »

Schneidermann et Jean-Baptiste Rivoire n'ont probablement pas eu le temps de prendre connaissance de cette information... Une rumeur que reprendront bien sûr à leur compte tous les tenants de l'islamo-gauchisme. Tous sans exception. D'Alain Gresh à Tariq Ramadan. Que ce soient des islamistes ou certains de leurs alliés, à chaque fois quasiment que mon nom est cité, ces milieux particuliers, au mépris de l'honnêteté intellectuelle et de la vérité, tenteront de glisser une « petite phrase », histoire d'essayer de jeter le discrédit sur ma personne.

C'était là le premier acte d'une tentative d'exécution publique. Il y en aura d'autres plus tard. Quelles auraient pu être les conséquences d'une telle accusation si j'avais été moins solide mentalement ? Je ne veux pas convoquer le côté émotionnel de l'affaire, restons froids, mais au regard de ce que j'avais déjà traversé, une telle mise en cause avait quelque chose d'assassin. À l'époque, malgré plus de dix ans de carrière, j'étais totalement inconnu de mes confrères français, mis à part quelques journalistes. Je devais tout reprendre à zéro. Je n'avais pas de réseaux importants ; n'ayant pas fait mes études en France, pas de camarades de promotion ; peu d'amis, sinon des récents ; je fuis le régime algérien et les islamistes et je dois, à la fois, rebâtir ma vie professionnelle et me reconstruire psychologiquement. Et voilà qu'on vient sur une chaîne de télévision, à une heure de grande écoute, un dimanche après-midi, dans une émission suivie par l'ensemble de la profession, jeter mon nom en pâture et annoncer, sans le début d'une preuve, que je serais un « espion », voire un vulgaire « indicateur » qui roulerait pour les services secrets algériens. Sachant que les seuls capitaux dont peut disposer un journaliste sont son intégrité, son indépendance et sa probité intellectuelle, je pouvais, dès lors, me sentir ruiné.

J'ai cru que ma carrière allait s'arrêter ce jour-là. Si ce n'était la confiance que m'accordèrent des personnes honnêtes et équilibrées[1], imperméables à ce genre de thèses farfelues, mon nom aurait totalement disparu du débat public. En quelques minutes, avec quelques mots seulement, Jean-Baptiste Rivoire a failli réussir en France ce que les terroristes du GIA n'avaient pas réussi à faire en Algérie : me faire taire. Les premiers ont utilisé la menace et les tentatives de meurtre, lui a usé de tentatives de diabolisation dans le but de me discréditer. Je ne sais pas comment on peut se dire journaliste, faire la leçon à toute la profession, à des régimes autocratiques, aux tenants du grand capital, prétendre défendre des principes et agir de la sorte.

Une année plus tard, en février 2004, un autre journaliste, Didier Contant, ayant défendu une thèse qui ne plaisait pas à Jean-Baptiste Rivoire, a subi, de la part de ce dernier, des accusations similaires. Celui qui aime à se présenter comme « journaliste d'investigation » a montré, une fois de plus, l'étendue de sa légèreté et la manière avec laquelle il jette l'opprobre non pas

1. Je ne peux pas citer ici tous ceux qui m'ont permis de faire mes preuves professionnellement parlant et de contredire la rumeur publique. Mais je tiens à rendre hommage particulièrement au magazine *Marianne*, et notamment à Jean-François Kahn, à l'ensemble du staff de M6 et singulièrement à tous ceux qui avaient en charge les émissions *Zone interdite* et, ensuite, *Enquête exclusive*, évidemment à mes amies Guilaine Chenu et Françoise Joly, qui dirigeaient *Envoyé spécial* sur France 2, sans oublier le regretté Benoît Duquesne, rédacteur en chef de *Complément d'enquête* et également parfois du *Figaro magazine*, ainsi que tous mes éditeurs, des producteurs comme l'agence TAC – et notamment mon ami Frédéric Texeraud qui la dirigeait – Bernard Laine et Tony Comiti les fondateurs de Tony Comiti Productions. Mais également des personnes comme Jérôme Bellay, en tant que producteur de l'émission *C dans l'air*, et Yves Calvi qui la présentait m'ont permis de montrer à la fois mes connaissances sur la question de l'islam politique et du terrorisme et d'asseoir ainsi auprès du public une notoriété qui n'a jamais été, quoi qu'on puisse en dire, prise en défaut par un quelconque travail approximatif.

sur ses détracteurs, mais sur ses contradicteurs, ce qui est sensiblement différent, puisqu'il ne répond pas à ceux qui le mettraient en cause – ce qui serait à la limite compréhensible –, mais attaque violemment la probité intellectuelle de ceux qui défendent des thèses contraires aux siennes. Tout cela pour faire valoir une vision dogmatique et un discours islamo-gauchiste.

Didier Contant a fini par se suicider. On ne peut pas savoir, avec certitude, s'il y a une relation de cause à effet. Mais certaines personnes, notamment l'amie du défunt, Rina Sherman, iront jusqu'à pointer Rivoire du doigt et déposer plainte contre lui. Il sera d'ailleurs condamné, lors d'un procès en première instance, avant de se voir relaxé en appel et complètement innocenté. Il ne s'agit pas de préjuger de sa responsabilité dans ce suicide, puisque l'affaire a été tranchée par les tribunaux, mais il convient de s'interroger sur les méthodes qui sont les siennes. Et je ne peux pas ne pas me reconnaître dans le drame qui a coûté la vie à Didier Contant. Car parmi les conséquences possibles de la démarche de Rivoire, je peux imaginer le pire dans un cas de fragilité psychologique. L'acharnement dont il a fait preuve contre moi, allant jusqu'à véhiculer dans la profession soit de façon explicite, soit en jetant le doute *via* des rumeurs totalement infondées qui auraient pu me coûter ma carrière, est une preuve éloquente, s'il en fallait. L'objectif des islamo-gauchistes à mon égard a toujours été très clair : essayer de tout faire pour m'éjecter du débat public afin que la modeste parole qui est la mienne, que mes convictions républicaines – et donc forcément anti-islamistes – ne trouvent plus aucune place – et donc plus aucune existence – ni dans un journal, ni dans une émission de télévision, ni dans un livre. La bonne vieille méthode stalinienne : invisibiliser les voix discordantes.

BHL et Glucksmann

Je relativise, d'une certaine manière, tout ce qui s'est passé pour moi lorsque je vois le sort qui fut réservé aux témoignages de Bernard-Henri Lévy et d'André Glucksmann, deux intellectuels, de la vague des nouveaux philosophes, connus pour leurs engagements ; que l'on soit d'accord ou pas avec eux, il n'est pas admissible de balayer d'un revers de main ce qu'ils ont pu dire ou écrire, voire remettre en question leur probité intellectuelle et leur opposer, comme principal « argument », des attaques *ad hominem*.

Lorsqu'il fait paraître un premier article (le second sera publié le lendemain) le 8 janvier 1998, dans *Le Monde*, BHL dit sa méfiance envers le pouvoir algérien, car il n'est pas naïf, lui qui sillonne les zones de guerre et de conflits et n'ignore rien de la capacité de manipulation dudit pouvoir : « Je ne suis pas complètement dupe, là non plus, de ce moment de parler vrai. Je n'exclus pas d'avoir été le témoin ou la cible d'une opération de séduction comme en font tous les vrais politiques[1]. » Sa description de l'islamisme algérien est d'une justesse implacable :

> AIS… GIA… Ce sont, sur le papier, les deux grandes organisations qui se disputent la mouvance islamiste. Les premiers, dissidents du FIS, auraient été plutôt partisans avant la « trêve » d'octobre dernier d'attentats ciblés, visant les intellectuels ou les fonctionnaires et, quand ils faisaient un faux barrage, auraient pris soin d'épargner la vie des paysans détroussés. Les seconds, bien plus sauvages, seraient à l'origine des grands massacres aveugles de ces derniers mois, ils ne feraient

1. Bernard-Henri Lévy, « Le jasmin et le sang », *Le Monde*, 8 janvier 1998.

> aucune différence entre les catégories d'« impies » et ils estimeraient que verser le sang, n'importe quel sang, est le plus sûr moyen de se rapprocher de Dieu[1].

Pour cerner la responsabilité de l'armée, alors trop peu soucieuse du sort des populations vivant dans les régions traditionnellement acquises aux thèses islamistes, là aussi il s'est voulu très lucide, multipliant les rencontres et les témoignages pour décortiquer *in situ* la réalité algérienne quand d'autres avaient des opinions tranchées sans bouger de Paris. Il a de même exprimé son point de vue, à la fois en toute clarté et en toute honnêteté :

> Je dirais comme, d'ailleurs, la plupart des intellectuels ou des démocrates algériens que j'ai pu rencontrer, comme Saïd Sadi, le patron du RCD, comme Fatima Karaja, la directrice du Centre de réparation psychologique des enfants handicapés, comme Abla Cherif, Khalida Messaoudi, Yasmine et Myriam Benhamza, ces héroïnes de la cause des femmes en Algérie : incompétence des militaires, sûrement ; indifférence, peut-être ; l'arrière-pensée, dans la tête de certains, que la vie d'un bon soldat ne vaut pas celle d'un paysan qui, hier encore, jouait le FIS, pourquoi pas ; mais un « état-major », ou un « clan », ou même un « service spécial », fomentant les massacres, ou armant les massacreurs, ou déguisant cela s'est dit ! leurs hommes en islamistes, voilà une hypothèse à laquelle je ne parviens pas à croire[2].

C'est la phrase qui, en vérité, suscitera le courroux de ses futurs détracteurs. Et sa conclusion ne changera rien à l'affaire : « L'Algérie, écrit-il, sera irrévocablement

---

1. *Ibid.*
2. *Ibid.*

engagée sur la voie démocratique le jour, et le jour seulement, où elle pourra dire au monde : il n'y a plus de villes "utiles" et d'autres "inutiles" ; il n'y plus de différence, ni entre les vies ni entre les morts ; le sort d'un paysan de Rélizane importe au moins autant que l'appareillage d'un pétrolier[1]. » Cette dernière phrase résumait ce qui l'avait choqué : le côté pile avec la sécurisation de « l'Algérie utile », là où le gaz est produit et acheminé pour remplir les caisses de l'État et les poches des caciques du régime, et le côté face, laissé en jachère, ou presque, là où le terrorisme islamiste, nourri par plusieurs années d'incurie, sévissait librement contre la population, notamment à partir d'une certaine heure.

De son côté, André Glucksmann arrivait à la même conclusion. Il réalisait alors un documentaire pour France 3, qui sera diffusé deux mois après la publication du texte de Bernard-Henri Lévy (c'était un hasard) ; il y donnait la parole notamment à un villageois rescapé d'un massacre, qui avait reconnu les terroristes. Ils étaient issus de sa région, pour la plupart. Il dira face caméra : « Les terroristes nous avaient colonisés [avant les massacres]. On était sous leur autorité. Mais ils étaient gentils avec nous. Ils ne nous forçaient pas à leur donner à manger. »

Pour avoir discuté avec lui, *a posteriori*, je sais que cette expérience l'a bouleversé. Les gens qu'il a croisés. Les victimes. Leur souffrance. Il ne pouvait pas rester indifférent. C'est probablement ce qui lui fut reproché. Quand la gauche parisienne, cynique, avait ses conclusions – ne pas faire porter la faute aux islamistes –, un intellectuel – de gauche – allait sur place et découvraient le contraire de ce que des apprentis gourous voulaient installer comme idée. Et il y réussit à certains égards. Dans les colonnes de *L'Express*, André

1. *Ibid.*

Glucksmann a écrit un texte magnifique. Je partage ici le début avec le lecteur, car ces lignes, comme celles de BHL, transpirent la sincérité. Le travail bien fait. La sensibilité du philosophe humaniste qui sait reconnaître le son et l'odeur de l'infâme :

> J'ai entrebâillé les portes de l'enfer. Passant, quand tu pénètres, attention où tu mets les pieds ! Des rigoles d'un rouge délavé et gluant forment au sol de sinistres marelles. Une tache verte brille dans la boue et le sang. C'est un collier de perles de verre. Il est fermé. Il appartenait à une vieille femme. Elle avait toujours vécu là, dans l'unique pièce d'un gourbi désormais incendié. Quand elle fut décapitée, le collier a glissé de son cou tranché. Seul vestige intact d'une nuit de tuerie. Je n'ose demander si l'octogénaire fut égorgée avant ou après avoir été livrée aux flammes. Dans le douar Chanine, un hameau dévasté sur le piémont désolé de l'Ouarsenis, j'ai vu un berceau bleu. Bricolé avec des tiges de fer servant d'ordinaire à la construction des maisons. Au moindre souffle de vent, à la moindre poussée du doigt, il se balançait, il se balançait. À l'intérieur du berceau, je n'ai vu qu'une petite couverture figée de sang caillé. Les survivants avaient enterré le nouveau-né et fui avec leurs maigres richesses. Dans la pièce noire de suie, encombrée de gravats, restaient à l'abandon l'établi de l'artisan mort – trop lourd pour qu'on l'emporte – et le berceau, inutile maintenant pour ceux qui n'imaginent plus d'avenir. En Algérie, quand on touche le fond du désespoir, on ne remonte pas, on creuse encore, on creuse plus profond. Ces images et tant d'autres aussi hantent mes jours et mes nuits définitivement. Plusieurs fois j'ai heurté l'innommable, l'esprit rongé par l'apostrophe de Dante : « Vous qui entrez ici, laissez toute espérance. » Et je reviens avec la volonté de ne pas reculer d'horreur devant l'horreur : « Ici toute lâcheté doit être morte »... Il faut que je comprenne comment les meurtres les plus ignobles sont

> devenus une stratégie méthodique et raisonnée. Il me faut imaginer l'inimaginable et penser l'inconcevable. Comment un être humain peut-il découper un bébé en tranches tout en invoquant Dieu[1] ?

Il poursuit sur le même ton effaré :

> Je vins à Sidi Hamed, vingt-quatre heures après la tuerie. Un fouillis de maisons en dur où, dans les interstices, s'accrochent des masures misérables relevant du bidonville. C'est à 15 kilomètres de l'aéroport international, dans la grande banlieue d'Alger. À 5 kilomètres de Meftah, où notre voiture a longé « la plus grande cimenterie d'Afrique », inaugurée autrefois en grande pompe, façon soviétique, au temps du parti unique et de l'exaltation du travail socialiste. Endommagée par un terrorisme qui entendait ruiner l'économie algérienne, comme l'attentat récent de Louxor vise le tourisme, ressource principale de l'Égypte. À pareille logique de la terre brûlée succède le massacre des innocents, exécuté depuis six mois de la manière la plus cruelle, revendiqué comme tel par les islamistes armés. À la limite du vraisemblable, pour pénétrer ce délire, il faut dénouer les fils d'une horreur implacable[2].

Leurs travaux m'ont rapproché des deux philosophes qui sont devenus des amis. Et plus encore des « compagnons de route » ; eux qui sont souvent accusés de « germanopratinisme » ont su, au sujet de cette « affaire algérienne », comme pour d'autres, être du bon côté de l'histoire. André Glucksmann est décédé le 10 novembre 2015, trois jours avant le massacre des terrasses et du Bataclan. Tel un signe ! Il en avait assez vu. Pourfendeur acharné des totalitarismes, il

1. André Glucksmann, « En Algérie, j'ai pleuré aux portes du XXIe siècle », *L'Express*, 29 janvier 1998.
2. *Ibid.*

n'a jamais montré, lui, l'ancien maoïste, une quelconque complaisance à l'égard de l'islam politique. Au point d'être classé par les islamo-gauchistes parmi les « néo-conservateurs ».

BHL se rappelle la campagne de dénigrement que ses articles ont déclenché. « Il y a eu des tentatives de déstabilisation, notamment de la part de Nicolas Beau, à l'époque journaliste au *Canard enchaîné*. Il faisait de moi le jouet des militaires algériens », me dira-t-il[1]. Nicolas Beau est connu pour n'avoir peur ni des contradictions ni du ridicule. Depuis quelques années, mes critiques de l'islam politique ne lui conviennent pas non plus. Il est convaincu que moi aussi, je suis un « jouet » ou un « agent » des militaires algériens. Mais en même temps, il me traite de « chaouch de BHL et de Finkielkraut » dans un article diffusé sur Internet. Classe ! Évidemment, l'islamo-gauchisme fonctionne aussi comme cela : un « Arabe » ne peut être laïque et indépendant. Ce serait suspect. Sa tutelle est soit militariste, soit, mieux, juive ! Le philosémitisme du pouvoir algérien est à ce point connu, pour le dire avec ironie, qu'on peut d'ailleurs être à la fois proche de ces fameux généraux et d'intellectuels qu'ils méprisent par pur antisémitisme. À vrai dire, sur le fond idéologique, je suis convaincu que Beau est beaucoup plus proche du régime algérien que Finkielkraut, BHL et moi réunis. Deux choses qui les réunissent : la diabolisation systématique des adversaires et la détestation des mêmes personnes.

Oui, ce journaliste, que je connais également, et qui n'est pas connu pour la rigueur et le sérieux de son travail, laissa croire que le récit du philosophe engagé était factuellement faux. Pour l'avoir relu, au moment de la rédaction de ce livre, je trouve qu'avec un recul

1. Entretien réalisé avec l'auteur.

de vingt-trois ans, ces articles font partie de ces textes qui vieillissent bien. Ils serviront demain à des historiens pour les confronter à des documents ou à d'autres témoignages crédibles pour écrire l'histoire complète de cette « décennie noire ». J'ai demandé à BHL pourquoi, au-delà de l'honnêteté intellectuelle, lui et Glucksmann avaient pris le risque d'aller à contre-courant. « Je crois que nous étions de vrais antitotalitaires et on a reniflé la bête ! » me dira-t-il simplement.

Aussi paradoxal que celui puisse paraître, c'est Edwy Plenel qui avait commandé cet article à Bernard-Henri Lévy. C'est lui qui l'a publié. Il n'y a jamais fait référence. En tout cas pas à ma connaissance. BHL m'a appris que l'ancien directeur de la rédaction du *Monde* l'a même soutenu face aux attaques qu'il a subies après la publication des deux articles. Ironie de l'histoire. Comme quoi, sur les questions d'islam politique, il est possible d'affirmer que Plenel a pu être du bon côté, au moins une fois dans sa vie !

Dans son livre *Une mémoire algérienne*, mon ami l'excellent Benjamin Stora écrit, pour expliquer ses propres doutes : « J'ai entrepris ce va-et-vient, sans cesse recommencé, entre ce qui est arrivé dans l'histoire algérienne et ma propre expérience, en éclairant sans cesse l'une par l'autre. Car l'irruption de l'expérience subjective, comme *facteur de vérité* et non plus comme vecteur d'illusion, fait partie de ma façon d'écrire l'Histoire[1]. » Je ne saurais mieux dire les choses. Évidemment que ces situations ne sont jamais noires ou blanches. Mais je tiens à le dire, si les islamistes ont massacré un pan de la population, ont tiré sur moi, ont assassiné des membres de ma famille et des amis, je n'ai jamais laissé un sentiment de subjectivité

1. Benjamin Stora, *Une mémoire algérienne*, Bouquins, 2020.

enlacer mon témoignage. Mes commentaires ont pu être parfois excessifs ou passionnés. Probablement. Je n'ai pas été toujours très froid, telle une machine, car j'ai été touché dans ma chair et au plus profond de mon être par une idéologie violente qui a fait irruption dans ma vie d'adolescent, dès la fin des années 1970, et ensuite d'adulte, brutalement, au milieu des années 1980. Mon tort fut peut-être de comprendre d'instinct, en un second temps de manière raisonnée, que nous étions là devant un phénomène très dangereux ; je saisis par la suite qu'il s'agissait d'un vrai totalitarisme contre lequel il fallait s'engager.

Durant cette fameuse décennie noire qui a permis de voir l'émergence de la mouvance djihadiste dans sa forme contemporaine, le GIA – ses décapitations, ses massacres, ses descentes nocturnes, ses assassinats d'intellectuels et ses destructions de villages – fut le prélude à une histoire qui allait permettre à l'opinion internationale de découvrir Al-Qaïda, Boko Haram, AQPA, Daesh, et j'en passe. Pendant cette période donc, la gauche française, y compris au niveau politique, a fait preuve d'un extraordinaire dédain à l'égard d'une folie qui s'exprimait à une heure en avion de Marseille. Premier secrétaire du Parti socialiste, le « très inspiré » Lionel Jospin dira dans les colonnes de *Libération* trois choses qui résument à mon sens toute la doctrine d'une grande partie de la gauche à l'époque. *Primo* : « J'ai condamné, alors que j'étais encore au gouvernement, l'interruption du processus électoral[1]. » On comprend, dès lors, que celui allait devenir Premier ministre n'était pas de ceux qui aurait ressenti une quelconque gêne si les islamistes avaient atteint le pouvoir en 1992. *Secundo* : « La France doit lever le tabou, elle ne doit pas rester silencieuse ni donner l'impression de soutenir

1. Interview de Lionel Jospin dans *Libération*, 27 janvier 1997.

inconditionnellement le pouvoir algérien. » En clair, hors de question de faire croire qu'on soutient une lutte contre un phénomène totalitaire quand celle-ci est menée par un régime peu respectable. On imagine que Lionel Jospin n'aurait lutté contre les totalitarismes qui ont traversé le XXe siècle qu'avec de grandes démocraties. *Tertio*, commentant la réserve du gouvernement français – de droite – qui est demeurée plutôt clair – en tout cas beaucoup plus clair que la gauche – au sujet de la lutte antiterroriste, il dira : « Il s'agit d'un silence d'accablement et d'embarras. Il est si difficile de choisir un camp. » Cette dernière phrase est terrible. Entre un régime, loin d'être un modèle de démocratie, et des tueurs islamistes, Jospin ne sait pas qui combattre. Je croyais que la politique, c'était l'art de choisir le moins pire. C'est probablement cette architecture idéologique qui, cinq ans plus tard, fera comprendre aux Français que le représentant du Parti socialiste n'était vraiment pas calibré pour diriger le pays au moment où le monde entrait dans le IIIe millénaire à travers les attentats du 11 septembre 2001, une violence de plus en plus grandissante, une insécurité en évolution exponentielle et un phénomène islamiste s'imposant comme le défi d'une époque.

10

L'université prise en otage

Lorsque j'ai commencé à m'intéresser au phénomène islamo-gauchiste dans les facultés, l'une de mes connaissances – un enseignant très au fait de ce sujet – m'a instinctivement dit en substance : « Attention ! C'est une question brûlante, il faut veiller à ne pas trop dramatiser et à ne pas nier. Il est nécessaire de trouver un juste équilibre pour être audible. »

Face à cette question de l'islamo-gauchisme, l'université française adopte en effet souvent une attitude très ambiguë. « La plupart des collègues ne voient pas ça et dès qu'on en parle, ils se braquent et considèrent que c'est minoritaire[1] », raconte Pierre-Henri Tavoillot, maître de conférences en philosophie à la Sorbonne et, par ailleurs, ancien « référent laïcité ». Ils se braquent ? Phénomène minoritaire ? Globalement, l'université fait comme si le sujet était marginal, donc sans réelle importance et qu'il ne concernait que quelques boutonneux ou adolescents attardés qui, animés par l'utopie de la jeunesse, sont sinon atteints de naïveté, du moins d'un manque d'expérience qui les amènent à faire un peu trop d'*agit-prop* en faveur de théories fumeuses. Ce *circulez*

1. Entretien avec l'auteur.

y'a rien à voir commet un second péché, celui de laisser croire que la question de l'islamo-gauchisme est une réalité contemporaine qui ne concerne que quelques petits îlots non significatifs au sein de l'université française, voire totalement inexistante, alors qu'en vérité le problème est beaucoup plus profond. « L'université est progressivement prise en otage par des activistes islamo-gauchistes », peut-on d'ailleurs lire dans un rapport des services de renseignement. Une « étude » élaborée par le renseignement territorial à la demande du gouvernement décrit les « stratégies des groupes islamo-gauchistes » en ces termes :

> Si elle recouvre de nombreux collectifs et associations, la nébuleuse « islamo-gauchiste » ne compte qu'un effectif militant réduit. De fait, les rassemblements organisés par cette mouvance ne réunissent généralement qu'un petit nombre de manifestants. Pour faire connaître et aboutir leurs revendications, les « islamo-gauchistes » privilégient donc des méthodes plus discrètes, mais bien plus efficaces : activisme sur les réseaux sociaux, entrisme dans les milieux universitaires et pressions sur la classe politique.

Mon objectif n'est pas de dramatiser – je sais que les universités ne sont pas devenues des petits « États islamiques » –, mais de provoquer une réaction, en tout cas d'inviter à libérer la parole pour que l'on sorte de cet insupportable déni. Celui qui s'est bruyamment exprimé lorsque Frédérique Vidal, ministre de l'Enseignement supérieur, avait évoqué le sujet en février 2021. Celui-ci n'honore ni les responsables, ni les enseignants, ni les étudiants qui l'entretiennent, loin de là. Il y a un problème et il serait indécent de le nier. Il y a eu, comme me le précise l'une de mes sources, une mobilisation de l'université à partir de 2015, mais cette frange qui s'est élevée à la fois contre l'islam politique et les milieux gauchistes soutenant les partisans de cette doctrine, a été très vite conspuée et accusée, comme d'habitude, d'« islamophobie ». Beaucoup l'ont très mal vécu, surtout ceux qui, à gauche, tiennent un discours de vigilance. Un chercheur du CNRS qui ne veut pas apparaître, tant « le débat est passionné et irrationnel », estime que des personnes au sein de l'université et de la recherche « sont des militants ou des acteurs engagés qui ne se rendent pas compte souvent de bonne foi qu'ils sont instrumentalisés par des courants islamistes. Il y a des gens qui pensent qu'il est possible de défendre simultanément les droits des homosexuels et ceux des salafistes ». Qu'est-ce qui est à l'origine de cette situation ? L'arrivée, dans de grandes universités parisiennes, de doctorants ou d'étudiants activistes islamistes. Ils surfent sur l'attitude victimaire, se présentent derrière le masque de « militants en faveur des droits de l'homme » ou se positionnent comme « engagés pour l'antiracisme ». En 2020, avant sa dissolution, le CCIF était convié à s'exprimer devant une commission d'enquête du Sénat. Ses représentants ont préféré décliner l'invitation, envoyant à leur place un doctorant en sociologie, par ailleurs militant, qui fit valoir ses « connaissances scientifiques » pour essayer de délégitimer la parole de la puissance publique et celle des pourfendeurs de l'islam politique, défenseurs des principes républicains – non sans tenter de valider au passage l'imposture de ces milieux qui cherchent, de plus en plus, à faire passer leurs idées à travers des « diplômés ». Et naturellement, de leur point de vue, l'« universitaire musulman » a doublement raison parce qu'il est musulman et universitaire, alors que celui qui tiendrait le propos contradictoire n'est pas légitime, fût-il « universitaire », puisqu'il n'est pas musulman. La ficelle est grosse, pourtant certains tombent dans le piège.

Le ministre de l'Éducation Jean-Michel Blanquer avait raison. Lui qui a engagé, à juste titre, une polémique sur Europe 1, le 22 octobre 2020, affirmant que « ce qu'on appelle l'islamo-gauchisme fait des ravages » à l'université. Fustigeant au passage l'UNEF[1] et ceux qui, dans les rangs de la France insoumise, « sont de ce courant-là et s'affichent comme tels », il conclut ainsi son propos : « Ces gens-là favorisent une idéologie qui, ensuite, de loin en loin, mène au pire. » Comment en arrive-t-on à entendre un ministre de l'Éducation qui n'est pas un excité, ayant plutôt intérêt à sanctuariser le monde éducatif et les universités, et à les mettre à l'abri de toute polémique, affirmer finalement que le ver (islamo-gauchiste) est bel et bien dans le fruit (universitaire) ?

Le cerveau et l'avenir d'un pays

Un phénomène totalitaire – tel un virus qui attaque l'ensemble de l'organisme – infecte tous les pans de la société. Il commence souvent à deux endroits qu'il affectionne particulièrement : la base, en l'occurrence une population qui devient perméable aux thèses populistes, et le sommet, là où est produite la pensée. Par un jeu d'interpénétrations, les lieux du savoir vont ainsi diffuser ce qui est de nature à contaminer la société, et celle-ci, aidée désormais par une fluidification de la circulation de l'information et l'amplification des messages, se chargera de relayer de manière exponentielle ce qui finira par irradier les différentes couches qui la constituent. L'université est à la fois le cerveau et l'avenir d'un pays. Car c'est là que sont formées les ressources de notre futur et c'est de ces endroits que

1. Union nationale des étudiants de France.

s'élancent les réflexions les plus complexes, les expérimentations les plus ambitieuses. Et c'est en ces lieux également que se font les échanges qui permettent le développement de la pensée. On y interroge le « sacré », on le soumet à l'examen critique. On y apporte la contradiction, par le débat, par l'échange et par la démonstration scientifique, à des idées reçues, même celles érigées en dogmes. Infecter ces centres supposés sublimer l'intelligence est donc un projet prioritaire pour tout phénomène totalitaire dont l'objectif est de dévitaliser justement les lieux de savoir et, par prolongement, l'ensemble de la société.

Tout au long du IIIe Reich, dès 1933, les universités allemandes, mais aussi les écoles, ont ainsi été parmi les premières à être infectées. Très vite, elles reçurent des recommandations strictes pour délivrer un enseignement conforme aux attentes et aux instructions du parti nazi. En lieu et place de l'humanisme et de la Renaissance artistique qui caractérisaient l'université allemande, et en étaient même le foyer. Alors qu'elle profitait du dynamisme intellectuel né de la réforme religieuse initiée par Martin Luther, elle se mit à enseigner l'hitlérisme, ce virus qui se substitua à l'humanisme. Même des disciplines comme la biologie se placèrent au service de l'idéologie du Reich en cherchant à développer des approches plus que tendancieuses afin d'étudier tous les « aspects de la race », une véritable obsession pour les nazis. Les écoles et les lycées au service de la « race aryenne » ne voulaient plus former des citoyens, mais de futurs combattants. Tout était centré autour de la condition physique. On connaît la suite…

En Union soviétique, ce ne fut guère mieux. La révolution de 1917 a eu très vite des conséquences sur le développement de l'enseignement. Dès 1922, dans ce qui est appelé désormais l'URSS, c'est l'enseignement d'une idéologie de la révolution qui s'impose, s'apparentant davantage à un « bourrage de crâne », où la censure occupe évidemment une position de choix. Le système mis en place a naturellement évincé l'esprit critique et le libre examen pour introduire une logique fondée d'une part sur la « polytechnisation », qui consiste à former conformément à la pensée marxiste du travail, et d'autre part sur la « prolétarisation », qui signifie la formation prioritaire de jeunes paysans et ouvriers, acquis forcément à la cause du régime. On parle alors de « soviétisation de l'école russe » et de la prise de contrôle institutionnelle, professionnelle et idéologique de l'enseignement en Russie par le nouveau pouvoir, avec la volonté d'imposer des théories et des pratiques inédites. Il s'agit d'inscrire l'école dans l'objectif général d'éducation communiste des masses, visant à créer une société meilleure[1]. Là aussi, on connaît la fin de l'histoire…

Activisme, voile et censure

Dès qu'apparaissent des systèmes totalitaires, il se produit très souvent la conjonction de deux éléments que je vais exposer. Ce que nous vivons aujourd'hui dans les universités françaises – et naturellement ce n'est en rien comparable à ce qui a été exposé précédemment – montre qu'il existe une volonté de la part de l'islam politique d'agir comme n'importe quel populisme – même s'il ne règne pas au niveau national – pour procéder à la dévitalisation des lieux du savoir. Plusieurs acteurs, que je qualifierais d'activistes, ont réussi à introduire plusieurs virus, dont celui de l'islamisme (nous verrons les autres plus loin) qui se

1. À ce sujet, voir notamment Wladimir Berelowitch, *La Soviétisation de l'école russe (1917-1931)*, L'Âge d'Homme, 1990.

manifeste à travers la montée de l'antisémitisme au sein des enceintes universitaires (je ne parle pas du prétendu « antisionisme » qui permet de faire passer n'importe quel message haineux). Ainsi des graffitis explicitement antijuifs ont-ils été découverts dans plusieurs établissements[1], et il n'est un secret pour personne que dans quelques universités, les juifs ne sont pas les bienvenus. « Aujourd'hui en France, il est impossible pour un jeune juif d'étudier sereinement. Pour aborder les choses clairement, certains juifs se cachent dans certaines universités et d'autres préfèrent ne pas s'y inscrire[2] », affirme Noémie Madar, présidente de l'UEJF. Un phénomène similaire que celui décrit par l'ancien inspecteur de l'Éducation nationale Jean-Pierre Obin qui, en 2004, dans son célèbre rapport, expliquait que l'antisémitisme était important, y compris dans le premier et le second degrés. En vérité, évolution naturelle, la haine du juif perçue dans les écoles primaires et dans les collèges au début des années 2000 a atteint désormais l'université, à l'instar de la société.

À la même période, en 2004, une poussée à « tendances communautaristes, le plus souvent à caractère religieux », est déjà relevée par Michel Laurent, alors premier vice-président de la Conférence des présidents d'université (CPU) et président de l'université d'Aix-Marseille II. Dans le cadre d'un colloque organisé

---

1. « Actes antisémites dans l'enseignement supérieur : un phénomène préoccupant selon Vidal », *Le Figaro étudiant*/dépêche AFP, 23 octobre 2018.

2. L'UEJF se plaint depuis quelques années des difficultés rencontrées par l'association estudiantine pour faire rencontrer des étudiants israéliens et français, dans le cadre de leur programme intitulé « Avoir 20 ans en Israël ». En 2012, à l'université du Mirail (Toulouse) et en 2014 dans celle de Saint-Denis, leur rencontre, à travers un stand, est perturbée ; à Lyon II en 2019, ils sont violemment évacués de l'université aux cris de « Mort à Israël ! »

en septembre 2003 par la CPU, intitulé « La laïcité à l'université », il affirmait que ce phénomène « constitue à la fois une réalité que certains d'entre nous vivent au quotidien, et, plus largement, un sujet de crispation politique et de revendication dans notre société ». À l'époque, et c'est parfois le cas aujourd'hui, beaucoup pensent que c'est un problème « religieux » qui défie la laïcité seulement. Or c'est beaucoup plus grave. L'islamisme est une idéologie politique qui défie toute la République, pas seulement son caractère laïque.

Ces problèmes ont commencé avec l'émergence d'associations d'étudiants islamistes, surtout celles liées à l'UOIF. Dès le milieu des années 1990 est née par exemple l'association Étudiants musulmans de France (EMF). Elle se laissera guider par l'état-major de l'organisation fériste, puis par Tariq Ramadan et quelques autres, avant de se rapprocher d'organisations syndicales de gauche et d'extrême gauche, et de créer des ponts notamment autour d'actions en lien avec le conflit israélo-palestinien. Les tenants de l'islamisme ont investi, par la suite, les partisans du communautarisme et se sont rapprochés des milieux identitaires qui, initialement, n'étaient même pas pratiquants et se sont laissé influencer. Cette convergence des luttes a fini avec d'autres liens, tissés, cette fois, avec l'UNEF et d'autres organisations de gauche.

Les universités connaissent aussi d'autres phénomènes. L'activisme islamiste passe par la promotion du voile, puisque de plus en plus de jeunes filles le portent de manière ostentatoire. Certes, cela n'est pas interdit, mais plusieurs témoignages font état d'un prosélytisme, notamment entre étudiantes, dont certaines tentent de convaincre leurs camarades d'adopter cet accoutrement. D'autres, par provocation, n'hésitent pas, même avant la crise sanitaire, à y ajouter un masque chirurgical pour que l'ensemble fasse office de niqab. « C'était au lendemain de la loi de 2010 sur le “voile intégral” », me précise un interlocuteur.

La censure est de plus en plus courante et surtout celle qui est imposée par des milieux islamistes. Alors que l'université bénéficie d'une liberté d'expression garantie par la Constitution, des groupes agissant en faveur de l'islam politique, par ailleurs nourris par des logiques racialistes et indigénistes sur lesquelles je reviendrai, tentent, là où ils peuvent être en force, de faire interdire certaines rencontres ou conférences. Mais au moment où la censure s'érige en mode d'emploi, depuis plusieurs années des militants islamistes s'expriment librement. Il y a eu évidemment l'épisode Ramadan qui, pendant plusieurs années, avait son rond de serviette dans quasiment toutes les facultés ; mais il y a encore mieux : en 2009, un débatteur lié au Hezbollah, groupe criminel s'il en est, est reçu pour une conférence montée par les Indigènes de la République à la Sorbonne. Ali Fayad, député du parti Hezbollah – que la bonne conscience européenne dissocie de la « branche militaire » éponyme, considérée à juste titre comme organisation terroriste –, a pu ainsi pérorer librement avec Nadine Rosa-Rosso, alors membre influent du Parti du travail de Belgique (PTB), formation marxiste, anticapitaliste, connue pour ses positions favorables aussi au Hamas et tenant des discours dits « antisionistes » qui, à tout le moins, ne manquent pas d'ambiguïté. Il ne s'agit évidemment pas d'un débat contradictoire, mais d'un meeting militant. Pour le coup, peut-on dire « islamo-gauchiste » quand un islamiste du Hezbollah et une activiste gauchiste militent dans le même objectif ?

Les étudiants islamistes usent et abusent d'un cadre qui leur permet de faire état de leurs convictions religieuses au mépris des règles et des usages de la laïcité, et, de surcroît, au risque de pénétrer dans la « zone grise » relative au trouble à l'ordre public. Comme l'a précisé un arrêt du Conseil d'État : « La liberté d'expression reconnue aux étudiants comporte pour eux le droit d'exprimer leurs convictions religieuses à l'intérieur des universités, mais cette liberté ne saurait leur permettre d'exercer des pressions sur les autres membres de la communauté universitaire, d'avoir un comportement ostentatoire, prosélyte ou de propagande, ni de perturber les activités d'enseignement et de recherche ou de troubler le bon fonctionnement du service public[1]. » Le piège utilisé par les milieux islamistes et qui permet de contourner les lois, mais aussi de les instrumentaliser, est celui qui les amène à faire passer leur doctrine – qui est une idéologie politique – pour une pratique religieuse. Il s'agit pour eux, non pas de « convictions religieuses », mais de militantisme politique. C'est le distinguo que nous devons apprendre à faire.

Le « professeur » Ramadan

Là où l'islam politique s'est exprimé, il s'est toujours historiquement attaqué au monde du savoir. L'université et même l'école, en l'occurrence le premier et le second degrés, sont donc partout visées par l'action prosélyte. Ce n'est pas un hasard si la plupart des idéologues de l'islamisme ont commencé leur carrière en tant qu'enseignants. Ce fut le cas aussi bien de Hassan Al-Banna, fondateur de la confrérie des Frères musulmans, que de celui de ses petits-fils, Hani et Tariq Ramadan. Pour ne citer que les plus connus. Ce dernier, après avoir enseigné au collège, s'est empressé de s'imposer dans le monde universitaire, quitte à passer par une thèse apologétique sur son grand-père et un jury largement complaisant. Son activisme se manifestait déjà sur les bancs de l'université

1. Arrêt du Conseil d'État n° 170106 B du 26 juillet 1996.

de Genève, comme me l'a rappelé, lorsque je l'ai interviewé en vue de la préparation d'une enquête consacrée au prédicateur suisse[1], celui qui devait être initialement son directeur de thèse, Charles Genequand[2]. Doyen de l'université de Genève, personnalité respectée en Suisse, ce fin connaisseur du monde arabo-musulman – il est médiéviste et spécialiste de la philosophie arabe[3] – a été l'un des premiers à subir, dès 1994, l'islamo-gauchisme à l'intérieur d'une enceinte universitaire. Quand le très entreprenant jeune islamiste, âgé alors de 32 ans, propose une thèse de doctorat sur son grand-père, l'enseignant sait qu'il y a un risque de voir la subjectivité prendre le dessus sur l'examen rationnel, mais il est loin d'imaginer qu'il finira par se retrouver face à un « document propagandiste » faisant l'apologie du fondateur de la confrérie des Frères musulmans, sans apporter en sa direction le moindre regard critique.

Évidemment, Tariq Ramadan fait l'impasse sur le fanatisme de son aïeul, son discours incitant parfois à la violence et, surtout, l'antisémitisme qui, à ce jour, caractérise la confrérie. Comme tout directeur de thèse, Charles Genequand demande à son élève de revoir sa copie afin de remédier à son aspect ouvertement apologétique. Tariq Ramadan refuse et, pire, se met à crier au racisme. Il fait tout pour salir le doyen, l'intimider et le traîner dans la boue. Il menace ceux qui prendront fait et cause pour l'enseignant, dont l'imminent islamologue Ali Merad, professeur à la Sorbonne, qui devait lui aussi faire partie du jury initial[4]. Il pousse trois membres à en démissionner, se pose en victime,

1. Mohamed Sifaoui, « Mais qui est Tariq Ramadan ? », *Envoyé spécial*, France 2, décembre 2004.
2. Entretien réalisé par l'auteur en juin 2004.
3. Charles Genequand a pris sa retraite en 2012.
4. Ali Merad est décédé en 2017 à l'âge de 87 ans.

et crie au complot, jetant ainsi l'anathème et la suspicion sur de respectables enseignants. Quand on connaît Ramadan depuis plus de vingt ans, lorsque l'on suit son parcours et que l'on scrute ses méthodes, rien de surprenant. Aujourd'hui, les nombreuses casseroles qui ont fini par montrer la tartufferie du personnage permettent à l'opinion, notamment dans les milieux universitaires et médiatiques, de cerner le vrai visage du personnage, mais à l'époque, j'avais dû édulcorer mon enquête, parce que déjà, certains la trouvaient excessive. Surtout ses soutiens suisses et français. Pourtant, de nos jours encore, je crois que tout n'a pas été raconté à propos de la famille Ramadan.

Quoi qu'il en soit, l'activiste islamiste, voyant qu'il risquait de ne pas faire valider sa thèse, mobilise tous ses alliés et amis. Il reçoit alors le soutien du sociologue et député socialiste suisse Jean Ziegler – à qui la famille Ramadan a donné un coup de main lors de sa campagne électorale. Devant la mobilisation qu'il a suscitée sur le thème « Je fais l'objet de racisme et de discrimination. On me refuse ma thèse parce que je suis musulman », Tariq Ramadan, qui a besoin de faire légitimer sa pensée, incite l'université de Genève à reculer. Comme toute institution, cette dernière a peur du scandale et de la polémique. Voilà comment un activiste islamiste est devenu « universitaire ».

Un second jury est alors organisé au pied levé et finalement, au bout de quelques années, en 1999, la thèse est enfin validée[1]. Les nouveaux membres du jury ont, pour la plupart, fermé les yeux pour se débarrasser de cette affaire qui devenait encombrante.

---

1. Intitulée « Aux sources du renouveau musulman. D'al-Afghâni à Hassan al-Banna, un siècle de réformisme islamique », elle paraît en librairie en 2002. Il s'agit, quoi qu'on en dise, d'un vrai travail de propagande pour lisser l'image des Frères musulmans et de son grand-père.

Ceux qui, comme moi, découvrirent Tariq Ramadan à la fin des années 1990, quand il soutenait déjà les islamistes algériens du FIS, ou ceux qui l'ont côtoyé quand il officiait, au milieu des années 1980, en tant que professeur de collège remplaçant au Cycle des Coudriers à Genève, ne furent pas surpris, loin de là, de voir l'opinion publique et les médias le chouchouter, le recevant en *guest star*. Ils s'apercevront bien plus tard de la réalité du personnage : son côté retors, sa propension à diaboliser ses adversaires et à les jeter en pâture, et tous ces chantages « à l'islamophobie » seront sa marque de fabrique.

À l'époque de la polémique autour de sa thèse, l'islamiste fréquente les milieux d'extrême gauche et entretient de bonnes relations avec les socialistes (peut-on parler d'islamo-gauchisme ?). Il fait mine de s'intéresser aux actions sociales, mais en vérité, il avance déjà ses pions pour bénéficier de l'aura de son grand-père et ainsi proposer une vision idéologique fririste adaptée à la réalité européenne.

En réalité, citer Ramadan est important parce qu'il a été, d'une certaine manière, un précurseur. Il a participé activement à faire entrer la pensée islamo-gauchiste dans les milieux universitaires et médiatiques. Il l'a banalisée. Il a tissé des liens avec des religieux, juifs ou chrétiens, mais aussi avec des réseaux associatifs proches de la gauche, avec des journalistes influents au sein de la gauche, Alain Gresh, qui continue de le défendre, Edwy Plenel et quelques autres, et enfin des responsables politiques et des élus locaux.

L'affadissement intellectuel des années 1980

Si le virus islamiste agit comme un élément de dévitalisation de la pensée, les milieux d'extrême gauche ont une autre fonction, que je qualifierais de perversion de la fonction universitaire. En dénaturant ou en altérant la mission des centres de connaissance où se transmet l'intelligence, les activistes d'extrême gauche participent à fragiliser les universités et ainsi les rendre perméables à l'islam politique alors qu'elles sont censées, car nous sommes dans une République et une démocratie, reconnaître et identifier les totalitarismes, en être les remparts les plus solides. C'est ce couple perversion-dévitalisation qui donne les résultats que nous constatons aujourd'hui et qui forment *in fine* le terrain idéal dans lequel s'épanouit l'islamo-gauchisme.

L'affadissement de la vie intellectuelle française a commencé, à mon avis, à partir des années 1980. Cela intervient à un moment où les modes de vie changent, les centres d'intérêt aussi. Une certaine désillusion post-soixante-huitarde accentue probablement le processus. Mais durant cette fameuse décennie, plusieurs évènements vont se succéder, de la révolution iranienne – j'en ai longuement parlé – à la chute du mur de Berlin et au début de la dislocation du bloc de l'Est. La gauche est donc dans un moment de défaite totale au moment où la seule idéologie qui « tient tête à l'impérialisme américain », à travers les mollahs iraniens, et qui est en train de vaincre l'Armée rouge sur les plaines afghanes a pour nom l'islam politique. Ces années 1980 verront la mouvance islamiste installer ses outils de recrutement et de prosélytisme. En France, la naissance de l'UOIF, association française qui se veut le diffuseur de la pensée des Frères musulmans dans l'Hexagone, va utiliser une temporalité intéressante : l'avènement de la seconde génération, celle qui fait des études et commence, année après l'autre, à atteindre les universités ; celle qui participe à la Marche des beurs et à la naissance de SOS Racisme qui, à travers la gauche mitterrandienne, va essayer de récupérer, sans succès durable, la colère ou la déception de ceux qui estiment, à tort ou, le plus souvent, à raison, être discriminés et laissés sur le côté.

La conquête des esprits de la part des islamistes va débuter au moment où le monde universitaire français se laisse désarmer sur ces questions. Un antiracisme mal maîtrisé va mettre en accusation tout ce qui s'apparente à une critique des « minorités » et de leurs « référents culturels ». On entre dans la société du loisir : le désenchantement de la gauche, le retour de l'extrême droite, l'émergence du phénomène islamiste au niveau international, la montée des souverainistes et des populistes en réaction à la construction européenne et l'apparition de nouveaux codes vestimentaires – dont le voile islamiste – vont cristalliser les clivages. L'affaire de Creil est d'ailleurs aggravée à mon sens par la passion qu'on y a mise et le manque de connaissances qu'un monde universitaire vigilant aurait pu injecter dans le débat. Notamment pour dire que le voile n'est pas « islamique », mais « islamiste », et que cet accoutrement, vu déjà au moment de la Révolution iranienne, mais aussi en Égypte ou dans les pays du Maghreb, symbolise incontestablement les processus de réislamisation des sociétés musulmanes par la mouvance islamiste. On aurait pu s'interroger, en lieu et place de polémiques stériles, sur les raisons profondes qui poussent alors des adolescentes de 16 ans à adopter un vêtement que leur propre mère ne portait parfois pas. On aurait aussi été plus vigilant si la classe intellectuelle et le monde universitaire avaient, l'une et l'autre, joué leur rôle pour décrypter, décortiquer et dire à l'opinion publique qu'il s'agissait d'un « code islamiste » et non pas « normatif islamique ».

C'est probablement une démission des clercs, en tout cas de certains d'entre eux, et une fainéantise intellectuelle – que je traduis ici par une dévitalisation – conjuguées aux éléments politiques, géopolitiques, sociologiques et psychologiques, qui ont laissé croire aux islamistes qu'ils étaient en terrain (presque) conquis, en tout cas sur une terre de conquête, au sens où leur volonté en Occident est de prendre d'assaut la « communauté » musulmane, donc de lui imposer une certaine vision de l'islam. Et c'est de ce point de vue aussi que les milieux gauchistes qui infantilisent les musulmans, non sans les instrumentaliser, en les encourageant dans la voie du communautarisme, participent à entretenir leur éloignement de la communauté nationale et ainsi leur intégration culturelle et économique.

En 2009 déjà, les services de renseignement français rédigèrent une note pour faire part d'une importante opération de prosélytisme menée dans plusieurs universités. Cela passait par un envoi massif de courriers dont furent destinataires « plus de trois cents enseignants et personnels administratifs ». Les enveloppes contenaient la plupart du temps une plaquette cartonnée de présentation et des manuels intitulés *Mohamed, le messager d'Allah*, ou encore *Le Coran et la science moderne sont-ils compatibles ?*

Selon *Le Parisien*, qui a révélé l'affaire, parmi les universités ciblées, figuraient celles de Caen (Calvados), Lyon III (Rhône), Lille II (Nord), Reims (Marne) ou encore Nantes (Loire-Atlantique)[1]. Selon la note des services français, tous les courriers provenaient de la « société de transmission » du mouvement Tabligh, qui possède une boîte postale à Alexandrie (Égypte). Le Bureau de propagation islamique de Riyad (Arabie saoudite), organe de prosélytisme à destination des populations non arabophones, figure aussi sur les documents envoyés aux enseignants. En plus des universités,

1. « Enquête sur le prosélytisme dans les universités », *Le Parisien*, 15 avril 2009.

des rectorats ont, semble-t-il, été destinataires de ces documents appelant à la conversion à l'islam.

Si l'opération n'a rien de répréhensible, elle interpelle malgré tous les services de renseignement français. « Cibler ainsi le personnel éducatif de manière coordonnée, c'est une première », affirme un expert, qui note « le travail effectué en amont pour recenser ces enseignants, leurs fonctions exactes et leur adresse ». Un travail qui ne surprend pas les connaisseurs du mouvement Tabligh, ces missionnaires de l'islam installés un peu partout dans le monde, notamment en France, et dont la mission est de « délivrer le message ». Ils l'ont déjà fait dans les grandes villes françaises et leurs banlieues. Ils le font désormais auprès des universitaires et des enseignants.

Malaise dans l'inculture !

« Le poisson pourrit par la tête[1] », affirma Jean-Michel Blanquer, sur Europe 1, le 22 octobre 2020. Qui peut dire raisonnablement qu'il exagérait ? À part que son propos est peut-être incomplet et qu'il faudrait inclure aussi tous ceux qui, à partir de leurs responsabilités politiques, de leur mandat électif, se sont également compromis avec l'islam politique. Sa sortie, certes frontale, ne peut que titiller quelques vierges effarouchées qui font mine de découvrir que l'islamisme endogène a progressé grâce à des complicités à différents niveaux, dont l'université.

Tout ce qui fait la France aujourd'hui est né du libre examen. Quelle issue aurait connu ce pays si des Rousseau, Voltaire, Hugo, Montesquieu, Zola, et j'en passe, n'avaient pas été en mesure de s'exprimer ?

1. Europe 1, 22 octobre 2020.

Ceux qui ont ankylosé l'université française, en tout cas, ceux qui ont eu cette responsabilité historique de réunir les conditions pour qu'un militant islamiste soit mieux considéré qu'un démocrate laïque dans une enceinte universitaire, ont pour nom Michel Foucault, Jean-Paul Sartre, Pierre Bourdieu et beaucoup d'autres. Ils ont créé un effet repoussoir. À titre personnel, l'épisode que j'ai vécu à la Sorbonne – relaté dans l'introduction du présent ouvrage – m'a vacciné. J'y ai vu de la mauvaise foi et de la lâcheté. J'ai compris enfin ce que voulait dire mon ami Philippe Val, ancien directeur de *Charlie Hebdo* et de France Inter, quand en 2015, dans *Malaise dans l'inculture*, il expliquait : « Au fil des années, en accumulant les rencontres, les lectures de revues, de livres et de journaux, en baignant dans le milieu du “bien”, j'ai senti grandir en moi une véritable aversion pour cette sociologie-là. Je n'ai pas trop cherché à m'expliquer ni à étayer clairement cette antipathie instinctive, sans doute parce qu'elle était inconfortable : nombre de mes amis d'alors ne priaient plus que tournés vers l'École des hautes études en sciences sociales, et Bourdieu était leur prophète[1]. »

Je ne puis que renvoyer vers cet essai, juste et réaliste, car Val y développe véritablement ce malaise que nous ne vivons pas seulement, mais que nous subissons. Il évoque les « dénonciations » d'Edwy Plenel, les postures de Cécile Duflot, les « indignations » indigestes d'Edgar Morin et la nostalgie totalitaire d'Alain Badiou. Et il explique, comment ce sociologisme – voulu notamment par l'école Bourdieu – a, fait plus grave, parachevé son œuvre destructrice dans le monde de la culture et, pire, dans le journalisme.

Plusieurs médias, prenons cet exemple seulement, s'excusent presque en rappelant que l'auteur de tel

1. Philippe Val, *Malaise dans l'inculture*, Grasset, 2015.

acte terroriste est islamiste et, lorsqu'il ne l'est pas, lancent un ouf de soulagement. Pourtant, il ne s'agit pas de faire un quelconque « amalgame » – on ne le dira jamais assez, historiquement et statistiquement, l'islamisme tue des musulmans par dizaines de milliers –, il n'est pas question non plus de « stigmatiser » qui que ce soit – il faut être fou ou malhonnête pour rendre tous les musulmans coupables des faits des terroristes. Le sujet concerne le traitement d'un phénomène – l'islam politique – qu'on doit apprendre à regarder en face, à travers ses textes, son histoire et ses objectifs, et réagir devant une situation plus qu'inquiétante – le terrorisme islamiste – qui menace nos sociétés, participe à jeter l'effroi et ainsi à brimer la pensée et à réduire l'expression.

Désormais, la sphère universitaire est confrontée, elle aussi, au « chantage à l'islamophobie ». Elle devient ainsi évidemment l'otage d'une situation des plus inconfortables. Ce qui anesthésie certains enseignants. Des militants d'extrême gauche, qu'ils soient étudiants ou eux-mêmes enseignants, font passer toute critique sur l'islam politique pour une manifestation d'hostilité à l'égard des musulmans. Répondant à une interview du *Figaro*, le philosophe Pierre-Henri Tavoillot non seulement appelait à prendre des mesures contre l'activisme islamiste, soutenu par l'extrême gauche, mais se voulait complètement à l'aise avec le sujet, contrairement à certains de ses collègues. « Si l'on pense être incapable de distinguer ce qui relève des désaccords scientifiques légitimes, même très vifs, et ce qui relève de la manipulation destructrice, autant fermer les portes des universités tout de suite. Si l'on ne se fait pas nous-mêmes confiance pour discerner un adversaire intellectuel d'un ennemi mortel, nous aurons failli à notre mission[1] », dit-il.

1. Interview du *Figaro*, 19 novembre 2020.

Presque toutes les personnes que j'ai interrogées ont une histoire à raconter qui illustre les moments où le monde intellectuel a commencé à vriller en direction de l'islam politique, probablement fasciné par ce phénomène nouveau. C'était le temps où Alain Badiou vrillait, lui, en soutenant les Khmers rouges. À chacun ses passions !

Ainsi BHL explique par exemple que lorsque, en avril 1979, il travaillait sur son livre *Le Testament de Dieu*[1], quelques mois après la révolution iranienne, les premiers lecteurs du manuscrit, y compris son éditrice de l'époque, Françoise Verny, le « poussaient » pour qu'il « [s']intéresse à ce qui se passait en Iran » : « J'avoue que beaucoup étaient emballés. Plusieurs personnes m'incitaient à parler d'islam. » Il n'a pas abordé la question parce que ce n'était pas son sujet et s'est focalisé sur ce qu'il voulait analyser : la résistance à la tyrannie et à la dictature, et à tout ce qui menace la liberté. Déjà, beaucoup d'intellectuels français voyaient dans ce qui se passait à Téhéran un acte révolutionnaire – au sens noble du terme ! – alors qu'il s'agissait en vérité de l'émergence d'un impitoyable mouvement totalitaire qui n'aura de cesse de montrer ses crocs.

Cela fait plusieurs années, probablement depuis ces années 1980, que la gauche, alors qu'elle était au pouvoir, a perdu toute réelle connexion avec l'université. Non pas qu'elle ait arrêté de rencontrer ces intellectuels, qui lui sont traditionnellement proches, mais elle ne veut plus les « challenger », comme on dit aujourd'hui, probablement car la communication politique a pris le dessus sur la réflexion et parce qu'eux ont cessé de la nourrir sans complaisance et en toute indépendance. Les intellectuels de gauche n'ont pas démissionné. Pire, ils se sont embourgeoisés. Ils ne défendent, pour

1. Bernard-Henri Lévy, *Le Testament de Dieu*, Grasset, 1979.

beaucoup d'entre eux, plus aucune conviction ; des postures exprimées à travers des pétitions pour « rendre la planète plus respirable » ou pour « dire non à la monstruosité » suffisent, le plus souvent, à leur donner bonne conscience. L'islamisme – comme on me le répète souvent –, c'est un sujet « casse-gueule ». Il n'y a que des coups à prendre.

Faux chercheurs, vrais communautaristes

L'un des problèmes majeurs que rencontre l'université aujourd'hui, c'est l'émergence d'une génération dont une partie ne fonctionne actuellement que partant de ses propres subjectivités. Quelques-uns, toujours cette minorité agissante, ne sont ni chercheurs ni universitaires ni doctorants, ils agissent et s'expriment à partir de ce qu'ils considèrent comme étant leur identité singulière, leur religion : l'islam. D'autres sont clairement militants. Et militants islamistes ! La jonction qu'opèrent ces derniers avec des activistes d'extrême gauche risque de continuer de prendre en otage l'université. Ils sont certes minoritaires. Mais ajoutez-y de la lâcheté, et ils feront la loi. De plus, ils utilisent ou instrumentalisent la « légitimité académique », cependant qu'ils sont activistes, afin de légitimer leurs théories, y compris les plus antirépublicaines. Selon l'étude des services de renseignement que j'ai évoquée au début de ce chapitre, des personnes comme Marwan Muhammad, Houria Bouteldja et Saïd Bouamama, pour gommer leur image communautariste, « se présentent volontiers comme "sociologues" auprès des médias ou du grand public. C'est également sous cette étiquette "respectable" qu'ils interviennent ou tentent d'intervenir au sein des facultés, à l'occasion de conférences-débats organisés par des syndicats étudiants ou des enseignants acquis à leur cause ». Il est ainsi rappelé une conférence sur « les angles morts de l'extrême gauche blanche » dans les facultés de Tolbiac et de Nanterre, par la mouvance indigéniste qui visait le ralliement à ses thèses d'étudiants[1].

L'un d'entre eux est intervenu à plusieurs reprises sur des médias américains au lendemain de l'assassinat de Samuel Paty. Alors certes, il est « doctorant », c'est son statut universitaire. Mais, il est surtout militant islamiste qui se transforme, par magie, dans les colonnes du *New York Times* en « "chercheur" sur les questions islamiques ». Les choix éditoriaux de certains médias américains laissent perplexes. Lorsqu'on arrive à renvoyer dos à dos un enseignant décapité à la sortie de son collège et un terroriste islamiste, et qu'on enrobe une telle explication par un sociologisme proposé par un « doctorant » militant, on ne sait plus si ce sont là des choix éditoriaux, de la manipulation ou une propagande mensongère pour servir des visions plus que douteuses.

De Vincent Geisser, qui dressait une liste « d'islamophobes » ou d'alliés des « islamophobes » au début des années 2000[2], à Raphaël Liogier, invité régulier aux conférences de l'ex-UOIF (MF), qui s'entête à propager

---

1. Signalons que pour donner de la légitimité à sa « consultation des musulmans », Marwan Muhammad a communiqué sur l'implication de huit universitaires pour analyser celle-ci. Il a juste omis de préciser qu'il ne s'agissait que de militants disposant d'un diplôme universitaire : le sociologue Saïd Bouamama, Nacira Guénif-Souilamas (mouvance indigéniste), la sociologue québécoise Valérie Amiraux (proche du comité québécois contre l'islamophobie), Fatiha Ajbli (ex-UOIF), Reda Choukour (CCIF), Moussa Mourekba, Patrick Simon et Julien Talpin.

2. En 2003, il publiait *La Nouvelle Islamophobie*, un livre qu'il présente comme une « enquête », mais qui est en fait un ouvrage militant qui lui a permis de présenter des critiques contre l'islamisme comme des attaques contre l'islam et les musulmans, dressant ainsi une liste de ceux qu'il considèrent comme des auteurs alimentant l'« islamophobie ».

un discours victimaire en jugeant notamment que la critique en direction de l'islamisme serait une « obsession » qui vise l'islam, en passant par François Burgat, allié déclaré et assumé du Qatar[1], l'un des sponsors des Frères musulmans, avec le Koweït et la Turquie, l'université française est véritablement encerclée. Si on doit ajouter les tergiversations d'un Olivier Roy, qui se plaît à diffuser cette image d'un Orient fantasmé et de musulmans qu'il ne cesse de dédouaner, estimant que ce n'est pas une partie d'entre eux qui se seraient radicalisés, mais que c'est la radicalisation qui se serait « islamisée », il ne faut pas s'étonner, d'une part, que le profane soit complètement perdu dans les méandres de ces « polémiques savantes » qui font le jeu de l'islam politique et que, d'autre part, les islamistes qui continuent d'œuvrer pour légitimer leurs théories par les cercles universitaires et intellectuels, puissent banaliser leur idéologie mortifère.

Pour finir, nous pourrions rappeler à ceux qui s'empêchent de voir, outre ce qui précède, quelques éléments contenus dans un « avis confidentiel » rédigé le 29 mars 2013 par le Haut conseil de l'intégration (HCI) et adressé à Jean-Marc Ayrault, alors Premier ministre[2]. Cela ne concernait pas que les islamistes, puisque l'exemple de chrétiens évangéliques ou de néo-baptistes est utilisé pour illustrer la situation. Il est signalé que ces derniers « critiquent les théories darwiniennes de

---

1. François Burgat préside le Centre arabe de recherches et d'études politiques (CAREP) de Paris, un *think thank* financé par des fonds qataris. La « maison mère » est à Doha et elle est dirigée par l'activiste palestinien Azmi Bishara, militant d'extrême gauche, de culture chrétienne et cofondateur en Israël du Rassemblement nationaliste démocratique. Bishara est une sorte de *spin doctor* du régime qatari et il illustre parfaitement l'islamo-gauchisme dont il est question.

2. Mission de réflexion et de propositions sur la laïcité du Haut Conseil à l'intégration (HCI), présidée par Alain Seksig.

l'évolution au profit de thèses créationnistes », mais que par ailleurs, de manière générale, « des professeurs sont récusés au nom de principes religieux jugés supérieurs à toute autre parole par un certain nombre d'étudiants. Leurs choix pédagogiques sont contestés au nom de la religion et du caractère supposé sacré, à leurs yeux, de certains écrits ».

Selon l'enquête de la Conférence des présidents d'université (CPU) de 2004, les contestations d'enseignement étaient déjà alors nombreuses. Des enseignants ont pu être empêchés de « tenir leurs cours, de traiter certains auteurs, de commenter certains ouvrages » au nom de convictions religieuses brandies « avec fanatisme et sectarisme ». Ainsi, dans une université, un professeur d'arabe et d'études islamiques était régulièrement interrompu par des étudiants se réclamant du salafisme lorsqu'il citait le Coran ; des tracts furent même diffusés pour contester son interprétation de ce texte[1].

La mission présidée alors par Alain Seksig, inspecteur général à l'Éducation nationale, avait été interpellée par « certains enseignants de diverses universités sur les difficultés rencontrées lors des examens », notamment au sujet « d'étudiantes voilées » qui ne voulaient pas enlever le voile et montrer leurs oreilles pour que leur visage soit vu entièrement et comparé avec la photo apposée sur la pièce d'identité. Plusieurs étudiantes refusèrent de se soumettre, selon la note, à cette formalité, somme toute banale, qui ne dure qu'un court instant. Ce refus d'obtempérer, dans la logique islamiste, permet de s'imposer et d'imposer un usage. Ce n'est pas anodin ni secondaire.

Continuer de ne pas voir les choses en face n'aide pas à régler un problème qui objectivement ne cesse de s'accentuer. Ce sujet de l'islam politique gangrène

1. *Ibid.*

la société – donc les universités – depuis une trentaine d'années. Progressivement. Méthodiquement. Refuser de constater que les lieux de savoir sont pris en otage, c'est participer à les livrer à une logique totalitaire et ainsi transformer un rempart en pont qui faciliterait la diffusion d'une idéologie dont l'objectif consiste à détruire la nation. Et cela n'est ni exagéré ni excessif.

11

Nous parlons d'un totalitarisme

Au lendemain de chaque attentat ou de chaque évènement qui implique des musulmans, et surtout depuis que la menace est devenue endogène, les mêmes questionnements s'imposent dans le débat public. Une certaine rationalité occidentale n'arrive toujours pas à comprendre comment une personne économiquement intégrée, d'apparence vestimentaire occidentalisée, peut, du jour au lendemain, se transformer en tueur, voire en kamikaze. Or c'est la résultante de plusieurs erreurs qui ont poussé le monde occidental, à tout le moins une partie de celui-ci, à soutenir, avec aveuglement, toutes les composantes de l'islam politique. Résumons : le salafisme wahhabite – sponsorisé par les Saoudiens, l'allié historique des États-Unis – et les Frères musulmans ont pu prospérer en Europe depuis le milieu des années 1950. Le Tabligh, faction prosélyte, s'il en est, est perçu complaisamment comme un simple « mouvement piétiste » et le chiisme duodécimain a été porté initialement tel un « groupe révolutionnaire », sans oublier que les « moudjahidines arabes » furent des « compagnons de route » notamment en Afghanistan et que, lorsque plus tard ils militaient dans certains pays, leurs actes terroristes étaient librement revendiqués à partir de la capitale britannique, rebaptisée avec ironie

« Londonistan » par les médias et par les djihadistes eux-mêmes. La boucle est bouclée. Il n'y a pas un courant islamiste qui n'a pas bénéficié à un moment ou à un autre du soutien de l'Occident, sinon de quelques centres d'influence actifs dans des démocraties. S'il fallait trouver une première explication à l'essor de l'islam politique, elle est dans ce qui précède et qui doit être additionné à ce que ce phénomène a pu déployer.

Partant de là, il convient d'explorer les ressorts – notamment idéologiques – sur lesquels surfent les différentes factions salafistes – politiques ou terroristes – pour à la fois recruter des militants et légitimer des faits criminels, tout en poursuivant leur activisme qui vise à gagner plus d'espace. On parle, à juste titre, de « mouvance islamiste ». Celle-ci est composée de plusieurs strates ou de cercles concentriques qui obéissent tous à un seul objectif : l'instauration de républiques théocratiques dans les pays musulmans et l'édification de forces d'interactions et de frottements incontournables qui, de préférence, soient à la tête des « communautés musulmanes ». On évoque par ailleurs l'existence d'une hydre islamiste, en d'autres termes d'un monstre à plusieurs têtes, avec tout ce qu'implique la vision mythologique quant à la perception de l'hydre, qui correspond véritablement à la réalité de l'islam politique.

C'est pour toutes ces raisons, et pour beaucoup d'autres motifs également, que nous constatons l'émergence de plus en plus de cas où des terroristes n'ont même plus besoin de recevoir une directive ou une aide logistique d'un mouvement étranger. Ils ont la légitimation idéologique, ils ont la promesse du paradis, ils ont aussi en eux la détestation de l'Occident en général, et de manière identique, la haine des juifs ou des forces de l'ordre. Ils appartiennent désormais à une organisation virtuelle et insaisissable portée sur les réseaux sociaux par une dynamique toxique qui repose sur deux pieds : l'autovictimisation et la diabolisation des démocraties.

Autovictimisation et diabolisation

L'*autovictimisation* constitue la porte d'entrée facilitant toute acceptation d'un discours extrémiste et la construction d'une identité radicale. D'ailleurs, on retrouve cette réalité lors de l'examen de tous les types de radicalisation, pas seulement islamiste. La « victime » d'une injustice réelle ou supposée peut se donner le droit d'alimenter des ressentiments et de vouloir s'engager pour « punir », d'une certaine manière, celui qui est désigné comme « coupable » de la situation vécue qui est souvent fantasmée, exagérée, amplifiée ou accentuée par un sentiment conspirationniste. Victime directe ou « par procuration », celle-ci convoque généralement l'histoire relue et corrigée de façon subjective et passionnée (colonialisme, esclavage...). Ces aspects sont d'autant plus importants que l'islam politique – et notamment le djihadisme – se nourrit à travers une littérature spécifique qui mobilise considérablement ces éléments historiques et rappellent soit les croisades et les guerres ayant opposé le monde islamique à celui de la chrétienté, soit les luttes indépendantistes (guerre d'Algérie, lutte contre les Britanniques en Égypte, conflit israélo-arabe...).

Pour comprendre le phénomène islamiste contemporain et en cerner les contours, il est impératif de faire débuter toute analyse à partir de ce qui a motivé sa naissance : l'injustice, la pauvreté, la décadence de la société, la domination occidentale, le déclin du monde musulman et un sentiment d'humiliation. Que tout cela décrive une réalité historique ou pas, ce n'est pas le sujet. Il est nécessaire d'observer que, d'une part, il existe des marqueurs idéologiques partagés en général avec la gauche (justice sociale et répartition des richesses...), et que, d'autre part, il y a des éléments de langage qui favorisent le propos victimaire. Après la dislocation de l'Empire ottoman, l'islamisme a été un des moteurs de la résistance au colonialisme occidental. Et, d'une certaine manière, il l'est toujours aux yeux des activistes. Or, c'est, là aussi, un autre point commun avec l'extrême gauche aux côtés des discours « anti-impérialistes », en vérité anti-occidentaux, et ceux à connotation « antisionistes ». Parallèlement, le déficit démocratique dans le monde arabo-musulman a permis à ces mêmes milieux islamistes de se prévaloir non seulement du statut d'« opposants », mais surtout se présenter comme une alternative crédible et sérieuse. C'est la raison pour laquelle les Frères musulmans ont pris l'allure d'acteurs susceptibles de remplacer Ben Ali en Tunisie, Moubarak en Égypte ou Kadhafi en Libye. Dans ces pays, le facteur religieux demeure en effet à la fois le contexte culturel dominant et un des principaux fondements de la légitimité pour acquérir la gouvernance. Les organisations islamistes profitent alors de l'échec de la modernisation – notamment celle des institutions – pour s'insérer de manière malicieuse dans le système politique. Cette mouvance sait créer le vide autour d'elle pour justement réunir les conditions qui lui permettraient d'accaparer ce rôle qui la pose en pole position pour remporter le pouvoir si l'opportunité venait à s'offrir à elle.

C'est ainsi que l'autovictimisation – ou le discours victimaire – est systématiquement accompagnée d'une *diabolisation* de celles ou de ceux qui sont désignés en tant que cibles. Les régimes arabes laïques, souvent dictatoriaux, voire autoritaires (entre les années 1950 et 1980), les États-Unis et Israël (entre les années 1990 et 2000), l'ensemble des pays occidentaux et la France, mais également des gouvernements africains (depuis les années 2010) ont occupé des places, à des moments différents, de « cibles prioritaires ». Ainsi, les dirigeants arabes furent dépeints en « pharaons », l'Amérique et Israël, en « grand Satan » et en « petit Satan », et la France en « fille aînée de l'Église ». Dans la rhétorique islamiste, on fait glisser le conflit vers une image qui tend à présenter « l'oppression du faible par le fort » (le pharaon), qui plaît aussi à l'extrême gauche, ou alors l'« ennemi » est entraîné dans une « guerre de religion », voire est totalement démonisé. Dans tous les cas, la cible des islamistes, qu'elle soit « personne physique » ou « personne morale », une institution, une société ou un État, est systématiquement diabolisée. L'objectif de la littérature islamiste est de placer les musulmans, en toutes circonstances, sous le statut des « damnés de la terre », donc en victimes d'une force d'oppression. Là aussi, autant de marqueurs qui séduisent les milieux gauchistes.

Un idéal mystique

D'un point de vue purement doctrinal, le monde est divisé en trois parties aux yeux des islamistes. Il y a, en premier lieu, *Dar Al-Harb* (la maison de la guerre), le lieu où il est permis, voire recommandé, de commettre des opérations terroristes ; ensuite il y a *Dar Al-Islam* (la maison de l'islam), là où règnent les lois islamiques, c'est-à-dire le monde musulman ; et enfin *Dar Al-Solh* (la maison de paix) qui désigne les pays non musulmans avec lesquels il existe un « pacte » de cohabitation pacifique ou de « non-agression ». Pour l'ensemble de la mouvance islamiste, sa conception de la religion doit, d'une manière ou d'une autre, trôner soit au niveau géographique – sur l'intégralité d'un territoire –, soit au niveau communautaire – sur tout un groupe lorsque les musulmans sont minoritaires ; ainsi l'objectif doit demeurer le même en tout lieu et à chaque instant : la réislamisation des sociétés selon une doctrine islamiste.

Si les différents mouvements peuvent diverger sur certaines questions – souvent secondaires –, la quête de la « domination de l'islam » est à la fois un idéal mystique et un ultime dessein politique. Une volonté obsessionnelle les amène à chercher l'application des « lois de Dieu » partout. Celles-ci sont évidemment supérieures aux lois des hommes. Pour atteindre leurs buts, ceux qui forment les courants s'opposent sur la méthode. Ainsi, si l'objectif est identique, les modes opératoires et les stratégies diffèrent : les uns (les djihadistes) choisissent la rupture et versent dans la violence, les autres (les prosélytes) estiment que la société ne peut changer que partant de la base et qu'il faudrait donc la « rééduquer » (réislamiser), et enfin une troisième catégorie, incarnée notamment par la confrérie des Frères musulmans – et ses multiples déclinaisons –, fait le choix de l'institutionnalisation et de l'action politique et sociale. Ces trois grandes familles s'allient à un moment ou à un autre avec des milieux de gauche, ne serait-ce que de façon détournée.

Premier exemple : lorsque des courants d'extrême gauche justifient un acte terroriste en l'expliquant par l'histoire coloniale, une approche sociologique biaisée – qui généralement prend en compte plusieurs aspects, sauf le plus important : le texte islamiste – ou par une diabolisation de l'Occident, ils deviennent indirectement, et souvent de manière inconsciente, les alliés des groupes terroristes puisqu'ils prennent, le plus souvent, fait et cause pour leur propagande. Ils se transforment en « idiots utiles » du terrorisme.

Deuxième exemple : lorsqu'un groupe prosélyte, à l'image du Tabligh, est perçu comme un simple « mouvement quiétiste » – c'est-à-dire sans danger – et que son côté « rabatteur » est nié ou minimisé, et, pire, lorsque dans la littérature de cercles de gauche ses actions et ses codes sont décrits comme faisant partie d'un référentiel islamique, on participe de l'acceptation dans la société des acteurs qui créent les conditions du « séparatisme » – pour reprendre l'expression consacrée – et on agit dans un processus de validation d'un mouvement qui œuvre pour la réislamisation des musulmans selon un logiciel islamiste. Finalement, partant de ces bons sentiments, on finit par inviter des organisations « séparatistes » à la table de la République, à les intégrer dans des instances représentatives et ainsi à leur donner la respectabilité dont ils ont besoin pour agir librement. Dans le cas d'espèce, l'institutionnalisation de certains courants islamistes, bien qu'elle ait commencé sous des gouvernements de gauche, s'est parachevée sous l'égide d'un exécutif de droite, puisque c'est Nicolas Sarkozy qui, en 2003, a finalisé la création du Conseil français du culte musulman (CFCM).

Troisième exemple : l'activisme islamiste – dit « non violent » –, qui n'est pas moins dangereux. Pendant de longues années, l'État, qui s'était focalisé sur le risque djihadiste seulement, n'avait pas jugé utile de construire une vraie doctrine anti-islamiste, ne considérant pas qu'il fallait nécessairement établir un lien, y compris opérationnel, entre les terroristes et les diffuseurs de la matrice idéologique, en l'occurrence les tenants de l'islam politique. C'est ainsi qu'ont été minimisées la dangerosité et la toxicité d'un mouvement comme les Frères musulmans. Ceux-ci représentent pourtant, d'un point de vue idéologique, la véritable cellule souche de l'ensemble des organisations islamistes contemporaines. Certes, en France ils ne tuent directement personne, mais à défaut de menacer les citoyens, ils s'attaquent au quotidien aux valeurs essentielles qui fondent toute société démocratique. De plus, ils portent les deux vecteurs qui structurent le discours islamiste : l'autovictimisation et la diabolisation. De ce point de vue, même s'ils ne commettent pas eux-mêmes les actions terroristes, ils arment intellectuellement et idéologiquement le tueur et légitiment implicitement le passage à l'acte.

Un « racisme d'État »

La République elle-même a été suspectée. Sous l'impulsion de courants identitaires islamisés se disant de gauche ou vantant une proximité idéologique, voire organique parfois, avec certaines formations se réclamant de ce bord politique, on est allé jusqu'à l'accuser de porter un « racisme d'État », et ce, lorsque, sous ses lois, il a été décidé d'interdire à l'école les signes religieux – et notamment le voile islamiste – et, plus tard, dans l'espace public, le « voile intégral ». Plus récemment, au lendemain du discours des Mureaux du 2 octobre 2020 au cours duquel Emmanuel Macron a (enfin) exprimé un point de vue clair à l'égard de l'islam politique, suscitant le courroux de tous les milieux islamistes et celui de leurs alliés, la propagande mensongère qui a été installée, à l'intérieur du pays comme à l'étranger, surtout par la voie du président turc Recep Tayyip Erdoğan, consista à expliquer, toute honte bue, que la France était un État raciste qui mènerait une politique hostile aux musulmans. Il y a deux éléments factuels qu'on ne répète pas assez à ceux qui cherchent à ternir l'image de la France (où tout n'est pas parfait, mais quel pays l'est ?). *Primo*, il est préférable d'être turc et de vivre en France, que d'être français et d'habiter en Turquie. *Secundo*, il est clair, qu'un Franco-Turc ou qu'un Turc résidant en France à plus de chances de voir ses droits préservés dans l'Hexagone que dans son pays d'origine. Prenons ce qui précède comme maxime et rappelons-la à tous ceux qui ont fait du dénigrement de la République un sport de combat.

Les calomniateurs prirent ainsi en exemple la fermeture de mosquées servant de tribunes à des imams salafistes, la dissolution d'organisations extrémistes ou toxiques, sans remettre les choses dans leur contexte puisque la plupart de ces décisions totalement justifiées et qui ont l'assentiment de la justice ont été prises au lendemain d'un fait à la fois gravissime et dramatique : la décapitation, le 16 octobre 2020, d'un enseignant, Samuel Paty, à la sortie de son collège, à Conflans-Sainte-Honorine, en région parisienne[1].

Quelques années avant les faits graves auxquels nous assistons depuis un certain temps, des militants, comme la fameuse et fumeuse Houria Bouteldja, sont allés, là aussi parfois avec une certaine complaisance de quelques figures de la gauche, jusqu'à propager dans le discours public l'accusation de « préférence souchienne », arguant ainsi que la France, la République, en toutes circonstances, partout et tout le temps, de manière systémique préfère les « Français de souche ». Cette expression identitaire, très connotée, est évidemment insultante, car, et cela n'a échappé à personne, par « souchien » – quelle drôle d'expression ! –, on viserait officiellement le citoyen de « souche » (reste à comprendre quelle est la « souche » française selon la

1. Nous rappelons que Samuel Paty, professeur d'histoire-géographie, avait montré, lors d'un cours d'éducation morale et civique, deux caricatures de Mahomet, publiées par *Charlie Hebdo*, qu'il avait utilisées comme outil pédagogique pour évoquer la question relative à la liberté d'expression.

doctrine républicaine), mais l'expression sous-entend par ailleurs « sous-chien ». En d'autres termes, une allusion raciste, pas assumée, qui prétend que le Français « de souche » serait en dessous du chien, c'est-à-dire moins respectable que le chien. Cette allusion aux canidés dans l'imaginaire identitaire musulman est liée à la place occupée par cet animal dans la culture islamique, puisqu'il est considéré comme « impur », ne devant pas approcher le croyant qui s'apprête à effectuer sa prière, au risque de le pousser à refaire ses ablutions, et qui ne doit pas entrer à l'intérieur de la maison, parce que justement, en raison de son impureté supposée, au sens moral du terme, il ne serait pas digne de respect ou de considération.

Il est d'ailleurs pathétique de voir certains Français dits « de souche », pour reprendre cette malheureuse expression, valider et s'approprier parfois l'appellation raciste « souchien ».

L'inversion de la culpabilité, quitte à utiliser la mauvaise foi, est une technique qui fonctionne. Ainsi, du temps du CCIF par exemple, deux semaines à peine après la tuerie du Musée juif de Bruxelles, le porte-parole du collectif affirmait avec aplomb que la focalisation des autorités sur le terrorisme islamiste était « statistiquement irrationnelle », arguant, sans étayer son propos d'aucun chiffre, qu'il y avait plus de victimes qui succombaient à d'autres types de violences politiques. En vérité, il n'en est rien, puisque les rapports d'Europol précisent qu'autour de 70 % des victimes du terrorisme en Europe au cours de la décennie précédente ont été, bel et bien, tuées dans des attentats djihadistes. Qu'à cela ne tienne, l'autovictimisation se poursuit, car nous sommes véritablement face à des logiques propagandistes mensongères qui ne s'encombrent pas de faits réels ou d'honnêteté intellectuelle.

Le cas Samuel Paty

L'histoire du malheureux Samuel Paty assassiné le 16 octobre 2020 est, sans jeu de mots, un cas d'école. On pourrait résumer l'affaire de la manière suivante : en premier lieu, ceux qui jettent son identité en pâture ne sont pas ceux qui passeront à l'acte. Mais en tout état de cause, ceux qui le harcèlent espèrent une réaction, une « sanction ». Un ou plusieurs parents d'élèves sensibles à l'idéologie islamiste, fédérés par l'activiste Abdelhakim Sefrioui, qui dirige le collectif Cheikh Yassine (du nom du fondateur du Hamas, groupe terroriste palestinien), vont s'engager en mobilisant le couple rhétorique « auto-victimisation-diabolisation » déjà évoqué. Les musulmans, ici leurs enfants, sont dépeints abusivement en « victimes » d'une « humiliation » puisque l'enseignant Samuel Paty aurait montré une photo du Prophète nu[1]. En un second temps, le professeur d'histoire-géographie est diabolisé, présenté comme un « islamophobe » – j'ai déjà expliqué que cette accusation tuait aujourd'hui –, dynamique amplifiée par les réseaux sociaux qui a fini par faire croire à un jeune islamiste tchétchène qu'en agissant contre ce pauvre Samuel Paty, il vengerait les musulmans[2] et qu'il punirait *de facto* un être hostile à l'ensemble des croyants, étant donné qu'il aurait bafoué leur dignité en touchant à la « sacralité » de leur prophète. Cela pour la partie islamiste.

S'agissant du second aspect, en l'occurrence le soutien actif ou passif apporté aux harceleurs de l'enseignant,

---

1. « Il a montré un homme tout nu en leur disant que c'est le Prophète. » C'est ce que dira un parent d'élève dans une vidéo postée sur les réseaux sociaux, une dizaine de jours avant le passage à l'acte.

2. Nous ne pouvons pas oublier le « Nous avons vengé le Prophète Mohammad » lancé par les frères Kouachi après leur massacre.

il se matérialise, par l'expression de milieux islamo-gauchistes affichée par certains de ses collègues. En effet, si plusieurs d'entre eux l'ont soutenu, d'autres ont préféré le fustiger alors qu'il se débattait contre la vindicte et les menaces ; un professeur a estimé qu'en montrant les caricatures à ses élèves, M. Paty aurait « travaillé contre la laïcité en lui donnant l'aspect de l'intolérance ». Au lieu de l'entourer et de le soutenir, quelques enseignants ont choisi, peut-être inconsciemment, par ignorance, incompétence et irresponsabilité de faire le jeu de la « victimisation-diabolisation » prônée par les islamistes et ainsi mettre la future (vraie) victime dans le rôle de la cible à abattre. Évidemment, tout cela est fait de façon involontaire. La posture est plus le résultat d'une bêtise qui enrobe l'époque que d'une réelle volonté de nuire. Plusieurs islamo-gauchistes partent de « très bons sentiments », car ils estiment vraiment avoir le « monopole du cœur ». Ils pensent à ces « jeunes musulmans » que plusieurs milieux n'arrivent pas à voir autrement que comme d'éternelles victimes, descendants de « colonisés » ou d'« esclaves », qu'il faudrait continuer de victimiser, encore et encore, mais surtout d'infantiliser. L'affaire a été pliée, si j'ose dire, en moins de deux semaines avant que l'enseignant ne soit assassiné. Lorsqu'en février 2021 a éclaté une nouvelle polémique illustrant ce déni qui caractérise certains responsables politiques et autres commentateurs à propos de la situation à Trappes (Yvelines), au lendemain d'une sonnette d'alarme tirée par un enseignant, Didier Lemaire, on a pu voir, là aussi, la réalité de l'islamo-gauchisme. Elle s'est illustrée à travers une convergence entre les milieux islamistes et les cercles gauchistes, notamment proches de Benoît Hamon, dont ce fut le fief électoral. Cette alliance avait pour but de jeter le discrédit sur les déclarations de Didier Lemaire en essayant de trouver la moindre faille dans son récit – qui rappelait seulement que l'islamisme gangrenait les esprits d'une partie de la jeunesse de cette commune – et de minimiser ainsi la réalité de ce territoire soumis à la pression communautariste et à l'islam politique.

Premièrement, une observation de principe. En France, les adeptes de la posture n'auront aucun scrupule à verser des larmes de crocodile pour Samuel Paty – communication oblige ! – et à vilipender Didier Lemaire. Pourtant, quoi qu'on en pense, ce dernier risque vraiment ce qu'a en-duré son collègue assassiné en octobre 2020. D'autant plus qu'il subit le même procédé de diabolisation sur les réseaux sociaux par certains de ceux qui prétendent pleurer l'enseignant décapité à Conflans-Sainte-Honorine.

Deuxièmement, ce déni de réalité qui cherche à minimiser l'influence islamiste à Trappes est pathétique. C'est un phénomène – je parle de l'islamisme – que j'ai observé dès 2000 en réalisant une enquête dans cette commune. Une année plus tard, en 2001, je me suis rendu à trois reprises au Pakistan. Dans les madrassas, les fameuses écoles coraniques, j'y avais rencontré des Français, dont trois jeunes habitants de Trappes qui y étaient formés. En 2002, j'ai réalisé une autre enquête de plusieurs mois qui visait un réseau que j'avais infiltré ; un groupe important de salafistes de Trappes, là aussi, fréquentait les membres du groupe sur lequel j'enquêtais alors. En 2005, j'ai suivi des reliquats du GIA algérien et du GSPC, notamment le dénommé Safé Bourada et ses complices, soupçonnés alors d'être en relation avec le groupe Zarqaoui en Irak. Il envoyait des recrues au Liban. Là aussi, les islamistes arrêtés habitaient à Trappes. La même année, je me suis rendu en Syrie pour enquêter sur une école islamiste, l'établissement Abou Ennour, qui intéressait beaucoup de jeunes en France. Là aussi, il y avait au moins deux personnes originaires de Trappes.

En 2012, en enquêtant sur l'affaire Mohamed Merah, j'ai constaté que plusieurs membres du réseau toulousain étaient connectés avec des islamistes de cette commune des Yvelines. Certains d'entre eux finiront d'ailleurs par rejoindre les rangs de Daesh.

Il faut peut-être rappeler qu'à partir de 2013, pas moins de 70 personnes, originaires de Trappes, sont parties (ou ont essayé de le faire) en zone irako-syrienne. Pour une population d'à peine 32 000 personnes, ce chiffre fait ressortir un record européen lorsqu'en prend le rapport islamiste/nombre d'habitant. Terrifiant.

En travaillant sur la cellule de Verviers (Belgique), démantelée par la police belge en 2016, j'avais découvert que tous ses membres quasiment étaient connectés avec des salafistes originaires de Trappes. Cette liste est non exhaustive et je ne parle pas évidemment, outre des djihadistes, des autres courants. Tout ceci pour dire que malgré les dénégations, cette commune est une véritable pépinière pour l'ensemble des mouvements islamistes.

Troisièmement, à Trappes, pour remporter des élections, les élus s'empêchent toute critique de l'islam politique et ils sont obligés de consentir un clientélisme idéologique qui passe par la mise sous le tapis de toutes les questions clivantes. Certes, ils pourront dénoncer le terrorisme, mais le poids communautariste est si pesant qu'ils sont contraints, même lorsqu'ils ne sont pas islamo-gauchistes – la plupart le sont – de s'autocensurer et d'éviter les questions qui fâchent. D'où la culture du déni. Ces communes qui comptent plusieurs quartiers ghettoïsés ont perdu leur sens républicain et la culture démocratique est largement affectée. Quoi qu'en disent les dénégateurs !

L'affaire *Charlie Hebdo*

Un processus similaire, mais en version longue, a abouti à l'assassinat de caricaturistes et de journalistes de *Charlie Hebdo*. Pendant neuf ans, entre le 8 février 2006 – date du fameux numéro avec, en une, la caricature de Cabu montrant un Mahomet se plaignant des « intégristes »[1] – et le 7 janvier 2015, jour du massacre qui a eu lieu au siège du journal rue Nicolas-Appert, on a assisté à la même mécanique. D'abord une dynamique enclenchée au Danemark, initialement par des milieux non djihadistes, principalement des Frères musulmans et des membres du groupuscule Hizb ut-Tahrir (parti de la Libération) et quelques salafistes[2]. Ce sont des islamistes qui, en France aussi, lanceront une bronca contre *Charlie Hebdo* sous le thème « les musulmans stigmatisés ». Elle sera reprise par différents courants, en premier lieu religieux, qui, quand il s'agit de limiter la parole, savent imaginer des convergences. Durant des auditions organisées au Sénat au lendemain de la publication du fameux numéro spécial du journal satirique « sur la liberté d'expression et le respect des croyances religieuses »[3], même le représentant des sikhs en France, Kudrat Singh, a estimé que le dessin de Cabu relevait de « la stigmatisation », ajoutant que « proposer à la conscience collective un amalgame entre porteur de turban et poseur de bombe est un comportement irresponsable et criminel, qui désigne comme cible à la méfiance publique des centaines de milliers de personnes en Europe ». Les islamistes raffolent de ce genre

1. Rappelons que contrairement à ce qu'essaie de faire croire la propagande islamo-gauchiste, cette une ne « stigmatisait » pas les musulmans. Au contraire, on y voit le Prophète se tenant la tête, avec la légende « Mahomet débordé par les intégristes » et lui disant : « C'est dur d'être aimé par des cons ! », en l'occurrence les intégristes qui le trahissent. La caricature permettait justement de ne *pas* faire d'amalgame entre les intégristes, c'est-à-dire les islamistes, et les musulmans.

2. L'auteur a réalisé à l'époque une longue enquête au Danemark, pour le compte de l'émission *Envoyé spécial* (France 2) et il a publié *L'Affaire des caricatures. Dessins et manipulations*, Privé, 2006.

3. Auditions organisées le 18 mai 2006.

de soutien, car il permet de les fixer véritablement dans le statut de la victime.

Lors de la même journée d'auditions, le représentant de l'ambassade de Turquie ira plus loin, jouant sur un autre couple rhétorique souvent mobilisé par les milieux islamistes : victimisation et théorie du « deux poids, deux mesures », afin de mettre en doute l'existence des principes de justice, d'équité et d'égalité. Ainsi Ömer Farouk Harman, à l'époque conseiller religieux à l'ambassade de Turquie à Paris et par ailleurs professeur d'histoire religieuse au sein d'une université turque, affirma-t-il : « Les mêmes qui trouvent tout à fait normal que des caricatures anti-musulmanes paraissent dans un "pays libre" accepteraient-ils de la même façon la publication de caricatures antijuives ? Dans les pays européens, des lois sanctionnent l'antisémitisme, mais aucune l'"islamophobie". » Le procédé est vicieux, car non seulement le discours victimaire est largement relayé, mais en plus le caractère égalitaire est remis en question dans une institution républicaine. Cette mise en accusation de *Charlie Hebdo* qui intervient très tôt, à partir de 2006, procède de sa diabolisation. D'autres canaux, par la suite, prendront le relais pour amplifier, surtout à travers les réseaux sociaux, la mise à l'index de l'hebdomadaire satirique. Pourtant, dès le mois de mars, le journal a publié une tribune pour expliquer notamment : « Nous refusons le "relativisme culturel" consistant à accepter que les hommes et les femmes de culture musulmane soient privés du droit à l'égalité, à la liberté et à la laïcité au nom du respect des cultures et des traditions. Nous refusons de renoncer à l'esprit critique par peur d'encourager l'"islamophobie", concept malheureux qui confond critique de l'islam en tant que religion et stigmatisation des croyants. » C'est on ne peut plus clair, mais malgré tout, une haine, une hargne anti-*Charlie*, portée par des milieux islamo-gauchistes, entretint ce climat détestable qui plane sur la tête de celui qui est jugé par une partie de la *vox populi* et qui va tranquillement à l'échafaud, officiellement, sans que personne se rende compte.

Au lendemain de l'incendie criminel qui avait visé les locaux de *Charlie Hebdo*, en novembre 2011, une pétition a circulé pour dire notamment – je reprends l'un des passages les plus nauséeux – qu'« il n'y a pas lieu de s'apitoyer sur les journalistes de *Charlie Hebdo*, que les dégâts matériels seront pris en charge par leur assurance, que le buzz médiatique et l'islamophobie ambiante assureront certainement à l'hebdomadaire, au moins ponctuellement, des ventes décuplées ». Parmi les signataires, le sociologue Saïd Bouamama, « militant antiraciste », Houria Bouteldja, membre des Indigènes de la République, Abdelaziz Chaambi, militant islamiste, Sylvie Tissot, « militante féministe », tout comme Rokhaya Diallo qui se présente aussi comme « journaliste », et Thomas Deltombe, universitaire militant qui pense que l'islam politique est « imaginaire[1] ». Il ne serait ni excessif ni injuste de dire que toutes ces personnes ont, comme pour Samuel Paty, participé à la diabolisation morale de *Charlie*, en faisant une cible, maintes fois désignée comme telle dans les communiqués et les revues islamistes et djihadistes. C'est en stigmatisant les défenseurs de la laïcité et de la liberté d'expression qu'on finit par les fragiliser, les jeter en pâture et préparer leur chair à recevoir les balles ou le coutelas. L'islamo-gauchisme et ses promoteurs, s'agissant du terrorisme, donnent bonne conscience aux tueurs et aux assassins. Ils leur permettent de dépasser psychologiquement leur triste statut de vulgaires criminels pour se hisser vers celui de « résistants ». Tout cela procède d'une même

1. Voir Thomas Deltombe, *L'Islam imaginaire. La construction médiatique de l'islamophobie en France (1975-2005)*, La Découverte, 2005.

logique : le « camp du bien », ceux qui ont « le monopole du cœur », pointe le doigt accusateur en direction de « l'hérésie » du camp d'en face, soulignent l'« ignominie » qui le caractérise, les « flétrissures » qui entourent son propos, son immoralisme, l'infamie qui est la sienne, le transformant presque en enjeu confessionnel. Oui, c'est ainsi que les Romains ou les doctrinaires réformés poursuivaient jadis les « blasphémateurs », jetant sur eux l'anathème, au nom de la défense du « sacré » et de la « vérité ». Quoi de mieux qu'un châtiment public pour ceux qui sont visés par l'opprobre !

« Ça n'a rien à voir avec l'islam »

Comble de l'ironie macabre, jeu pervers de l'histoire, confusion des idéologies, aujourd'hui, c'est souvent au nom de la gauche, ou de certaines visions de la gauche, qu'on excommunie et qu'on engage des procédures inquisitoires, au nom de la défense de l'islam politique, pour installer cette nouvelle inquisition.

On expliquera que « tout cela [le terrorisme, les menaces, les pressions contre les personnes, la défiance contre la République et le non-respect des lois et de la laïcité] n'a rien à voir avec l'islam ». Et d'ailleurs « ça n'a tellement rien à voir avec l'islam » que les djihadistes lancent leur désormais cri de guerre – *Allah Akbar*[1] – avant de perpétrer l'irréparable qui se retrouvera le lendemain revendiqué par une organisation islamiste – qui portera dans sa dénomination un nom faisant référence à l'islam – et elle-même fera bien attention d'insérer un verset du Coran et un ou deux hadiths pour rassurer ses adeptes et leur dire que l'action criminelle n'en est pas une, mais un « acte de foi » recommandé par l'islam.

1. « Dieu est le plus grand. »

On peut expliquer que c'est une lecture qui ne fait pas l'unanimité en islam. On peut même rappeler qu'il s'agit d'une vision littérale, idéologique, non herméneutique du texte islamique. Enfin, on peut dire beaucoup de choses – qui sont vraies –, mais affirmer que « le terrorisme islamiste, ça n'a rien à voir avec l'islam », c'est afficher du mépris à l'égard de l'opinion publique, c'est mentir aux victimes et c'est, politiquement, alimenter les rangs de l'extrême droite. Voilà où se situe aussi l'irresponsabilité de cette gauche du déni et de la tromperie.

Pour aller dans ce sillage, parce que évidemment le « terrorisme islamiste n'a rien à voir avec l'islam », l'historien et sociologue Jean Baubérot, ancienne plume de François Mitterrand sur les questions de laïcité, sort souvent de son champ de compétences quand il s'agit de dédouaner l'islam politique. Il demandait en 2015 de « séparer lutte antiterroriste et rapport avec les religions ». Il avait alors « proposé que le rapport à la religion soit géré par le ministère de la Justice », en affirmant : « Actuellement, il est géré par le ministère de l'Intérieur. Cela crée de l'amalgame. Il serait bien de montrer que l'on sépare les choses : à l'Intérieur, lutter contre les attentats et prévenir le terrorisme ; à la Justice, le bureau des cultes et le rapport entre les religions[1]. » C'est une proposition que même le CFCM – qui compte quelques « tordus » – n'a pas osé faire.

La séparation entre l'acte terroriste et l'islamisme qui phagocyte désormais la pensée musulmane est voulue par l'ensemble des milieux islamistes non djihadistes. Dans une quête d'entretien des confusions, il est question pour les islamistes, par exemple, de dire que le terrorisme islamiste n'a pas d'idéologie et le réduire ainsi à un fait de criminalité. En lui faisant perdre sa portée

1. Jean Baubérot, « La laïcité ne doit pas avoir l'air de favoriser une religion », *Les Inrocks*, 14 janvier 2015.

politique, on participe à désarmer intellectuellement et idéologiquement l'État et la société civile, à les amener à ne plus prendre le problème à la racine et à se confiner à un rôle de gendarme qui surveillerait l'action terroriste, mais qui n'emploierait aucune action politique pour le réduire. Non pas que Baubérot ou ceux qui pensent comme lui seraient des complices conscients des islamistes, encore moins des djihadistes. Non ! C'est une sorte de bêtise mélangée à de la morgue qui amène cette catégorie d'intellectuels à s'insérer dans un débat auquel ils ne comprennent rien, y mettre un peu de leur idéologie pour donner l'impression qu'ils défendent leurs « amis musulmans » qu'ils aiment essentialiser et ainsi prendre leur part pour créer les conditions de l'illisibilité. Le même dira : « La confusion entre fondamentalisme[1] et terrorisme est dangereuse. On peut être fondamentaliste et tout à fait tranquille, et respecter la liberté de conscience et de non-discrimination. Il y a confusion entre respect de l'ordre public et le fait que l'État prenne parti pour certaines théologies contre d'autres[2]. »

L'« islam de France »

Cette dernière sortie montre une totale méconnaissance de la réalité de ce qu'est ce que nous avons

1. Faut-il insister et rappeler qu'il ne s'agit pas de fondamentalisme, mais d'islam politique (ou islamisme). C'est Gilles Kepel qui donne la meilleure explication pour encourager cette précision sémantique. C'est pour nous éloigner délibérément, dit-il, « des métaphores peu éclairantes de l'"intégrisme" et du "fondamentalisme" ». Voir Gilles Kepel, *Le Prophète et pharaon. Aux sources des mouvements islamistes*, Le Seuil, 1993. Il ne s'agit évidemment pas d'un « fondamentalisme », ni d'une sorte « d'orthodoxie » mais d'une réelle idéologisation de la religion.

2. Jean Baubérot, « La laïcité ne doit pas avoir l'air de favoriser une religion », art. cit.

l'habitude d'appeler l'« islam de France ». Le CFCM – qui est en lien avec le ministère de l'Intérieur – n'est pas composé de paisibles fédérations agissant seulement dans le cadre de la gestion du culte. S'il y a des acteurs sérieux, il existe au sein de l'islam institutionnalisé des organisations qui n'ont jamais fait le jeu de la République et il y a surtout au moins trois associations clairement islamistes.

L'UOIF, rebaptisée « Musulmans de France », je l'ai déjà souligné, est le principal diffuseur de la pensée des Frères musulmans dans l'Hexagone. Leur gourou en chef n'est autre que le célébrissime Youssouf Al-Qaradhaoui, connu pour ses prêches antisémites, ses écrits homophobes et misogynes et, surtout, sa propension à justifier, dans certaines situations, le terrorisme. Il est celui qui légitime le mieux les actions criminelles du Hamas palestinien par exemple, groupe terroriste s'il en est, qui instrumentalise le conflit « israélo-palestinien ». Il y a également la pensée du Tabligh, représentée par l'association « Foi et pratique » qui est dirigée par Hamadi Hammami, déjà évoqué, dont le père a été expulsé de France en 2012 en raison de discours haineux, antisémites et violents. Enfin, le CIMG et le CCMTF[1], qui incarnent la matrice de l'islamisme turc, en l'occurrence le Millî Görüş et sa traduction politique : l'AKP. Une mouvance d'activistes qui prônent d'ailleurs le séparatisme de façon insidieuse et qui sont surtout au service d'une politique étrangère, celle de Recep Tayyip Erdoğan, dont l'objectif assumé est de viser la cohésion de la société française. L'islam politique traverse également certaines organisations pourtant jugées respectables, notamment marocaines. La pensée islamiste est en effet largement présente au sein du gouvernement marocain, très influencé par

1. Comité de Coordination des Musulmans Turcs de France.

les Frères musulmans locaux. On les appelle « les islamistes de Sa Majesté » et ils sont représentés en premier lieu par le PJD – Parti justice et développement – composé de militants, certes embourgeoisés, mais qui, sur certains sujets de société demeurent dangereux – sur le plan idéologique – pour un pays comme la France, car ils ont une lecture archaïque qui rejette la laïcité et qui ne respecte ni la liberté d'expression ni la liberté de conscience. Voilà pourquoi, de manière succincte, la lutte contre le terrorisme doit passer par un examen attentif de *tout* le spectre islamiste, une identification efficiente des acteurs musulmans qui refusent l'islam politique, et, par prolongement, l'ensemble de ses manifestations, surtout celles qui prônent la violence.

L'islamisme, y compris dans sa version la plus « acceptable », la plus potable, est hostile à la laïcité – car il considère que l'islam est un « englobant » –, ne reconnaît pas le corpus démocratique, sauf peut-être les processus électoraux – il n'admet pas que la « souveraineté puisse appartenir à d'autres qu'à Allah » – et estime que les droits de l'homme sont bien inférieurs à ceux que Dieu a donnés aux êtres humains. L'islam politique est, de manière consubstantielle, antagoniste avec la démocratie et tout ce qui fait une société moderne. Je dis bien l'islam politique et non pas l'islam – ni les musulmans –, puisqu'une religion réduite à sa stricte vocation, confinée dans la sphère privée, respectueuse des lois et des règles communes ne peut représenter un problème. Et de ce point de vue, les musulmans qui sont « juste » musulmans et non pas islamistes ne représentent évidemment pas un danger pour la République et pour la démocratie.

Je sais que les sympathisants d'extrême gauche s'empressent généralement d'analyser la situation des pays musulmans à partir de l'« impérialisme occidental » et probablement aussi de l'histoire coloniale ; en tout cas, ils cherchent toutes les excuses pour dédouaner les régimes arabo-musulmans et leur société, de plus en plus perméables à l'islam politique ; et ils refusent, simultanément, de constater la toxicité manifeste et la dangerosité de cette doctrine qui utilise la religion dont il est question pour en faire un projet, rappelons-le, totalitaire. De ce point de vue, faut-il déployer pléthore d'arguments pour faire une énième démonstration quant au caractère totalitaire de l'islam politique ? Je ne le crois pas.

Il serait possible de les renvoyer vers les sources qui fondent la pensée salafiste, car en les examinant, avec honnêteté et humilité – en sont-ils capables ? –, ils se rendraient compte aisément, peut-être, que cet islamisme, en tant qu'idéologie, celui-là même qui trouve ses racines dans l'école hanbalite[1], existait avant la découverte de l'Amérique et bien avant la naissance des États-nations. La première erreur que font en effet les laudateurs de cette idéologie mortifère, c'est de croire qu'il s'agirait d'un phénomène nouveau. Ce qui paraît récent, c'est la réactualisation de la doctrine islamiste qui sait s'accommoder des époques et des lieux, et ainsi déployer des modes d'action appropriés. Et la seconde inexactitude les amène à s'imaginer que l'indigence dans laquelle se morfondent les pays musulmans serait liée à des facteurs exogènes. Il n'en est rien.

En résumant, l'on s'aperçoit donc qu'il existe un islam politique qui agit sur le plan idéologique et un autre qui choisit le mode dit « révolutionnaire » et violent. Les deux ont tissé des liens avec l'extrême gauche et construit des ponts en sa direction. Pour comprendre

---

1. Il s'agit d'une école religieuse islamique sunnite, fondée au IXe siècle par Ahmad Ibn Hanbal (780-855), qui représente le courant (*madhab*) le plus rigoriste, celui qui allait inspirer plus tard le wahhabisme saoudien et ainsi le salafisme. Les autres courants sunnites sont le malékisme, le chaféisme et le hanafisme.

les mécanismes et les dynamiques idéologiques, il faut lire ceux-ci dans la continuité historique, c'est ce qui est expliqué dans les précédents chapitres, et saisir les synergies et les nouvelles cultures militantes.

Cancel culture, identitarisme, indigénisme et décolonialisme

Il est tout aussi fondamental d'observer comme les tenants de l'islamisme, notamment les plus jeunes et les mieux instruits, utilisent les nouveaux modes d'expression et instrumentalisent les techniques qui fleurissent dans les démocraties, surtout celles autour de la *cancel culture*, des logiques décoloniales et indigénistes qui manipulent les identités et ainsi les lectures militantes de l'islam.

La *cancel culture*, manie très américaine mais qui s'exporte très bien, cherche à bannir des individus en mobilisant l'ostracisation. Équivalent moderne de l'excommunication, elle passe en premier lieu par un cyberharcèlement dont l'objectif consiste à expliquer au public que telle personne ou tel groupe de personnes pense mal. Ainsi, celui ou celle qui est désigné comme « islamophobe » se verra harcelé jusqu'à son éjection du débat. Cette culture de la dénonciation et de l'interpellation, voire de l'humiliation, installe donc, à travers les réseaux sociaux, des sortes de tribunaux populaires dans lesquels des « coupables » sont jugés sur la place publique et salis *via* un déchaînement de messages et de tweets accusatoires. Que la personne soit coupable ou innocente importe peu puisque, de toute façon, la masse virtuelle a déjà décidé de la traîner dans la boue. Cela concerne aussi bien ceux qui sont accusés de sexisme ou d'agressions sexuelles que ceux qui sont soupçonnés de racisme et d'hostilité à l'égard des musulmans. En somme, dès qu'un personnage public est désigné, des activistes, selon les tendances, réunissent les conditions pour susciter le *cancel*, l'« annulation » ou la disparition de la personne visée. Il s'agit de provoquer, à partir de comptes influents, un certain buzz afin de transformer un post Facebook ou un tweet en actualité et ainsi créer le scandale autour de la cible avec pour objectif de l'éliminer du débat. Les courants d'extrême gauche, islamo-gauchistes et autres sont devenus très friands de ce genre de pratiques américaines.

À côté de cela, les nouvelles thèses « antiracistes », qui servent d'ailleurs les milieux islamistes, se délient des valeurs universalistes pour adopter des logiques identitaristes qui font occuper à la religion une fonction autour de laquelle se construit une nouvelle « identité ». Sans avoir peur des contradictions, les partisans de ces nouveaux courants sont les premiers à considérer que l'idéologie islamiste, c'est l'islam, mais qui, en même temps ne cessent d'appeler à éviter l'amalgame. Le résultat de ces contradictions est surprenant, puisque vous aurez beau souligner que vous critiquez l'islamisme (l'idéologie) et non pas l'islam (la religion), sachant que nous sommes tous légitimes à critiquer le culte, ceux qui prônent de façon répétitive le « pas d'amalgame » vous reprocheront souvent de fustiger l'islamisme, car ce serait l'islam !

La mort programmée, en tout cas voulue, de l'antiracisme universaliste est un signe avant-coureur qui montre, depuis quelques années, la dérive islamo-gauchiste que je dénonce. Ces nouveaux militants défendent, en vérité, ce qui se rapproche de leur identité singulière, et certainement pas l'autre dans son altérité. Cela se traduit, très souvent, par une scrutation de chaque phrase qui concerne l'islam, par exemple – plus généralement tout ce qui est lié aux anciens « colonisés » – et une permissivité à l'égard des discours antisémites ou homophobes. Nous n'avons jamais entendu les Indigènes de la République dénoncer ceux qui stigmatisent les juifs ou les homosexuels, en revanche, ils ne seraient pas mécontents de voir la réintroduction du « délit de blasphème » dès que cela vise l'islam.

L'« indigénisme » est un terme popularisé en 2004 par les Indigènes de la République (PIR) et par leur porte-parole, Houria Bouteldja, qui, depuis, a multiplié les outrances et les dérapages. Outre sa manière de flirter constamment avec l'antisémitisme – il est assez cocasse qu'une « Indigène » s'approprie une idéologie, l'antisémitisme, historiquement très européenne –, mais aussi avec l'homophobie. Elle avait notamment affirmé que les mouvements LGBT occidentaux cherchaient à « institutionnaliser le mode de vie homosexuel » en Afrique et au Moyen-Orient, entretenant par ailleurs un fort déni quant à l'homosexualité qui est totalement dissimulée dans les pays qu'elle ne cesse de fantasmer.

Selon les Indigènes de la République, groupuscule partisan d'une ligne islamo-gauchiste, la France gèrerait ses citoyens issus des anciennes colonies, notamment maghrébines ou africaines, comme elle le faisait jadis du temps de l'empire colonial avec leurs ancêtres. Le postulat aurait pu garder son caractère ridicule, mais beaucoup trop de personnes ont adhéré à cette approche victimaire, par ailleurs totalement indécente. Car expliquer à un descendant d'un Malgache, devenu français, qui jouit de tous ses droits de citoyen, que sa condition serait similaire à celle de son aïeul durant les massacres de mars 1947 est tout simplement inacceptable. Ou alors dire aujourd'hui aux petits-enfants d'Algériens qu'ils sont traités de la même manière que leurs grands-parents au moment des émeutes du Constantinois en mai 1945 est complètement lunaire. Mais ce sont des milieux qui ne reculent devant rien. Leur propagande est, là aussi, dangereuse parce qu'elle entretient l'autovictimisation et la diabolisation de la France. Elle participe ainsi à armer la main des terroristes. Le 6 avril 2012, deux semaines après les tueries de Toulouse et de Montauban et l'élimination du terroriste, sur le site des Indigènes de la République, Houria Bouteldja publiait un texte surréaliste dans lequel on pouvait lire : « Mohamed Merah c'est moi, et moi je suis lui. Nous sommes de la même origine, mais surtout de la même condition. Nous sommes des sujets postcoloniaux. Nous sommes des indigènes de la République. » Peut-on trouver phrase plus claire pour illustrer l'islamo-gauchisme et cet « antiracisme » nouveau qui fait l'apologie de racistes ? En effet, certains logiciels idéologiques ne prennent pas en compte une réalité qui devient de plus en plus visible : certaines victimes du racisme peuvent elles-mêmes générer du racisme. En d'autres termes, s'il n'est pas exclu que Houria Bouteldja ait fait l'objet, en tant que Française d'origine maghrébine, de préjugés racistes, il est évident qu'elle en produit elle-même depuis plusieurs années contre ceux qui sont désormais appelés les « Blancs » ou à l'égard des juifs[1].

La victime en vérité n'est plus systématiquement que « victime », elle peut parfois être elle-même coupable. C'est le cas de l'inénarrable Rokhaya Diallo qui est aussi régulièrement la cible d'attaques racistes de la part d'adeptes de l'extrême droite notamment, et pas seulement, mais qui surfe, par ailleurs, sur des clichés éculés en direction de ceux qui ne sont pas noirs. Elle est devenue une sorte

1. En décembre 2020, Houria Bouteldja a suscité la polémique après avoir publié un article ordurier contre une candidate à l'élection Miss France – dont le père est israélien – qui a subi un flot d'injures antisémites. L'article de la fondatrice des Indigènes de la République portait une connotation tellement raciste que même *Mediapart* a dû finalement le retirer après l'avoir publié. C'est dire...

de championne de l'attitude victimaire[1]. Je l'ai eue une fois en face de moi, lors d'un débat sur France Inter, et, immédiatement, lorsqu'elle fut à court d'arguments, elle me rétorqua : « C'est parce que je suis une femme que vous me dites ça ? ». Pour accentuer le ridicule, j'ai préféré répondre par l'ironie et grossir le trait. En espérant amener l'auditeur à comprendre, à travers le second degré, le caractère saugrenu de cette réflexion, j'ai rétorqué en disant : « Non, parce que vous êtes noire et musulmane. »

Pousser l'absurde jusqu'à estimer qu'une critique du voile islamiste est la manifestation d'une expression misogyne, donc considérer qu'il suffit de jeter l'opprobre sur l'émetteur d'une opinion suffirait à disqualifier ladite idée montre la voie choisie par plusieurs acteurs islamo-gauchistes. Toujours à la recherche de l'inversion de l'attitude fautive. Ainsi, défendez une valeur féministe – en l'occurrence le refus du port du voile qui est un signe d'oppression de la femme – et on vous fera passer pour un misogyne. Évidemment, les mêmes se montrent dénués d'arguments lorsqu'il s'agit du voilement des mineurs – parfois des bébés et des fillettes – où là aucun choix n'est laissé à ces futures jeunes filles et femmes qui grandiront avec, toute leur vie, un voile sur la tête et une idéologie extrémiste et réellement misogyne offerte en guise d'éducation et d'enseignement.

À vrai dire, Rokhaya Diallo surfe sur les trois éléments qui constituent visiblement son « identité ».

1. L'utilisation par Rokhaya Diallo des éléments de langage de la mouvance décoloniale et l'utilisation de leurs « techniques de communication » lui permettent d'occuper le terrain et d'assurer une multiprésence, le plus souvent, grâce à des réseaux partageant les mêmes convictions. Cette stratégie de communication est payante, elle se retrouve aujourd'hui plus suivie sur les réseaux sociaux (avec plus de 158 000 followers en janvier 2021) que SOS Racisme (26 700 followers) et la Licra (35 100 followers), organisations défendant un antiracisme universaliste.

Son marché, si j'ose dire, ou son fonds de commerce, ce sont officiellement les « combats féministes » qui passent souvent par la défense du port du voile (quel féminisme !) ; la « lutte contre l'islamophobie », une posture à travers laquelle elle crée des ponts avec la mouvance islamiste – non violente –, mais qui lui permet de diaboliser certains acteurs de la société civile et autres responsables politiques qui défendent les principes républicains et la laïcité ; et enfin un prétendu « engagement antiraciste » qui génère chez elle une indignation à géométrie variable. Naturellement, elle considère que les discriminations ou les injures à caractère racial, lorsqu'elles sont minoritaires et qu'elles n'ont pas d'« histoire », ne méritent pas son attention. Ainsi, les attaques qui ciblent les « Blancs », ceux que son amie Bouteldja appelle les « souchiens », ne suscitent chez elle aucune révolte particulière. Rokhaya Diallo se prend d'ailleurs à son propre piège et à ses contradictions, puisqu'on ne la connaît pas comme particulièrement engagée dans les combats contre l'antisémitisme. Mais probablement que pour elle, le racisme ayant visé les juifs à travers l'histoire est marginal.

Le « décolonialisme » est un autre exemple de principe mobilisable à chaque instant par tous les alliés et les relais des islamistes, qui permet de mettre très vite en accusation n'importe qui, en premier lieu les intellectuels, les journalistes et les universitaires, qui critiquent ou s'opposent à l'islam politique et aux logiques déployées en son nom. Immédiatement, là aussi, le couple victimisation-diabolisation est convoqué pour affirmer que la « critique de l'islamisme » serait la « critique de l'islam », un héritage qui viendrait du passé colonial. Aussi, l'auteur visé est placé de fait sous le statut du descendant de la puissance coloniale qui souhaiterait reprendre le dessus sur le descendant du colonisé.

Cette approche binaire prétend, tout en sanctuarisant l'islamisme, effectuer un « travail de déconstruction de l'héritage colonial des esprits ». Ce qui caractérise l'esprit décolonial, c'est avant tout un communautarisme clairement assumé. Il appelle d'une certaine manière à laisser la parole aux « premiers concernés », comme le montre un document du renseignement territorial qui évoque ce sujet. Ces « premiers concernés » seraient les mieux placés pour appréhender les « formes de racisme qui les affectent » et à mettre sur pied les formes de lutte qui leur conviennent. Ils préconisent ainsi des évènements « non mixtes », ayant pour résultat que des rencontres peuvent être ouvertement interdites aux « Blancs » ou des rencontres de femmes interdites aux hommes[1]. Par exemple, du 12 au 16 août 2017, un collectif proche du PIR avait animé un « camp d'été décolonial ». Réservé exclusivement aux musulmans et aux personnes de couleur, il avait pour thème, entre autres, « la lutte antisioniste ». On imagine l'ambiance !

Dans cette mouvance, les « Noirs » ou les « Maghrébins » qui n'épousent pas ces discours victimaires et ces schémas de pensée sont appelés pudiquement les « natifs informants », voire, de manière plus violente, considérés comme « traîtres » et désignés comme « nègres de maison » ou comme « harki », « goumier », voire « Bounty », car « noir à l'extérieur et blanc à l'intérieur ».

Propagées initialement dans les départements de littérature d'universités américaines, les *postcolonial studies* se sont progressivement étendues pour atteindre le Vieux Continent. Cela étant dit, pour reprendre l'explication de Jacques Chevallier, professeur émérite et spécialiste de droit public, il ne s'agit pas de montrer uniquement que « la littérature des pays anciennement

1. Les expressions « pouvoir blanc » ou « privilège blanc » reviennent dans ces milieux de façon récurrente. Ces termes viennent des États-Unis.

colonisés reste marquée par l'expérience coloniale, mais d'analyser plus généralement les retombées de tous ordres (économiques, sociales, politiques tout autant que culturelles) de la colonisation, aussi bien chez les ex-colonisateurs que chez les ex-colonisés[1] ». Il rappelle dans ses travaux que les *postcolonial studies* ont fait l'objet dès le départ de sévères critiques, « en tant qu'elles surestimeraient le poids de l'héritage colonial et ignoreraient l'importance des phénomènes de métissage » et il insiste sur « l'idée selon laquelle la colonisation n'a pas seulement été un moment historique, moins encore une parenthèse, mais qu'elle a laissé des traces tangibles, une empreinte durable, des séquelles profondes, et que celles-ci ne concernent pas seulement les ex-colonisés, mais aussi les anciennes métropoles coloniales doit être considérée comme un acquis essentiel »[2].

De l'universalisme à l'identitarisme

Tout cela est apparu en vérité d'abord dans les universités françaises avant de séduire outre-Atlantique où il y eut un véritable engouement, dans les sciences humaines et la littérature, pour la *French Theory*. Ce qui donna naissance, par la suite, aux « études postcoloniales », ou *postcolonial studies*, ainsi qu'aux « études du genre » et « études culturelles ». Des disciplines qui ne tarderont pas à intéresser, notamment, les milieux antiracistes où certains passeront de l'antiracisme universaliste à l'antiracisme identitaire. Si leur apparition semble être

1. Jacques Chevallier, « L'Héritage politique de la colonisation. La situation post-coloniale », in Marie-Claude Smouts (dir.), *La situation postcoloniale*, Presses de Sciences Po, 2007, p. 360-377.
2. *Ibid*

soudaine, c'est en raison du temps pris par toutes les théorisations et leur maturation. Sous l'impulsion de Michel Foucault, Gilles Deleuze ou Jacques Derrida, pour ne citer qu'eux, il y eut une première étape, que j'appellerai « phase de création », qui a eu lieu à partir du milieu des années 1960 ; puis, vers la fin des années 1970, et durant une vingtaine d'années, une « phase d'incubation » ; et enfin, dès les années 2000, nous sommes passés à une « phase de diffusion », largement amplifiée par Internet. C'est cette dernière période qui a permis de passer véritablement de l'universalisme à l'identitarisme. Un hasard malheureux a voulu que les deux dernières étapes correspondent à une phase de retour en force de l'islam politique.

Les logiques islamo-gauchistes qui obéissent à des convergences militantes ont suivi une voie toute tracée : la *French Theory*, séduisant notamment les milieux gauchistes, également attirés par la verve militante de l'islam politique, ne pouvaient que faire bénéficier leurs alliés – ou ceux dont ils sont les « idiots utiles » – de tout ce qui est de nature à mettre en difficulté l'« homme blanc », considéré aussi comme un « ennemi de l'islam ».

Comme pour mieux boucler la boucle, l'« intersectionnalité » est venue par ailleurs se greffer dans ce nouvel ensemble. Au départ, à la fin des années 1980, quand ce qui est appelé en anglais *intersectionality* – notion employée en philosophie politique et en sociologie – est apparue, même s'il s'agissait d'un OVNI dans le monde académique, pouvait néanmoins se laisser explorer. Sauf qu'à trop vouloir triturer ce concept, il en est devenu complètement ridicule. Initialement, il était question d'étudier les conséquences d'une domination sociale lorsqu'elle est doublée, dans le contexte américain post-lois ségrégationnistes, de domination raciale et de domination de genre. En clair, voir ce que pouvait éventuellement subir une femme noire issue d'un milieu populaire. Évidemment des théoriciens douteux peuvent détourner ce principe et imaginer – pour l'excuser et le dédouaner – le parcours d'un Saïd Kouachi, qui était maghrébin, pauvre, orphelin, malvoyant et musulman. Avec de telles approches, on abolirait presque – sauf pour les « Blancs », sinon ce serait scandaleux – les cours d'assises, car tous les crimes auraient ainsi, à travers l'intersectionnalité, des « circonstances atténuantes ». Une vraie imposture qui profite, là également, aux milieux islamistes.

La laïcité mise à mal

La laïcité, longtemps marqueur par excellence pour s'opposer à la droite et aux courants catholiques proches de celle-ci, est devenue, non pas une valeur à défendre en toutes circonstances, mais une sorte d'« argument » utilisé selon des réactions à géométrie variable par des universitaires, journalistes, responsables politiques et intellectuels, pour la plupart agnostiques et libertaires, cyniquement et subitement pris d'une folle passion pour l'islam, religion la plus archaïque et la plus fermée et, dans sa forme politique, l'idéologie la plus totalitaire et la plus belliciste qui soit.

On ne va pas tourner autour du pot : même à travers ses expressions les plus pacifistes, l'islam est théoriquement éloigné des milieux libertaires de gauche. Cette religion ne saurait, à moins de faire preuve d'hypocrisie et de manipulation, susciter l'adhésion des milieux antiracistes, féministes et, plus largement, des défenseurs des droits de l'homme, car à vrai dire, ce ne sont pas les musulmans qui sont un problème, mais la religion dont ils se réclament – et notamment les versions qui ont phagocyté son expression officielle –, qui est porteuse, tour à tour, d'idées antisémites, misogynes, inégalitaires, racistes, en somme : haineuses.

À ce jeu qui vise, pour des raisons strictement idéologiques, à lessiver l'islam et surtout les courants qui se réclament de ses textes pour en faire un allié de certains partis de gauche, il y a eu un matraquage en règle de la République et de ses valeurs. La laïcité – qui avait servi jadis à mettre à distance l'Église catholique – est suspectée d'« intolérance ». Certains – à droite comme à gauche d'ailleurs – sont allés jusqu'à proposer de lui adjoindre des adjectifs (laïcité « ouverte », laïcité « inclusive »...) comme si, dans sa forme actuelle, elle était « fermée » ou « exclusive ».

Un sociologisme déresponsabilisant

Un « musulman » mal intégré ou non intégré risque de demeurer précaire, car il aura plus de mal à séduire un recruteur potentiel et par conséquent à s'insérer dans le monde du travail. La précarité le laissera à la merci de n'importe quel manipulateur alors que l'épanouissement lui permet notamment d'être libre et donc forcément moins malléable. Je précise ce qui précède, car le discours victimaire qui plaît tant aux tenants de l'islamo-gauchisme entretient les musulmans – et les descendants d'immigrés – dans la médiocrité, car la victimisation déresponsabilise et tend à transformer « l'éternelle victime », descendante de « colonisés » ou d'« esclaves », en assistée. C'est ce que préfèrent les partisans des théories « islamo-gauchistes ». Nous savons aujourd'hui que les milieux islamistes ont progressivement récupéré, de manière pragmatique, plusieurs thèmes qu'ils considèrent comme porteurs et qui leur permettent de construire des ponts avec l'extrême gauche et même l'ultragauche : il y eut donc historiquement la question de la cause palestinienne ; ensuite des thématiques relatives à la « justice sociale »[1] et à « l'antiracisme » ; ils ont ensuite donné naissance à un « féminisme islamiste » et se sont impliqués récemment pour participer, de manière visible ou discrète, à la dénonciation des « violences policières ». Le CCIF a soutenu par exemple le collectif Justice pour Adama au nom d'une solidarité entre « victimes du racisme institutionnel »[2].

Depuis très longtemps je ne cesse de réfléchir à ce sujet et je constate que majoritairement, dans la vision des progressistes contemporains, la pensée qui s'impose en une vérité axiomatique relate que la personne est perçue, en toutes circonstances, comme produit de son environnement, donc de la société. Selon cette logique, de cette appartenance résultent de multiples implications.

C'est ainsi que l'individu apparaît, en premier lieu, comme irresponsable, notamment quand son action s'apparente au « Mal ». Dès lors, pour ces mêmes cercles, il convient de considérer que c'est son milieu, par conséquent son éducation, ses éventuels souffrances ou traumatismes, qu'il faut incriminer.

Dans les faits, cela se traduit de la manière suivante dans certains discours de gauche, s'agissant par exemple de Mohamed Merah qui a assassiné, à Toulouse et Montauban, en mars 2012, pendant plusieurs jours, trois militaires (il en a blessé un quatrième qui est désormais hémiplégique) et trois

1. Samy Debah, fondateur du CCIF, s'est présenté aux élections municipales à Garges-lès-Gonesse en juin 2020. Il a axé sa campagne autour du thème de la justice sociale et a réussi à se rapprocher de plusieurs militants de gauche.

2. À titre d'exemple, le média en ligne proche des Frères musulmans *Islam & info* a dénoncé sur les réseaux sociaux pendant plusieurs jours les « violences policières racistes ».

enfants juifs ainsi qu'un père de famille, devant une école religieuse. Si l'extrême droite s'est empressée de fustiger quasiment tous les musulmans, en tout cas les descendants d'immigrés et davantage tous les réfugiés, l'extrême gauche, quant à elle, s'est d'abord perdue dans des « décryptages » de nature complotistes avant de se laisser aller à des théories approximatives et à faire du sociologisme, comme l'avait expliqué. Philippe Val dans *Malaise dans l'inculture*[1].

Je n'ignore guère que beaucoup de sociologues sont très hostiles aux attaques contre les quêtes de compréhension de phénomènes qui mènent à la radicalisation, ensuite à la violence et au terrorisme. Ils le furent quand, il y a quelques années, à la fois l'ancien Premier ministre Manuel Valls et celui qui était alors patron de France Inter, Philippe Val, exprimaient, chacun avec ses mots, leur rejet de cette perpétuelle mise en avant de la culture de l'excuse. Pour avoir discuté longuement avec l'un et avec l'autre et connaissant parfaitement les deux, je sais que ni l'un ni l'autre ne rejettent la nécessaire analyse sociologique et l'incontournable travail de recherches réalisé par des universitaires et des chercheurs dans le but de cerner les raisons sociologiques qui ont permis à un individu, en l'espèce, d'être séduit par une idéologie djihadiste et de verser dans une violence extrême. Je le répète, ce que l'un et l'autre refusent, et à juste titre, ce n'est pas la sociologie, c'est le sociologisme.

En faisant de la sociologie, l'on s'apercevrait que Mohamed Merah a grandi dans un environnement qui l'a rendu perméable à l'idéologie islamiste. Il est incontestable, et cela est largement prouvé, que les parents de ce dernier ont été ces premiers endoctrineurs, d'une

1. Philippe Val, *Malaise dans l'inculture*, *op. cit.*

certaine manière[1]. Par la suite, des rencontres dans les quartiers des Izards et du Mirail, avec des islamistes, la radicalisation d'une partie de la fratrie, la violence au sein de la famille, l'échec scolaire, le placement en foyer, etc., ont rendu Mohamed Merah réceptif à l'idéologie djihadiste. Sa personnalité, ses voyages à l'étranger, son activisme et sa détermination ont fait le reste. Le tout au moment où un important foyer salafiste montait en puissance en région Midi-Pyrénées. Apprendre ce qui précède est effectivement nécessaire.

Le sociologisme est différent. Il s'agit d'une approche qui estime qu'en raison de ce qui a été déjà évoqué, Mohamed Merah ne pouvait pas être autre chose que terroriste, le dégageant à la fois de sa responsabilité et dédouanant de fait l'islamisme de sa force de séduction. Merah et d'autres deviennent ainsi, non plus des bourreaux conscients et responsables à la fois pénalement et moralement, mais des victimes de leur propre destin, voire « aussi victimes » que ceux qu'ils ont massacrés. Pour le sociologisme, plus de coupables, plus de responsables, sinon la société qui n'a pas su faire de Merah un médecin ou un polytechnicien.

Plus sérieusement, il faut évidemment refuser et condamner ce type d'approche, car au-delà de l'indécence, il y a de la malhonnêteté intellectuelle.

Ce sociologisme intègre aussi une sorte de dogme qui sous-tend que l'homme serait dépourvu d'une véritable identité. C'est partant d'un rejet de l'idée, car jugée suspecte, qu'il puisse exister une nature humaine différenciée, selon les individus, que s'est imposée une

1. J'ai enquêté pendant plus d'une année sur la famille Merah, à Toulouse notamment, et ai rédigé le livre *Mon Frère, ce terroriste* (Calmann-Lévy, 2012), avec Abdelghani Merah, l'aîné de la fratrie, qui non seulement dénonce les crimes perpétrés par son cadet, mais y raconte, dans le détail, la descente aux enfers de la famille et la radicalisation de la plupart de ses membres.

logique qui incite certains sociologues à refuser tout examen critique de la chose islamique. Paradoxalement, ces milieux universitaires de gauche installent, au nom de l'égalitarisme[1], l'inégalité de traitement entre les musulmans et les fidèles des autres religions. On ne peut pas s'empêcher de songer à la fameuse formule de Jean-Jacques Rousseau. Pour lui, l'homme serait bon par nature et corrompu par la société. Si Mohamed Merah ou les frères Kouachi avaient vécu à son époque, il leur aurait probablement trouvé quelques circonstances atténuantes...

Il est important de rappeler que l'égalitarisme, même lorsqu'il est le produit de « bons sentiments », est, presque automatiquement, totalitaire, en tout cas au moins autoritaire et liberticide. L'islamisme prône d'ailleurs une certaine forme d'égalitarisme, entre adeptes, comme plusieurs théories gauchistes. Ce n'est pas l'unique point commun puisque le rapport à la liberté est toujours, aussi bien chez les islamistes que chez les gauchistes, souvent très ambigu. La liberté peut amener certains partisans à enfreindre des lois et des doctrines édictées dans l'une ou l'autre des deux pensées. Donnez la possibilité et la liberté à un gauchiste de devenir très riche et il pourra oublier jusqu'au principe d'égalité ; permettez à un salafiste de jouir de la vie et vous aurez de fortes chances de le voir, à l'image de beaucoup

1. Si l'« égalité » consacre l'égale dignité entre tous les êtres humains qui doivent être traités de manière égale, l'« égalitarisme », en revanche, désigne une doctrine qui prône l'égalité absolue de tous les hommes sur tous les aspects civils, politiques et économiques. Il est clair que l'égalitarisme consacre une large place à une utopie qui refuse d'accepter un postulat qui semblait jusque-là naturel et qui rappelait en substance que le monde est, par définition, inégalitaire, tressé autour de hiérarchies. Dans les milieux « égalitaristes », produits de la pensée marxiste, cela est totalement inacceptable.

de wahhabites saoudiens en déplacement en Occident, omettre ses prières quotidiennes. Entre l'islamisme et le gauchisme, même si beaucoup de points doctrinaux divergent, il reste néanmoins quelques éléments qui les font converger. Cette volonté de réaliser, coûte que coûte, le bonheur de la collectivité, y compris contre son gré, en est une illustration. Les uns promettant le « paradis éternel » accordé par le divin et les autres l'Éden socialiste sur Terre. Ce sont là quelques aspects qui peuvent, en théorie, rapprocher idéologiquement deux tendances en vérité antagonistes.

3e PARTIE

LES ACTIVISTES

12

Qui sont les acteurs toxiques ?

Le 22 octobre 2020, Sarah El Haïry, secrétaire d'État en charge de la jeunesse et de l'engagement, est invitée à une rencontre organisée par la Fédération des centres sociaux et socioculturels de France (FCSF), une association reconnue d'utilité publique, largement implantée sur le territoire national et bien financée par l'État. Le contexte est important pour la secrétaire d'État, nommée à ce poste trois mois auparavant[1]. Nous sommes au milieu des vacances de la Toussaint, une semaine à peine après la décapitation de Samuel Paty et le lendemain de l'hommage qui lui a été rendu à la Sorbonne par le président de la République.

L'évènement, prévu de longue date, a lieu à Poitiers. Le thème choisi une année auparavant concerne la religion. Sujet brûlant s'il en est. Le décor est déjà planté, en quelque sorte, quand Sarah El Haïry arrive sur place. Selon plusieurs témoins, elle est souriante et détendue. Confiante, elle ignore évidemment ce qui l'attend. Théoriquement, la sortie est censée être banale. Elle doit échanger surtout avec des adolescents qui ont l'air sympathiques.

---

1. Le 26 juillet 2020, Sarah El Haïry est nommée, dans le gouvernement Jean Castex, secrétaire d'État chargée de la Jeunesse et de l'Engagement auprès du ministre de l'Éducation nationale.

Il y a d'un côté une secrétaire d'État, à peine trentenaire, benjamine du gouvernement, donc plutôt proche de ses interlocuteurs et, de l'autre, plus de cent trente jeunes dont l'âge varie entre 15 et 22 ans. L'écrasante majorité est issue des quartiers populaires, et même de zones prioritaires. D'autres viennent de milieux ruraux. Il y a là une quarantaine de centres sociaux représentés. L'association en compte plus de mille.

Très vite, relatent les journalistes et les témoins présents, la discussion s'installe. En vérité, un dialogue de sourds. Devant la secrétaire d'État qui absorbe le choc, sans rien montrer, les jeunes réclament notamment des « cours sur les religions à l'école », mais surtout la « possibilité de porter » des signes ostentatoires à partir du lycée. C'est la loi de 2004 qu'on veut remettre en cause. Et si des marqueurs rhétoriques du bloc islamo-gauchiste sont très présents, c'est parce que l'essentiel de ce qui constitue l'encadrement est de ce bord-là. On entend de l'autovictimisation (l'Éducation nationale est accusée de stigmatiser, la police est désignée comme raciste...). Les journalistes racontent dans leurs comptes rendus que les jeunes ont travaillé en atelier la veille pour écrire de petites saynètes. L'une d'elles « met en scène un journal télévisé privilégiant un attentat islamiste à l'assassinat de deux femmes voilées ». C'est tellement courant ! Mais les clichés sont manifestement un « outil pédagogique » pour ce genre de rassemblement, surtout quand les adultes n'interviennent pas pour remettre les choses au clair.

Le « mal » contre lequel se bat cette « génération offensée », comme l'appelle Caroline Fourest[1], celle dont « l'épiderme douillet s'affole à la moindre contrariété », ce n'est ni le racisme ni l'antisémitisme, ce n'est

1. Caroline Fourest, *Génération offensée*, Grasset, 2020.

pas l'homophobie ou la misogynie, ni l'apartheid, le colonialisme ou le nazisme. Non, ici, la « contrariété », ce sont des principes laïques qui refusent le port d'un code vestimentaire rabaissant le « sexe faible » – le voile en l'occurrence – dans l'espace de l'école publique. Ce qui l'« offense », cette jeunesse, c'est qu'une femme ne puisse pas porter un accoutrement – le niqab – qui l'invisibilise dans l'espace commun, qui la chosifie et la dépersonnalise, la prive d'avoir une expression faciale. Il y a cinquante ans, les femmes avaient un engagement : elles luttaient pour pouvoir disposer de leur corps, pour avoir le droit d'avorter. Aujourd'hui, leurs petites-filles estiment qu'empêcher une adolescente d'exhiber un voile dans un établissement scolaire est un signe de « discrimination ». Voilà de quoi on parle !

Quelques jours après, Sarah El Haïry, dans une interview au *Point*, raconte cette rencontre à Poitiers : « Certains disent qu'ils veulent “interdire le droit au blasphème”, que “les journalistes sont pro-israéliens”, qu'il faut “interdire aux journalistes de parler de l'islam”, [leur] “souhait de porter le voile au lycée[1]”. » La représentante du gouvernement prend note. Elle laisse patiemment la parole s'exprimer tout en essayant, seule, de recadrer le débat. Elle cherche à nuancer. Elle défend les valeurs de la République, les forces de l'ordre et le corps enseignant. Mais aucun adulte ne la soutient. Mieux, un élu Europe Écologie-Les Verts (EELV) de la ville de Poitiers enfonce le clou : il trouve que la loi qui interdit les « signes religieux » à l'école, celle de 2004, est « islamophobe ». C'est là justement qu'il y a sujet, car le problème, à vrai dire, ce ne sont pas les adolescents ou les jeunes. Nous savons que cette génération est largement travaillée, manipulée, par les discours

1. Olivier Pérou, « Sarah El Haïry : “La République n'est pas à la carte” », *Le Point*, 14 novembre 2020.

victimaires et sont sensibles à ce qui est de nature à pourfendre les institutions ou les forces de l'ordre. La question, ce jour-là, concernait les adultes, les encadrants. Ce sont eux qui, dans de telles circonstances, donnent le ton d'un échange, structurent les discussions. Par conséquent, il convient de s'interroger : était-il responsable d'organiser un « débat », sans filtre, avec des jeunes non formés idéologiquement autour de thèmes relatifs aux valeurs universelles, et ce, au lendemain de l'assassinat d'un enseignant et alors que l'émotion était encore vivace dans toute la société ? Fallait-il utiliser cette séquence pour faire de la pédagogie et renforcer les principes de la République ou était-il malin comme ont voulu le faire les organisateurs de créer un contexte pour mettre en accusation cette même République et ses institutions – notamment l'Éducation nationale et les forces de l'ordre – et ainsi donner naissance à un climat de tension supplémentaire dans la société au moment où les hordes terroristes continuaient de menacer tout ce qui porte un uniforme ?

Lorsque à la fin de la rencontre Sarah El Haïry décide d'entonner *La Marseillaise*, afin d'essayer de créer un moment d'unité, elle se retrouve, là aussi, bien seule. Personne ne s'est levé. Pas même un élu. L'hymne national est très peu chanté, rapportent les quelques journalistes témoins de la scène. « Comment ces jeunes ont-ils pu, après plusieurs jours de travail avec des adultes, en arriver à une telle expression ? » s'interroge la secrétaire d'État dans son entretien au *Point*. C'est le vrai sujet. Car je pense que même les pouvoirs publics, y compris les membres de l'exécutif, ne sont pas toujours outillés pour identifier les acteurs et séparer le bon grain de l'ivraie. L'islam politique et, par prolongement, ses « idiots utiles », très présents dans le monde associatif, ont gangréné celui-ci. Ceux qui travaillent sur ces sujets à longueur d'année le savent. Ils connaissent le mal que font certaines de ces associations et organisations à la fois au débat public, à l'éducation populaire qui se retrouve dévoyée et à une jeunesse qui, sans le savoir, est manipulée, voire endoctrinée.

Mauvaise foi gauchiste

Aussi, pour saisir ce qui s'est passé véritablement à Poitiers, il faut observer la réaction de l'environnement de la FCSF. Lorsque la secrétaire d'État décide de faire diligenter une enquête pour essayer de comprendre les raisons de ce loupé, elle va trouver devant elle un mur de dénégations et de manipulations. L'une d'entre elles est illustrée par les membres du syndicat Sud qui, en bons trotskistes, rendent public un communiqué pathétique pour affirmer que la secrétaire d'État aurait voulu « punir la FCSF » et que les jeunes et les travailleurs sociaux qui ont pris part au débat auraient été convoqués par la police, parlant d'une « politique autoritaire menée par le pouvoir » qui « cherche à taire toute expression non conforme à ses opinions ». Naturellement, quand on apprend que les forces de l'ordre auraient convoqué des « jeunes et des travailleurs sociaux », sans raison, on s'empresse de dénoncer. Sauf, qu'après vérification, il apparaît qu'aucun des intervenants n'a été convoqué par une quelconque autorité policière ou judiciaire, contrairement à ce qui est affirmé par le communiqué de Sud. Ce n'est donc rien d'autre qu'une propagande mensongère. La seule inspection en cours est celle diligentée par les services de la secrétaire d'État. Pour en savoir plus, j'ai appelé les rédacteurs du communiqué. Raphaël Million, l'un des porte-paroles de Sud « Jeunesse et sport », très mal à l'aise, a reconnu qu'il s'agissait d'une « boulette qui a fait l'objet d'un démenti » avant d'essayer de se rattraper et de dire : « Ce que nous avons considéré comme une sanction, c'est le fait que Sarah El Haïry demande une inspection. C'était un coup de pression[1]. »

Pour la secrétaire d'État que j'ai interrogée, « quand les pouvoirs publics donnent un agrément à une association, ils gardent un droit de regard et les pouvoirs publics ont le devoir de tout mettre en œuvre pour protéger les enfants et notamment les mineurs », ajoutant : « On a vu une chose anormale, on diligente une enquête. À aucun moment une inspection n'est une sanction. »

La réaction intempestive de Sud n'est pas étonnante. Ce syndicat est dans la mouvance NPA. Et pourquoi n'y aurait-il pas une inspection quand on sait que de telles associations bénéficient de subventions non négligeables de la part de l'État ? Elle est, me semble-t-il, d'autant plus justifiée que pendant quatre jours, ces jeunes et ces adolescents ont travaillé « sous la responsabilité d'adultes, d'éducateurs diplômés[2] », comme le précise Sarah El Haïry. Et le comble, c'est le silence – y compris celui de la plupart des encadrants – qui l'accompagne au moment où elle entonne *La Marseillaise*. C'est là un révélateur. Quelque chose qui ne trompe pas.

En vérité, même si la ministre est très pudique sur le sujet, je sais, par des indiscrétions, que quelques « détails » l'ont interpellée – quand des non-musulmans s'approprient des codes sémantiques et des usages langagiers islamistes, oui, cela interpelle. Et quand par exemple, un « grand blond » appelle sa camarade musulmane (supposée), très sérieusement, « ma sœur », on a le droit de se questionner, à tout le moins. Même

---

1. Entretien réalisé par l'auteur.

2. « J'ai demandé à ce que l'Inspection générale de l'Éducation, du Sport et de la Recherche réalise une inspection de la Fédération des centres sociaux, coorganisatrice de ces débats » a précisé au *Point* Sarah El Haïry.

si la chose peut choquer quelques « âmes sensibles » qui préfèrent ne pas voir la transformation culturelle d'une partie de la société et cet attrait pour la « chose islamique », notamment chez quelques jeunes, il faut, me semble-t-il, prendre le taureau par les cornes et interroger ce genre de phénomènes.

La Fédération des centres sociaux et socioculturels de France (FCSF) ne cache pas ses « convictions ». Deux mois après cet épisode, l'association cosigne une tribune qui, le moins que l'on puisse dire, affiche son positionnement idéologique. On y lit : « La situation actuelle du débat public en France se caractérise notamment par une polarisation simplificatrice, au nom de la lutte contre les extrêmes, les populismes ou les séparatismes. Cet appauvrissement inquiétant du débat démocratique, qui s'accompagne de tentations autoritaires, est un puissant accélérateur des phénomènes de repli sur soi et de diverses formes de radicalisations. » Les mots sont ceux de cercles ayant un pied du côté des tenants de l'islam politique et un autre du côté des gauchistes, et qui sont vent debout contre ce qui est alors appelé communément « la loi contre le séparatisme islamiste », rebaptisée « projet de loi confortant le respect des principes de la République ». D'ailleurs, le texte est signé notamment par Julien Talpin, un « chargé de recherches au CNRS », mais surtout allié de l'ancien trader Marwan Muhammad et de sa plateforme L.E.S Musulmans[1], par Silyane Larcher, chargée de recherche en sciences politiques au CNRS, par ailleurs proche de la « mouvance décoloniale », et par Sandra Laugier, professeure en philosophie à la Sorbonne, qui fait partie de ceux qui s'étaient opposés à la mise en place du module de formation de « prévention de la radicalisation » que je devais assurer et qui avait été annulé sous la

1. La consultation lancée par Marwan Muhammad en direction des musulmans à suscité l'intérêt de vingt sept mille personnes.

pression de milieux islamo-gauchistes[1]. Elle s'était élevée, avec d'autres inquisiteurs, pour fustiger les « forcenés de la République » et les « exaltés de la laïcité », s'opposant ainsi à toute politique contre le « séparatisme islamiste », estimant que ce serait la nation qui ferait sécession avec l'une de ses composantes, amalgamant, dans un flot de bêtise et d'aveuglement idéologique, la volonté de combattre l'islamisme et la « croisade contre une minorité désignée à la vindicte collective ».

C'est grâce à de tels alliés que se dessine progressivement le positionnement réel de la FCSF, mais c'est en observant des cosignataires de la tribune que les choses se précisent. Dans le lot, le nom d'Alliance citoyenne saute aux yeux. Il s'agit d'une association qui a commencé à rejoindre la mouvance dite « décoloniale » au courant de l'année 2019. Elle a alors multiplié les actions « coups de poing » dans les piscines municipales de Grenoble afin de défendre le port du burkini. Pour rallier les musulmans à sa cause, elle a recruté une porte-parole issue de la communauté maghrébine, Taous Hammouti, désignée par les services de renseignement comme « évoluant dans le courant de pensée des Frères musulmans » et qui s'est, selon les mêmes services, « signalée par des propos complotistes et antisémites tenus sur le réseau social ». Adepte des sorties provocatrices sur Facebook notamment, elle avait lancé, deux jours après les attentats de janvier 2015 : « N'oubliez jamais que c'est *Charlie* qui a dégainé en premier. » Son militantisme vise les femmes gravitant dans les cercles islamistes, surtout celles qui portent le voile. Selon un récent rapport du

1. Ce qui montre le caractère militant instrumentalisant un statut universitaire, c'est, entre autres, le fait de constater que ces universitaires, qui produisent très peu, sont devenus des « experts » en pétition. C'est ainsi que le 20 février, pratiquement les mêmes en signeront une réclamant la démission de Frédérique Vidal. On y retrouvera notamment Sandra Laugier, Silyane Larcher et Julien Talpin.

renseignement territorial, Alliance citoyenne, qui sollicite désormais des subventions européennes, incite les femmes voilées à s'impliquer « contre l'"islamophobie" institutionnelle dans le milieu du sport ». L'association est très active notamment dans les communes d'Aubervilliers, Gennevilliers, en région parisienne, et à Villeurbanne, dans l'agglomération lyonnaise. Des sources policières précisent qu'Alliance citoyenne a mené des opérations de *testing* dans plusieurs salles de sport privées de Grenoble et Lyon en vue de les pousser à réformer leur règlement intérieur dans un sens favorable au port du hijab (voile). En parallèle, l'association fait campagne contre le principe de neutralité religieuse du sport français, décrié comme « discriminatoire envers les femmes musulmanes ».

Si nous pouvons, en travaillant sérieusement sur l'islam politique, identifier les idéologues, les structures de l'islamisme, peut-on en faire autant avec l'islamo-gauchisme ? Parlons-nous d'une mouvance ? Avec ses théoriciens, ses penseurs et ses adeptes ? Auquel cas, l'islamo-gauchisme est-il un phénomène qui favorise l'extrémisme musulman et donc la violence terroriste ?

Quand l'extrême droite nourrit l'islamo-gauchisme

Concrètement, selon une source au ministère de l'Intérieur qui surveille de très près ces regroupements idéologiques et politiques, « cette mouvance islamo-gauchiste, d'un point de vue militant, renferme trois tendances : des anticapitalistes où l'on retrouve notamment des trotskistes et des anarchistes, des personnes engagées dans le combat antiraciste et des décoloniaux, en premier lieu des jeunes agissant dans le mouvement associatif ainsi que des étudiants, et enfin des activistes islamistes », ajoutant que toute cette mouvance décline son militantisme à la fois « au sein des universités, dans la plupart des partis politiques de gauche et à travers les réseaux sociaux ».

Mais le profane peut s'interroger : comment les reconnaître ? Il y a évidemment les éléments de langage usités, que l'on croise avec abondance sur les réseaux sociaux, des codes sémantiques, empruntés aux « décoloniaux » qui préconisent par exemple l'écriture inclusive avec profusion et l'effacement du genre. Ainsi récemment, un post sur Facebook rédigé par le Planning familial évitait d'évoquer les femmes, lui préférant, oui, l'expression « les personnes qui ont un utérus » ou alors utilisant « enceint.e. », estimant qu'un hermaphrodite pouvait l'être aussi et que, par conséquent, ce serait « stigmatisant » de ne pas l'inclure. Après que j'ai réagi à travers un tweet, un sympathisant de cette association m'a expliqué qu'outre le fait qu'il a été choqué par ma réaction, l'expression « personnes qui ont un utérus » désigne les « personnes non binaires, les hommes transsexuels non opérés », il ajoutera, plus loin, qu'il « existe des hommes transsexuels non opérés, dotés d'un appareil reproducteur en parfait état de fonctionnement », me reprochant enfin mon archaïsme. On peut trouver tout cela amusant, mais le problème, c'est que le Planning familial, qui prétend faire la promotion de l'égalité entre les sexes et de la laïcité, soutient, par ailleurs, le port du voile ; certaines de ses fédérations, je pense à celle des Bouches-du-Rhône, refusent de condamner l'excision et l'association se laisse entraîner, par les milieux islamistes et communautaristes, dans la « dénonciation de l'islamophobie ».

La dérive de toutes ces entités est observée depuis plusieurs années. Avec le changement générationnel et l'arrivée de jeunes militants impactés sinon par la propagande islamiste, du moins par les thèses « décoloniales », chaque année, le camp progressiste perd une organisation qui fut jadis engagée pour la préservation des valeurs universelles et de la laïcité. Celles-ci sont aujourd'hui volontairement « ringardisées » pour deux raisons, me semble-t-il : d'abord, du fait que les partis républicains – de gauche comme de droite – ainsi qu'une grande partie de la société civile ont permis trop longtemps à l'extrême droite d'opérer une OPA sur ces thématiques et laissé croire que la défense de la laïcité serait un marqueur des xénophobes et des populistes de droite, surtout que ces milieux n'évoquent généralement la laïcité que lorsqu'il s'agit d'islam. Quand Julien Odoul, élu du Rassemblement national, veut faire sortir d'une salle d'un conseil régional, en octobre 2019, une accompagnatrice scolaire voilée en présence de son fils et de la classe de celui-ci, il ne défend pas la laïcité, il renforce les ennemis de celle-ci. Il fait incontestablement le jeu des islamistes qui recherchent ce genre de confrontation. Ensuite, du fait du comportement de certains activistes, intellectuels ou journalistes, se réclamant de la République et de ses valeurs. Au cours de ces dernières années, certains excités se sont laissé aller à des approximations et à des attitudes indignes. Par exemple, lorsqu'une auditrice de Sud Radio s'en prend avec une incroyable violence verbale à Rokhaya Diallo (« Si madame Diallo n'avait pas bénéficié de tout ce que donne la France, je crois qu'elle serait en Afrique avec trente kilos de plus, quinze gosses, en train de piller le mil par terre et d'attendre que Monsieur lui donne son tour entre les quatre autres épouses »), la militante Céline Pina, qui se dit un peu « laïque », un peu « féministe », un peu « républicaine » est hilare sur le plateau. Je ne suis pas convaincu qu'applaudir ces propos racistes nauséeux ou sourire bêtement en les écoutant serve à démontrer la vacuité de l'expression de Rokhaya Diallo, à fragiliser cette convergence islamo-gauchiste meurtrière qu'elle participe à relayer ; au contraire, on la victimise, et donc on l'alimente, pour lui permettre de légitimer davantage sa parole. Il faut le reconnaître : l'irresponsabilité de certains acteurs du débat public – le plus souvent en quête de reconnaissance et de notoriété – n'aide pas l'incontournable combat à mener contre ces courants de pensée et participe à nourrir tous les fossoyeurs de la République. Lorsqu'on parle au nom de celle-ci et quand on prétend la défendre, il est nécessaire d'être irréprochable. Moimême je me suis parfois laissé aller à quelques provocations inutiles, notamment sur les réseaux sociaux, et j'ai compris avec le temps qu'il était préférable de suivre la ligne de crête qui doit obéir à une double logique : une dénonciation et une condamnation sans ambages du racisme – sous toutes ses formes – et une accusation et un réquisitoire clairs contre l'islam politique et ses alliés. Ce n'est qu'à ces deux conditions, respectées simultanément, et avec sincérité, que la lutte contre l'islamo-gauchisme et l'islamisme sera efficace. Et cela est d'autant plus nécessaire sur les réseaux sociaux qu'il ne s'agit pas d'un lieu où se rencontrent les intelligences, mais où seul le premier degré fait foi, car de pseudo « gardiens des élégances » sont là pour retourner la moindre blagounette contre son auteur quand celui-ci est par ailleurs engagé sur des sujets sérieux. De plus, à l'instar de Céline Pina, de nombreux petits ambitieux, ne maîtrisant ni l'histoire de l'islam politique, ni sa réalité, ni les mouvements qui le composent, ni sa géopolitique, multiplient, à travers des « yakafokon » les sorties hasardeuses, notamment depuis 2015, qui nourrissent ceux qu'ils prétendent honnir. Il ne suffit pas d'être expert en farfouille sur les moteurs de recherche et d'affirmer que le feu brûle pour être spécialiste en sécurité incendie.

L'extrême gauche

Quoi qu'il en soit, il est évident qu'il faut réarmer intellectuellement les militants, aussi bien dans le monde associatif que dans les milieux antiracistes. Mais également au sein des partis politiques. Ces derniers se laissent entraîner, pour beaucoup d'entre eux, vers des lignes qui profitent à tous les ennemis de la République. En premier à l'extrême gauche. Ainsi, rappelons par exemple que le Nouveau parti anticapitaliste (NPA) est devenu l'un des meilleurs alliés de l'islam politique. À propos du projet de loi contre les séparatismes porté par le gouvernement, le NPA résume sa position en une phrase « Loi "séparatisme" = islamophobie d'État ». En 2017, le journaliste du *Point* Clément Pétreault a réalisé une très belle enquête qui lui a permis de montrer que l'extrême gauche se déchirait déjà « autour des relations qu'il faudrait entretenir – ou non – avec les religieux [musulmans] », estimant qu'« Attac, EELV, les anarchistes libertaires, les antifas et le NPA ont placé la lutte contre l'islamophobie au cœur de leurs programmes ». Il concluait : « Seule Lutte ouvrière se distingue du lot et préfère s'en remettre aux textes fondateurs du marxisme[1]. » En effet, s'il est vrai que LO ne s'est jamais écartée d'une ligne gauchiste égalitaire, féministe et anticléricale, initiatrice du marxisme, on ne peut pas en dire autant de l'ex-Ligue communiste révolutionnaire, devenue NPA.

Un document des services de renseignement que j'ai eu l'occasion de consulter, au cours de mes investigations, souligne que le manifeste rédigé par Chris Harman en 1994, que j'ai évoqué, a considérablement

1. Clément Pétreault, « Vis-à-vis de l'islam, la nouvelle guerre des gauches », *Le Point*, 25 janvier 2017.

influencé la LCR, puis le NPA, précisant que c'est la raison pour laquelle ce parti avait « présenté en 2010 une candidate voilée, Ilham Moussaïd, aux élections régionales dans le Vaucluse ». La jeune fille se décrivait comme « laïque, féministe et voilée ». Oui, pourquoi pas, puisqu'on peut désormais se dire de gauche et défenseur du totalitarisme islamiste. Cela étant dit, elle n'a pas caché non plus sa proximité avec Houria Bouteldja ni son intérêt pour le Hamas palestinien.

Cette candidature, complètement inattendue, avait d'ailleurs suscité quelques remous, y compris à l'intérieur du parti. Cette décision avait provoqué des scores catastrophiques. À peine 2,5 % dans le Vaucluse. Et une petite scission quand même avec, à la clé, un communiqué de la part de quelques frondeurs, obligés d'avouer que les « comités attachés au féminisme et à la laïcité regrettent l'instrumentalisation de l'islam ». Le mot était lâché : « instrumentalisation de l'islam ». Merci Olivier Besancenot !

Le même rapport d'analyse que j'ai pu consulter précise que le « NPA n'entretient pas de proximité idéologique réelle avec l'islam politique », montrant ainsi qu'il s'agissait d'une pure instrumentalisation cynique des « musulmans » selon une « lecture marxienne » du phénomène religieux. Pour cette formation d'extrême gauche, la « communauté musulmane » est une « fiction politico-médiatique, visant à diviser la société et à affaiblir le mouvement social ».

Ironie du sort, Ilham Moussaïd, étudiante et trésorière départementale du parti anticapitaliste, claquera la porte du NPA, non sans jeter l'opprobre sur ses anciens « camarades », parlant de « racisme » et de « mépris ». Comme quoi, les islamo-gauchistes non plus n'échappent pas à la posture victimaire des islamistes et à l'accusation de racisme !

Cette accusation de racisme devient une constante. Même si ce fléau existe et qu'il faut – je ne cesserai de le répéter – le combattre avec toute la vigueur de la loi, il est extraordinaire de voir comment cette inculpation grave, sérieuse, est galvaudée et mise à toutes les sauces. Même des mouvements de gauche libertaires et véritablement antiracistes, qu'on ne peut pas soupçonner de connivence avec l'islam politique ou avec la chose religieuse, se laissent aller parfois à ce type de facilités. Ceux-là ne sont pas des islamo-gauchistes, car ils ne convergent pas avec les militants islamistes, mais ce sont leurs « idiots utiles ». Je pense par exemple à la Fédération anarchiste (FA) qui condamne l'idéologie meurtrière, en l'occurrence l'islam politique, qui a assassiné Samuel Paty, mais ignore visiblement que c'est cette idéologie qui dicte le port du voile. Or, FA avait considéré que les lois de 2004 et de 2010 sur les « signes religieux » et sur le « voile intégral » participaient à un « racisme d'État » ciblant les musulmans. *Idem* pour l'Union communiste libertaire (UCL) qui ne partage pas l'athéisme militant de FA et qui estime que les lois sur les signes religieux sont « racistes et liberticides ». Pourtant, cette mouvance condamne toute « ingérence religieuse dans la vie politique et syndicale »...

La convergence peut s'opérer parfois autour du thème « racisme d'État » qui est devenu un enjeu crucial à la fois pour les activistes d'extrême gauche et pour les différentes factions islamistes. Ce qui prouve la forte influence des cercles décoloniaux au sein de ces partis d'extrême gauche. Ainsi, en décembre 2020, un épisode a illustré ce qui précède.

Emmanuel Macron avait souhaité voir les représentants de l'islam de France élaborer une « charte des principes » pour dire leur attachement aux valeurs de la République. Voulant torpiller une version qui leur déplaisait, les islamistes du CFCM ont fait fuiter le projet du texte en préparation vers *Mediapart*. Or, ce qui a scandalisé la rédactrice du média d'Edwy Plenel, c'est un passage qui précisait que la France n'était pas un État raciste. Voilà le passage qui a choqué les belles âmes du journal en ligne qui ne cache plus ses accointances idéologiques avec les tenants de l'islam politique : « Nous rejetons fermement les campagnes diffamatoires prétendant que les musulmans de France seraient persécutés. [...] L'attitude victimaire ne repousse pas la haine, elle contribue à la nourrir. » La rédactrice de l'article s'étouffe davantage quand il est précisé que le terme « islamophobie » a finalement été remplacé par celui de « racisme d'État », et que la « charte » annonce : « Nous réaffirmons solennellement que la dénonciation d'un prétendu racisme d'État ne recouvre aucune réalité en France. »

Souvent, quand des appels à « manifester contre l'islamophobie » sont lancés, ils ne doivent leur succès relatif que parce qu'ils sont soutenus par des partis de gauche ou d'extrême gauche, voire par des syndicats comme la CGT qui poussent volontairement une partie de leurs adhérents musulmans, dont certains sont sensibles aux thèses islamistes. La France insoumise, EELV et le PS sont généralement très prompts à porter localement ou au niveau national certaines associations islamistes. Toujours dans le cadre de la convergence des luttes.

Des « indigènes » au sein de la République !

L'un des mouvements les plus toxiques, je le précise en pesant mes mots, est bien celui des Indigènes de la République, connu aujourd'hui sous la dénomination du PIR (ça ne s'invente pas !), le Parti des indigènes de la République. Créé dans la continuité du Mouvement des indigènes de la République (MIR), en 2010, par Houria Bouteldja et Saïd Bouamama notamment[1], ce parti politique, plutôt une mouvance, est devenu transversal : il est proche de cercles antisémites (prétendument antisionistes), il est lié à certains partis d'extrême gauche, il est compatible avec la mouvance islamiste, il navigue dans les eaux troubles de la mouvance dite « dieudonniste », portée par l'ancien humoriste antisémite Dieudonné M'Bala M'Bala et bien vue par les milieux xénophobes et racistes, surtout pour le ton aux relents antisémites qu'assume la principale figure du parti Houria Bouteldja.

Selon ses statuts, le parti « s'inscrit dans la filiation des résistances et des guerres de libération des déportés africains réduits en esclavage, des luttes des peuples colonisés pour leur libération et des combats de l'immigration coloniale et postcoloniale. Il en restaure la Mémoire. De par son action, il leur rend un hommage permanent et les prolonge ». Il dit « s'engager dans le combat contre les inégalités raciales qui cantonnent les Noirs, les Arabes et les musulmans à un statut analogue à celui des indigènes dans les anciennes colonies ». Le PIR cite la « stigmatisation médiatique de l'islam ». Je précise que c'est Danièle Obono, la députée France insoumise, proche de Jean-Luc Mélenchon, qui est le principal relais politique des « Indigènes », jusqu'au cœur de l'Assemblée nationale. Elle a qualifié, en 2017, Houria Bouteldja de « camarade ».

Houria Bouteldja

Française née à Constantine, Houria Bouteldja est « attachée commerciale à l'Institut du monde arabe

1. D'autres activistes, moins connus, étaient parmi les cofondateurs : Youssef Boussoumah, Sadri Khiari, Mehdi Meftah et Atman Zerkaoui, pour ne citer qu'eux.

(IMA) dirigé par Jack Lang ». Je souligne sa nationalité, car si quelqu'un comme Saïd Bouamama, par exemple, n'a pas, à ma connaissance, souhaité acquérir les papiers français, Bouteldja se décrit comme « indigène », mais semble être attachée à sa citoyenneté. Elle s'est très vite distinguée et s'est fait connaître des services de police à travers des provocations « à la haine raciale, violences et pour repli identitaire ». C'est ce que précise une source policière que j'ai eu l'occasion d'interroger.

Houria Bouteldja défend un drôle de féminisme[1], pas celui des « Blanches »[2] : elle prône une totale soumission de la femme « musulmane », « maghrébine » ou « africaine », demandant à ne pas chercher d'époux en dehors de sa communauté et de lui être loyal en toutes circonstances, même en cas de violences conjugales, car une plainte contre un « mari violent » serait une « trahison » à l'égard de l'identité musulmane et ferait le jeu « du racisme d'État ». Le 19 juin 2017, une « tribune de soutien » est publiée dans *Le Monde* et signée d'une vingtaine de figures de la gauche décoloniale, de l'islamo-gauchisme et des luttes « antisionistes ». Évidemment, on salue son « courage », celui d'évoquer le « combat quotidien des femmes racisées et la lutte des féministes décoloniales ». Les signataires vont jusqu'à affirmer que « la haine qu'Houria Bouteldja suscite est à la mesure de son courage. Courage de secouer nos bonnes consciences quand nous préférons oublier ce qu'accorde le fait d'être Blanc ici, en Occident ».

En 2016, la sortie de son livre *Les Blancs, les Juifs et nous*, un pamphlet déterministe, n'avait, à mon

1. Dans son livre, elle écrit : « Il faudra deviner dans la virilité testostéronée du mâle indigène la part qui résiste à la domination blanche. » Il fallait oser.

2. « Pour moi, le féminisme fait effectivement partie des phénomènes européens exportés » (*Les Blancs, les Juifs et nous*, La Fabrique, 2016.)

sens, qu'un seul objectif politique : élargir le fossé qui existait déjà, rendre les clivages plus béants entre la gauche universaliste, d'une part, et les mouvements antiracistes indigénistes, décoloniaux et leurs alliés islamo-gauchistes, d'autre part. À travers un titre volontairement agressif, mais un contenu presque inattaquable juridiquement, malgré une logorrhée haineuse, à peine dissimulée, Bouteldja sait qu'elle cristallise la discorde et qu'elle suscite le rejet. C'est ce qui l'a amenée à jouer avec les faits historiques, à les instrumentaliser pour inciter l'ensemble de ses détracteurs – et ils sont nombreux – à lui répondre avec le même niveau de violence. En provoquant de la sorte, il est évident, à mes yeux, au regard de son idéologie, qu'elle cherchait à générer des réactions tout aussi racistes que stupides. À l'instar de Rokhaya Diallo, la députée LFI Danièle Obono ou encore Tariq Ramadan, voire Saïd Bouamama, sont des profils qui ne se nourrissent pas de ce qu'ils peuvent produire comme pensée, mais des outrances de leurs pires ennemis. Et inversement.

Ses desseins, là également tout juste dissimulés, visaient à faire douter le camp antiraciste universaliste, récupérer quelques militants, mais en plus aller piocher, dans les mouvements de gauche, les esprits les moins structurés politiquement, les plus fragiles et parfois les frustrés et les déçus pour gonfler ses propres troupes.

« Il est temps pour moi de tirer ma révérence... » écrivit Houria Bouteldja, en octobre 2020, dans un communiqué posté sur les réseaux sociaux. Elle affirmait qu'elle prenait ses distances avec le milieu racialiste qu'elle avait cofondé avec d'autres durant les années 2000. De profondes dissensions sont nées par rapport aux choix stratégiques relatifs aux actions et au discours à déployer autour du « comité Adama Traoré » et des « violences policières », des thèmes qui ont fédéré une partie du camp décolonial et islamo-gauchiste, mais qui ont suscité aussi quelques divisions. Mais c'est presque une autre histoire.

Convaincu de l'influence des idées décoloniales dans plusieurs sphères de la société, Bouteldja écrit : « Cette organisation politique autonome [le PIR] est celle qui laissera le plus de traces et le plus grand héritage théorique et politique en France depuis les années 1980. Je ne verserai pas dans une hypocrite fausse humilité. » Évidemment elle est connue pour son égotisme hypertrophié, mais ce qu'elle affirme là n'est guère loin de la réalité. Ses thèses, aussi détestables soient-elles, se diffusent insidieusement, un peu comme le nuage de Tchernobyl, depuis une quinzaine d'années à la fois dans les quartiers, mais également dans plusieurs universités.

Dès la création effective du mouvement, les Indigènes annonçaient la couleur : « Les mécanismes coloniaux de la gestion de l'islam sont remis à l'ordre du jour avec la constitution du Conseil français du culte musulman sous l'égide du ministère de l'Intérieur. Discriminatoire, sexiste, raciste, la loi anti-foulard est une loi d'exception aux relents coloniaux[1]. » Le texte d'appel repose alors sur un trépied idéologique : « La France a été un État colonial », « la France reste un État colonial » et « la décolonisation de la République reste à l'ordre du jour ». Beaucoup d'encre et de salive ont coulé depuis, mais le plus important, c'est de voir qui, dès 2005, adhérait à cette pensée antirépublicaine, victimaire, diabolisante et haineuse. En premier lieu dans la mouvance islamiste, le Collectif des musulmans de France (CMF), une association qui a perdu en influence, au cours de ces dernières années, mais qui était proche de Tariq Ramadan et l'un de ses fers de lance ; le

1. « Nous sommes les indigènes de la République ! », appel pour des assises de l'anticolonialisme postcolonial, 28 février 2005.

journal en ligne *Oumma.com*, connu pour être lié à l'école frériste, ou Droit des femmes musulmanes de France, autre organisation défendant le port du voile. Parmi les personnalités du monde associatif, universitaire ou politique qui avaient signé l'appel, l'inénarrable Tariq Ramadan, mais aussi les sociologues Sylvie Tissot, Nacira Guénif-Souilamas, l'islamologue François Burgat, ou encore les éditeurs François Gèze (La Découverte) et Éric Hazan (La Fabrique), voire des militants écologistes comme Nabila Keramane, à l'époque porte-parole du parti dans les Yvelines, ou Alima Boumediene-Thiery, alors sénatrice Les Verts, mais également Alain Lipietz, du même parti. Ainsi que Vincent Geisser, le chercheur au CNRS qui avait, un an auparavant, largement « démocratisé » l'utilisation du terme « islamophobie », sans oublier la féministe et universitaire Christine Delphy et l'anthropologue Alain Bertho.

Après avoir longtemps adressé des louanges à Mahmoud Ahmadinejad, l'ancien président iranien, Houria Bouteldja a dirigé sa passion vers la Turquie. Désormais, elle ne cesse de rendre hommage à l'autocrate Recep Tayyip Erdoğan. Elle n'en rate pas une pour chanter ses « qualités ». Un véritable culte de la personnalité.

Saïd Bouamama

J'ai eu l'occasion de faire la connaissance de Saïd Bouamama entre la fin des années 1990 et le début des années 2000. Au moment où je l'ai croisé, il soutenait, en pleine guerre civile, les démocrates et les intellectuels algériens en proie au terrorisme islamiste et à un régime antidémocratique qui fermait déjà tous les espaces de liberté. Nous avons alors fait quelques débats conjointement au sein d'une association, Algérie

Ensemble, proche des progressistes et des laïques, actifs de l'autre côté de la Méditerranée. Oui, je l'ai connu quand il était encore sociologue et qu'il ne craignait pas d'attribuer l'assassinat d'un militant démocrate, tué à la faculté Ben Aknoun, à Alger, à une manipulation de la part des Frères musulmans qui, selon lui, et cela est vrai, dominait et monopolisait le comité de la cité universitaire[1]. C'était une époque où il n'avait pas peur de « stigmatiser les musulmans ». Peut-être parce qu'ils s'attaquaient à d'autres Maghrébins.

Qu'est-ce qui explique son revirement ? Une frustration ? Un poste non acquis ? Une promotion refusée ? Une vieille blessure ? Ou sans doute un de ces retournements de l'histoire qui font qu'un homme se renie parfois sans savoir lui-même pourquoi. Je n'ai jamais eu l'occasion d'en discuter avec lui. Et je ne suis pas le seul. Plusieurs de ses anciens amis m'ont avoué qu'ils avaient pris leurs distances, car sa « rhétorique n'était plus la même » et qu'en plus il avait fait « alliance avec les islamistes » en instrumentalisant le discours sur le colonialisme avec beaucoup d'agressivité ». En effet, très vite son propos est devenu revanchard et plein de ressentiments. Certains de ceux qui l'ont bien connu estiment qu'il espérait réitérer, avec le MIR, ce qu'avait produit vingt ans plus tôt la « Marche des beurs » en utilisant à la fois « la problématique du colonialisme et en s'alliant aux islamistes ». Effectivement dans son livre *L'Affaire du foulard islamique : la production d'un racisme respectable*, Saïd Bouamama parle sans cesse de « jeunes femmes issues de la colonisation » en évoquant les Françaises qui défendent le port du voile islamiste[2]. Il est d'ailleurs intéressant de constater

1. Saïd Bouamama, *Les Racines de l'intégrisme*, EPO, 2000.
2. Saïd Bouamama, *L'Affaire du foulard islamique : la production d'un racisme respectable*, Le Geais Bleu, 2004.

que le « sociologue » se délaisse de la rigueur académique pour ne pas voir les nombreuses converties islamistes qui portent le voile, celles originaires des îles ou encore celles qui viennent de pays qui n'ont jamais été colonisés.

C'est au moment des manifestations contre la loi de 2004 sur les « signes religieux » à l'école publique que des partenariats très éclectiques se sont constitués sur des bases islamo-gauchistes, victimisant par-ci tous les musulmans – et les minorités issues des anciennes colonies – et diabolisant par-là à la fois la République et ses institutions. On retrouvera ainsi dans certains rassemblements Saïd Bouamama – qui fustigeait quelques années auparavant les Frères musulmans – aux côtés d'un Tariq Ramadan, fédérant des organisations comme le Collectif des musulmans de France, Participation et spiritualité musulmane, ou encore Présence musulmane, toutes proches de l'orbite frériste, avec aussi paradoxalement des militants homosexuels au sein d'Act Up, des militantes féministes et des associations tels le MRAP (Mouvement contre le racisme et pour l'amitié entre les peuples) ou la Ligue des droits de l'homme.

Dans les rapports des services de renseignement, Saïd Bouamama est désigné comme « ressortissant algérien », « sociologue et syndicaliste, connu pour son appartenance à l'extrême gauche pro-palestinienne et sa proximité avec la mouvance des Frères musulmans ». Tous ces éléments sont corroborés par son parcours. Désormais c'est « nique la France, devoir d'insolence » – d'après le titre de son livre paru en 2010, qui justifie, d'une certaine manière, la haine que les descendants de « colonisés » doivent porter pour la France, pourtant leur pays. Nous sommes, avec de telles approches, au cœur d'un projet véritablement séparatiste, préparant les esprits à la guerre civile ; *« Planter du blanc ». Chroniques du (néo-)colonialisme français* est le titre d'un autre de ses ouvrages, paru en 2019. Tout un programme.

En novembre 2011, Saïd Bouamama fonde le Front uni des immigrations et des quartiers populaires (FUIQP). Il espère alors faire essaimer sur l'ensemble du territoire national des sections, mais son initiative ne prend pas. En dix ans, seuls six « comités locaux » sont créés[1]. Une source du renseignement territorial relativise : « Ils sont une centaine d'activistes, avec moins de deux mille sympathisants. » Ils sont néanmoins assez actifs sur les réseaux sociaux et leurs éléments de langage sont repris parfois par certains universitaires influencés par Saïd Bouamama, notamment en ce qui concerne la « lutte contre l'islamophobie » et la « lutte contre le sionisme », qu'ils considèrent comme un « avatar du néocolonialisme occidental », pour citer un document officiel du ministère de l'Intérieur qui décrit leur orientation idéologique. Le même document précise que ce collectif « refuse d'apparaître médiatiquement préférant les réseaux sociaux. Parmi ses membres, quelques-uns sont connus pour leur comportement violent et/ou leurs idées complotistes et antisémites ».

La FCPE

Derrière la défense de ces thèses « anti-impérialistes » et « anticolonialistes », tout en se réclamant de « valeurs de gauche », ils sont des partisans acharnés du port du voile. Des sympathisants et des militants d'extrême gauche composent le collectif en plus d'individus repérés en raison de leur proximité avec la mouvance fériste.

1. Un comité appelé « Istigues » qui regroupe Martigues, Istres et Châteauneuf-les-Martigues, et ceux de la région parisienne, Lille, Grenoble, Marseille et Montpellier.

De plus en plus d'associations islamistes s'emparent du lexique de l'antiracisme décolonial ainsi que des thématiques d'extrême gauche. Cette stratégie, précise une analyse des services de renseignement français, leur « permet de masquer leur caractère religieux dans le débat public et de tisser des liens avec la classe politique ». C'est une manière, en effet, de passer en dessous des radars. Pour comprendre le fonctionnement de la mouvance islamo-gauchiste, il est important de saisir le fait qu'autant des partis d'extrême gauche s'approprient des éléments de langage et récupèrent des « combats » et certaines « revendications islamistes » dans le but de séduire, espèrent-ils, un électorat musulman, autant l'inverse est vrai aussi. Certains courants défendant l'islam politique n'hésitent plus à utiliser des sujets d'extrême gauche afin d'atteindre leur objectif : infiltrer à la fois la société civile et le monde associatif laïque ainsi que les formations politiques, et y introduire progressivement leurs thèmes.

Toute cette stratégie de lobbying, d'une certaine manière, a commencé au moment de la polémique autour de l'« affaire du voile » islamiste en 2004 et celle liée à la « loi sur les signes religieux » à l'école. Les syndicats de parents d'élèves ainsi que les associations ont été les premiers ciblés, littéralement infiltrés par des activistes islamistes. Le « rapport Obin » avait, très tôt, signalé cette réalité qui n'a eu de cesse de se matérialiser dans l'Éducation nationale. Dans son livre, paru quinze ans plus tard, *Comment on a laissé l'islamisme pénétrer l'école*, Jean-Pierre Obin revient sur l'influence insidieuse de l'idéologie islamiste dans les milieux de l'enseignement et n'omet pas, à juste titre, de pointer du doigt certaines organisations dont la Fédération des conseils de parents d'élèves (FCPE). Il avait notamment cité les agissements islamo-gauchistes de Rodrigo Arenas qui s'était rendu « célèbre » en 2019 pour avoir fait diffuser en pleine campagne de rentrée 2019-2020, pour faire la promotion de la FCPE, une affichette avec une femme voilée revendiquant le droit d'effectuer des sorties scolaires. Jean-Pierre Obin avait écrit : « On observe aujourd'hui que plusieurs organisations "historiques" de gauche (la LDH, l'UNEF, la FCPE, par exemple), touchées par la crise du militantisme traditionnel, sont entrées dans l'orbite islamo-gauchiste à la faveur de la prise de pouvoir de militants d'extrême gauche épaulés par "l'entrisme" d'activistes proches des Frères musulmans. Ainsi Rodrigo Arenas, responsable de sa fédération de Seine-Saint-Denis, a-t-il ramassé en 2019 le pouvoir vacant dans une FCPE en pleine déliquescence. Très vite, il a donné des gages aux islamistes sur lesquels il s'appuyait pour gouverner la fédération du 93[1]. » Après la publication de ce livre, le coprésident de la FCPE Rodrego Arenas a poursuivi en justice l'ancien inspecteur de l'Éducation nationale, tout comme sa maison d'édition[2].

Premièrement, que la LDH, l'UNEF et la FCPE – on pourrait y ajouter la Ligue de l'enseignement – soient touchées par ce que Jean-Pierre Obin appelle la « crise du militantisme traditionnel » est totalement exact. Les milieux d'extrême gauche d'abord, les islamistes ensuite n'ont eu de cesse d'y injecter des activistes ou des sympathisants, ou de créer des ponts avec ceux déjà existants, dévoyant ainsi progressivement l'objet initial de ces associations qui sont désormais nourries par un incroyable dogmatisme qui sert les intérêts et fait le jeu,

---

1. Jean-Pierre Obin, *Comment on a laissé l'islamisme pénétrer l'école*, *op. cit.*

2. J'ai témoigné, avec notamment Manuel Valls, en faveur de Jean-Pierre Obin. L'audience de première instance a été tenue le 20 janvier 2021 au tribunal de grande instance (TGI) de Paris. Le 3 février 2021, le tribunal a rendu sa décision, déboutant le plaignant de l'ensemble de ses demandes.

certes de certaines tendances d'extrême gauche, de celles de l'islam politique surtout. En vérité, même si elles disent le contraire, ces organisations sont beaucoup plus proches du camp islamiste que des défenseurs de la laïcité, y compris, parfois, de ceux se réclamant de la gauche. Ils adoptent le discours décolonial et rompent avec l'antiracisme universaliste, mettent à l'honneur les identités singulières et ce qui leur semble en lien avec la « communauté musulmane ». Un peu de clientélisme, c'était le sens de l'affichette de la FCPE voulue par Rodrigo Arenas, un peu d'idéologie et une mise à distance du militantisme classique d'une association supposée défendre, non pas une idéologie, encore moins à caractère religieux, mais les intérêts des élèves – et de leurs parents –, et par prolongement la qualité de l'enseignement au sens large. Une petite illustration : quand la section FCPE du Puy-de-Dôme exprime sa satisfaction suite au rejet d'un amendement interdisant les sorties scolaires aux mères voilées, elle le fait sur sa page Facebook en relayant un visuel du CCIF.

Deuxièmement, affirmer, comme le fait Jean-Pierre Obin, que ces associations sont entrées dans « l'orbite islamo-gauchiste » et que les militants agissant au sein de cette mouvance sont « épaulés par l'entrisme » d'activistes proches des Frères musulmans est, là aussi, totalement vrai. C'est une démonstration que j'ai faite dans *Taqiyya !* et elle ne fut pas contestée. D'aucuns savent que le département de la Seine-Saint-Denis est l'un des plus impactés par l'activisme islamiste. Quand Rodrigo Arenas met le voile islamiste à l'honneur, à travers ses affichettes, il sait pertinemment, de manière à la fois pragmatique et cynique, à qui il s'adresse. Il n'ignore pas que des polémiques fréquentes surgissent, au cours desquelles l'on questionne cette réalité : faut-il permettre, au cours de sorties scolaires, qui est un moment d'apprentissage et d'éducation, la banalisation d'un accoutrement lié intimement à l'idéologie islamiste, au risque de faire le jeu de cette mouvance et de participer à sa normalisation dans la société ? On peut dire que c'est déjà trop tard. Ce qui est en partie vrai. Ce le sera totalement lorsque plus personne n'interrogera cet uniforme. Tant qu'il sera sujet à controverses, le voile n'aura pas gagné. Pour l'heure, le législateur n'a pas encore manifestement saisi les enjeux. Or, est-il concevable qu'une fédération de parents d'élèves se range *de facto* du côté des islamistes et non pas du côté de l'ensemble des parents d'élèves, largement attachés à la laïcité ? Comme organisation, elle est souveraine évidemment, libre de choisir son camp et son orientation idéologique. Les commentateurs, les acteurs de la société civile et les médias le sont tout autant pour décrypter et expliquer la réalité à l'opinion publique afin que celle-ci ne soit pas trompée.

La question qu'il convient de se poser froidement est la suivante : en banalisant le port du voile islamiste, la FCPE agit-elle dans l'intérêt du futur citoyen qu'est l'enfant, à qui l'enseignement laïque doit inculquer l'esprit critique, la mise à distance des dogmes, le libre examen, et lui apprendre à s'émanciper au sens large du terme, y compris de la chose religieuse ? Ou *a contrario* l'école doit-elle initier à l'enfant l'accommodement avec un symbole prôné par une idéologie archaïque qui intériorise la femme, diabolise son corps et sexualise celui de l'enfant ? Si nous n'avons ni les moyens philosophiques ni les outils juridiques – ni peut-être le courage politique – de définir le voile pour ce qu'il est dans une société qui se veut égalitaire et émancipatrice, avons-nous pour autant vocation à participer à sa banalisation ? L'extrême gauche, une partie de la gauche, mais aussi, il faut le dire, beaucoup de centristes et de gens de droite sensibles à la bigoterie ont tranché le débat, considérant qu'il s'agit là d'un

« symbole religieux » – même si on ne cesse de leur rappeler qu'il n'y a pas de « symbole religieux » en islam – qui doit être banalisé dans notre démocratie au prétexte de la « liberté de conscience ». La FCPE fait donc partie, en tout cas son coprésident et ses soutiens, de cette frange de la gauche qui a unilatéralement décidé à la place du monde musulman et à la place des féministes de culture musulmane que ce bout de tissu devait presque être sacralisé. Et que la seule critique émise en sa direction serait probablement l'expression d'une « islamophobie », pour reprendre leur mot fétiche.

Troisièmement, M. Arenas a-t-il voulu immédiatement donner des gages aux islamistes[1] ? La réponse est évidemment oui. Faut-il, là aussi, refaire de la pédagogie, rappeler que le voile est le marqueur par excellence qui symbolise le niveau d'activisme islamiste... ! Vous souhaitez connaître, de manière empirique, le degré de l'influence islamiste dans un pays musulman ? Regardez le nombre de femmes voilées dans l'espace public. Vous voulez comparer l'impact de cette idéologie entre des sociétés musulmanes ? Observez la proportion de femmes voilées dans la rue égyptienne et au sein de la société tunisienne. Vous constaterez que la première est plus touchée par l'islam politique que la seconde. De la même manière, voyez l'accoutrement des musulmanes vivant dans plusieurs quartiers populaires et analysez les problèmes liés localement à l'islam politique. En clair, là où le voile islamiste est présent, l'idéologie qui le préconise l'est aussi. C'est presque une lapalissade de l'écrire ainsi. Mais en vérité non, la

1. Au cours du procès qui a opposé M. Obin à M. Arenas, l'avocat de ce dernier a tenu à préciser que l'expression « donner des gages » pourrait laisser entendre que cela voulait dire « corrompre », « donner de l'argent ». Il ne faut évidemment pas jouer avec les mots.

pensée dont il est question se manifeste à travers un habillement dont la fonction consiste, sinon à invisibiliser, du moins à inférioriser le sexe dit « faible », car octroyer des droits égaux aux femmes impliquerait une extension presque philosophique et automatique du champ des libertés. Comme si la liberté accordée à la femme était la plus importante entre toutes. Les fanatiques le savent : là où la femme est indépendante, la société est libre. Permettre aux femmes de s'émanciper, c'est libérer les mœurs et ainsi la pensée, et par conséquent la critique. Et c'est tout l'édifice islamiste et patriarcal qui s'effondre comme un château de cartes. Les tenants de l'islam politique – appuyés par les gardiens du temple conservateur – ne veulent pas d'une telle situation, car c'est leur pouvoir qui en serait compromis.

Les éléments de langage des islamistes et ceux de leurs alliés islamo-gauchistes évoquent une « laïcité inclusive », comme si la laïcité, en l'occurrence la loi de 1905, serait exclusive ou excluante. En vérité, réclamer une « laïcité inclusive », c'est déjà jeter l'anathème, de façon insidieuse, puisque c'est faire croire qu'en l'état, cette loi exclurait les musulmans alors que dès sa promulgation, la loi dite de « séparation » a définitivement clos le chapitre de la catholicité, incluant toutes les religions, croyances et non-croyances, les mettant à équidistance les unes des autres et les séparant formellement de l'État. Évoquer cette « laïcité inclusive », c'est importer bêtement, en la mimant, un modèle américain. Agir de la sorte obéit à mon sens à trois raisons. *Primo*, une méconnaissance de l'histoire. C'est en effet ignorer les conditions politiques et idéologiques dans lesquelles sont nées la laïcité américaine et, par la suite, son homologue française. *Secundo*, une ignorance par rapport à la vocation de chacune des deux. C'est méconnaître que la « séparation » outre-Atlantique visait, dès le départ, à protéger les Églises de l'emprise de l'État. En France, c'est l'inverse. En vérité, deux modèles de laïcité s'opposent : une première laïcité, celle des Américains, considère, en effet, qu'elle protège les croyances contre l'État, la seconde, la « laïcité à la française », comme on l'appelle, empêche les religions d'interférer dans le fonctionnement de l'État. *Tertio*, une absence totale de vigilance par rapport aux objectifs des islamistes. Fantasmer sur un modèle américain, c'est interdire à l'État d'intervenir dans le fonctionnement de la mouvance islamiste et la laisser ainsi faire du prosélytisme et appliquer sa stratégie en toute quiétude. En somme, réclamer une laïcité à l'américaine, c'est dérouler un tapis rouge à l'islamisme.

Mais revenons à Arenas. Ancien adhérant au parti communiste, ensuite à EELV, il est proche de Stéphane Gatignon, l'ancien maire de Sevran qui a mené, ce n'est une découverte pour personne, une politique communautariste. Il est aussi lié à des milieux défendant la pensée décoloniale, reprenant leurs postures victimaires qui sont aussi celles des islamistes. Ceux qui le connaissent le décrivent comme « impulsif » et « manquant d'épaisseur intellectuelle ». Au sein de la FCPE, il ne fait pas l'unanimité. Ceux qui refusent l'affichette mettant un voile à l'honneur sont « racistes et xénophobes[1] ». Il est « toujours agréable de se découvrir raciste et xénophobe lorsqu'on a passé sa vie à lutter contre tous les extrémistes », dira un ancien militant de la FCPE. C'est curieux, par ailleurs, de voir un fils de réfugié chilien, arrivé en France à l'âge de 4 ans, rendre hommage au code vestimentaire le plus symbolique du totalitarisme islamiste au prétexte que celles qui « s'occupent de [ses] enfants quand [sa]

1. Virginie Bloch-Lainé, « Rodrigo Arenas, le coup du foulard », *Libération*, 7 novembre 2019.

compagne et [lui] ont un empêchement[1] » le portent. Il est évident qu'en encourageant ces femmes à garder le voile, on les prive d'émancipation et on les réduit à ce rôle de celles qui s'occupent des enfants quand les petits bourgeois sont affairés. Bonjour la nouvelle gauche ! Une telle sortie, pour le moins maladroite, n'étonne pas ceux qui le connaissent et qui soulignent tantôt son côté « puéril » tantôt son côté « non charpenté intellectuellement ». Pour autant, le personnage utilise son titre de « coprésident de la FCPE » pour engager l'organisation dans une voie très sinueuse. C'est ainsi qu'il a participé, sans aucun état d'âme, à un « débat » sur le site indigéniste Paroles d'honneur, en présence notamment de la sociologue organique de ce camp, Nacira Guénif-Souilamas, et du militant Wissam Xelka. Il signe aussi des « pétitions » avec le PIR.

Cette organisation de parents d'élèves, même si cela ne fait pas consensus en son sein et qu'il demeure des foyers de résistance, a fait un choix stratégique, celui de se positionner sur un terrain idéologique qui lui permet d'être proche des courants d'extrême gauche, mais également de plaire, pensent ses principaux dirigeants, aux « musulmans ». Le problème, c'est que ces derniers sont perçus comme un groupe homogène et monolithique, une ethnie à part, dont le seul souci est de centrer son existence autour du fait religieux, ou ses prolongements culturels, et qu'on ne cherche pas, dans ces milieux de gauche, à séduire politiquement autrement qu'à travers ce genre de thèmes. Au passage, peu de commentateurs remarqueront que ceux-là mêmes qui ne cessent de crier à « ne pas faire d'amalgames » sont, le plus souvent, à l'instar de leurs homologues d'extrême droite, très prompts à lire les

1. *Ibid.*

musulmans *via* le prisme, non pas de l'islam, mais de l'islamisme.

CCIF et autres

C'est cet environnement idéologique, cette dynamique toxique, qui a permis à de nouvelles associations islamistes et communautaristes d'émerger à partir du début des années 2000 pour s'inviter sur les questions relatives à l'antiracisme. Les revendications autour du port du voile ont précipité la naissance du CCIF et, par la suite, d'organisation comme L.E.S Musulmans, lancé par Marwan Muhammad, le CRI ou le collectif Mamans toutes égales. Entre les exigences liées au repas halal dans les cantines scolaires, le militantisme pour que des collégiennes puissent ne pas se rendre à la piscine ou qu'elles soient dispensées de voyages éducatifs, le monde de l'Éducation nationale – mais pas seulement – a été touché de plein fouet par tous ces phénomènes de réislamisation qui ont entraîné des comportements clairement séparatistes. Fondé par Samy Debah – engagé désormais en politique dans la ville de Garges-lès-Gonesse –, le CCIF a, pendant plus de dix-sept ans, agi dans un seul sens : diaboliser la République, la présenter comme porteuse d'idées racistes. C'est cette propagande mensongère et les conséquences graves qui en découlent, déjà expliquées autour du couple sémantique victimisation-diabolisation, qui ont été à l'origine de sa dissolution. Certains militants probablement sincères, peut-être ont été induits en erreur car mal formés et mal informés, nourris à la doctrine victimaire par d'astucieux idéologues qui, tout en profitant du cadre démocratique, laïque et républicain, ne cessent d'essayer de fragiliser tout ce qui leur permet d'exister et de s'exprimer. C'est paradoxal *a priori*, mais c'est la réalité de tous les mouvements totalitaires.

À propos du CCIF, une note de renseignement que j'ai consultée insiste sur les liens idéologiques qu'entretenait cette organisation avec un certain nombre d'activistes dont le salafiste Aïssam Aït-Yahya, affirmant : « Si le CCIF nie tout intégrisme religieux, ses fondateurs (et nombre de ses soutiens) appartiennent aux courants radicaux » tout en précisant que l'association avait rendu publique, le 7 mai 2020, une tribune « contre l'assimilation » signée par le même Aït-Yahya, auteur de *De l'idéologie islamique française*, un ouvrage, paru en 2011, qui appelait les musulmans à refuser l'intégration, la laïcité et la démocratie.

De son vrai nom Aïssam Moussadek, ce Français d'origine marocaine, qui a fait des études d'histoire, est un « idéologue » d'une trentaine d'années, apparu dans le paysage entre 2009 et 2010[1]. Il s'agit d'un salafiste qui a tenté, dès ses premières publications, de normaliser et de banaliser cette doctrine totalitaire en faisant croire qu'avec quelques « aménagements » elle serait compatible avec le monde moderne, non sans chanter au passage les louanges de la pensée wahhabite, ne reconnaissant que quelques erreurs d'interprétation chez certains descendants de Mohammed Ibn Abdelwahab.

En vérité, Aïssam Aït-Yahya cherche à théoriser un islamisme qui serait acceptable pour la France et, plus largement, les pays démocratiques[2]. Il est une sorte

---

1. Aïssam Aït-Yahya s'inscrit dans la continuité d'un « salafisme scientifique » marocain, composé souvent d'universitaires et d'érudits, dont les membres sont souvent très prolifiques et n'hésitent pas à publier textes et livres pour propager leurs théories. Il est, d'une certaine manière, le propagateur en France de la pensée du cheikh Bachir Aïssam Al-Marrakechi, disciple du cheikh Hassan Kettani qui avait été condamné à dix ans de prison, par la justice marocaine, au lendemain des attentats de 2013 à Casablanca. L'un des ouvrages d'Aït-Yahya, *Les Origines chrétiennes d'une laïcité musulmane*, a été préfacé par Al-Marrakechi.

2. Il tente de le théoriser notamment dans son livre *De l'idéologie islamique française* (Nawa, 2011).

de leader au sein du courant dit du « salafisme scientifique », en arabe *Al-salafiyya al-ilmiyya*, considéré, à tort comme un « salafisme quiétiste »[1]. Il se matérialise par une « soumission » de façade au pouvoir politique (quand celui-ci est musulman) et privilégie, à l'instar des Frères musulmans, une réislamisation par le bas à travers notamment des actions de prosélytisme, d'éducation et de prédication[2]. Sa démarche ressemble, sur plusieurs points, à celle des Frères musulmans. Pourtant, ses adeptes sont souvent très soutenus par certains milieux de gauche qui voient en eux des « pieux », des « quiétistes », voire des « pacifistes », juste obnubilés par leur religion.

Sans aller dans le détail, disons que le travail d'Aïssam Aït-Yahya – c'est probablement ce qui plaisait au CCIF et c'est ce qui intéresse d'autres organisations proches de lui – consiste à déconstruire les valeurs démocratiques et républicaines, les triturer, les traîner dans la boue, les diaboliser pour leur opposer une charia magnifiée et présentée comme le cadre idéal pour atteindre la félicité.

---

1. Ce concept est une invention de certains universitaires et journalistes français. Aucun salafiste ne se définit lui-même comme « quiétiste ». Le salafisme non djihadiste n'est pas une doctrine qui rejette ou qui bannit le principe du djihad, mais elle préfère le mettre sous le boisseau tant que les « conditions ne sont pas réunies », notamment les moyens matériels et la force nécessaires.

2. Il y a trois types de salafisme : le salafisme djihadiste, qui prône l'action armée ; le salafisme politique, qui accepte de participer aux processus électoraux, et le salafisme scientifique qui repose sur la prédication. L'erreur qu'il faut éviter, c'est de considérer que si leurs méthodes diffèrent, leurs objectifs aussi. En vérité, le débat qui oppose les salafistes concerne les moyens à mettre en place pour atteindre l'objectif : l'instauration d'un État théocratique, notamment là où les musulmans sont majoritaires. Dans les pays occidentaux, leur objectif est de vivre, non pas au sein de la société non musulmane, mais à côté d'elle, en créant une contre-société tout en prenant le pouvoir au sein des communautés musulmanes.

Pour comprendre les raisons profondes qui ont motivé la dissolution du CCIF, il ne faut pas s'arrêter à une analyse superficielle. Non pas répondre à des questions que poserait le profane : l'association était-elle liée à des groupes terroristes ? Appelait-elle au meurtre ? A-t-elle fait l'apologie de la violence ? Directement, jamais. Le sujet n'est pas dans l'examen de crimes ou délits, mais bien dans autre chose. Le CCIF, comme d'autres organisations, est un outil entre les mains de la mouvance islamiste, soutenu par des milieux d'extrême gauche et islamo-gauchiste dont l'action quotidienne repose sur la déconstruction de l'architecture idéologique républicaine et laïque, la diabolisation de principes essentiels et leur « ringardisation » afin qu'ils ne puissent plus attirer ni séduire. L'objectif étant de sabrer la cohésion de la société et viser la stabilité de la nation à travers une démarche en profondeur qui cherche à saper les fondements de la République et ainsi de la France.

Une énième entité milite toujours selon cette logique : la CRI, Coordination contre le racisme et l'islamophobie. Elle est créée en 2008, en région lyonnaise, par Abdelaziz Chaambi qui en devient le président. D'après des sources sécuritaires, il est « connu par les services de renseignement pour des faits de droit commun et pour son appartenance à la mouvance fériste ». Jadis animateur de l'Association de solidarité avec les travailleurs immigrés (ASTI), il était sympathisant de Lutte ouvrière durant les années 1970. Il se laisse endoctriner par les milieux des Frères musulmans au début des années 1980 et il sera à l'origine de la création, en 1987, de l'Union des jeunes musulmans (UJM), structure proche de l'UOIF qui lancera trois ans plus tard, en 1990, le centre Tawhid, un réseau de librairies et d'édition de la propagande fériste. Chaambi a été actif lors de la parution en France des *Versets sataniques*, il a été érigé par la suite comme défenseur du port du voile. Il fut compagnon de route de Tariq Ramadan avant de se brouiller avec lui.

Cette génération qui a « brillé » au cours des années 1990 et jusqu'aux années 2000 a été progressivement dépassée par une autre, apparue plus tard, incarnée notamment par Marwan Muhammad, ancien du CCIF et fondateur, en septembre 2018, de la plateforme L.E.S Musulmans. De tendance fríste, ce dernier tente de se faire passer pour un « intellectuel » totalement détaché de cette mouvance. On aurait aimé le croire, mais son parcours et ses prises de position lorsqu'il était directeur exécutif et porte-parole du CCIF, ainsi que la composition du bureau de sa nouvelle structure, en disent long quant à son orientation idéologique[1] : président, Mohamed Ennassiri, un identitaire islamisé ; secrétaire, Éric Younous, en vérité Éric Ferrer, un converti salafiste dans les radars du renseignement français depuis plusieurs années[2] ; trésorière, Feïza Ben Mohamed, une militante identitaire proche des islamistes, notamment turcs. Tous les « trois évoluent au sein de la mouvance fériste, les deux derniers entretenant par ailleurs des liens avec la mouvance salafiste », précise un rapport des services de renseignement

1. Plusieurs islamistes, notamment des salafistes et des adeptes de la pensée des Frères musulmans, ont rejoint L.E.S. Musulmans. On citera les plus connus : Nader Abou Anas, Abdelmonaïm Boussenna, Rachid Eljay, Mohamed Monta. En janvier 2019, l'association a annoncé la création de l'Assemblée des imams de France (AIF).

2. Éric Ferrer, alias Éric Younous est né en 1980. Benjamin d'une fratrie de cinq enfants, élevé par une mère célibataire, il est d'abord attiré par les lettres modernes, le rap, le sport et les petits larcins, avant de se convertir à l'islam en 2001, alors qu'il est encore étudiant à la Sorbonne. Trois ans plus tard, il est pris en charge par des Saoudiens qui lui financent des études à Médine (Arabie saoudite) où il passera huit ans. De retour en France, il deviendra un prêcheur salafiste, dont le rôle est de faire du prosélytisme afin de diffuser cette doctrine.

français. Feïza Ben Mohamed s'est illustrée durant des manifestations pro-palestiniennes violentes de l'été 2014, et ensuite au moment des provocations autour du burkini[1]. Elle s'est alors indignée, avec virulence, face aux contrôles sur les plages, et a posté des vidéos montrant des « verbalisations ».

Au sein de cette organisation, on reprend, sans complexe, le lexique de l'extrême gauche décoloniale, ce qui permet de créer des ponts avec cette mouvance et de se démarquer de l'islamisme traditionnel. Ainsi, Feïza Ben Mohamed ne porte pas le voile. Sous des allures de « femme émancipée », se cache une vraie militante islamiste et communautariste, par ailleurs très active sur les réseaux sociaux. Elle se prétend « journaliste » pour se faire inviter dans les médias, mais elle agit en vérité comme agent d'influence pour le compte des cercles islamiste et décoloniaux, et notamment pour les milieux turcs à travers l'agence Anadolu qui diffuse en plusieurs langues.

L.E.S Musulmans cherche à travailler de manière transversale : atteindre les Frères musulmans et les salafistes d'un côté, l'extrême gauche et les décoloniaux de l'autre leur permet de capter de nouveaux profils, les « identitaires islamisés ». Ce ne sont pas des islamistes au sens classique du terme – Feïza Ben Mohamed ou

1. Feïza Ben Mohamed est née en 1985. Cette Franco-Marocaine a grandi dans le ressentiment par rapport à la France. Son oncle, Lahouari Ben Mohamed a été tué accidentellement, cinq ans avant sa naissance, à Marseille lors d'un contrôle routier. Le policier, un CRS, a été condamné pour « homicide involontaire » à dix mois de prison, mais aujourd'hui encore, elle présente cette affaire comme un crime. Candidate aux élections législatives de la 5e circonscription de Nice, elle a obtenu un pathétique 1,04 %. N'ayant pas déposé ses comptes de campagne, elle a été finalement condamnée, en juin 2018, à trois ans d'inéligibilité par le Conseil constitutionnel. Elle anime une association communautariste, l'Association des musulmans du Sud (AMS), dont elle fut longtemps la porte-parole.

l'activiste excité Taha Bouhafs illustrent ce genre de militants –, mais ils sont intéressés par la dynamique islamiste, les théories gauchistes d'égalitarisme et les discours à la fois complotistes, antisystèmes et antisémites, sous couvert évidemment d'antisionisme. Leur objectif est de lisser leur image, d'être banalisés et ainsi invités par les médias *mainstream* – qu'ils ne cessent de fustiger par ailleurs – pour élever une parole susceptible de faire pénétrer les idées islamo-gauchistes dans la société et dans les milieux intellectuels. L.E.S Musulmans domine désormais le courant fériste et ambitionne de tuer le CFCM et les grandes fédérations représentatives, notamment celles rattachées historiquement à des pays étrangers. Il est précisé dans une note des services de renseignement que la plateforme « pose les jalons d'une structure qui agirait au service d'une ambition politique portée par Marwan Muhammad ».

D'autres mouvements sont moins connus, mais tout aussi actifs. Je les citerai succinctement pour être le plus exhaustif possible et je ferai allusion à ceux qui sont déjà identifiés comme Lallab[1] ou CoExister[2] (à ne

1. Lallab est une association qui pourrait illustrer l'islamo-gauchisme et la « convergence des luttes » qui rapprochent les milieux décoloniaux, islamistes, gauchistes, néo-féministes identitaires islamisés. L'association a été fondée par trois jeunes femmes : Justine Devillaine, une athée de gauche se disant « déçue » par le féminisme classique, visiblement sensible à l'activisme de ses amies musulmanes voilées, Attika Trabelsi, une identitaire voilée qui milite pour la banalisation de cet accoutrement islamiste, et Sarah Zouak, identitaire musulmane, non voilée, mais sensible à ce symbole de l'islam politique. Lallab fait partie de ces nouvelles associations – elle a été fondée en 2016 – qui participent à faire croire qu'il y aurait un « féminisme » islamiste qui passe par la revendication du port du voile. Le slogan de l'association, c'est « Mon voile, mon corps, mon choix ».

2. L'association CoExister a été créée par Samuel Grzybowski. Cet étudiant soutient alors et côtoie, sans complexe, des leaders de la mouvance islamiste, dont les membres de Barakacity, par exemple. Voulant agir dans un cadre œcuménique, il ne cherche pas à faire le distinguo

pas confondre avec le « programme Co-Exist », pensé par SOS Racisme et l'UEJF, qui, lui, défend rigoureusement la laïcité et les principes de la République. L'association CoExister joue justement sur cette ambiguïté de la dénomination pour tirer profit de la bonne réputation dudit programme).

Dans le lot, il y a aussi le collectif Mamans toutes égales (MTE), lancé en 2011 par des « féministes décoloniales » qui défendent le droit du port de voile en sortie scolaire. Ce mouvement est animé depuis le départ par Ndella Paye et Ismahane Chouder[1]. La première, qui se dit « féministe », présente la biographie suivante sur son blog hébergé par *Mediapart* :

> Femme noire musulmane féministe intersectionnelle et décoloniale. La loi du 15 mars 2004 doit être abrogée parce que islamophobe. Dénonciation sans concession de la négrophobie chez les Arabes. Le racisme est le dogme selon lequel un groupe ethnique est, par nature, condamné à l'infériorité congénitale et un autre groupe à la supériorité congénitale par conséquent le racisme anti-Blanc n'existe pas. Le système patriarcal doit être détruit et tant qu'il sera en place, la parole des femmes victimes de violences doit être crue jusqu'à preuve du contraire. Du côté de toutes les minorités, non aux normes sociales qui permettent une domination de minorités. Lutte contre l'hétéronormativité, le validisme, le laïcisme, la grossophobie…

Ismahane Chouder, elle, est initialement liée à Participation et spiritualité musulmane (PSM), émanation française du mouvement islamiste marocain

---

entre musulmans et islamistes. En plus d'une connivence à l'égard de ces derniers, il ne cesse de montrer de la bienveillance à leur égard.

1. Ismahane Chouder est également la fondatrice du Collectif des féministes pour l'Égalité (CFPE), réunissant de nombreuses figures du féminisme décolonial.

El-Adl wa Al Ihsane, « Justice et Bienfaisance », créé par l'idéologue Abdessalam Yassine[1]. Deux mois après les attentats qui ont ciblé la rédaction de *Charlie Hebdo*, des policiers et des Français juifs, et quelques semaines après une attaque ayant visé des militaires de l'opération Sentinelle à Nice, alors que la France vit une offensive islamiste sans précédent par sa violence et sa barbarie, Ismahane Chouder représente Participation et spiritualité musulmane à la Bourse du travail de Saint-Denis pour un meeting intitulé « Contre l'islamophobie et le climat de guerre sécuritaire »[2]. Ce rassemblement fait trembler toute la gauche. Finalement, le Parti de gauche ne prendra pas part à cette mascarade et EELV, plus divisé que jamais, décide de se retirer après avoir appelé à cette rencontre. Des personnes comme Rokhaya Diallo – qui s'est reconstruit depuis un semblant de « respectabilité » grâce à des réseaux ou de la connivence au sein des médias *mainstream* lui proposant, malgré sa

---

1. Né en 1928 à Marrakech, Abdessalam Yassine est décédé en 2012. Son mouvement continue néanmoins d'exister et il est animé notamment par sa fille, Nadia Yacine.

2. Pour avoir une idée complète sur ceux qui ont lancé l'appel pour ce rassemblement : l'association culturelle Les Oranges, l'association Falsafa (Angers), l'Association pour la reconnaissance des droits et libertés aux femmes musulmanes (ARDLFM), l'Association des travailleurs maghrébins de France (ATMF), ATTAC, la radio Beur FM, le Collectif antifasciste Paris Banlieues (CAPAB), le Collectif contre l'islamophobie en France (CCIF), la CGT, Educ'action Créteil, le Collectif enseignant pour l'abrogation de la loi 2004 (CEAL-2004), Cedetim, le Collectif féministe pour l'Égalité (CFPE), Compagnie Erinna-Grèce/Résistances !, Droit Solidarité, FDG, EELV, Force citoyenne populaire (FCP), Femmes plurielles, Filles et fils de la République (FFR)-Créteil, la Fondation Frantz-Fanon, la Fédération des Tunisiens pour une citoyenneté des deux rives (FTCR), FUIQP, International Jewish anti-Zionist Network (IJAN), Les Indivisibles, MTE, NPA, le site Oumma.com, PCF, PIR, PSM, la revue *Z*, Sortir du colonialisme, Stop le contrôle au faciès, Sud Éducation Créteil, l'Union juive française pour la paix (UJFP), l'UOIF.

proximité avec les Indigènes de la République[1], des tribunes au prétexte du « débat contradictoire » –, ou encore des membres de la CGT ou de l'UOIF participent, eux, toute honte bue, à cette grand-messe islamo-décoloniale qui s'apparente davantage à de la dénonciation calomnieuse contre la République qu'à un acte citoyen. Je cite ces quelques noms, car il s'agit de gens qui se disent pompeusement « anti-système » alors qu'ils profitent largement de ce que ce dernier peut offrir, surtout sur le plan politique.

Longtemps, Al Adl Wal Ihsane, « Justice et Bienfaisance », a séduit certains milieux français qui protestaient notamment, à l'orée des années 1990, contre le placement en résidence surveillée du « cheikh Yassine »[2]. Un peu comme pour l'Algérie, plusieurs commentateurs hexagonaux se donnaient déjà un malin plaisir à apporter leur soutien aux représentants de la mouvance islamiste. Ismahane Chouder a rejoint ces milieux au début des années 2000, à travers le PSM. Elle est sans doute l'une des porte-voix les plus actives du mouvement. Pour autant, cette militante islamiste n'a eu de cesse d'édifier des ponts, là aussi, à la fois avec l'extrême gauche au sens large et avec toute la mouvance indigéniste et décoloniale. Cette alliance se matérialise à nouveau en 2018 lors du rassemblement qui s'est tenu à nouveau à la Bourse du travail de Saint-Denis, où d'une conférence organisée dans la même ville par le Decolonial International Network – Réseau décolonial international – qui a réuni une sorte de « Bandung du Nord »[3]. Outre des voilées à l'instar

1. Le site du PIR apportait son soutien à la militante décoloniale, le 26 octobre 2009, à travers un texte intitulé « Notre amie Rokhaya Diallo, victime d'une campagne ignominieuse du journal *Marianne* ».

2. À ne pas confondre avec le leader palestinien du Hamas, cheïkh Ahmed Yassine.

3. La mouvance décoloniale voulait mimer la conférence de Bandung d'avril 1955 au cours de laquelle le mouvement du « tiers monde » est

d'Ismahane Chouder ou de la britannique Arzu Merali, laudatrice des mollahs iraniens[1], on comptait des indigénistes, en premier lieu Houria Bouteldja, mais aussi Saïd Bouamama ou le Franco-Américain Norman Ajari et, à côté d'eux, Rokhaya Diallo, l'identitaire décoloniale, Sihame Assbague, initiatrice, au cours de la même année, d'un « camp pour personnes racisées », donc « interdit aux Blancs », Ibrahim Bechrouri, alors doctorant à l'Institut français de géopolitique, chargé de cours à l'université et porte-parole du CCIF, auteur d'une thèse portant sur l'antiterrorisme, Omar Slaouti, à l'époque adhérant au NPA, plusieurs militants « antisionistes » et beaucoup d'autres profils, formant ce drôle d'ensemble hétérogène qui prétend lutter contre le « racisme » en générant une extraordinaire haine pour les sociétés occidentales et les systèmes démocratiques, magnifiant, au passage, à la fois les régimes totalitaires et des organisations terroristes tel le Hezbollah. Devant des figures tutélaires comme les Black Panthers Angela Davis et Fred Hampton Jr. et des activistes venus d'Europe, des islamistes à l'image de Marwan Muhammad ont pu faire illusion afin d'intégrer leur démarche aux côtés de celle de l'extrême gauche et des milieux identitaires se réclamant de cette sensibilité idéologique.

L'un des mouvements qui illustre le mieux cette « convergence des luttes » est le collectif Respect égalité dignité-RED (comme « rouge ») ! Et notamment son fondateur, Abderrazak Zahiri, dit Abdel, ressortissant

---

né à l'initiative des pays fraîchement décolonisés ou en voie de décolonisation. La conférence de Saint-Denis, organisée du 4 au 7 mai 2018, a pris comme appellation « Bandung du Nord, vers une internationale décoloniale ».

1. Arzu Merali est surtout la cofondatrice de l'Islamic Human Rights Commission (IHRC) qui a, deux mois après les attentats de *Charlie Hebdo*, décerné au journal satirique le « prix de l'islamophobie pour l'année 2015 ».

marocain, ancien membre du NPA (où il a passé moins de deux ans) et acteur avignonnais des Gilets jaunes. Selon une source du ministère de l'Intérieur, « il est connu des services de renseignement pour sa proximité avec les cercles pro-palestiniens et avec le courant de pensée des Frères musulmans ». Après avoir fait ses classes politiques au sein de l'extrême gauche, Abdel, comme l'appellent ses intimes, se rapproche d'abord de La Manif pour tous, puis se laisse aller à des discours homophobes et à des déclarations antisémites – il a traité Simone Veil de « pourriture sioniste » –, et devient un soutien zélé de Tariq Ramadan lorsque ce dernier est poursuivi pour viols et agressions sexuelles

Tout ce qui est de gauche n'est pas forcément islamo-gauchiste

Le problème n'est pas tant l'activisme de ces milieux d'extrême gauche et de ces cercles décoloniaux – à chaque période, il y a, idéologiquement parlant, des fous et des illuminés qui pensent changer la société en y introduisant souvent les idées les plus farfelues et les pensées les plus fantaisistes. Non, le souci réside à la fois dans le contexte et la convergence des luttes entre ces derniers et les tenants de l'islam politique. Les premiers incitent, d'une certaine manière, par leur diabolisation du système démocratique, à légitimer, directement ou indirectement, la violence. Le vocabulaire utilisé est lui-même anxiogène. La philosophe féministe décoloniale Elsa Dorlin parle par exemple de « dispositifs défensifs » ou de « tactiques défensives » des minorités. Et toute la question est là. Lorsque je les entends parler à l'islamiste français qui voit tous ses droits préservés même lorsqu'il menace la société et l'ordre public, ils donnent l'impression de s'adresser à Nelson Mandela s'opposant au système d'apartheid ! En vérité, ce sont des gens qui ont besoin de se créer un conflit, une cause juste, des ennemis pour qu'ils puissent avoir l'impression, juste l'illusion, d'être des héros de leur époque. Des sujets sensibles ont été tellement triturés qu'on trouve de nos jours des personnes, abreuvées de discours victimaires, jusqu'à l'indigestion, convaincues de vivre dans une France où règne un « racisme d'État ». Allez expliquer que la France fut jadis puissance coloniale et que cela relève de l'histoire. Allez rappeler que la France ne « colonise » aucun « indigène » chez elle et qu'il fait plutôt bon vivre dans cette démocratie qui naturalise, chaque année, autour de 100 000 nouveaux Français. Allez dire que toutes ces accusations sont fausses. Allez dire que ce n'est pas vrai, osez apporter la contradiction, surtout si vous-même êtes considéré comme un éternel allogène et vous serez immédiatement traité, selon votre parcours, de « natif informant » par les plus « diplômés », et d'« Arabe de service » et de « Nègre de maison » par les autres. Durant ces vingt dernières années, des personnes d'origine maghrébine ou africaine, se disant musulmanes, m'ont traité de « sale bougnoule ». Dix fois plus souvent que des racistes d'extrême droite.

Nous sommes dans une période de confusion. Même des femmes voilées se disant « féministes » luttent pour l'égalité entre les deux sexes. Pourquoi pas ! Hanane Karimi en fait partie. Cette sociologue franco-marocaine, devenue un temps égérie de la défense du voile islamiste, laisse penser qu'elle lutte contre le patriarcat, mais lutte aussi pour porter ce qui le symbolise le plus. Pour démêler toutes ces subtilités et nuances, comprendre le magma auquel nous faisons face, voir plus clair dans l'opacité idéologique et les enchevêtrements, il fallait aller dans le détail et essayer, autant que faire se peut, de cerner toutes les chapelles. L'une après l'autre.

C'est dire qu'il ne s'agissait pas ici d'établir un inventaire à la Prévert, mais d'énumérer des noms et permettre de reconnaître à la fois la mécanique, la sémantique, la grammaire, les chapelles idéologiques et les principaux acteurs toxiques qui participent, chacun pour un agenda particulier, ou au service d'une pensée donnée, à fragiliser le bien commun : le cadre démocratique. Cette pseudoscience est utilisée par de dangereux boutonneux qui construisent des ponts avec des islamistes cyniques conscients qu'ils ont trouvé dans ces courants, plus que des « idiots utiles », des acteurs toxiques capables d'entretenir un climat malsain qui plaît aux tenants de l'activisme identitaire islamisé, car favorables à ce type de pensée.

Les identifier est nécessaire pour déployer une riposte appropriée, en puisant toute réponse dans les textes de l'État de droit, le corpus des valeurs universelles et l'éthique, afin de faire barrage à tous ces acteurs qui sont devenus, pour la plupart, des ennemis de la République.

Il est important par ailleurs d'éviter les mélanges et les nivellements par le bas. Tout ne se vaut pas. Je le précise, car c'est le péché mignon notamment des milieux xénophobes et populistes : tout ce qui est de gauche est forcément islamo-gauchiste. Ou alors ceux qui ne le sont pas ne sont forcément plus de gauche. Il y a, et heureusement, certains milieux de gauche radicalement opposés à cette pensée détestable. Ils sont aussi quelques-uns, dans ce cas, au sein des milieux antiracistes.

Sopo, ancien militant de l'UNEF, n'a rien à voir aujourd'hui avec Mélenchon, sinon une fidélité à certaines valeurs communes auxquelles le premier est lié, mais pas le second. Car si l'un a toujours montré un attachement réel, bien au-delà du déclaratif, à la fois à la laïcité, à la défense du « droit au blasphème » et à celle de la liberté d'expression, le second ne cesse de s'écarter de toutes ces valeurs, craignant probablement qu'une position claire n'éloigne de lui une clientèle musulmane, qu'il essentialise visiblement et qu'il ne désespère pas de séduire électoralement. Si on devait utiliser un moyen pour départager les deux hommes, on trouverait dans la désormais « affaire *Charlie Hebdo* » un excellent marqueur. En effet, si Dominique Sopo n'a jamais hésité une seconde à soutenir l'hebdomadaire satirique, allant jusqu'à témoigner, en 2007, en sa faveur lors du « procès des caricatures », diffusant auprès des militants des luttes antiracistes une pédagogie sans cesse réitérée, Jean-Luc Mélenchon, comble du cynisme, de la duplicité ou de la schizophrénie idéologique, défend, depuis une quinzaine d'années, une ligne disons plus que timide par rapport au journal, soufflant ainsi le chaud et le froid selon les circonstances. Il n'a eu de cesse de s'éloigner de ce courant tout en continuant pourtant de se réclamer de la liberté de conscience, du droit au blasphème et de la laïcité, mais en se complaisant dans la position du balancier qui a fini par déséquilibrer son image et la placer davantage du côté des supporters des assassins des satiristes que de celui de *Charlie Hebdo*.

Les choses ont empiré au lendemain des attentats de janvier 2015, puisque, alors qu'il était l'auteur d'une émouvante oraison funèbre lors des obsèques de Charb, l'ancien directeur du journal tué, avec d'autres membres de la rédaction, par des barbares s'exprimant au nom d'Al-Qaïda, Mélenchon qui, à chaque occasion, parle d'« amitié » pour les caricaturistes massacrés, est tombé dans un populisme crasse, des postures bien grasses et des déclarations qui frôlent parfois le cocasse avant de devenir clairement une sorte d'idiot utile de l'islamisme. Ainsi n'hésita-t-il plus, quelques années plus tard, à faire le parallèle, à travers un tweet, entre la ligne éditoriale de *Charlie Hebdo* et celle de *Valeurs actuelles*[1]. Cherchez l'erreur !

À des fins pédagogiques, nous pourrions donc résumer la comparaison entre les deux de la manière suivante : Jean-Luc Mélenchon a évidemment dévié vers l'islamisme, allant jusqu'à participer à une marche dite « contre l'islamophobie », le 10 novembre 2019, ce qui a eu le mérite de clarifier le débat et officialiser son virage assumé vers l'islamo-gauchisme. Là, l'expression est nettement justifiée puisqu'elle sert à commenter une convergence militante entre les tenants de l'islam politique (organisateurs d'un rassemblement qui évoque l'existence d'un prétendu racisme d'État) et des responsables politiques – Mélenchon était accompagné d'une partie de son état-major – se réclamant de la gauche. Pour Dominique Sopo, parfois abusivement traité d'« islamo-gauchiste » – le plus souvent par des acteurs ou des émules de la xénophobie –, rien, ni dans sa trajectoire ni dans son propos, ne peut laisser penser qu'il aurait une quelconque sympathie ou indulgence à l'égard de l'islamisme. Outre ses soutiens répétés à la rédaction de *Charlie Hebdo*, défendant le droit à la satire, une expression qui autorise quelques excès bannis dans la presse traditionnelle, il a fait une sortie médiatique on ne peut plus claire au cours de laquelle il a déclaré : « L'islamisme est d'extrême droite parce que des gens qui sont contre la démocratie, contre la liberté des mœurs, conte les juifs, contre l'Occident, c'est quoi sinon l'extrême droite ? »

1. Mélenchon s'est également exprimé dans *La Provence* du 18 septembre 2020 en ces termes : « Je suis triste de voir comment ces gens sont en train d'évoluer. Je déplore que *Marianne* et *Charlie* soient devenus les bagagistes de *Valeurs actuelles*. Je les aimais bien. » Sur Facebook, la rédaction de *Charlie Hebdo* a alors posté un commentaire : « Si Charb pouvait lire votre tweet dégueulasse aujourd'hui, pas sûr qu'il aurait envie de continuer à être votre "camarade". »

Pourquoi raconter tout cela ? Pour rappeler que cette partie du monde occidental, en France et ailleurs, qui prétend « soutenir les musulmans » aide ainsi ce qu'ils génèrent de pire. Imaginez, un homme, étranger à la société française ou belge, se disant de gauche, jurant sur tous les saints qu'il est un admirateur et un protecteur de la culture occidentale et qui, pour vous prouver son amitié indéfectible et son attachement, s'en irait s'allier avec tous les néonazis de France et de Navarre et tous les membres de l'ultradroite la plus violente et la plus réactionnaire. C'est exactement ce que je ressens parfois. Au lieu de s'intéresser à l'islam de Mohamed Abduh, une certaine gauche a préféré écouter Marwan Muhammad. Et au lieu de lire les livres de Taha Hussein, ils ont liké les tweets de Taha Bouhafs, identitaire islamisé, agité et agitateur compulsif, proche de Jean-Luc Mélenchon et du CCIF. Oui, on pourrait le dire aussi d'une autre manière : l'islamo-gauchisme c'est souvent de la politique et de l'idéologie, mais c'est quelques fois de la bêtise.

13

« Aucun révolutionnaire ne peut se désolidariser de Septembre noir ! »

« La haine ne peut pas avoir l'excuse de l'humour ! » La phrase est prononcée par Edwy Plenel. Présentée ainsi, la sortie n'a rien d'exceptionnel. Le directeur de *Mediapart*, qui aime se donner des allures d'érudit, est un habitué des citations. « Il en a toujours dans sa besace et n'hésite pas à en chercher des nouvelles avant une émission de télévision ou une conférence », me dit une de ses connaissances qui a requis l'anonymat pour ne pas se fâcher avec lui.

« La haine ne peut pas avoir l'excuse de l'humour ! » En vérité, la phrase n'est pas anodine. Ce n'est pas un bon mot ni une simple paraphrase de Charles Péguy. Il s'agit d'une sortie qu'une bonne partie de l'équipe de *Charlie Hebdo* n'est pas près d'oublier. Nous sommes le 22 janvier 2015, deux semaines après l'attentat au cours duquel des rédacteurs et dessinateurs de l'hebdomadaire satirique sont tués. Le patron de *Mediapart* est invité sur le plateau de Yann Barthès dans l'émission qu'il anime alors sur Canal+, *Le Petit Journal*. Le présentateur montre à Plenel la « une des survivants », comme elle a été appelée au moment de la réapparition du journal. On y voit un Mahomet brandissant une pancarte « Je suis Charlie » et le titre exprime un inattendu, mais subtil « Tout est pardonné ». Edwy Plenel est d'abord gêné, essaye de dire qu'il défend le « droit de caricaturer », l'intervieweur le presse de répondre à la question : « Est-ce que vous la trouvez choquante ? » Il insiste, même. Finalement, le directeur de *Mediapart* lâche une phrase plus qu'alambiquée : « Je ne pense pas que dans le débat public [...], on puisse tout prendre à la rigolade, à l'ironie, à la moquerie. [...] Ça dépend si elle s'attaque à des personnes [...]. La haine ne peut pas avoir l'excuse de l'humour ! »

Cette phrase n'est pas seulement maladroite, elle exprime une cohérence idéologique. Bien que les assassins soient des musulmans, qu'ils aient crié, après leur forfait, « Nous avons vengé le prophète Muhammad ! », qu'ils aient baigné dix années durant dans l'islamisme, Plenel les considère toujours comme des victimes qu'il faut plaindre. Et évidemment, il se trompe sur toute la ligne. D'abord en citant Charles Péguy, il ne prend pas l'auteur le plus proche de ses théories puisque ce dernier a défendu sinon l'humour « tragique », du moins le « comique sérieux ». Il n'aimait certes pas la dérision agressive – ce que ne fait pas *Charlie Hebdo*, surtout lorsqu'il traite de l'islam –, mais s'en donnait à cœur joie pour rire de choses sérieuses. Et c'est exactement ce qui a coûté la vie à une partie de la rédaction du journal satirique. Ensuite, Edwy Plenel continue de faire, lui-même, l'amalgame contre lequel pourtant il ne cesse d'alerter. Quand les médias ou les intellectuels critiquent les terroristes, lui voit des musulmans ; lorsqu'il est question de fustiger des islamistes, lui décode toujours qu'il s'agit de ces mêmes musulmans ; et face aux constats réalistes du danger islamiste, il considère que ce sont, là aussi, tous les musulmans qui sont visés.

Cinq jours avant cette sortie hasardeuse, le même « défenseur des musulmans » débat aux côtés d'un islamiste, et pas n'importe lequel : Tariq Ramadan. Le 17 janvier, le directeur de *Mediapart* se retrouve tout heureux, comme un enfant, dans une rencontre organisée par des cercles proches de la pensée des Frères musulmans. Nous sommes à Brétigny, dans l'Essonne, dix jours après les évènements sanglants des 7, 8 et 9 janvier 2015[1].

Dès son arrivée, Ramadan le fait applaudir et obtient une *standing ovation*. Devant une salle acquise, en présence de plusieurs femmes voilées – le marqueur est important –, Plenel, qui aime jouer au sachant, débute sa prose en mettant en avant Charles Péguy, comme il le fera quelques jours plus tard sur le plateau de Yann Barthès : « Parce qu'ils n'ont pas le courage d'être du monde, ils croient qu'ils sont de Dieu. Parce qu'ils n'ont pas le courage d'être d'un des partis de l'homme, ils croient qu'ils sont du parti de Dieu. Parce qu'ils ne sont pas de l'homme, ils croient qu'ils sont de Dieu. Parce qu'ils n'aiment personne, ils croient qu'ils aiment Dieu[2] », laissant penser que ce passage suffirait à décrire les islamistes et donc les frères Kouachi, en ajoutant quelques secondes plus tard : « On ne fonde, on ne refonde aucune culture sur la dérision, et la dérision et le sarcasme et l'injure sont des barbaries. Ils sont même des barbarismes. On ne fonde, on nc refonde, on ne restaure, on ne restitue rien sur la dérision. » Cette seconde citation est clairement destinée à *Charlie Hebdo*.

1. Le lendemain de l'attentat contre *Charlie Hebdo*, une policière municipale est assassinée à Montrouge et le 9 janvier une prise d'otage a lieu dans un Hyper Cacher à Vincennes qui coûtera la vie à quatre personnes.

2. Charles Péguy, *Note conjointe sur M. Descartes et la philosophie cartésienne*, 1914.

À ma connaissance, personne ne l'a relevée ; or le procédé rhétorique est scandaleux. Et pour plusieurs raisons. D'abord, dix jours après les attentats, réserver une citation pour fustiger les criminels et une autre pour stigmatiser les victimes est d'une indescriptible perfidie. Renvoyer, de cette façon, dos à dos, les terroristes et leurs alliés, et les journalistes et leurs soutiens montre que le personnage Plenel est véritablement nourri de mauvaises intentions. Mais nous n'en sommes pas là. Il ne s'agit pas de faire une étude de texte, mais de relever ce vernis de connaissance qui permet au pourfendeur de *Charlie Hebdo* de faire illusion. Car n'en doutons pas, citer Péguy pour attaquer *Charlie*, c'est, toutes proportions gardées, comme convoquer Céline pour dénigrer Le Pen. Car le brillant écrivain, qui se retrouve, bien malgré lui, instrumentalisé par le fondateur de *Mediapart*, défendait une démarche très proche de celle du journal satirique, même s'il était, pour son époque non pas un « conservateur » au sens classique du terme, mais un méfiant rigide contre la modernité. Et cela, Plenel l'ignore visiblement, malgré son incommensurable science. Polémiste, maniant aussi bien le verbe que *Charlie Hebdo* le dessin pour attaquer ses adversaires, Péguy redoublait d'ingéniosité afin de ridiculiser ses cibles. Comme tout bon satiriste, il n'usait pas de son art pour étaler une méchanceté gratuite, mais pour déconsidérer le grotesque, surtout dans le but de faire réfléchir. L'universitaire Claire Daudin, spécialiste incontestée des travaux de l'écrivain, commente parfaitement certains de ses écrits[1] :

> Un texte, comme *Heureux les systématiques*[2], rédigé en 1905, quand Péguy se lance dans sa grande diatribe

1. Ancienne élève de l'ENS, Claire Daudin est agrégée et docteur en lettres modernes, et enseigne à l'Institut Albert-Le Grand (Angers).

2. Voir Charles Péguy, *Heureux les systématiques. Œuvres en prose complètes*, Gallimard, coll. « Bibliothèque de la Pléiade », t. II, 1988.

> contre le monde moderne et sa démarche intellectuelle, n'a rien à envier pour ce qui est de la verve satirique à *L'Argent suite*, violent pamphlet paru en 1913, alors que l'auteur est sorti de l'ombre et qu'il peut ouvertement s'en prendre à l'intelligentsia politique et universitaire de son temps. Dans *Heureux les systématiques*, les cibles sont clairement identifiées, Péguy s'en prenant aux socialistes et aux sociologues, auxquels il reproche parallèlement un esprit de système qui les éloigne de la réalité, puis aux kantiens, dont il dénonce la haine de la vie. Ces ennemis du réel sont mis à mal de diverses façons, Péguy faisant preuve dans ce texte d'une ingéniosité remarquable. C'est dans *Heureux les systématiques* que l'on trouve le portrait charge le plus réussi, le plus férocement pathétique que Péguy ait jamais donné[1]...

Claire Daudin poursuit – et ce passage est important pour tous ceux qui ne connaissent pas assez les écrits de l'auteur en question : « Le texte fonctionne comme une arme, il porte des coups. Objet contondant, le livre est réduit à sa matérialité, se fait projectile que l'on se lance d'une barricade à l'autre, brûlot qui passe de main en main. Hérissé de pointes, l'écrit polémique se dresse comme un obstacle entre le lecteur et l'auteur. Péguy est allé assez loin dans cette voie[2]. » On ne peut plus clair.

Ce qu'Edwy Plenel ignore aussi – probablement –, c'est que l'auteur qu'il cite en référence, contemporain de la IIIe République, était plutôt en discorde assumée avec les cercles réactionnaires, les bonapartistes, les adeptes de l'Ancien Régime, les émules de l'anarchisme de droite et autres. Républicain jusqu'au bout des ongles, parce qu'il devait tout à cette même République, lui le jeune

1. Claire Daudin, « Péguy et l'autre : le dépassement de la littérature polémique », *Cahiers de l'Association internationale des études françaises*, 1997, p. 427-443.

2. *Ibid.*

écrivain, issu d'un milieu modeste, produit de l'école laïque – il n'a que cinq ans quand les « lois Jules Ferry » laïcisent l'enseignement –, il sera l'un des premiers intellectuels français, au sens contemporain du terme. Son engagement, corps et âme, aux côtés de Bernard Lazare, durant l'« affaire Dreyfus » en sera l'illustration.

Ensuite, la démarche de Plenel est scandaleuse parce qu'il utilise une citation – « On ne fonde, on ne refonde aucune culture sur la dérision et la dérision et le sarcasme et l'injure sont des barbaries. Ils sont même des barbarismes. On ne fonde, on ne refonde, on ne restaure, on ne restitue rien sur la dérision » – que Péguy a destinée aux hordes de l'Action française, à Charles Maurras et à ses amis, et il ne pensait certainement pas qu'un jour on l'utiliserait contre un journal comme *Charlie Hebdo*. Car même s'il était croyant, même s'il avait recouvré la foi – je dirais la mystique – chrétienne, même s'il était critique envers le monde moderne, Péguy demeurait strictement opposé aux extrémistes, aux antisémites, car profondément socialiste, une sorte d'anarchiste de gauche, totalement polémiste, donc, et complètement satiriste. Rien dans ses textes ne laisse croire qu'il n'aurait pas compris, à l'instar de Plenel, les dessins de *Charlie Hebdo*.

Poursuivant dans sa logique, Edwy Plenel citera, avant la fin de son intervention, une déclaration de Jean Jaurès à la Chambre des députés. Dans l'instrumentalisation des figures intellectuelles les plus républicaines, il décontextualise pour servir son point de vue. Jaurès parlait des affres du colonialisme. Son propos date du début du XXe siècle. Il dit : « Oui, messieurs, si les violences auxquelles se livre l'Europe en Afrique achèvent d'exaspérer la fibre blessée des musulmans, si l'islam un jour répond par un fanatisme farouche et une vaste révolte à l'universelle agression, qui pourra s'étonner ? Qui aura le droit de s'indigner ? » Il rappelle alors que cette déclaration suscita un brouhaha des députés, mais se précipite et fait un parallèle avec les protestations qui se sont élevées quand, au lendemain des attentats de janvier 2015, plusieurs personnes ont commenté cette rencontre Plenel-Ramadan. Il poursuit et paraphrase à nouveau Jaurès : « C'est toujours servir la patrie que d'éviter que se renouvellent les blessures qu'elle a infligées à l'humanité et au droit. Que de l'amener à se demander quelles semences de colère, de douleur et de haine elle sème là-bas et quelle triste moisson lèvera demain... » Triste manipulation de l'histoire, digne d'un indigéniste, dix jours après des attentats islamistes qui ont coûté la vie à dix-sept personnes de toute origine, de toute culture et de toute religion.

Ce qui a été incroyable lors de son discours, c'est que le fondateur de *Mediapart* n'a pas jugé utile de souligner, quand même, le danger terroriste, la menace islamiste, se suffisant d'entretenir son auditoire d'un propos qui pouvait laisser croire que pendant trois jours, des musulmans ont été assassinés dans leur mosquée. C'est véritablement l'impression que j'ai eue en suivant la vidéo de l'intervention. Il en pleurait même, tellement il était ému, estimant que les musulmans subissaient trop de pression dans ce pays de la part de ceux qui se réclament de la République. Le monde à l'envers. Il ne s'agissait pas évidemment de mettre en accusation les fidèles de la religion musulmane, ni de les stigmatiser, ni de les rendre responsables de ce qui venait de se produire, mais pas non plus de parler comme si les assassins ne s'étaient pas réclamés de l'islam, comme si des organisations terroristes islamistes – Al-Qaïda et Daesh – n'avaient pas appelé à ses attentats et comme si, *in fine*, la société française n'avait pas réagi avec dignité et force lors de cette épreuve.

Ce qu'on oublie souvent de rappeler, c'est qu'heureusement – car la France est un grand pays, que les Français forment une société civilisée, et que la République est immense –, au lendemain de chaque crime islamiste, les musulmans de France, tous, vaquent tranquillement à leurs occupations, pendant que leurs enfants se rendent paisiblement à l'école. Où est la stigmatisation ? Voudrait-on qu'on dise « Cela n'a rien à voir avec l'islam », même quand le terroriste crie *Allah Akbar* et qu'une organisation légitime l'action criminelle en mettant en avant, sur ses communiqués, des versets coraniques et des hadiths du Prophète ?

À l'issue de son intervention, le maître de cérémonie lancera à l'adresse d'Edwy Plenel : « Ce n'était pas facile de donner envie de République dans ce contexte », poursuivant ainsi dans cette indécence et cette auto-victimisation qui laissait penser que les musulmans souffraient terriblement depuis une dizaine de jours.

Aussi paradoxal que cela puisse paraître, sans le vouloir, c'est Tariq Ramadan qui va, lors de son intervention, faire la leçon à Edwy Plenel puisqu'il insistera sur le fait que chaque détenteur d'une parole publique est responsable du propos qu'il est susceptible de tenir dans un moment où il y a une forte charge émotionnelle. « Le temps de l'émotion, ce n'est pas rien. » Or, justement, le directeur de *Mediapart*, cherchant à montrer sa bienveillance à l'égard de tout le monde, a oublié cette même bienveillance à l'endroit des victimes des attentats des 7, 8 et 9 janvier 2015, et notamment de celles de l'hebdomadaire.

Moins de trois ans après ce débat éclate l'« affaire Ramadan ». Plusieurs femmes accusent le prédicateur islamiste de viols et/ou de violences sexuelles[1]. La

1. Au début de l'année 2021, au moment de l'achèvement de cet ouvrage, Tariq Ramadan était toujours mis en examen et l'instruction se poursuivait.

couverture de *Charlie Hebdo* lui est consacrée et, une semaine plus tard, c'est Edwy Plenel qui se retrouve en une du journal satirique dans la posture de singe sage qui ne voit pas, n'entend pas, ne parle pas. L'une de ses connaissances raconte qu'il était furieux contre le dessin de Coco. « Il était en voyage, le dessin lui a pourri ses vacances », souligne ma source. Pour lui, la caricature est injuste. Il est un peu touché dans son amour-propre. Mais en journaliste expérimenté, vieux routier, comme on dit, il sait en plus que le dessin est le meilleur moyen de casser des mythes, de briser des légendes. Il jure qu'il ignorait tout de l'affaire Ramadan. Il ne s'agit pas évidemment de préjuger de ce qu'il savait ou pas. Ni de lui faire un procès d'intention dans cette histoire. Il est question, avant tout, d'analyser cette nouvelle affaire. Car à la vérité, c'est en réagissant que Plenel va poursuivre dans ce chemin sinueux qui est le sien. De son hôtel où il passe des vacances quelque part en Asie, il tweete très tôt ce 7 novembre 2017 : « Ils peuvent me haïr, ils ne parviendront pas à m'apprendre la haine. » Toujours cette manie de se cacher derrière de grands écrivains, d'instrumentaliser leurs citations. Après Charles Péguy et Jean Jaurès, cette fois, il convoque une partie d'un texte du pacifiste Romain Rolland. Sa phrase complète est : « Je me suis trouvé, depuis un an, bien riche en ennemis. Je tiens à leur dire ceci : ils peuvent me haïr, ils ne parviendront pas à m'apprendre la haine. Je n'ai pas affaire à eux. Ma tâche est de dire ce que je crois juste et humain. Que cela plaise ou que cela irrite, cela ne me regarde plus. Je sais que les paroles dites font d'elles-mêmes leur chemin. Je les sème dans la terre ensanglantée. J'ai confiance. La moisson lèvera. » Romain Rolland écrivit ce texte en pleine guerre mondiale, la première, en septembre 1915.

Là aussi, le procédé de Plenel est le même. Il se place immédiatement du côté du « bien ». Mais il n'y a pas que cela. En paraphrasant un pacifiste, en prenant cette posture, il place *Charlie Hebdo* dans celle des va-t-en-guerre. De ceux qui cherchent le conflit, voire de l'agresseur. C'est, là également, à tout le moins, maladroit. Croquer Edwy Plenel dans la position du singe sage répond, en revanche, à une réalité[1]. Qu'a-t-il vu, entendu ou dit à propos des tenants de l'islam politique de manière générale, au-delà des frasques sexuelles de Tariq Ramadan ?

Le fondateur de *Mediapart* jure qu'il n'aime pas les petites phrases, pourtant il en abuse. Il fait la leçon aux journalistes de France et de Navarre, leur inculquant l'art de l'investigation, cependant qu'il s'agit d'un idéologue qui ne cesse de mettre ses « investigations » au service de son idéologie. Aurait-il manqué de temps pour réaliser des « enquêtes » sur l'islamisme, un phénomène qui ne cesse de progresser en France depuis une trentaine d'années ? Il affirme qu'il n'aime pas personnaliser les attaques, alors qu'il ne fait que cela, allant parfois jusqu'à l'obsession – je pense à l'affaire Sarkozy, et je ne suis pas son défenseur –, pour qu'au final cette détermination opposée à des acteurs politiques ne concerne jamais, à ma connaissance, des figures de l'extrême gauche. Il n'y a probablement rien à dire de ce côté-ci de l'échiquier.

En vérité, Edwy Plenel est coutumier du fait. Depuis l'époque où, dans *Rouge*, la feuille de choux de la Ligue communiste révolutionnaire (ah le bon vieux temps !), il signait « Joseph Krasny » (Joseph pour faire un clin d'œil à Staline et *krasnyy* qui veut dire

1. Il ne s'agit pas ici de jeter l'opprobre sur l'ensemble de la rédaction de *Mediapart* qui compte de très bons journalistes d'investigation, mais de préciser la posture et le mythe qui entoure le fondateur de ce média.

« rouge » en russe), il a toujours agi de cette manière, même si aujourd'hui il reconnaît quelques erreurs de jeunesse. Comme le jour où, au lendemain de l'attentat de Munich les 5, 6 septembre 1972, perpétré par les terroristes de Septembre noir, qui a coûté la vie à onze athlètes israéliens et à un policier allemand, il écrivit :

> L'action de Septembre noir a fait éclater la mascarade olympique, a bouleversé les arrangements à l'amiable que les réactionnaires arabes s'apprêtaient à conclure avec Israël [...]. Aucun révolutionnaire ne peut se désolidariser de Septembre noir. Nous devons défendre inconditionnellement face à la répression les militants de cette organisation [...]. À Munich, la fin si tragique, selon les Philistins de tous poils qui ne disent mot de l'assassinat des militants palestiniens, a été voulue et provoquée par les puissances impérialistes et particulièrement Israël. Il fut froidement décidé d'aller au carnage[1].

Une position qu'il dit « récuser » aujourd'hui. Finalement, il n'avait que 20 ans. C'est ce que me disent aussi certains de ses défenseurs. Oui, à 20 ans, il est vrai, on peut dire des « bêtises ». Mais Plenel, qui aime les figures du passé comme celles du présent, sait qu'à cet âge on peut mourir dans les tranchées en 1916, on peut aussi soutenir les républicains espagnols en 1936, on peut rejoindre le général de Gaulle en 1940, on peut s'engager dans la milice en 1943, on peut, à 20 ans aussi, être porteur de valises du côté du FLN ou se retrouver avec l'OAS, on peut enfin, à 20 ans, partir en Syrie se laisser embrigader par Daesh et être sensible au discours victimaire que déploient les tenants de l'islamo-gauchisme. Mais on peut aussi militer au

1. Laurent Huberson, *Enquête sur Edwy Plenel*, Le cherche midi, 2011.

sein de mouvements associatifs, au même âge, pour défendre les principes de la République.

Oui, à tout âge, en réalité, on peut écrire des insanités comme Edwy Plenel, en 1972, pour rendre hommage à des terroristes, ou alors on peut écrire, comme Joseph Kessel, la même année, *Des hommes*, pour rendre hommage à Cocteau, Romain Gary, Saint-Exupéry ou David Ben Gourion. À chacun ses passions et ce n'est pas une question d'âge seulement.

Cette incapacité à faire croire qu'il doute alors qu'il défend, à vrai dire, le même dogme depuis sa tendre jeunesse est lassante. Ceux qui le connaissent n'ignorent rien des blessures liées au traitement, probablement injuste, réservé à son père par l'administration française. Alain Plenel était certainement un homme de bien, comme on dit. Pour avoir rendu hommage à un Martiniquais, Christian Marajo, mort lors des émeutes de 1959 à Fort-de-France[1] alors qu'il y était en tant que vice-recteur, fonctionnaire de l'Éducation nationale, sa hiérarchie va l'ostraciser, le faire rapatrier en métropole et six années plus tard, en 1965, il sera mis fin à ses fonctions. Edwy n'a que 13 ans quand, à l'issue de cette affaire, son père décide d'aller s'installer comme pied-rouge dans cette Algérie post-indépendance. Il y enseignera durant cinq ans, notamment à l'ENA. C'est dire que le futur fondateur de *Mediapart* vivra son adolescence aux côtés de jeunes Algériens.

C'est la raison pour laquelle je ne remets pas du tout en question la sincérité de sa bienveillance à l'égard des Maghrébins en général, des musulmans en particulier, et, au-delà, de toutes les « minorités ». Le problème réside dans le fait que cette « bienveillance » s'est

1. Lors de ces émeutes, trois jeunes Martiniquais trouvèrent la mort ainsi qu'un sous-lieutenant de la gendarmerie.

transformée en infantilisation, en incapacité à penser le « musulman » réel ou supposé en dehors de sa religiosité présumée. Pire, il a été incapable de voir, par exemple, que ces mêmes musulmans pour lesquels il prétend avoir de la sympathie ne cessent de souffrir de l'islamisme. C'est lorsqu'il ne voit pas cette seconde partie, très factuelle par ailleurs, qu'on en vient légitimement à douter de la sincérité de son engagement et à se demander si, en définitive, ses certitudes, ses dogmatismes, mêlés à la charge subjective et émotionnelle qui entoure son parcours, n'ont pas fini par obstruer sa lucidité. « C'est un grand émotif ! » me dira ma source. Oui, mais un « émotif » n'est pas forcément un républicain !

Depuis 2012, les attentats de Merah, ensuite le « Printemps arabe » qui a bénéficié aux islamistes dans plusieurs endroits, enfin les crimes perpétrés notamment par Daesh ou autres djihadistes autonomes sur le territoire français, n'ont pas permis à Edwy Plenel l'« émotif » de constater que l'islam politique avait franchi un cap, qu'à part le terrorisme, il y a une menace idéologique avérée sur la société laïque. Cette menace n'est pas représentée par les musulmans, non, mais par les islamistes. Ceux-là mêmes qui, quelques jours après sa sortie médiatique chez Yann Barthès et son échange courtois avec Tariq Ramadan, lui remettront un prix, le 30 janvier 2015, à Strasbourg. Ce sont les lobbyistes turcs du Conseil pour la justice, l'égalité et la paix, le COJEP, une émanation de l'AKP turc de l'autocrate Recep Tayyip Erdoğan. Sur la photo, aux côtés d'Edwy Plenel, deux figures de l'islam politique hexagonal, Abdelaziz Chaambi, président du CRI et ancien compagnon de route de Tariq Ramadan, et Nabil Ennasri, un influenceur qui, partant de son statut d'universitaire, défend le régime qatari et la pensée des Frères musulmans.

Il avait pris sa plume pour secourir « les musulmans », considérant qu'ils seraient acculés dans cette France identitaire[1]. C'était en vérité les islamistes qu'il défendait. Et eux l'ont bien compris. Au lendemain des attentats de 2015, plusieurs médias arabes l'interrogent. Il fait la une partout. Et pour cause. Alors que c'est la République qui est frappée, on peut lire des titres surréalistes du genre : « Edwy Plenel dénonce la transformation de l'islam en bouc émissaire »[2]. Le régime qatari se presse pour octroyer un chèque à l'éditeur afin d'acquérir les droits de traduction du livre et de le publier pour le distribuer gracieusement à travers plusieurs associations. Le livre devient ainsi, dans une partie du monde arabe, tout comme certaines de ces déclarations, un manifeste de propagande contre la République, dépeinte indirectement comme raciste, « islamophobe », disent-ils. Toujours ce couple victimisation-diabolisation si prisé par les milieux islamistes.

Il n'est pas question de nier qu'il y a un racisme qui vise les adeptes de l'islam, mais mettre cela en miroir avec les crimes terroristes commis au nom de l'islam politique est d'une incroyable indécence et d'une extraordinaire malhonnêteté intellectuelle. Le problème, c'est que Plenel refuse de le voir, d'en parler et de l'entendre, jouant au singe sage dépeint par Coco. Sans lui faire injure, et sans psychologiser le débat, peut-être reste-t-il dans un coin de sa tête, quelque part dans son ADN idéologique, un petit Krasny lui murmurant qu'« aucun révolutionnaire ne peut se désolidariser des islamistes ! »

---

1. Voir Edwy Plenel, *Pour les musulmans*, La Découverte, 2014.
2. *El-Khabar*, 19 juillet 2015.

14

Edgar Morin, le pape de l'islamo-gauchisme

Je n'aime pas les travaux ni les discours d'Edgar Morin. Et il n'y a rien de subjectif. Je sais que dans certains milieux de gauche, qui commencent toujours par dire « Mais qui êtes-vous pour oser une telle sentence ? », ce qui précède relève du blasphème. J'en suis conscient. Et j'assume, car, de toute manière, je savoure l'offense faite à Dieu tant cela permet de révéler l'expression la plus achevée de l'indépendance de l'esprit. J'ai appris à user de cet outrage en Algérie, un pays musulman, hypocritement musulman, où l'injure de Dieu – j'y suis personnellement très attachée – est l'outil le plus couramment usité lorsqu'on veut dire que la colère a atteint son niveau ultime. C'était à mes yeux une arme de résistance face aux islamistes et à leurs émules. Je n'apprécie pas particulièrement le « sacré » et même si, au lieu d'être le pape, Edgar Morin avait été le dieu de l'islamo-gauchisme, cela n'aurait rien changé à l'affaire. Si je me reconnais dans la maxime attribuée à Voltaire, je ne suis pas de ceux qui disent « Je ne suis pas d'accord avec vous, mais je respecte vos idées ». Ces paroles convenues, ces phrases toutes faites n'ont jamais été mon fort. Il y a des idées et des idéologies que je ne respecte pas. Celles qui nient consciemment la dangerosité de l'islam politique et des logiques totalitaires ne sont pas à mes yeux des pensées banales comme d'autres devant lesquelles il faudrait exprimer une quelconque révérence. Je crois au contraire qu'il est nécessaire de les pointer du doigt et de les stigmatiser pour ce qu'elles encouragent comme acceptation et banalisation de projets antirépublicains. D'ailleurs, je ne vois pas au nom de quoi ceux que l'on pourrait rejoindre dans la dénonciation d'un racisme seraient eux-mêmes épargnés lorsqu'ils s'en accommodent d'un autre.

Edgard Morin est probablement l'intellectuel français contemporain – et c'est peut-être lié à sa longévité – qui aura rendu le plus de services aux islamistes dits « modérés », mais c'est aussi celui à qui on pardonne tout. Cela est dû peut-être au fait que dans une autre vie, il est entré très jeune dans la Résistance.

Par où commencer, me disais-je, lorsque j'entamais l'écriture de ce chapitre ? À tout pape, tout honneur, je voulais réserver à l'ami et défenseur de Tariq Ramadan un espace à part et une place de choix. Pour illustrer la pensée du personnage, je me suis alors souvenu d'une incroyable interview qu'il avait accordée à *Siné Mensuel*[1]. Quoi de mieux en effet que cet entretien qui le résume.

Morin est convaincu, un peu comme Éric Zemmour d'ailleurs, qu'il y a continuellement deux France qui s'opposent. Non pas celle de droite et celle de gauche, non pas la républicaine et la monarchiste, contrairement au parangon de l'extrême droite, non, mais celle du « bien » et celle du « mal ». Et évidemment, en toutes circonstances, il considère que lui et ceux qu'il a adoubés sont dans la première. Il n'hésite pas alors à évoquer

1. Edgar Morin, « Attention au vichysme rampant », *Siné Mensuel*, février 2016.

« un vichysme rampant qui n'a pas besoin d'un occupant allemand ». Pour lui, les Français se confinent dans « le recroquevillement sur le passé, la peur de l'étranger, du musulman, du Juif, de l'autre… » S'il est évident qu'une sensible montée du racisme est à observer, ce que le sociologue se refuse de constater, c'est l'exacerbation de toutes les identités et de tous les extrémismes. Qui serait offusqué de se voir rappeler que depuis au moins une vingtaine d'années, nous avons assisté à une progression lente et tranquille des idées xénophobes et racistes, mais que parallèlement, ce que les « gens du bien », ceux qui détiennent le « monopole du cœur » ne voient pas, c'est aussi une montée croissante de la haine chez ceux-là mêmes qui la subissent. Nous ne pouvons pas quantifier *in fine* s'il y a plus de Français qui détestent les musulmans ou s'il y a plus de musulmans, eux-mêmes souvent français, qui haïssent leurs compatriotes et leur pays. Je crois que si une telle enquête était menée, certains en seraient surpris. Aucune étude, aucun document ne peut quantifier cela. En revanche, ce que nous savons, avec certitude, c'est que la seconde haine a beaucoup plus tué que la première. Y compris en France. Mais cela est totalement transparent dans l'analyse que fait Edgar Morin. La haine portée contre la République a fait plus de 300 victimes, dont des musulmans d'ailleurs. Nous avons donc un début de quantification. À l'inverse, si la haine contre les musulmans s'est matérialisée par des projets criminels, heureusement déjoués, et des propos outranciers, nous ne sommes pas dans quelque chose de comparable. Là aussi, comme dans le cas d'Edwy Plenel. Le contexte d'une telle sortie est important, puisqu'il vient confirmer l'entêtement et le dogmatisme. Car attention, le « vichysme rampant », ce n'est pas pour illustrer Daesh ou le djihadisme, non. Le « vichysme rampant », c'est l'État. Nous sommes en 2016. C'est donc la République de François Hollande, de Manuel Valls et de Bernard Cazeneuve. Pour Morin, nous sommes alors en 1940. Ou peut-être pas, un peu avant, en 1937. Sauf que le « vichysme rampant », c'est d'abord le silence devant les lois de Nuremberg en 1935, ce sont les accords de Munich en 1938 ou le mutisme devant la « nuit de Cristal » quelques semaines plus tard.

L'islamisme n'est pas le nazisme. Et il n'est pas question pour moi de laisser croire au bégaiement de l'histoire. Les circonstances et les situations sont différentes. Cela étant dit, au niveau de la symbolique, il convient de rappeler, au sujet de l'islam politique, qu'il s'agit, quoi qu'on puisse en dire, d'un totalitarisme et ce n'est pas parce que l'on résiste à ce phénomène qu'on le devient soi-même.

Edgar Morin reconnaît que le « peuple de gauche a dépéri ». Mais cette dévitalisation n'est pas le fait du hasard. Si le camp des « progressistes » ne représente quasiment plus rien, c'est parce qu'il a été trahi, en premier lieu par ses clercs. Et, de ce point de vue, Edgar Morin fait partie de ceux qui ont mené la course en tête pour dévoyer la pensée de gauche et la rendre plus proche de Chérif Kouachi et de ce qu'il incarne que d'Ahmed Merabet, le policier assassiné par le terroriste en janvier 2015. Ce n'est pas une outrance que de le rappeler. Les « défenseurs des musulmans » ou les « défenseurs des Maghrébins » ne les défendent pas lorsqu'ils sont policiers, journalistes, chômeurs, ingénieurs, femmes émancipées, laïques, mais principalement quand ils sont islamistes. Dès qu'ils sont intégrés, amoureux de la République, défenseurs de la laïcité, humanistes et universalistes, les Maghrébins et les Africains sortent des radars des « défenseurs des minorités ». Parfois ils se transforment même en menaces à leurs yeux.

L'imam Hassen Chalghoumi probablement parce qu'il a l'accent du « mauvais Français », certainement en raison de sa défense zélée de la République, incontestablement parce qu'il dénonce également avec une remarquable verve l'antisémitisme, ne trouve pas grâce aux yeux de Morin et de ses amis. Moi aussi, il m'est arrivé de rire des bourdes de l'imam. Mais j'ai discuté avec lui. À plusieurs reprises et en arabe. Je sais que ses idées sont celles d'un républicain sincère. Je n'ignore rien de son passé dans les madrasas du Tabligh pakistanais, je suis lucide sur une certaine légèreté qui est parfois la sienne, mais j'observe le réel : c'est un homme condamné à mort par les terroristes islamistes, jeté en pâture par ceux qui prétendent honnir la violence, moqué, déconsidéré, délégitimé et ainsi éjecté du débat public. Oui, Chalghoumi en fait parfois trop. Il a eu tort de ne pas écouter mes modestes conseils quand en 2005 – je le lui ai répété depuis à maintes reprises –, je lui avais conseillé de prendre un coach pour apprendre à parler correctement le français, car, avant tout, il est français. Mais avec ses insuffisances, ses pitreries involontaires, l'homme, dépouillé de tout ce qui fait sa carapace, son enveloppe dans une époque où seule la communication règne, cet homme-là, je le préfère à certains académiciens, à quelques romanciers qui manient le verbe, à certains intellectuels bardés de diplômes et autres. La République lui doit le respect pour au moins une chose : il a mis en danger sa vie, celle de son épouse et celle de ses enfants qu'il a exfiltrés de France pour défendre les idéaux de cette même République. Entre lui, le Franco-Tunisien qui parle mal la langue de Molière – il ne la parle pas moins bien qu'Esther Benbassa, cela dit, qui est beaucoup moins moquée – et un Tariq Ramadan ou un Nabil Ennasri, défenseurs du Qatar et de cheikh Al-Qaradhaoui, pape des Frères musulmans, il n'y a pas photo. Défendre la République avec un accent à couper au couteau vaut mieux que piétiner ses principes essentiels dans un français châtié.

Dans cette même interview, Edgar Morin parle du « dépérissement du peuple républicain, du peuple de gauche, et la revigoration du peuple de droite, xénophobe.

Nous vivons sur l'idée que la France a toujours été républicaine. C'est faux ». Ce manichéisme est pour le moins surprenant. Un comble pour un chantre autodésigné de la « pensée complexe ». Il dénote un fait incontestable : pour lui, la composante musulmane n'est pas une actrice de la communauté nationale, c'est juste une « minorité ». Le clivage serait exclusivement entre une droite xénophobe revigorée et une gauche antiraciste moribonde. Ce noir et blanc, ce cliché montre bien que malgré sa longévité, Morin fonctionne toujours avec un logiciel des années 1970. Il parle d'une France qui n'existe plus. L'islam politique n'est même pas analysé comme phénomène endogène, les musulmans ou les Maghrébins sont perçus par lui comme des « étrangers ». Mais ce n'est pas tout. À la question de savoir comment réagir face à Daesh, il préfère affirmer, prenant fait et cause pour la propagande djihadiste, que « lancer des frappes aériennes en Syrie alors qu'on frappe surtout des civils n'est pas une solution ». Faut-il là aussi rappeler que les frappes visaient des camps d'entraînement ou de regroupements de l'organisation terroriste, devenue un proto-État ? Est-il nécessaire de lui dire que, de toute façon, par définition, le terroriste est un « civil » et qu'il n'y a rien qui puisse permettre de dire que volontairement l'armée française a visé, à un moment ou à un autre, des civils ? L'affirmer avec une telle légèreté est d'autant plus dangereux qu'il est question ici de l'argument principal – la mort de civils tués par les frappes occidentales – utilisé par la propagande djihadiste pour inciter des aspirants terroristes à passer à l'acte. En plus de l'incompétence dans l'analyse, il y met de surcroît de l'irresponsabilité.

Une irresponsabilité qui s'accroît lorsqu'il ajoute, avec d'autres, la culture de l'excuse et qu'il commence à faire dans le sociologisme pour essayer d'expliquer les phénomènes dits de « radicalisation islamiste ». Très peu de critiques à l'égard de l'islam politique, de l'idéologie salafiste. Pas un mot à propos des Frères musulmans ni de l'activisme de cette myriade d'associations qui ne cesse de diffuser un islam préparant les esprits à accepter le crime. Non, il préfère parler de « ces jeunes de banlieue qui sont paumés, rejetés, qui parfois font l'expérience de la délinquance, de la prison, y trouvent la rédemption auprès d'un imam et se radicalisent », ou encore des « formes de ressentiment venant du rejet, de la chasse au faciès, du sentiment de communauté arabe avec la Palestine, de l'humiliation de subir deux poids deux mesures ». En vérité, là aussi, il prend les prétextes pour les causes.

On ne devient pas islamiste, encore moins terroriste, seulement parce qu'on est paumé, mais parce qu'on a laissé l'islam politique se banaliser et prospérer et se présenter comme une alternative idéologique. Certes, ç'a été la faute des politiques, de leur cynisme ou de leur fainéantise intellectuelle, mais ç'a été également l'erreur de plusieurs intellectuels qui ont préféré, au lieu de réarmer intellectuellement la société, la dévitaliser par la culture de l'excuse, le sociologisme, l'autoflagellation permanente et la convocation de la mémoire, et son instrumentalisation dans l'unique but de dire que la France est un pays où le musulman est constamment sous pression. Et, là aussi, Edgar Morin a fait partie de ceux qui ont développé cette pensée.

Il est de ceux par exemple qui ne voient pas que l'islam politique (ou l'islamisme) ne représente pas une approche fanatique de la religion et qu'il s'agit d'un vrai projet de société totalitaire qui vise la République et l'ensemble des démocraties. La nuance est de taille. Et ce serait davantage une erreur de considérer les sanguinaires de Daesh ou d'Al-Qaïda comme de « simples » intégristes ou de « terrifiants fanatiques[1] », comme le soutient Edgard Morin. Le distinguo entre quelques illuminés mystiques

1. *Madame Figaro*, 11 septembre 2016.

pris dans la folie de leur religion et des hordes de criminels idéologisés est nécessaire à établir. Dans le cas d'espèce, nous avons affaire aux seconds. À l'évidence, Morin qui se décrit, depuis longtemps, comme un « étudiant permanent » n'a pas passé assez de temps sur la réalité de l'islam politique ou s'est satisfait des « explications » de son protégé, petit-fils de Hassan Al-Banna.

Cette cécité intellectuelle sur le sujet n'est pas nouvelle chez lui. Incapable de comprendre l'importance de la question relative au voile islamiste, il affirmait déjà en 2003 : « Cette affaire de foulard a été extraordinairement gonflée. Les cas restent assez peu nombreux et je suis pour le maintien de ces jeunes filles au sein de l'école laïque afin de leur permettre d'évoluer. On a utilisé un marteau-pilon pour casser un œuf[1]. » Il réclamait ce qui sera appelé plus tard, en premier lieu au Canada, « des accommodements raisonnables ». « Les absences scolaires des juifs et musulmans pieux n'ont guère posé de problèmes. Que l'on donne des autorisations de chômer à ceux qui veulent pratiquer leurs fêtes religieuses », dira-t-il tranquillement. Évidemment, à aucun moment il n'a dû réfléchir au fait qu'une telle mesure, dans certains quartiers ghettoïsés, engendrerait des classes vides le jour d'une fête religieuse ni pensé au fait qu'une « dérogation » comme celle-ci donnerait lieu, de manière mécanique, à une extension à d'autres secteurs, notamment professionnels. Les « accommodements raisonnables », outre le fait qu'ils sont contraires aux principes laïques, introduisent une société communautarisée. Modèle dont il est probablement le défenseur conscient ou inconscient. Je suis très surpris de constater que le pape ne saisisse pas les méfaits du communautarisme. Je ne peux que lui conseiller, lui qui aime la jeunesse, les vidéos de Jezebel TV sur YouTube. Une brillante Franco-Libanaise

1. *Le Monde*, 17 décembre 2003.

y décortique les dangers d'une société fracturée par les séparatismes et les accommodements religieux.

Ce n'est pas le seul sujet sur lequel Edgar Morin s'est trompé. Dès qu'il s'agit d'islam ou du monde musulman, emporté par ses dogmatismes, il s'emmêle les pinceaux. Alors que Recep Tayyip Erdoğan, l'actuel président turc, est nommé Premier ministre, trois années après qu'il a créé son parti islamiste, l'AKP, et commencé à frapper à la porte de l'Union européenne, Edgar Morin est parmi les plus zélés des intellectuels français à dire qu'il est favorable à cette option. « Pourquoi il faut accueillir la Turquie », écrit-il, avec d'autres, dans les colonnes du *Monde* pour plaider la cause de celui qui insulte aujourd'hui la démocratie française et les principes républicains[1]. Quelques semaines avant cette tribune, des « universitaires », on s'en souvient, essayaient de lancer un nouveau concept pour rassurer quant à la réalité de l'AKP. Le parti de Recep Tayyip Erdoğan représente un « islamisme à visage humain », prétendaient-ils. Drôle d'appellation pour un phénomène idéologique totalitaire – qui emploie certes une méthode différente que les partisans du djihad. Mais il est sinon puéril du moins totalement inacceptable de considérer qu'une idéologie serait moins dangereuse dès lors que sa démarche paraît « non violente », sans étudier la réalité de la doctrine, sa finalité et l'objectif de la stratégie politique ainsi que la nature réelle du projet de société défendu. Mais ce n'est pas tout. Lorsqu'en 2008, une polémique opposa Philippe Val au dessinateur Siné, et que ce dernier perdit sa place à *Charlie Hebdo*, après un dérapage antisémite – « Et ce n'était pas le premier ! » précise l'ancien directeur de

1. « Pourquoi il faut accueillir la Turquie », *Le Monde*, 11 décembre 2004. Signataires : Edgar Morin, Alain Touraine, Jean-Christophe Rufin, Guy Sorman. Edgar Morin a écrit plusieurs tribunes pour plaider la cause du régime turc et s'est exprimé plusieurs fois dans la presse à ce sujet.

l'hebdomadaire satirique –, Edgar Morin fit partie de ceux qui signèrent une pétition en faveur de Siné.

C'est à partir des années 2000 qu'Edgar Morin mit sa notoriété, sa légitimité d'universitaire respecté et son aura, notamment au sein de la gauche, au service d'une mouvance qui se dessinait et qui, comme nous l'avons vu, donna naissance à un camp islamo-gauchiste qui valida le glissement antisémi-sioniste (je fais une contraction volontaire entre antisémitisme et antisionisme tant les deux se confondent) d'une partie de la gauche et désormais de plusieurs « décoloniaux ».

Comme Edwy Plenel, le pape de l'islamo-gauchisme n'attendit même pas que les cadavres des journalistes et caricaturistes de *Charlie Hebdo* fussent sous terre pour dire, toute honte bue : « Il y eut problème au moment de la publication des caricatures. Faut-il laisser la liberté offenser la foi des croyants en l'islam en dégradant l'image de son Prophète ou bien la liberté d'expression prime-t-elle sur toute autre considération ? Je manifestai alors mon sentiment d'une contradiction non surmontable, d'autant plus que je suis de ceux qui s'opposent à la profanation des lieux et d'objets sacrés[1] », ajoutant pour nous rassurer : « Mais bien entendu, cela ne modère en rien mon horreur et mon écœurement de l'attentat contre *Charlie Hebdo.* » Je veux bien qu'on me dise, il faut, en toutes circonstances, convoquer la raison et ne pas laisser, y compris dans les pires moments, l'émotion submerger la pensée. Tout de même. Un peu de décence. On savait que Morin, comme Plenel et beaucoup d'autres, était opposé à la publication des caricatures. Ils l'ont suffisamment dit alors que Cabu, Charb, Wolinski, Honoré ou Tignous étaient encore là pour leur répondre. Mais là, ce 8 janvier, le sang n'a pas séché. Morin s'adresse encore à des cadavres pour

1. Tribune publiée dans *Le Monde* le 8 janvier 2015.

leur dire, une fois de plus, d'une certaine manière : c'est de votre faute si vous êtes morts !

Mais l'œuvre de notre lettré ne s'arrête pas là. Nous sommes toujours le 8 janvier 2015. Une policière municipale est assassinée lâchement, le lendemain de l'action terroriste des frères Kouachi, qui sont à ce moment précis toujours recherchés. Clarissa Jean-Philippe est tuée par Amedy Coulibaly, celui qui allait, le 9, commettre un attentat antisémite et qui, nous le savons désormais, voulait, avant de tirer sur la policière municipale, s'en prendre à une école juive située à Montrouge[1]. Dans la fameuse tribune du *Monde*, le même Edgar Morin, alors que l'islam politique est en train d'étaler sa barbarie dans les rues de Paris et de sa région, écrit : « Il y a une coïncidence, du reste fortuite, entre l'islamisme intégriste meurtrier qui vient de se manifester et les œuvres islamophobes de Zemmour et Houellebecq, elles-mêmes devenues symptômes d'une virulence aggravée non seulement en France, mais aussi en Allemagne, en Suède, de l'islamophobie. » Ceux qui me connaissent savent que je n'ai aucune sympathie pour les théories fumeuses d'Éric Zemmour à qui j'ai consacré un pamphlet[2] avant même que cette intelligentsia, composée d'adeptes de la posture et des mouvements de foule, ne découvre son basculement dans le camp de la xénophobie et du populisme puant. Je n'ai aucune accointance non plus avec le côté farfelu, angoissé, de Michel Houellebecq et ses fantasmes dépressifs[3]. Mais de là à considérer que ces deux champions de la mouvance réactionnaire et idoles de l'extrême

1. C'est au cours du procès des complices des attentats de janvier 2015 qui s'est ouvert le 2 septembre 2020 que cette forte probabilité s'est dessinée.

2. Mohamed Sifaoui, *Éric Zemmour. Une supercherie française*, Armand Colin, 2010.

3. Voir : Mohamed Sifaoui, « Le dernier livre de Houellebecq ? Soumission à la xénophobie ! », *Huffington Post*, 2015.

droite et de la droite extrême devraient être renvoyés dos à dos avec les tueurs de Daesh et d'Al-Qaïda, il y a un pas que la décence devrait empêcher de franchir.

C'est le propre de chaque islamo-gauchiste. Lorsqu'il est forcé, par les évènements et leur ampleur, de condamner un islamiste, il s'oblige à dénoncer, en même temps, quelqu'un d'autre. Une quête perpétuelle du nivellement. Pour essayer de construire en miroir une image détestable qui annulerait la première, on cherche quelque chose qui lui serait équivalent. Et si elle n'existe pas, on l'invente. Cette façon de faire n'est ni digne ni républicaine. On ne condamne pas Hitler en lui opposant un kapo qui sévissait dans les camps. Il y a des choses qui ne sont pas comparables quand bien même seraient-elles à placer dans l'ordre de l'ignominieux. Un crime terroriste n'est pas l'équivalent d'un propos xénophobe. Parce qu'un crime de guerre ne vaut pas une injure, fût-elle raciste. Elle n'est pas moins condamnable, mais elle ne se compare pas. C'est la raison pour laquelle le droit reconnaît une échelle des peines, parce qu'il existe une échelle du crime et des délits. Et ils n'entrent pas en concurrence. Un meurtre n'est pas un viol. Et un viol n'est pas un vol. Une agression n'est pas une escroquerie. On ne dénonce pas de la même manière les crimes d'un tueur en série et les crimes sexuels pour lesquels Tariq Ramadan est poursuivi. C'est juste qu'on ne compare pas un meurtrier, nourri par une idéologie totalitaire, avec un commentateur proche de l'extrême droite ou avec un romancier qui met en scène des fictions permettant à quelques xénophobes de pavoiser.

Par ailleurs, Edgar Morin est devenu l'un de ceux qui participent à banaliser le parallèle entre le sort qui serait réservé aux musulmans (je ne nie pas l'existence de propos et d'actes racistes en France, par ailleurs combattus par la République et ses institutions) et la situation des juifs dans l'avant-guerre : « Cet anti-islamisme devient de plus en plus radical et obsessionnel et tend à stigmatiser toute une population encore plus importante en nombre que la population juive qui fut stigmatisée par l'antisémitisme d'avant-guerre et de Vichy. » Certains pensent que la vieillesse est un naufrage, mais c'est plus grave : il est totalement conscient de ce qu'il dit. À ce stade, nous sommes presque dans de la complicité, dans de la quasi-justification[1]. Si les personnes d'origine maghrébine, africaine, turque, ou même les convertis ainsi que ceux de culture ou de confession musulmane sont dans une situation similaire à celle des juifs d'avant-guerre, je serais légitime moi aussi à prendre les armes. À un moment donné, il faut être sérieux.

Est-ce l'âge, le parcours, l'aura de Morin qui tétanise tout le monde ? Car personne, ou trop peu, n'a eu l'idée de rappeler à ce monsieur qu'il ne cesse en vérité de déraper. Il ne s'agit pas de lui interdire la parole, mais peut-être de lui faire quitter ces zones de confort où en raison de sa notoriété et de son statut d'intellectuel centenaire il est reçu très souvent en majesté, et où on lui permet de déblatérer des énormités. Je le répète, il en a évidemment le droit, mais les médias ont le devoir, face à un propos détestable, de laisser une opinion rappeler que Morin devient parfois dangereux, quand, par exemple, alors que les terroristes sont en train de commettre leur forfait, on ne prend pas sa plume pour leur dire en substance : je vous comprends, vous êtes des victimes !

---

1. Alors que se déroulait le procès des complices des attentats de janvier 2015, quelques semaines après de nouvelles menaces contre l'hebdomadaire et un mois après l'assassinat de l'enseignant Samuel Paty, décapité à la sortie de son collège, Edgar Morin fera une autre sortie, le 20 novembre 2020, dans les colonnes du *Monde* : « Les caricatures ne peuvent être jugées seulement selon les intentions libératrices ou libertaires de leurs auteurs et diffuseurs, mais aussi selon les possibilités de leurs néfastes ou désastreuses conséquences. » Une manière de rendre les victimes coresponsables du crime qu'ils ont subi.

Elle doit bien être sympathique la « sociologie du présent » qu'il prétend théoriser, mais il y a une différence lorsqu'on commente un fait d'actualité grave entre le décrire comme un match de foot, alors que des personnes sont en train de mourir, le traiter avec les œillères de ses certitudes ou le décortiquer avec distance et froideur.

Dans ce jeu de balancier permanent, le sociologue, dans une interview donnée au supplément féminin du *Figaro*, sentant qu'il va trop loin, fait mine de rééquilibrer son discours, sans jamais attaquer de front l'islamisme : « Cette barbarie archaïque s'incarne surtout dans une organisation criminelle, Daesh, qui nous menace sur notre propre sol[1]. » Oui, merci, on l'aura compris. S'il faut aller chercher un ponte du CNRS pour dire cela à la population alors qu'elle vit l'une des épreuves les plus difficiles de son existence, autant inviter les gens à se rendre au bar PMU pour avoir un décryptage. Ils pourraient y trouver parfois plus d'honnêteté intellectuelle et moins de dogmatisme.

D'abord, alors que plusieurs lieux refusaient d'accueillir des conférences de Tariq Ramadan avant même que ses frasques ne soient connues – tout simplement parce que la société commençait à comprendre, même si cela a pris du temps, qu'il y a un continuum à opérer entre l'islamisme (la matrice idéologique) et la violence terroriste –, et que de plus en plus de personnes observaient que l'islam politique, y compris dans sa forme dite « non violente », génère une pensée, des comportements, des propos contraires, sinon à la loi, du moins à l'âme profonde d'une République laïque et égalitaire, Edgar Morin, avec Alain Gresh, Raphaël Liogier et Sonia Dayan ne trouvèrent, eux, rien de mieux à écrire que : « Décidément, la République a un problème avec l'islam[2]. » Oui vous

1. Edgar Morin dans *Madame Figaro*, art. cit.

2. « "Accepter le débat avec Tariq Ramadan ne signifie pas être d'accord avec lui" », *Le Monde*, 1er avril 2016.

avez bien lu. La République aurait un problème, non pas avec l'islamisme, le salafisme ou le terrorisme, mais avec l'islam. C'est précisément ce qu'écrivent les propagandistes djihadistes, presque au mot près. C'est exactement ce que disait le même Ramadan lors d'une conférence, en juillet 2013, à l'université de Saint-Louis au Sénégal : « La France a un problème avec l'islam. » Ensuite, nous sommes toujours face à l'éternel problème de la victimisation des islamistes, cet affreux amalgame qu'ils font entre islam et islamisme. Et enfin, ce qui est plus grave, c'est cette personnalisation de la religion musulmane, incarnée alors par Tariq Ramadan. Il est triste qu'une croyance soit limitée à un individu. On ne verra cela que lorsqu'il est question des musulmans. Une sorte de vieille croyance occidentale, ancrée dans des esprits de gauche, qui laisse croire que l'islam, c'est forcément un bloc. Sans nuances.

Je prends un exemple : depuis quelque temps, parce que le grand rabbin de France, Haïm Korsia, a fraternisé avec la Ligue islamique mondiale, l'institution saoudienne de diffusion du wahhabisme à travers le monde, j'ai décidé de couper tous les ponts avec lui. J'entretenais, jusque-là, une certaine sympathie à son endroit. Est-ce à dire qu'en fustigeant le personnage pour ses nouvelles orientations politiques et ses idées, j'aurais un problème avec le judaïsme, ou pire, avec les juifs ? Est-ce qu'en raison de profondes critiques que je formule contre ce religieux, je serais devenu antisémite ? Ce serait ridicule de le penser. Et encore plus pathétique de l'écrire. Mais dans le cas de Ramadan, lorsqu'une poignée d'intellectuels mentionne tranquillement, dans les colonnes du *Monde*, que la République aurait un problème avec l'islam parce qu'un activiste islamiste est décrié, cela ne choque personne. Pour Edgar Morin et beaucoup d'autres, Tariq Ramadan, oui, serait la norme islamique. Mais les mêmes diront, quand un islamiste fera parler de lui, de ne pas faire d'amalgames lorsqu'ils sont les premiers à en faire.

Et dans ce texte de soutien à l'islamiste genevois, toujours ce parallèle ridicule avec les années 1930 et le sort des juifs. Voilà leur conclusion : « Parodiant les propos d'un spécialiste nazi d'histoire littéraire des années 1930, l'écrivain Manès Sperber lui faisait dire : "Heine était tout à fait dénué de talent. Mais ce juif était un tel mystificateur qu'il avait écrit plus de cent poèmes excellents, uniquement pour faire croire aux Allemandes crédules et naïves qu'il savait faire des vers." Tariq Ramadan a écrit plus de cent textes excellents, uniquement pour faire croire aux Français crédules et naïfs qu'un intellectuel musulman européen pouvait penser. Mais nous ne nous laisserons pas tromper ! Brûlons-le[1] ! » C'est ce même sociologue, juif, ancien résistant, de gauche, par conséquent « insoupçonnable », qui a servi de propulseur pour l'islamiste au double, triple visage.

Au lendemain de l'assassinat de Samuel Paty, Edgar Morin, toujours, ne comprenait pas que certains puissent fustiger le laxisme ambiant, les compromissions de certains intellectuels et la complaisance islamo-gauchiste. Comme à son accoutumée, d'un ton sentencieux il décida qu'il s'agissait là d'une « notion imaginaire qui unit en elle deux termes considérés comme horrifiques ». C'est bien la première fois qu'un pape ne reconnaissait pas la religion qu'il défend ! Avant de consacrer un chapitre à Edgar Morin, je l'avoue, j'ai eu quelques états d'âmes et des doutes, eu égard notamment à son âge. J'ai posé la question à une connaissance, qui m'a rétorqué : « Si vous deviez commenter les positions de Jean-Marie Le Pen, vous prendriez en considération son âge ? » Cette personne venait ainsi de répondre à mes questionnements. Je la remercie.

1. *Ibid.*

15

Le laboratoire bruxellois

Lorsque le 13 novembre 2015, je découvrais que la plupart des auteurs des attentats venaient de Belgique, je ne fus guère étonné. Depuis plusieurs années, je sillonne ce pays où je compte un certain nombre d'amis, notamment à Bruxelles et en Wallonie. Des acteurs associatifs, des responsables politiques, des journalistes, des intellectuels, des universitaires, des élus qui m'ont permis de comprendre la complexité (le mot est faible) du plat pays.

Il y a un proverbe algérien qui dit, en substance : « Lorsque je vois les soucis de mon voisin, j'oublie les miens ! » Or, c'est exactement ce qui me vient à l'esprit depuis quelques années à chaque fois que je me rends dans la capitale belge. Contrairement à la France, la société civile locale, celle qui ose s'élever contre le diktat de l'islam politique, est trop peu nombreuse. Je pense à Viviane Teitelbaum, Joël Kotek, Nadia Geerts, Sam Touzani, Djemila Benhabib, Jean-Philippe Schreiber, Fadila Maaroufi, Marcel Sel, ou Hamid Benichou qui, chacun dans son rôle, tentent de défendre les valeurs universelles gravement menacées, un certain art de vivre, tout en essayant de faire de la pédagogie comme celle qui consiste à rappeler que dans le pays de la caricature, de l'humour noir, de la blague potache, mais aussi de l'université qui, historiquement, enseigne le libre examen, l'Université libre de Bruxelles (ULB), dessiner les symboles d'une religion ou blasphémer, outre que cela est autorisé par la loi, n'est, en aucun cas, une expression raciste. Insister sur cette maxime, autant de fois que possible, est nécessaire, tant le débat public est emporté parfois vers des terrains minés où l'on cherche à inverser l'échelle des valeurs et la réalité, faisant passer l'agresseur pour la victime (et inversement) et laissant croire qu'un principe essentiel – à l'instar de la laïcité – serait destructeur, alors qu'il est protecteur.

Peu de responsables politiques l'ont compris. Au Mouvement réformateur (centre droit), l'ancien ministre, redevenu bourgmestre, Daniel Bacquelaine s'est illustré comme défenseur convaincu de la laïcité. Idem pour Jean-Louis Bouchez, président du même parti qui n'hésite plus à fustiger ouvertement l'islamisme. En Belgique, de telles positions sont rares, si on met de côté les postures caricaturales de l'extrême droite flamande, et méritent d'être signalées, tant la ligne de crête qui consiste à refuser l'islamisme autant que le racisme qui peut viser des musulmans est strictement respectée. D'un autre côté, le DéFI[1], moins visible, s'est également illustré par des positions claires contre l'islamisme et en faveur de la défense de la laïcité, notamment à travers la voix de son président François De Smet.

Il y a aussi à Bruxelles les militants qui gravitent autour du Centre d'action laïque (CAL), le Collectif Laïcité Yallah[2], les membres du Centre communau-

1. Le DéFI est l'acronyme de Démocrates fédéralistes indépendants (appelé aussi auparavant Front démocratique des francophones). C'est un parti progressiste constitué de libéraux et d'anciens militants de gauche, aussi bien des socialistes que d'anciens communistes.

2. Le collectif a été créé en 2019. « Yallah » est une sorte de clin d'œil sémantique qui rappelle qu'il s'agit de personnes ayant un héritage musulman et qui sont croyantes, non croyantes, athées ou agnostiques.

taire laïque juif (CCLJ), certains réseaux locaux de loges maçonniques attachés à la laïcité et à la liberté de conscience – cela dit moins impliqués qu'en France. Et il y a également quelques journalistes engagés et courageux, observés souvent comme des anomalies, des inconscients par leurs propres confrères, notamment la brillante Marie-Cécile Royen, l'unique Jean-Pierre Martin et l'iconoclaste Eddy Caekelberghs. Je pense, par ailleurs, à l'un des meilleurs connaisseurs européens de la question du terrorisme islamiste, Alain Grignard, qui n'a eu de cesse, auprès de la police d'abord, et des universités ensuite, de décrypter la réalité de l'islam politique et de la menace terroriste. Mais également, au sein du corps judiciaire, Daniel Fransen, le « Marc Trévidic » national, un excellent spécialiste des sujets de terrorisme qui a exercé comme juge d'instruction à la fin des années 2000, avant d'être nommé à La Haye au tribunal spécial sur le Liban. J'en oublie quelques autres, même s'ils sont trop peu nombreux devant l'ampleur du désastre qui s'est dessiné au fil des années et qui aujourd'hui s'illustre par des organisations « antiracistes » qui font la promotion du voile islamiste, de partis de gauche qui fustigent toute critique de l'islamisme et de certains médias incapables de « porter la plume dans la plaie », comme l'enseignait Albert Londres.

En vérité, la plupart des commentateurs sont littéralement tétanisés par une pensée dominante, gauchiste, clairement alliée avec les tenants de l'islam politique, qui a réussi à faire taire plusieurs figures de la scène politique, médiatique, universitaire ou culturelle belge à coups d'accusations de racisme – ils disent « islamophobie » – lancées à l'emporte-pièce par des associations qui ont fait de ce chantage une arme de destruction massive du débat intellectuel. Les Belges aiment généralement l'humour, ils sont plutôt raisonnables, ont appris l'art du consensus et du compromis en raison d'un système politique complexe et d'une composition sociologique particulière, bi-linguiste, entre Flamands et Wallons qui, souvent, défendent des points de vue différents, sinon antagonistes. D'un côté des francophones, plus sensibles aux débats franco-français et assez proches du modèle hexagonal où la laïcité occupe une place centrale, et d'un autre les néerlandophones, conciliables avec la vision nordique, peu gênés par l'organisation sociétale anglo-saxonne communautariste, compatible avec une société similaire à celle des Pays-Bas où les groupes ethnoreligieux se superposent, cohabitent plus ou moins pacifiquement, sans vraiment « vivre ensemble », en blocs les uns à côté des autres. Dans cette Belgique où l'on n'aime pas trop les polémiques et où on sait mettre la poussière sous le tapis, les tenants de l'islam politique ont réellement pu prospérer grâce à cette bienveillance, voire naïveté, occidentale qui accepte parfois jusqu'à l'absurde qu'au nom de cette même bienveillance des petits malins réduisent les champs des libertés, de l'expression, les droits des femmes, ne s'intéressent qu'à un seul racisme – y compris quand il ne s'agit pas de cela – pour fermer les yeux, lorsque ceux qui sont installés dans le statut de la « victime » génèrent de l'antisémitisme, de l'homophobie, de la misogynie, du refus de la laïcité et des principes démocratiques.

Mais avant d'aller plus loin, évoquons quelques éléments de contexte. J'ai connu la Belgique en 1995 et plus précisément Bruxelles, ses communes et surtout Molenbeek. À l'époque journaliste en Algérie, j'avais réalisé une enquête sur les réseaux du FIS et du GIA en Europe. Je m'étais donc rendu notamment en France, en Grande-Bretagne, en Suisse et en Belgique.

Nous étions au lendemain de la vague d'attentats qui avait frappé l'Hexagone et ce qui m'intéressait alors, c'était de comprendre la tonalité du message qui était diffusé dans les mosquées européennes et surtout quel était le point de vue des Algériens et singulièrement celui des exilés appartenant à la mouvance du FIS et du GIA.

À l'époque, mon intérêt pour Molenbeek était lié à un seul homme : Ahmed Zaoui[1]. Important cadre du groupe terroriste algérien, il était soupçonné d'être à la tête d'un réseau qui faisait acheminer, vers les maquis algériens, des armes récupérées dans les Balkans. Lui et Anouar Haddam, installé aux États-Unis, inspiraient alors les membres du FIDA, le Front islamique pour le djihad en Algérie, constitué notamment d'universitaires et de lettrés qui s'étaient spécialisés dans l'assassinat des intellectuels et journalistes algériens. Arrêté par les autorités belges quelques mois avant mon voyage, et condamné, par la suite, à quatre ans de prison avec sursis, il était, au moment de ma venue, en résidence surveillée[2] dans le quartier du Brabant, à trois kilomètres approximativement du cœur de Molenbeek-Saint-Jean.

Avant son interpellation, il fréquentait une petite salle de prière érigée dans cette fameuse commune, ainsi qu'une mosquée de la chaussée d'Anvers, à trois kilomètres de chez lui, et rencontrait d'autres membres de la cellule qu'il avait montée, une dizaine d'islamistes algériens, dans un appartement conspiratif situé

1. Ahmed Zaoui était membre du FIS et représentait, avec d'autres islamistes exilés, un conseil de coordination du FIS à l'étranger.

2. Alors qu'il devait être poursuivi également en France, Ahmed Zaoui quittera clandestinement la Belgique vers la Suisse, d'où il sera expulsé. On le retrouvera en Afrique quelques mois plus tard, d'où il disparaîtra à nouveau avant de réapparaître à Auckland, en Nouvelle-Zélande. On apprendra qu'il y est entré avec un faux passeport.

au 13, avenue Jean-Dubrucq, à Molenbeek. En réalité, la Belgique était le pays qui comptait, au début des années 1990, le moins d'exilés salafistes algériens – comparativement avec la France, la Grande-Bretagne, l'Allemagne et la Suède –, mais la plupart des cadres, pour des raisons que j'ignore, s'étaient installés à Bruxelles. C'était ceux qui allaient constituer, avec d'autres, établis notamment en Allemagne, une « instance représentative du FIS » en Europe, dont Ahmed Zaoui et Abdelkrim Ould Adda. Ce dernier deviendra plus tard le porte-parole de ladite instance[1]. La seule explication rationnelle est liée probablement au fait que Bruxelles soit, par ailleurs, la capitale de l'Union européenne.

En arrivant à Bruxelles un après-midi automnal glacial, quelques jours après un procès en appel relatif à une cellule de terroristes algériens, ma première surprise fut de découvrir des journaux particulièrement complaisants à l'égard des islamistes. Non seulement ils ne comprenaient pas grand-chose à la réalité de la menace djihadiste ni à la situation algérienne, mais ce qui ressortait en substance laissait entendre que les services du ministère de l'Intérieur en avaient trop fait, que les mis en cause étaient peut-être tous de braves gens un peu trop attachés à leur religion. Les journalistes s'interrogeaient sur le sort de ces « barbus », tous recherchés en Algérie et, pour certains, mêlés à des dossiers qui intéressaient la justice française. Le souci principal de plusieurs médias belges semblait tourner autour du pays vers lequel ces islamistes allaient être reconduits à la frontière. Et ils se posaient alors la

1. Il s'agit de l'instance exécutive du FIS à l'étranger (IEFE), mise en place en 1993, par Rabah Kebir qui réside alors en Allemagne. Parmi les six personnes qui composent cette instance, précisaient les services de sécurité belges dans leur rapport, quatre étaient établis en Belgique.

question : « Que vont-ils devenir en cas d'expulsion ? » En effet, faute d'éléments tangibles et à défaut d'une condamnation sévère, le gouvernement belge comptait éloigner les fanatiques algériens. Plus tard, quelques-uns comprendront qu'en matière de lutte antiterroriste, si les interpellations ne se font pas au bon moment, presque à la dernière minute avant un passage à l'acte, il est souvent difficile de réunir toutes les preuves. C'est toute la complexité de la menace islamiste. Par ailleurs, on verra qu'à propos de terrorisme, la nébuleuse est certes composée d'opérationnels, mais également de financiers, de propagandistes, de logisticiens et beaucoup d'autres, et qu'il convient donc de saisir que la dangerosité des rôles dits subalternes n'apparaît vraiment qu'après l'opération meurtrière parce qu'elles préparent le terrain et, sans ces aspects logistiques, probablement l'action terroriste deviendrait-elle parfois impossible à réaliser.

Il faut comprendre, là aussi, le contexte. Nous sommes quelques mois après les attentats qui ont endeuillé la France, la découverte du réseau Kelkal et ainsi de la menace endogène. C'est durant cette année 1995 que ce phénomène a mué. S'il était auparavant incarné par un danger extérieur, il allait se transformer en risque intérieur représenté par des nationaux ou par des étrangers résidants légalement (ou pas) sur le territoire européen.

Malgré tout, je me souviens que beaucoup de journalistes belges trouvaient que les agissements des autorités de leurs pays étaient exagérés. Au même moment, la revue *Al-Ansar*, éditée à Londres par le groupe qui entourait le cheikh Abou Qatada[1], l'un des idéologues

1. Jordanien d'origine palestinienne, cet islamiste alors installé à Londres fut, durant les années 1990, l'un des idéologues de la mouvance terroriste algérienne.

du djihadisme actif à l'époque dans la capitale britannique, estimait que l'arrestation des membres du GIA à Bruxelles était une « lâche opération d'oppression[1] », menaçant, en des termes à peine voilés, les autorités belges tout en se réjouissant que celles-ci aient demandé à leurs concitoyens de quitter l'Algérie. La chose est, en effet, très paradoxale. Même si elle montre l'étendue d'un fossé qui sépare un démocrate d'un islamiste, il était pour moi plus que curieux de constater que certaines associations européennes soutenaient les salafistes algériens, s'opposaient à leur expulsion du Vieux Continent, alors que ces derniers visaient et assassinaient tous les étrangers, non musulmans, présents en Algérie et installaient des cellules en Occident, dans ces pays dont ils ciblaient les ressortissants. Cette contradiction, que je ne m'expliquais pas à ce moment-là, révélait en vérité, déjà, le dogmatisme et l'aveuglement de certains courants gauchistes, y compris en Belgique. C'était l'époque de la fameuse question complotiste « qui tue qui ? » à travers laquelle quelques milieux français, appuyés par des journalistes belges, comme Baudoin Loos, qui officie au *Soir*, trouvaient plus de temps à défendre les tenants de l'islam politique que leurs victimes. Ce journaliste, drapé derrière une pseudo-neutralité, ne rate pas une occasion de fustiger les pourfendeurs des islamistes, mais s'est donné pour mission d'être le relais médiatique à Bruxelles de l'universitaire François Burgat, proche du Qatar et des Frères musulmans, et autres islamo-gauchistes.

En arrivant à Bruxelles, donc, je m'empressai de retrouver un contact qui devait m'emmener à Molenbeek. Je croyais naïvement qu'il s'agissait d'une ville éloignée de la capitale belge. Grande fut donc ma surprise quand, au bout de quelques minutes de voiture,

1. *Al-Ansar*, 9 mars 1995. Archives personnelles de l'auteur.

mon interlocuteur, un ancien cadre algérien dans les télécommunications, reconverti en chauffeur de taxi au lendemain de son exil après le début de la guerre civile, m'apprit que nous étions arrivés. « Bienvenue à Bab-el-Oued ! » me lança-t-il en souriant. Ce ton sarcastique cachait effectivement un malaise. Mon contact bruxellois, qui avait perdu un frère policier, tué par les islamistes à la fin de l'année 1992, était particulièrement hostile aux « barbus ». Ironie du sort, il vivait dans un quartier où, à quelques encablures seulement de son domicile, œuvraient des salafistes, certains fidèles suppôts du FIS et du GIA, le groupe qui avait endeuillé sa famille. Toute la tragédie des progressistes, laïques et féministes maghrébins qui, depuis une trentaine d'années, fuient les menaces et les harcèlements des adeptes de l'islam politique. En choisissant la voie de l'exil et en se dirigeant vers les villes européennes, ils espèrent y trouver de la sérénité et un environnement démocratique, mais ce sont des soutiens des djihadistes qui, désormais, le plus souvent les accueillent. C'est le drame de mon propre parcours.

Il m'a fallu une journée à Bruxelles pour constater que certains quartiers étaient complètement phagocytés par la pensée islamiste et qu'en leur sein se dessinait une organisation communautariste. En fréquentant clandestinement pendant un peu plus d'une semaine – sans décliner ma qualité de journaliste – les salles de prière et les mosquées de la capitale belge, en passant mes journées entre les marchés, les cafés et les restaurants communautaires, en sillonnant les rues de Molenbeek, mais aussi celles d'Anderlecht et de Schaerbeek, j'ai compris, avant d'avoir les connaissances qui sont les miennes aujourd'hui[1], qu'il y avait

1. Depuis cette époque, je me rends au moins trois à quatre fois par an en Belgique.

un problème de fond qui s'installait, à l'instar de ce que j'avais déjà perçu à Londres ou en région parisienne, surtout à Saint-Denis. Chose incroyable, les tenants de l'islam politique pouvaient alors en toute quiétude vaquer à leurs occupations. Il fallait véritablement qu'ils puissent représenter une menace immédiate pour l'ordre public pour être interpellés. « J'étais policier, se rappelle Hamid Benichou, un Belgo-Algérien installé à Bruxelles depuis les années 1970, et nous avions travaillé, avec mes collègues de la Sûreté de l'État, sur un religieux qui venait faire de la prédication dans une mosquée située dans le bas de la commune de Saint-Josse. C'était un imam marocain originaire de Tanger qui s'adressait principalement à d'autres Marocains. [...] On avait pour instruction de ne rien faire, on les suit et on fait remonter d'éventuels incidents, sans plus ». C'était une époque où même des imams autoproclamés, se souvient-il, pouvaient librement finir leurs prêches avec des prières pour souhaiter la « victoire pour leurs frères moudjahidines en Algérie » et espérer l'instauration de l'État islamique. Si les services de renseignement occidentaux voyaient leur activisme politique et idéologique, leur prosélytisme, le harcèlement, auxquels ils commençaient à soumettre les membres de la communauté musulmane – surtout les femmes pour les inciter à porter le voile, notamment dans les lieux ghettoïsés –, peu s'inquiétaient donc de la montée du communautarisme, car seul le risque terroriste intéressait. Quand des « imams », le plus souvent autoproclamés, condamnaient les attentats, on les affublait immédiatement de l'adjectif « modérés », peu faisant alors le distinguo entre la menace représentée par la mouvance djihadiste et le travail de fond assuré par le Tabligh, les Frères musulmans et autres islamistes n'ayant pas suivi la voie de la violence, mais celle de la réislamisation par le bas.

Au bout de quelques rencontres, j'ai constaté qu'un nom revenait systématiquement dans les discussions. Celui d'une grande figure de la gauche socialiste, Philippe Moureaux. Il avait entamé, depuis son élection, en 1992, comme bourgmestre (maire), une démarche clientéliste en direction des « musulmans »[1], qui, incontestablement, favorisait le communautarisme. L'anecdote – que les Bruxellois de moins de vingt ans ne connaissent pas –, c'est que le même Moureaux, lorsqu'il était ministre de la Justice durant les années 1980, et par la suite, n'était pas particulièrement favorable à l'immigration, voire y était parfois carrément hostile. « À l'époque, raconte une ancienne figure socialiste, plusieurs cadres du PS étaient clairement racistes. » Mais il semble que c'est très politiquement incorrect de le rappeler aujourd'hui. « Il y a prescription », plaisante un observateur de la réalité belge, en ajoutant « beaucoup ont évolué depuis que les musulmans ont acquis la nationalité ». Mon interlocuteur cite alors l'expression d'un sociologue qui parle de « bétail à voix » pour évoquer le « vote musulman ». Il faut avouer que la complexité du système électoral belge – on peut par exemple choisir plusieurs candidats d'une même liste – fait que la plupart des musulmans (réels ou supposés) votent aujourd'hui pour des noms ayant une consonance musulmane. Le poids communautariste est énorme. Les socialistes bruxellois sont totalement inféodés à cet électorat dit « musulman », souvent très sensible aux thématiques islamistes, tant cette mouvance impose ses thèses et ses thèmes.

1. Être « musulman », c'est être de cette confession. Je mets le mot entre guillemets car, notamment en matière de politique de la ville et en politique publique, sont considérés comme « musulmans » de fait tous ceux qui portent un nom à connotation musulmane, voire ceux – ou leurs parents – qui sont originaires d'un pays majoritairement musulman.

Ma source me précise qu'« il est connu que 49,4 % de l'électorat du PS se déclare musulman à Bruxelles ». Terrifiant !

Philippe Moureaux a eu plusieurs vies, d'une certaine manière. Il y eut même une époque où ce franc-maçon fut plutôt proche de l'extrême gauche. L'affaire avait été mise sur la place publique, une première fois par un ex-officier des services de renseignement belge et une seconde fois, en 2008, par deux députés, Filip De Man et Bart Laeremans, qui, lors du dépôt d'une modification d'un projet de loi portant sur la réforme des services de sécurité, affirmèrent publiquement : « La Sûreté de l'État bidouillerait également quelquefois des rapports afin de faire plaisir à des dirigeants politiques. Robert Chevalier, ancien agent de la Sûreté de l'État, déclara un jour dans une interview : "À l'époque où les socialistes étaient dans l'opposition, nous tenions des dossiers concernant Philippe Moureaux (PS), que nous suspections de liens avec l'extrême gauche." » Par la suite, il dut subir quelques émeutes urbaines dans sa commune. C'était quelques années après le début de son premier mandat de bourgmestre. Et, à partir de là, il mènera une politique qui lui a permis d'acheter la paix civile.

L'une de mes sources qui connaît bien son parcours me précise avec un brin d'ironie : « Tant qu'il était loin du majorat de Molenbeek, [Moureaux] proférait un discours très strict. C'est quelqu'un qui, à l'origine, vient d'un milieu très aisé, fils d'un ministre libéral [Charles Moureaux] », avant d'ajouter : « Malheureusement, une fois à la tête de la commune de Molenbeek, entouré de Marocaines avec du khôl dans les yeux, les plats marocains [ah ! l'exotisme] et le clientélisme, il a saisi l'importance de l'électorat musulman, principalement marocain, pour son maintien comme bourgmestre. »

Un ancien cadre du PS qui l'a beaucoup côtoyé se souvient des premiers pas à Molenbeek de ce jeune bourgeois fils d'une famille riche. « Par opposition au père, il était très à gauche », raconte cette vieille connaissance. En 1982, il intègre la section socialiste de Molenbeek. Dans cette petite commune populaire, les habitants ne voient pas d'un bon œil l'arrivée massive d'immigrés marocains et turcs. Moureaux participe alors à sa première campagne électorale locale en distribuant des tracts PS qui mentionnent explicitement, selon un témoin de l'époque, « Stop à l'immigration ». Il perd ses deux premières élections, mais intègre, malgré tout, le conseil municipal. Il apprend la politique locale et observe les transformations sociologiques. Après les émeutes urbaines du début des années 1990, explique ma source, « il prend conscience que les musulmans peuvent être gérés par les mosquées ». Jusque-là, dans la position du petit bourgeois de gauche qui découvrait la précarité et la pauvreté, il décide d'incarner une « voie pro-musulmane » au sein de la fédération socialiste de Bruxelles. C'est à partir de là que sa nouvelle politique va commencer. Moureaux appartenait à une génération de socialistes qui, pour la plupart, avaient comme figure tutélaire Guy Cudell, qui fut tour à tour député et sénateur, mais surtout bourgmestre de Saint-Josse-ten-Noode (appelée communément Saint-Josse) de 1953 jusqu'à sa mort en 1999. Cette autre commune bruxelloise est, depuis plusieurs années, celle qui abrite la population la plus allochtone de Belgique : Marocains, Turcs, Albanais, Bosniaques et beaucoup d'autres cohabitent et forment environ les trois quarts de la population de ce territoire.

Hamid Benichou s'en souvient : « Nos directives étaient de rechercher constamment le juste équilibre afin de ne pas froisser les musulmans. J'étais présent à plusieurs inaugurations de mosquées et de maisons de jeunes sur Bruxelles, précise-t-il. L'autorité communale, l'institution sécuritaire, même les syndicats ainsi que plusieurs services avaient fait discrètement appel à quelques dirigeants de lieux de culte et à quelques initiés de l'islam, qui devinrent *de facto* leur seul interlocuteur. » La politique clientéliste se mettait en place.

Outre les émeutes de Molenbeek, il y avait eu celles de Saint-Gilles et de Forest (région de Bruxelles).

À la tête de Molenbeek, située à la périphérie de Bruxelles, une commune qui compte, en 2021, près de 100 000 habitants[1], Philippe Moureaux[2] est paradoxalement, en 2005, parmi les tout premiers bourgmestres à avoir interdit le port du voile intégral sur le fondement du maintien de l'ordre public qui nécessite d'identifier les personnes. Une décision qu'il a prise de concert avec la plupart des associations musulmanes de la commune. La seule explication plausible réside dans le fait que la plupart des mosquées étant gérées par des associations proches des Frères musulmans, une telle mesure ne pouvait les gêner, car le niqab est préconisé par les écoles de pensée salafiste, non fériste.

« Au début des années 1990, la situation a commencé à se détériorer. C'est lié à la politique gouvernementale et aux rapports tissés avec le pouvoir saoudien qui a formé plusieurs prédicateurs officiant à partir de la grande mosquée de Bruxelles. À Molenbeek, en revanche, la politique de Philippe Moureaux est à l'origine de la situation », me raconte une source sécuritaire qui a requis l'anonymat. La députée bruxelloise du Mouvement réformateur Viviane Teitelbaum, qui

1. En 2013, les statistiques par nationalités faisaient ressortir que 40 % de la population locale issue de l'immigration venaient de pays à majorité musulmane.

2. Philippe Moureaux fut bourgmestre (maire) de Molenbeek-Saint-Jean entre 1992 et 2012.

m'a souvent apporté une aide précieuse lors de mes déplacements à Bruxelles, expliqua dans un article qui revenait sur la réalité de cette commune qu'une « telle situation ne naît évidemment pas sans raison et de nombreux observateurs ont constaté, en particulier, la passivité (certains ont même parlé de complaisance) de [...] Philippe Moureaux (PS, parti socialiste francophone), envers les diverses organisations musulmanes, pas toujours modérées, installées sur le territoire de sa commune. On peut aussi pointer du doigt l'emprise exercée, depuis de plusieurs années, sur la grande mosquée de Bruxelles par le pouvoir saoudien et ses affidés wahhabites (alors que la très grande majorité des musulmans de Bruxelles ont des origines marocaines ou turques) ». La population issue de l'immigration, notamment marocaine et turque, est traversée par tous les courants de l'islam politique. Il faut rappeler qu'à la fin des années 1970, le bon roi des Belges, Baudouin, avait permis aux Saoudiens de la Ligue islamique mondiale d'ériger une mosquée, et ainsi, un centre de diffusion de la pensée salafiste. Une sorte de cadre inconscient de « pétrole et islamisme » : on vous livre les hydrocarbures et vous nous laissez propager notre doctrine.

Dans les quartiers populaires, transformés en ghettos, l'activisme islamiste est couplé à une situation sociale catastrophique. L'ensemble est conjugué à un clientélisme qui a amené plusieurs élus à fermer les yeux devant l'influence de certains extrémistes, voire parfois à être leurs complices. Car à Bruxelles, il n'est pas exagéré d'affirmer que les islamistes ont largement infiltré, avec l'aide active ou passive de certains milieux de gauche, plusieurs structures de l'État, surtout celles liées à l'enseignement, au soutien social et aux questions culturelles. Les responsables de l'époque, explique Hamid Benichou, « ont décidé de financer toutes les activités qui pourraient apaiser le climat insurrectionnel ». Et il ajoute, non sans ironie : « Ils voulaient construire les mosquées pour les plus âgés et des salles de sport pour les plus jeunes. Ils espéraient faire de nos enfants des sportifs et de nos anciens des bigots. » « J'ai été plusieurs fois témoin de la dérive, raconte-t-il. Nous sommes passés des sermons portant sur les pratiques spirituelles à des prêches sociopolitiques. » Il se rappelle qu'en tant qu'« îlotier », il avait participé à plusieurs rencontres entre les jeunes et ces prédicateurs. Le discours rigoriste et littéral du Coran a « progressivement pénétré des familles de fidèles ». Il se souvient de ces adolescents qui étaient sous l'autorité de mamans divorcées ou veuves et qui se sont proclamés chefs de famille selon une interprétation patriarcale. Certains imposèrent à leur mère un nouveau code de « bonne conduite ». Certains pères, dit-il « décidèrent d'enlever les meubles pour se conformer à la vie prophétique, sans parler de l'interdiction de la télévision et de la musique ». Les interdits religieux se firent jour dans la vie quotidienne. La réislamisation était en route. Et ce n'était pas pour déplaire aux autorités belges pour lesquelles cet attrait pour la mosquée allait permettre d'avoir la paix civile. « Chaque vendredi, dans les mosquées de Bruxelles-Capitale et au-delà, des imams venus pour la plupart du pays d'origine et aidés par des pseudo-moudjahidines tenaient un discours haineux, antisémite et très culpabilisant envers les fidèles qui jusqu'alors vivaient paisiblement leur appartenance religieuse », ajoute Hamid Benichou.

Profitant de l'état psychologique dans lequel se trouvaient les fidèles présents, ces imams sans scrupule leur demandaient, après ce lavage de cerveau, une participation financière soit pour soutenir les musulmans qui se battaient pour l'émergence de l'islam, soit pour la construction future d'une mosquée. De grosses sommes d'argent ont ainsi circulé dans nombre de mosquées. Mon interlocuteur en a très vite vu les conséquences : « Les citoyens musulmans commencèrent à parler de plus en plus d'islam à la maison, une autre ligne de conduite s'imposa, le voile était visible et se banalisait, les rencontres religieuses commencèrent à être organisées dans des foyers. » Et de conclure : « La suite, vous la connaissez ! »

C'est dire que je n'étais guère étonné lorsqu'en 2001, j'appris que les assassins du commandant Massoud étaient passés par Molenbeek et notamment par le Centre islamique belge (CIB) fondé en 1997. C'est là qu'ils furent endoctrinés, sous la houlette du Syrien cheikh Bassam Ayachi. Un lieu où ont transité plusieurs terroristes qu'on retrouvera par la suite dans les rangs d'Al-Qaïda ou au sein des différents groupes djihadistes qui agiront en Syrie. « Nous avions instruction d'observer, mais de ne pas intervenir à Molenbeek », raconte notre source, ajoutant : « Nous ne pouvions même pas arrêter les islamistes en situation irrégulière, sauf s'ils représentaient une menace avérée. »

Quand, après les attentats de 2015, à Paris, et ceux de 2016, à Bruxelles, des tables rondes se formèrent pour réfléchir sur la « question de la radicalisation », on continua de retrouver Philippe Moureaux dans des « débats » en présence de Tariq Ramadan et de l'homme du Qatar, désormais intellectuel organique du petit émirat sponsor des Frères musulmans, François Burgat[1]. Au lendemain des crimes djihadistes, « il fut KO debout », raconte un proche, « avant de se

1. Voir « L'Europe face à la radicalisation : de la nécessité d'un engagement commun », table ronde organisée à l'université catholique de Louvain par le réseau international des Frères musulmans, European Muslim Network, en septembre 2016.

ressaisir ». Pour se sortir d'affaire, lorsque Molenbeek et sa politique furent mis sous les feux des projecteurs, il convoqua le discours victimaire et les conditions socio-économiques des musulmans pour essayer de justifier l'injustifiable. « Il ne faut pas s'y tromper, les complicités, parfois passives, ce qui ne les excuse pas, ou la solidarité, sinon avec le terrorisme, avec les idées existent », précise Viviane Teitelbaum. Elle donne un exemple en expliquant que parmi ses collègues députés qui avaient tenu, en mai 2014, après l'attentat qui a visé le Musée juif de Bruxelles, à lui faire part de leur « tristesse, de leur incompréhension ou de leur soutien », il y avait évidemment une majorité de personnes sincères, mais plusieurs d'entre elles se trouvaient, quelques semaines auparavant, sous prétexte de « solidarité avec le peuple palestinien », dans une manifestation où l'on scandait « mort aux Juifs ! » sous la bannière de drapeaux appartenant à des organisations islamistes terroristes qui étaient clairement visibles.

Il est vrai qu'à Bruxelles, même lorsqu'on dénonce le terrorisme, on le fait, généralement, avec d'infinies précautions. La députée MR rappelle un fait incroyable : au lendemain des attentats de janvier 2015 à Paris, la marche organisée dans la capitale belge appelait à se rassembler « ensemble contre la haine ». À aucun moment les mots « terrorisme », encore moins « islamisme » ne furent prononcés. Sinon chuchotés ici ou là, très discrètement. À l'initiative de cette marche, précise mon interlocutrice, se trouvait notamment un petit groupe de personnes qui durant les mois qui précédaient n'avaient jamais cessé d'accuser *Charlie Hebdo* d'être un journal « islamophobe et raciste ». Les mêmes d'ailleurs ne se gêneront pas en 2016 pour considérer que la judéité des victimes constituait une « explication » valable à la violence de l'attaque du Musée juif. Et n'hésiteront pas à soutenir des islamistes incarcérés en Irak ou au Maroc, et à exiger leur libération. Les Premiers ministres Yves Leterme (CD&V, chrétiens-démocrates flamands) et Elio Di Rupo (PS) se verront, eux aussi, qualifiés de « racistes et d'islamophobes » pour ne pas s'être montrés suffisamment actifs dans le dossier qui a mené à la libération d'Oussama Atar, à l'époque détenu en Irak, à Abou Ghraïb, ensuite dans la prison de Bucca en raison de ses accointances avec les groupes terroristes.

Cette affaire est très importante à comprendre, à analyser et à méditer froidement pour cerner les méfaits de l'islamo-gauchisme, les postures de certains cercles se cachant derrière la défense des droits de l'homme et autres imposteurs qui tentent à travers des discours biaisés et *fake news* de faire passer des criminels islamistes pour des victimes et les démocraties pour des entités totalitaires.

À l'époque, entre 2008 et 2012, si personne ne savait qu'Oussama Atar allait devenir le vrai cerveau des attentats de Paris et de ceux de Bruxelles, d'aucuns étaient conscients déjà qu'il s'agissait d'un aspirant djihadiste, islamiste convaincu, portant une haine féroce aux démocraties. Certains se sont alors mobilisés en sa faveur afin qu'il fût à la fois libéré et rapatrié en Belgique. Tout avait commencé en 2006 quand la CIA avertit officiellement la Sûreté de l'État qu'un Belgo-Marocain, condamné à la perpétuité, était détenu en Irak. Il avait été arrêté dans la ville de Ramadi, contrôlée par des groupes proches d'Al-Qaïda. Les services de renseignement belges envoyèrent des enquêteurs et un analyste pour l'interroger. Malgré son profil de salafiste, ils ne furent pas convaincus de sa dangerosité. C'est la raison pour laquelle, lorsque des membres de sa famille, aidés par quelques acteurs associatifs, se mettent à faire du lobbying, auprès de responsables politiques, d'élus et de figures de la société civile, pour obtenir sa libération et son retour au pays, la Sûreté de l'État ne s'y opposa pas formellement. À partir de 2008, les autorités belges, pressées par la famille Atar et leurs soutiens, commencèrent à demander aux Américains sa libération et, deux ans plus tard, une campagne fut lancée sous le slogan « Sauvons Oussama ». Les avocats de la famille parlaient d'un état de santé précaire et plusieurs lettres signées de parlementaires, notamment de gauche, ainsi que d'ONG furent adressées à l'ambassadeur d'Irak à Bruxelles. Un rassemblement fut même organisé devant le palais de justice de Bruxelles auquel prirent part plusieurs élus CDH[1], Écolo et socialistes. Plusieurs médias se joignirent à cette ambiance très bienveillante, mais, je le dis clairement, ô combien niaise, qui pouvait se résumer par : *Sauvons le futur assassin de nos enfants !* Vincent Lurquin, l'avocat d'Oussama Atar, à l'époque député Écolo (parti écologiste francophone), s'interrogeait publiquement, non sans convoquer en majesté le traditionnel discours victimaire : « Existe-t-il une volonté politique pour prendre cette affaire en main ou est-ce qu'il porte le mauvais prénom ? [...] Oussama est belge. Ce n'est pas un terroriste, ni en a-t-il le profil. » Il s'agit d'un avocat sincère qui défendait son client, croyant sur parole la famille. Lorsque finalement Oussama Atar est expulsé d'Irak le 16 septembre 2012, le même avocat fait ingurgiter aux médias les couleuvres qu'il a lui-même avalées. Il les amène à reprendre *in extenso* la légende de son client : « Après ses études, Oussama Atar a décidé d'accompagner un convoi apportant des médicaments à la population irakienne. Le jeune homme, âgé de 20 ans à l'époque, a été arrêté et inculpé en 2004 en Irak par les autorités américaines, parce qu'il avait traversé la

1. Le Centre démocrate humaniste, dénommé auparavant « Parti social chrétien ». Il est plutôt de centre gauche.

frontière syro-irakienne sans visa pour pénétrer en Irak. Les rumeurs selon lesquelles mon client a été arrêté pour trafic d'armes sont donc infondées », poursuit-il. Circulez, il n'y a rien à voir. Il est musulman. Par conséquent forcément innocent, surtout si ce sont des Américains qui l'accusent. Voilà comment résumer cette curieuse pensée. « Parmi les soutiens d'Oussama Atar, rappelle Viviane Teitelbaum, on trouvait à l'époque également les députés Jamal Ikazban (PS), Ahmed El Khannouss (CDH), Zoé Genot (Écolo) et Youssef Handichi (PTB[1]). Tous se taisent désormais lorsqu'il s'agit de ce dossier ».

Le voyage retour *via* Istanbul d'Oussama Atar est payé par sa sœur et, à son arrivée, à Bruxelles, il est interrogé par la police, ensuite par un magistrat fédéral et débriefé par les services de renseignement. Les autorités belges décident de le laisser libre. Mieux. Il est autorisé à récupérer un nouveau passeport. Et davantage encore. On décide de lui permettre de rendre visite à ses cousins Ibrahim et Khalid El Bakraoui, qui deviendront les auteurs des attentats du métro de Bruxelles, tous deux détenus, depuis 2010, dans le cadre d'affaires de droit commun. L'un d'eux a notamment tiré sur des policiers. Plusieurs sources sécuritaires belges estiment aujourd'hui qu'Oussama Atar était intéressé par leur profil de « fonceurs » et qu'il a participé activement à leur dérive islamiste. En 2013, le salafiste, désormais libre, choisit de s'envoler pour la Tunisie. Le pays est déstabilisé au lendemain du « Printemps arabe » et envoie, malgré lui, le premier contingent, en termes de nombre, de ceux qui allaient constituer les troupes de Daesh en zone irako-syrienne. Oussama Atar dont tout le monde réclamait le retour afin qu'il fût sauvé en raison d'un état de santé fragile, revient donc, libre cette

1. Le Parti du travail de Belgique est une formation d'extrême gauche.

fois, en Syrie. Moins d'une année après cet épisode, ses cousins bénéficient d'une libération conditionnelle, alors qu'Ibrahim a été condamné à une dizaine d'années de prison[1]. Il aurait dû être libéré, au plus tôt, en 2016. Il sera intercepté en juin 2015 par les autorités turques et expulsé vers les Pays-Bas, quelques semaines plus tard. On apprendra par la suite qu'Ibrahim El Bakraoui avait prêté officiellement allégeance à Daesh en novembre 2014, soit un mois après que son bracelet électronique lui fut retiré.

En 2014, l'État islamique, qui prépare son offensive contre plusieurs villes occidentales, se dote d'une structure dédiée aux « opérations extérieures ». Elle est dirigée par Abou Mohammed Al-Adnani, numéro deux de l'organisation terroriste et son porte-parole officiel. Il est secondé par trois hommes : un Algérien ayant vécu en France, Abdelnasser Benyoucef, alias Abou Mouthana, le Franco-Tunisien Boubaker El Hakim, alias Abou Mouqatil[2], et le Belgo-Marocain Oussama Atar, connu désormais sous le nom d'Abou Ahmed. Cette cellule constituée de Maghrébins, disposant pour la plupart de la nationalité française ou belge, allait être la cheville ouvrière des attentats qui allaient viser la France en novembre 2015 et la Belgique en mars 2016.

Une source politique belge n'a pas hésité à me préciser que durant les années 1990 et jusqu'au début des années 2000, la politique qui fut suivie consistait

---

1. Khalid El Bakraoui a bénéficié d'une libération conditionnelle le 6 janvier 2014. Quant à son frère Ibrahim El Bakraoui, il quittera la prison le 15 mai 2014, avec un bracelet électronique qui lui sera retiré le 23 octobre 2014.

2. Boubaker El Hakim est né à Paris en 1983. Aux débuts des années 2000, il faisait partie, avec les frères Kouachi, de la cellule du 19e arrondissement. Il a rejoint l'Irak très tôt et s'est par la suite rendu en Tunisie, après la chute du régime de Ben Ali, où il a organisé plusieurs attentats avant de regagner à nouveau la zone irako-syrienne.

à calquer celle des Britanniques. Des gouvernements successifs avaient donné instruction de laisser les islamistes agir, tant que leurs actions ne ciblaient pas le territoire belge afin d'éviter les menaces d'attentat et pour « ne pas fâcher les musulmans ». Les mêmes vous diront ensuite qu'ils ne font pas d'amalgame entre terrorisme, islamisme et islam. Mon interlocuteur illustre son propos : « Quand un inspecteur du travail, par exemple, demandait l'aide d'un policier pour procéder à un contrôle, généralement il ne l'obtenait pas. » Certains responsables politiques, surtout en Belgique, font l'erreur de croire qu'en attirant les islamistes vers eux, électoralement parlant, à travers une politique clientéliste, ils seront à même de neutraliser, en d'autres termes de calmer, les plus violents d'entre eux. Cette thèse est totalement infondée, dangereuse et complètement puérile. La réalité est autre. Ceux, parmi les tenants de l'islam politique, qui font mine de faire le jeu de la démocratie, laissent penser qu'ils se font instrumentaliser pour pouvoir eux-mêmes manipuler ceux qui croient les utiliser. Les adeptes de l'action politique et les partisans du long terme ont pour objectif l'institutionnalisation, car à travers elle, vient la « respectabilité » et donc la légitimité. Et c'est celle-ci qui leur permet en vérité d'accomplir un travail de fond qui vise à retourner les esprits et installer l'islam politique comme projet de société. Les djihadistes, eux, ont leur propre agenda. Ils continueront de représenter une menace, quel que soit le dirigeant qu'ils ont en face d'eux, qu'il soit de droite ou de gauche, défenseur acharné du corpus démocratique, pourfendeur déterminé de l'islam politique ou partisan d'une démarche islamo-gauchiste. Les djihadistes ne changent jamais rien à leurs objectifs. Même s'il leur arrive de les retarder, leurs visées tournent systématiquement autour du nihilisme destructeur et de la quête de l'image chaotique. Une illustration : lorsque la police antiterroriste belge arrête, en 2012, le converti Jean-Louis Denis, l'un des principaux prédicateurs de Sharia4Belgium[1], les enquêteurs vont découvrir des messages assez explicites postés par lui sur le réseau Paltalk. Apprécions plutôt : « Seule la loi du Coran compte et il ne faut pas écouter cette démocratie et ses lois. Nous sommes gouvernés par un PD avec un nœud papillon ce qui est un péché de l'islam. Nous ne devons pas écouter la police ni leurs chefs [Bernard] Clerfayt, [Philippe] Moureaux et [Elio] Di Rupo, il faut se révolter contre le pouvoir belge qui ne sert à rien vu que seul l'islam est la vérité. Les musulmans ne doivent pas s'intégrer dans le pays d'accueil, car suivre les lois du pays est un péché[2]. » Je peux prendre plusieurs dizaines d'exemples de ce type qui permettraient de comprendre à ceux qui parient sur les islamistes, d'une manière générale, qu'ils misent non pas sur le mauvais cheval seulement, mais sur celui qui s'empressera de leur planter un couteau dans le dos.

« Il est vrai que nous avons collectivement vécu dans le déni », m'a avoué Françoise Schepmans, en 2016, la bourgmestre (MR) qui a remplacé Philippe Moureaux à la tête de la commune[3]. Une prise de conscience qui est intervenue à la faveur du départ de l'ancien maire, mais surtout de l'actualité, après les attentats de Paris et ceux de Bruxelles. Mais ce sursaut a été de courte durée. Les habitants de Molenbeek ont choisi d'élire la socialiste Catherine Moureaux – la fille de son père – qui mène une politique quasiment similaire à celle qui avait conduit au désastre. Que faire face au communautarisme une fois qu'il est installé ? Il faudra

1. Lire « Sharia for Belgium », « Charia pour la Belgique ».
2. Archives personnelles de l'auteur.
3. Philippe Moureaux est décédé à Bruxelles le 15 décembre 2018.

probablement plusieurs décennies et autant de volonté politique pour atteindre un début de résultat.

Ce n'est pas demain la veille. La plupart des partis dits de « gauche » suivent une politique faite d'aveuglement à l'égard de l'islam politique. Les écologistes sont en pleine dérive. L'un de leurs idéologues, Henri Goldman, candidat Écolo lors des dernières élections à Bruxelles et très actif dans toutes les associations qui défendent le voile, est de ceux qui illustrent la convergence des luttes entre gauchistes, mouvance décoloniale et islamiste. En novembre 2020, quelques mots échangés avec un « admirateur » sur Facebook montrent un état d'esprit des plus détestables. Nous sommes alors un mois à peine après la décapitation de Samuel Paty. Son interlocuteur l'interroge et lui demande s'il effectue un lien entre ce qu'il appelle la « névrose de l'altérité » des Français et les attentats, plus nombreux en France qu'ailleurs, selon lui. La réponse d'Henri Goldman est particulièrement éloquente : « La France, depuis Sarkozy, a tout fait pour se faire particulièrement détester par l'opinion musulmane internationale, et il serait logique que cela se traduise en conséquence (cette détestation se base à la fois sur la parano laïcarde et sur l'incroyable philosionisme français qui a atteint des sommets avec Valls/Hollande). »

Outre l'inculture crasse d'un « intellectuel » de gauche qui ignore probablement que l'expression « laïcarde » est maurassienne, donc d'extrême droite, et d'un « antiraciste » qui manifestement mélange lutte contre l'antisémitisme et « philosionisme », il y a, dans cette phrase, tout ce qui caractérise l'islamo-gauchisme. D'abord, le discours victimaire, ensuite la diabolisation de la France et enfin l'inversion des valeurs. Le tout servant, de manière indirecte et non assumée à justifier des attentats – une quarantaine lors de la période citée. La rhétorique est intéressante à observer, puisque en quelques lignes seulement l'auteur de cette réponse jette des connotations péjoratives sur deux principes essentiels : la laïcité et la lutte contre l'antisémitisme. Il n'est guère anormal qu'un gauchiste fustige deux valeurs – théoriquement de gauche – honnies par l'ensemble de la mouvance islamiste. Cela pour rappeler que le phénomène islamo-gauchiste, là où il s'exprime, avance toujours les mêmes marqueurs, et montrer que c'est l'islamisme qui a imposé son agenda, ses codes et sa sémantique et non pas l'inverse. On trouvera par exemple des gauchistes promouvant le port du voile, mais jamais des islamistes défendant le féminisme universaliste.

À force de favoriser le communautarisme, les responsables politiques belges, dans plusieurs villes, surtout à Bruxelles, ont fini par créer le « vote musulman »[1]. Aujourd'hui, dans les dix-neuf communes qui constituent la région bruxelloise, les musulmans (réels ou supposés), ceux issus principalement du Maroc et de Turquie, représentent le quart de la population – et ainsi du corps électoral – et cette partie est sensible aux « promesses électorales », en réalité au populisme, devenu marque de fabrique des principaux partis de gauche, notamment le PS et Écolo, sans oublier les formations d'extrême gauche. Les fins connaisseurs de la réalité belge pointent du doigt ce qu'ils appellent « la particratie ». En d'autres termes, cette mentalité qui s'est installée, dans la plupart des formations politiques qui veulent arriver au pouvoir, le plus souvent au détriment des programmes et des valeurs. « Désormais, c'est la communauté musulmane qui arbitre les élections »,

1. Par « vote musulman », il faut comprendre qu'il s'agit des votes communautaires des Belgo-Albanais, Belgo-Turcs et autres qui viennent s'ajouter aux Belgo-Marocains.

précise Hamid Benichou. Ce « vote musulman » bénéficie principalement à Écolo et aux socialistes. Les « musulmans » sont littéralement achetés, on leur propose des « cantines halal », la « défense du voile », on leur donne un logement social. Ces partis déploient un discours populiste en s'accrochant au discours victimaire. Toujours selon la même logique : « l'islamophobie » pour victimiser les musulmans, les « violences policières » pour diaboliser les États démocratiques. D'après Hamid Benichou qui connaît parfaitement le terrain, « ce que beaucoup de musulmans ne comprennent pas, c'est qu'ils devraient s'émanciper, sortir du communautarisme et du paternalisme qui touche à leur dignité ». Tout un programme.

L'« islamo-gauchisme » s'est accentué à Bruxelles avec les très bons scores des écologistes lors des élections de mai 2019. Ils ont été galvanisés par la « vague verte » qui s'est levée, une année auparavant, notamment chez les jeunes et à travers tout le pays, et a bénéficié des retombées d'un discours communautariste qui plaît à la fois aux islamistes et à l'ensemble des foyers identitaires islamisés. Depuis, Écolo impose, comme le rappelle la militante féministe Djemila Benhabib, très attachée à la laïcité, « l'agenda politique aux autres partis deux thèmes : le voile et l'abattage confessionnel ». Elle souligne le cynisme des dirigeants de ce parti : « Quand ils sont à Bruxelles, ils sont islamo-gauchistes et à l'extérieur ils redeviennent écolos. »

En vérité, les sujets écologiques sont à la mode et les islamistes prescrivent une dynamique et produisent un réservoir électoral « dragué » par plusieurs formations. Les écologistes doublent le PS sur sa gauche et ils vont même chercher l'électorat centriste du MR. « Certains déçus centristes n'hésitent pas à aller chez Écolo. »

Au-delà de ces tactiques politiques, ce qui est inquiétant, c'est de constater que l'ambition politique des « verts » les amène à piétiner certains principes essentiels. La laïcité évidemment est la valeur bradée dans cette logique clientéliste. « Écolo travaille désormais sur les questions de neutralité [comprendre laïcité]. C'est la pression qu'ils mettent qui fait bouger les lignes », rappelle Djemila Benhabib. Installée à Bruxelles depuis 2019, elle analyse avec un regard neuf ces évolutions : « Tout n'est pas blanc ou noir, la société civile est consciente tout comme certains partis, je pense au MR ou au DéFi », tient-elle à préciser, quelque peu optimiste. Elle les voit se mobiliser pour dénoncer cette relecture faire par Écolo qui veut faire croire que la « laïcité serait un facteur de discrimination ». C'est effectivement un phénomène que je n'ai eu de cesse d'observer aussi bien chez les écologistes que chez les socialistes et certains gauchistes – ce n'est pas une spécificité belge. La laïcité est fustigée, présentée, trop souvent, quasiment comme « une arme pour racistes » par ceux qui, à l'évidence, n'ont rien compris – ou ne veulent rien comprendre – à son sens réel et à sa portée philosophique et politique lorsqu'elle est appliquée dans une société. Cette novlangue à travers laquelle il est question de présenter la laïcité comme un élément rétrograde et le voile islamiste comme symbole d'émancipation est une autre illustration, s'il en fallait, de l'inversion des valeurs.

Il y a deux courants au sein d'Écolo : les islamo-gauchistes et les naïfs qui jouent le rôle d'« idiots utiles ». Pour Djemila Benhabib, et quelques autres, il est nécessaire de faire de la pédagogie pour que ces derniers se réveillent. « Pour que ce parti soit véritablement crédible, il est fondamental qu'il se défasse de sa tendance islamo-gauchiste. La situation est intenable. Il y a des antagonismes qui vont éclater un jour ou l'autre et qui vont détruire le parti », prévient-elle.

De plus, il est intéressant d'observer les liens tissés par cette gauche précisément, écologiste belge, notamment avec les milieux dits « antiracistes » qui, comme en France, usent du chantage à l'« islamophobie ». À ce titre, il convient de réfléchir véritablement à la toxicité de certaines organisations bruxelloises. Le Collectif contre l'islamophobie en Belgique, en fait partie. « Sans doute, écrit Marie-Cécile Royen, le CCIB n'est-il pas le CCIF. La notoriété de Mustapha Chairi n'est pas comparable à celle de Marwan Muhammad[1]. » Pour autant, cette association fait de la promotion du voile un fonds de commerce. « Le but réel du CCIB est de faire avancer les objectifs et le discours des Frères musulmans[2] », explique la journaliste. Car le problème ne réside pas uniquement dans les batailles culturelles que le CCIB et ses alliés cherchent à gagner pour imposer leur agenda à la société civile et à la classe politique belge. Le fait d'imposer le mot « islamophobie » est un marqueur important. En Belgique aussi, les islamistes instrumentalisent les nobles combats antiracistes pour atrophier le débat, interdire le « blasphème », la critique de l'islam politique et même parfois du terrorisme islamiste. De plus, le CCIB semble représenter une sorte de « réservoir » pour fournir des candidats « communautaires » à Écolo. Marie-Cécile Royen rappelle que les trois fondateurs de l'association sont des membres du parti écologiste : Farida Tahar, Hajib El Hajjaji et Mustapha Chairi. Pourtant, le CCIB est clairement dans la mouvance fririste. Encore plus clairement que le CCIF. Ce dernier, après sa dissolution en France, annonçait en février 2021 qu'il renaissait en Belgique sous l'appellation CCIE (Collectif Contre

---

1. Marie-Cécile Royen, « L'islam politique déstabilisé », *Le Vif-L'Express*, 26 novembre 2020.
2. *Ibid.*

l'Islamophobie en Europe). Bruxelles s'est toujours montrée accueillante pour les islamistes !

Au sein de ce méli-mélo, ce n'est guère un hasard si, dans cette veine, l'UNIA, le centre interfédéral pour l'égalité des chances, un service public qui lutte contre les discriminations et pour une politique d'égalité, précise dans son rapport 2019, au chapitre « Conviction philosophique et religieuse », que « le droit de porter certains vêtements – et plus particulièrement le voile ou foulard islamique – reste une question très sensible pour la société [...]. UNIA cherche avant tout à proposer des solutions concrètes et inclusives. » Comprendre que faire appliquer aux femmes voilées les principes de laïcité serait une forme d'exclusion alors que nous sommes clairement face à des logiques d'autoexclusion. Là aussi, il y a un problème de philosophie politique et juridique. Depuis quand les lois sont-elles revues pour piétiner des valeurs fondamentales au seul motif de satisfaire non des minorités religieuses, mais des groupes d'activistes minoritaires ? Je rappelle autant de fois que nécessaire que le voile, quoi qu'on en dise, est « islamiste » et non pas « islamique ». Et que par ailleurs, il n'y a autour de cette question aucune « obligation religieuse », sauf une « obligation islamiste ». En d'autres termes, le voile n'a jamais occupé dans le texte une valeur similaire à celle de la profession de foi, du jeûne, de la prière ou de l'aumône. Cet accoutrement est au cœur d'une controverse théologique au sein du monde musulman, mais son sujet est tranché d'autorité par des organismes comme l'UNIA en Belgique, au profit de la mouvance islamiste. C'est probablement l'expression d'un autre racisme, celui qui n'intéresse personne, car il vise des musulmans progressistes. Curieusement, dans les plus grandes démocraties, le plus souvent, les « arbitrages » sont en leur défaveur et plutôt favorables aux islamistes. Allez comprendre !

En Belgique, à l'évidence, le drame qui a fauché la vie de Samuel Paty n'a pas servi de leçon. Au moment où je bouclais cette enquête, une brillante universitaire, Nadia Geerts, engagée en faveur des combats laïques et féministes, a fait l'objet d'une ignominieuse campagne de diabolisation, durant laquelle, comme d'habitude, les accusations d'« islamophobie » ont fusé de la part de ceux qui ont toujours déroulé le tapis rouge devant Tariq Ramadan et chahuté les conférences de Caroline Fourest à l'ULB.

Je tiens à le souligner : je connais Nadia Geerts depuis le milieu des années 2000 et je peux témoigner non seulement de sa rigueur et de sa probité intellectuelle, mais aussi de son attachement à des valeurs essentielles telles que l'antiracisme. L'accuser d'une quelconque haine pour les musulmans, c'est jeter l'opprobre sur chaque personne qui fustige cette idéologie mortifère qui n'a eu de cesse, comme je l'ai déjà précisé, de tuer des musulmans. Que s'est-il passé ? Il est important de rappeler les faits, car c'est à la faveur de ceux-ci que l'on comprend la déliquescence du débat public.

Premier acte. Au lendemain de l'assassinat de Samuel Paty, le 16 octobre 2020, elle poste un message sur sa page Facebook en des termes directs, mais sans excès : « Un enseignant décapité. Quand cela va-t-il s'arrêter ? Quand surtout, certains comprendront-ils enfin qu'il est grand temps de défendre la laïcité, fermement, sans "oui, mais", sans tortiller du cul ? #jesuischarlie. » Nous avons vu plus outrancier. À la suite de ce message, elle reçoit un certain nombre de « reproches, de mises en cause ». Ses conférences sont de plus en plus critiquées. On lui jette à la figure des « accusations de racisme et d'islamophobie ». On prétend qu'elle « ne défend pas les Ouïghours ni les Palestiniens ». Nadia Geerts est professeure de philosophie à la Haute École

Bruxelles-Brabant (HE2B) et militante féministe. Elle est par ailleurs éditrice et impliquée dans de plusieurs associations. Elle est identifiée, et ses idées et convictions démocratiques connues depuis de longues années. Curieusement, la direction ne la soutient pas, ni ses collègues, sinon tardivement et timidement.

Deuxième acte. Le 16 janvier, une décision est prise par Wallonie-Bruxelles Enseignement (une sorte de ministère régional de l'Éducation) pour permettre, à partir de septembre 2021, aux jeunes étudiantes voilées, appelées pourtant à devenir professeures, à porter le voile durant les cours. À l'intérieur donc de l'enceinte éducative. Jusque-là, le règlement intérieur l'interdisait. En réalité, les hautes écoles n'ayant pas toutes le même règlement, Wallonie-Bruxelles Enseignement a voulu uniformiser et l'administrateur général a tranché et pris cette décision pour l'ensemble des « signes religieux ». Nadia Geerts, qui diffuse ses idées sur les réseaux sociaux depuis fort longtemps, a dit son opposition à cette disposition en publiant un commentaire laconique : « Voilà, on y est ! » au-dessus d'un article de *La Libre Belgique* qu'elle venait de partager et dont le titre était : « Le voile sera massivement autorisé en septembre dans l'enseignement supérieur : "L'intérêt général doit primer" ». Évidemment, ceux qui connaissent ses convictions comprennent qu'elle exprime là une sorte de consternation. Dès lors, les insultes et la campagne de harcèlement vont débuter. En deux semaines, près de quatre cents commentaires sont postés. Si beaucoup la soutiennent et partagent son point de vue, d'autres, trop nombreux, l'accusent d'être une « haineuse », « islamophobe », « obscurantiste laïcarde », etc. « Je suis submergée de messages, plusieurs dizaines », raconte Nadia Geerts qui ne cache plus son exaspération devant ses accusations de racisme et les menaces insidieuses. C'est le caractère « massif, haineux et concerté » de ces réponses qui la gêne, ainsi que les insultes et l'incitation à la haine. Elle est manifeste. « Je suis alertée régulièrement par des étudiants qui attirent mon attention sur certains messages », me dit-elle, au téléphone, quelque peu inquiète. Elle évoque notamment un « ancien étudiant qui travaille aujourd'hui comme éducateur auprès d'adolescents ». Il la harcèle.

Après quelques jours de silence, l'administration a fini par réagir. Des plaintes ont été déposées. Même Wallonie-Bruxelles Enseignement a décidé de passer à l'action. Mais n'était-ce pas déjà trop tard ? Nadia Geerts semblait déterminée, en janvier 2021, à tout arrêter. « Je ne souhaite plus enseigner, car je me sens totalement isolée dans ce combat. Je me sens abandonnée aujourd'hui par l'administration et par beaucoup de mes collègues », dit-elle. Ce serait véritablement une perte pour l'enseignement belge. C'est une femme de conviction qui, au-delà du savoir et de la connaissance, transmet des valeurs et aide une génération aux prises avec des idées complètement tordues à se réarmer intellectuellement.

Désormais, l'université belge est frappée aussi de la même maladie que celle qui traverse son homologue française. Une logique islamo-gauchiste dicte les comportements. La victimisation et la rhétorique décoloniale donnent le *la*. « Certains de mes collègues sont proches du PTB (trotskiste) et sont donc très connivents avec l'islamisme. Ils trouvent que la laïcité est oppressive et intolérante », précise-t-elle. Rien de surprenant. Cette lame de fond s'est installée depuis plusieurs années et la situation empire une année après l'autre. Sur trois cents enseignants, seuls cinquante se sont prononcés contre les signes confessionnels. C'est dire. Les autres sont soit des militants en faveur du voile, soit des peureux, incapables d'assumer leurs responsabilités.

Longtemps, j'ai insisté devant plusieurs interlocuteurs français sur le fait que la situation en Belgique était catastrophique. Pire que celle qui traverse l'Hexagone. Beaucoup croient que j'exagère. Aujourd'hui, je ne suis pas le seul à le répéter. Même les services de renseignement belges, qui ne se mêlent jamais de politique, sinon dans le cadre de leurs prérogatives constitutionnelles, n'hésitent pas à le dire. Aussi bien en *in* qu'en *off*. Sous couvert d'anonymat, certains ont des mots très durs, que ce soit à l'égard de certains dirigeants politiques ou en direction des partis à l'instar d'Écolo et de l'extrême gauche. Sur l'islam politique, ils sont tout aussi vigilants, et plus seulement, comme jadis, à propos de la menace terroriste. Ils prennent en compte la menace représentée par l'islam politique. Dans son rapport 2019, la Sûreté de l'État évoque les réseaux fréristes en des termes très clairs.

> Au sujet des Frères musulmans, précise le document, ils ont une vision pragmatique de la participation électorale. Ils considèrent les démocraties occidentales et les libertés qui y sont associées comme des opportunités pour déployer et implémenter leur conception de la société islamique. Tant au niveau européen qu'au niveau belge, les Frères musulmans encouragent à la participation électorale afin de préserver durablement les positions acquises dans la société occidentale et d'influencer certains débats sociétaux (port du voile, abattage religieux…).

En clair, cela s'appelle de l'entrisme. Le même document se montre encore plus explicite : « Les mois précédant les élections, la question du soutien à certains candidats ou formations favorables à l'agenda des Frères musulmans a été abordée à plusieurs reprises. Certaines indications précises de vote ont également été données dans ce cadre. » En somme, les islamistes visent les partis qui les soutiennent. On ne saurait être plus clair.

Les services de renseignement belges sont conscients de la réalité de la menace islamiste – il ne faut même plus parler de menace terroriste seulement – et évoquent, dans le même rapport, les salafistes dits parfois « quiétistes », en l'occurrence les madkhalistes, qui officiellement rejettent la violence, mais qui, en privilégiant des logiques clairement « séparatistes », composent un vivier, une sorte d'antichambre, pour le djihadisme :

> En Belgique, nous avons constaté ces dernières années une forte croissance du courant madkhaliste au sein du salafisme. Ce courant se caractérise par un prosélytisme soutenu et un rejet marqué de l'État de droit démocratique [...]. En tant que service de renseignement, nous considérons cette forme d'extrémisme religieux non seulement comme une menace, en raison du terreau fertile qu'elle offre à l'action terroriste, mais aussi comme un problème du fait de son caractère totalitaire, raciste et antidémocratique. Il s'agit là d'une menace sérieuse pour notre société inclusive.

Faut-il souligner, une fois de plus, qu'à partir d'une analyse froide, l'administration parle de ceux qui sont trop souvent complaisamment affublés du statut d'« islamistes modérés » ou de « salafistes quiétistes » ?

Le rapport rappelle enfin que l'extrême droite se nourrit des compromissions d'une partie de la gauche et précise que ces attaques de la droite identitaire et populiste visent « aussi de plus en plus les hommes politiques – considérés comme des "traîtres à leur peuple" – ou encore la "mensongère presse de gauche". Dans quelques rares cas, des groupements d'extrême droite menacent également de mener des actions violentes contre des cibles de la communauté musulmane, des centres d'asile ou des hommes politiques ».

Il y a un peu plus de cinq cent mille musulmans (réels ou supposés) en Belgique. La moitié vit à Bruxelles et sa région que d'aucuns voient désormais comme une « ville musulmane ». Voilà les conséquences des politiques communautaristes. Il appartient à la fois aux responsables politiques, d'une part, et, à la société civile, d'autre part, de viser, à mon sens, un double objectif : une nécessaire déghettoïsation des communes enclavées et cogérées par les islamistes, les partis et les associations complices des tenants du salafisme, et la création de nouveaux creusets de socialisation métissés afin de casser les murs invisibles qui ont été érigés à la faveur de choix hasardeux et irresponsables.

Imaginez un très grand laboratoire dans lequel la petite souris s'appellerait Molenbeek et les virus auraient pour nom « islam politique », « communautarisme », « clientélisme », « islamo-gauchisme », un mélange détonnant qui systématiquement donne les mêmes résultats. Les premiers ont causé la mort de plusieurs dizaines de personnes le 13 novembre 2015 à Paris et les seconds ont fait de même le 22 mars 2016 à Bruxelles. Mais peut-être que certains Docteur Folamour belges ont envie de poursuivre l'expérience ?

16

Connaissez-vous la gauche islamique ?

Si j'ai expliqué précédemment la matrice historique de ce phénomène, je me pencherai plus avant sur un thème totalement méconnu, espérant ainsi aider les plus sceptiques à développer leur réflexion et à quitter des postures autocentrées, pour les exhorter à regarder de plus près comment se matérialise l'islamo-gauchisme loin de l'Hexagone, notamment dans le monde arabo-musulman. Une question qui, curieusement, n'est jamais abordée nulle part.

Loin de nos contrées démocratiques, la notion « islamo-gauchiste » est en effet un concept complètement assumé.

L'un des premiers exemples, probablement l'un des plus éloquents, est celui qui concerne le MJIP, le Mouvement du Jihad islamique en Palestine[1], un groupe totalement hétéroclite idéologiquement parlant. Créé dans le contexte de l'effervescence anticoloniale et tiers-mondiste des années 1970, il s'est inspiré à la fois des théories de gauche et de celles des Frères musulmans, mais également de la révolution iranienne

1. En arabe *Harakat al-Jihad al-Islami fi Filastīn.*

qui avait mixé la pensée ultra-rigoriste de Khomeiny, les idées d'Ali Shariati et des milieux marxistes. Depuis, tout en revendiquant un ancrage territorial palestinien sunnite, le MJIP ne cache pas sa sympathie pour le chiisme révolutionnaire iranien.

Son fondateur s'appelle Fathi Al-Shaqaqi. Ancien adepte de la Confrérie islamiste lorsqu'il était étudiant au Caire durant les années 1970, il rompt néanmoins avec cette dernière pour se rapprocher de plusieurs courants, avec comme unique objectif la « libération de la Palestine » et la lutte contre Israël. L'embryon du groupe est créé en 1976 avant que ce dernier soit parachevé, au lendemain de la révolution iranienne, à l'intérieur du territoire palestinien, notamment à Gaza, dès 1980. Les militants du MJIP reprochaient alors aux Frères musulmans de ne penser qu'au prosélytisme et à la réislamisation des sociétés, et de délaisser complètement le « combat anticolonialiste ».

Parmi ses premiers fondateurs, des adeptes de l'idéologie fériste, quelques salafistes, mais aussi un théoricien palestinien né dans une famille chrétienne, Mounir Chafiq, à l'époque dirigeant de la gauche nationaliste palestinienne et membre du conseil de planification de l'OLP. Il y a eu également Abou Hassan Kassem, de son vrai nom Mohammed Hassan Bahis, qui était à l'origine maoïste. Pour ne citer que les plus connus de la scène palestinienne.

Au début des années 1980, une forte attraction pour l'islam politique a poussé plusieurs anciens gauchistes palestiniens, notamment des maoïstes, à se convertir à l'islamisme. Ce fut le cas par exemple des membres de la Brigade étudiante créée en 1973 qui allaient se rebaptiser en « Brigades du jihad islamique ».

L'invasion du Liban en 1982 a donné l'occasion aux militants du MJIP d'entrer en contact avec le Hezbollah qui vient de naître sous l'impulsion du régime iranien.

Les nouvelles accointances du groupe palestinien avec le camp chiite vont lui permettre d'affirmer son côté hétéroclite. Dans la foulée, les liens seront renforcés avec Damas où s'installeront certains cadres du mouvement dès le début des années 2000.

Paradoxalement, même s'ils laissent penser qu'ils sont moins radicaux que les groupes djihadistes classiques, car formés d'intellectuels, les membres du MJIP organisent le premier attentat suicide, avant même le Hamas (fondé en 1987), perpétré en décembre 1993 par Anouar Abdallah Aziz, un jeune de 23 ans, enrôlé pour inaugurer une vague d'actions kamikazes. Cela peut s'expliquer justement par cette proximité avec les mouvements chiites. Ils sont les premiers à théoriser, dans leur conception contemporaine, les opérations suicides et à les légitimer.

Dès sa création, le MJIP annonce qu'il va systématiquement avoir recours à l'action armée, refuse totalement toute forme de négociation et aucune activité politique. Cette radicalité constitue, depuis le début des années 1980, son identité idéologique. Progressivement, avec la montée de l'islam politique et l'élimination par l'armée israélienne et ses services spéciaux de la plupart de ses membres fondateurs (Fathi Al-Shaqaqi a été tué en 1995), le MJIP s'est transformé pour devenir un mouvement strictement islamiste, même s'il semble rejeter toute action en dehors de sa guerre contre Israël – il s'est empressé par exemple de refuser en bloc le processus d'Oslo et les accords qui ont découlé de ces négociations. Quasiment à la même période, au début de la guerre civile libanaise, est née l'alliance islamo-progressiste, qui qualifiait l'union entre les partis de gauche et les factions palestiniennes, ainsi que les masses musulmanes qui se battaient pour elle dans ce Liban communautarisé et multiconfessionnel.

En observant les accointances qui ont existé – ou qui existent encore – dans le monde arabe, l'on s'aperçoit qu'au final, à l'image du MJIP, les organisations où l'islamisme est présent atterrissent automatiquement dans l'escarcelle de cette mouvance parce que l'islam politique finit toujours par l'emporter. Que ce soit au sein des différentes factions palestiniennes ou en Égypte – pays qui a vu, tout au long du XXe siècle, une importante effervescence intellectuelle –, l'idéologie islamiste a systématiquement phagocyté des lieux phares, comme l'université d'Al-Azhar, pour dominer la pensée musulmane, puis des mouvements et des partis de gauche qui furent considérablement affaiblis par le passage du tsunami islamiste – incarné par plusieurs courants (Frères musulmans, salafistes, djihadistes…) –, et enfin la prédominance de cette doctrine dans la sphère des médias et de l'édition, ce qui montre la victoire culturelle de l'islam politique au cœur de la société égyptienne.

Aussi extraordinaire que cela puisse paraître, c'est incontestablement Sayyid Qutb qui a été la première personnalité islamiste, dans le monde arabe, à faire une jonction entre les théories marxistes et les théories islamistes. En 1949, avant d'être membre de la confrérie des Frères musulmans, alors qu'il était quelque peu impacté par des idées de gauche, il publie un livre intitulé *La Justice sociale en islam* dans lequel il s'attaque à la vision matérialiste et capitaliste de l'Occident. Il estime alors que

> l'Europe ne connaît qu'une religion : le culte de la prospérité matérielle ; la seule croyance qu'elle soutient est qu'il n'y a qu'un seul objectif dans la vie : rendre cette vie plus facile […]. Les sanctuaires d'une telle culture sont les énormes usines et les cinémas, les laboratoires chimiques, les salles de danse et des centrales électriques. Les prêtres d'un tel culte sont les banquiers, les mathématiciens, les vedettes de cinéma, les scientifiques et les aviateurs. Le résultat inévitable

> de cet état d'esprit est que l'homme s'efforce de gagner le pouvoir et le plaisir ; cela engendre des sociétés de querelles, toutes armées aux dents, visant leur destruction mutuelle chaque fois qu'il y a contradiction quant à l'évolution de l'humanisme. La philosophie morale [est] confinée à des questions purement scientifiques, dans lesquelles le critère le plus élevé du bien ou du mal est de savoir s'il y a oui ou non progrès matériel[1].

Dans un autre ouvrage, publié deux années plus tard, Qutb réitère sa position. Sous le titre *La Bataille de l'islam et du capitalisme*, il fait apparaître les principes islamiques comme seuls capables de représenter une véritable alternative au communisme, mais tout en reprenant à son compte, là aussi, certaines idées marxistes[2]. La modernité occidentale est alors dépeinte comme un universel négatif contre lequel il est nécessaire de lutter.

Ces deux ouvrages, publiés avant son adhésion pleine et entière à la mouvance islamiste et plus de dix ans avant qu'il ne devienne le théoricien du djihadisme contemporain, allaient servir de matrice, d'une certaine manière, aux travaux qui, plus tard, confirmeront les convergences idéologiques qui peuvent exister entre des courants de gauche et des cercles islamistes. C'était l'époque où le monde arabo-musulman commençait à se construire en opposition aux puissances dominantes et donc en réaction à toute occidentalisation. Souvent, des milieux supposés « progressistes » voyaient dans les principes islamiques une possibilité de façonner une identité propre, singulière, afin de rompre avec les valeurs universelles, jugées occidentales.

---

1. Sayyid Qutb, *Al Adala al Ijtimaiya fi al islam*, Dar Echourouk, 1949.
2. Sayyid Qutb, *Maarkat al islam oua al raas maliya*, Dar Echourouk, 1951.

Durant les années 1950, Sayyid Qutb, initialement plus proches d'eux politiquement, a failli rejoindre les « officiers libres » au lendemain de leur coup d'État. Probablement déçu de ne pas avoir été appelé à jouer les premiers rôles, il s'est rapproché des Frères musulmans dont il devient ainsi l'un des membres, pour ensuite radicaliser ses positions et inciter à se soulever contre les dirigeants, notamment le président Nasser, qu'il désigne comme apostats.

Par la suite, c'est Mustafa Al-Sibaï, un Syrien natif de Homs, formé au Caire, à Al-Azhar, dès 1933, qui rejoint les Frères musulmans après avoir connu Hassan Al-Banna. Fondateur de la section syrienne de la Confrérie, il a activement participé au processus de décolonisation qui a permis à la Syrie d'accéder à son indépendance au début des années 1940.

Il fut enseignant, ensuite député et, en 1959, a fait publier *Le Socialisme de l'islam*[1], livre qui a été très bien accueilli y compris par le président égyptien – qui, très opportunément, soutenait ce courant face à ses adversaires du parti Baath et aux communistes syriens, mais aussi aux gauchistes égyptiens, dont les idées étaient également présentes au sein du mouvement des « officiers libres ». Al-Sibaï estimait que « le socialisme de l'islam conduit nécessairement à la solidarité de diverses catégories sociales et non à la guerre entre les classes comme le communisme[2] ». S'il est important de lire la vision d'Al-Sibaï en fonction de son contexte qui voyait une montée en puissance des théories communistes et baathistes, dans cette Syrie des années 1950, sa sensibilité pour certains principes socialistes est indéniable

1. *Ishtirakiyat al islam*, Mustafa Al-Sibaï, *Dar Al-Kawmiya li Tibaa oua Al Nashar*, 1959.

2. Olivier Carré et Michel Seurat, *Les Frères musulmans (1928-1982)*, L'Harmattan, 2002.

et il a tout fait pour « vendre » la pensée des Frères musulmans dans un emballage conçu d'idées de gauche.

Entre Qutb et Al-Sibaï, même s'ils ont connu des trajectoires différentes et ont des personnalités éloignées, il existe néanmoins une certaine appétence pour les idées de gauche dont l'un et l'autre ont voulu la coexistence avec les théories islamistes.

Muhammad Imara, un ancien nationaliste panarabiste, marxiste devenu islamiste – puisque influencé, tour à tour, par les idées des Frères musulmans et celles du salafisme traditionaliste –, fut également de ceux qui ont cherché à faire cohabiter à la fois les thèses apprises auprès des Frères musulmans et les idées marxistes. Son livre *L'Islam et la révolution*[1] porte cette démarche qui tente de se reposer sur une pensée que certains, dans le monde arabo-musulman, jugent « rationaliste », car, bien que proche des Frères musulmans, il a essayé de s'inspirer des travaux d'Avicenne et d'Averroès.

C'est dans cette dynamique qu'en Iran, plusieurs membres du parti Toudeh se laissent séduire par les idées islamistes dans un but de pragmatisme politique visant à concevoir une alliance afin de faire tomber le régime du shah. Évènement qui finit par arriver à la fin des années 1970. C'est véritablement à cette époque, comme nous l'avons vu, que plusieurs intellectuels arabo-musulmans se sont inspirés des courants liés à la théologie de la libération, alors très en vogue, pour donner naissance à quelque chose de similaire avec toujours ce même objectif : faire cohabiter théories marxistes et islam politique.

C'est ainsi que va naître le concept méconnu d'*Al yassar Al islami*, la « gauche islamique ». Son fondateur, Hassan Hanafi, est égyptien. Ce n'est ni un aventurier ni un farfelu. Il est considéré, en Égypte

1. Muhammad Imara, *Al-islam oua Al-thwra*, Dar Echourouk, 1988.

et dans plusieurs pays arabes, comme une « sommité intellectuelle », très respectée. Professeur et président du département de philosophie de l'université du Caire, il n'a eu de cesse de théoriser la question de la « gauche islamique », convaincu qu'une alliance entre la pensée islamiste et les théories gauchistes est possible sur le plan idéologique et non au niveau opérationnel.

Proche de la gauche arabe et du nassérisme, il est déçu par la défaite de 1967 face à Israël et, comme beaucoup de jeunes intellectuels de sa génération, se laisse d'abord séduire par les théories des Frères musulmans avant de dire sa fascination pour le modèle cubain et revenir vers les idéaux marxistes. Ébloui par ailleurs par le succès de la révolution iranienne, il pense que la recette est là : une alliance entre les idées islamiques, auxquelles une partie de la rue arabo-musulmane est sensible, et les théories de gauche qui promettent l'égalité et une juste répartition des richesses. Il décide alors de créer une revue du même nom, *Al yassar Al islami*, et théorise sa doctrine qui repose sur trois piliers : le « combat contre le sionisme », la lutte en faveur des « peuples opprimés » et la théologie de la révolution afin que la religion islamique soit le socle de tout processus révolutionnaire.

Hassan Hanafi, qui a vécu quelques années à Paris, étudiant à la Sorbonne, rédige un texte, à la fin des années 1970, dans *Le Monde diplomatique* :

> L'islam sunnite offre deux interprétations : l'une conservatrice et réactionnaire, défendue par les autorités politiques et religieuses comme par l'élite économique et sociale, l'autre revendiquée par l'avant-garde du peuple et quelques intellectuels de gauche. Tandis que la première interprétation veut préserver le *statu quo* au nom de la loi et de l'ordre, signifiant ainsi que les classes privilégiées sont intouchables, la seconde souhaite le transformer au nom de l'égalité et de la justice sociale à seule fin que la majorité puisse accéder

> à ses droits politiques, économiques et sociaux, confisqués par l'élite. Sans doute chacune de ces interprétations ne recouvre-t-elle, en fait, qu'une lutte entre les groupes d'intérêt qui sont à la base des différentes classes sociales, mais les idéologues de chacun des groupes manipulent les concepts théologiques à des fins politiques[1].

Son postulat de départ consiste à dire que l'islam politique peut à la fois être compatible avec la modernité et défendre des idées progressistes. Cette appréciation s'accompagne, le plus souvent, de quelques « arguments » qui tentent d'expliquer que la pensée des Frères musulmans peut ne pas être violente. Une appréciation qu'un certain nombre d'Occidentaux vont faire l'erreur de croire – je pense, par exemple, à toute cette mouvance composée de sociologues ou de politologues français qui ont analysé la « modernisation » de l'islam politique uniquement à travers le prisme, trop réducteur, du rejet de la violence. Il est nécessaire de souligner une fois pour toutes un postulat et quelques éléments factuels qui montrent à la fois l'erreur de Hassan Hanafi et celle d'une partie de l'université française.

Primo, on n'intègre pas la modernité par le seul fait du refus du terrorisme. Encore faut-il préciser que les courants islamistes qui disent rejeter l'action armée renoncent à ce mode opératoire comme stratégie d'accession au pouvoir et non pour intégrer une sorte de philosophie de la non-violence ou un quelconque pacifisme.

Secundo, la modernité doit être définie. D'un point de vue littéral, la racine latine *modernus* signifie ce qui est récent. La notion de « ce qui est récent » contredit donc de fait la pensée religieuse qui puise sa substance

1. Hassan Hanafi, « Une nouvelle approche de l'islam sunnite », *Le Monde diplomatique*, 1977.

dans un substrat à la fois ancien et, le plus souvent, dépassé. Plusieurs penseurs estiment par exemple que la modernité s'oppose automatiquement aux idées religieuses. Or, toute la question est là : comment faire cohabiter deux antagonismes ? D'une part, des idées puisées dans un passé fantasmé et sacralisé, et une aspiration progressiste et, d'autre part, des valeurs universelles contemporaines, nées pour la plupart de la Révolution française et donc en opposition avec la chose religieuse – je pense notamment à la liberté de conscience (qui consacre l'athéisme), la liberté d'expression (qui autorise le blasphème) et l'égalité (qui contredit l'ordre patriarcal).

Tertio, la question de la compatibilité entre les idées de gauche et l'islam politique (mais aussi l'islam en tant que religion) se posent, d'autant plus qu'aucune réforme sérieuse n'est venue bannir des textes ou une herméneutique qui disent ouvertement que c'est le divin, et non pas le citoyen, qui inspire la législation et que, dans le cas de la pensée islamiste, surtout fériste, il est mentionné que la religion doit être un « englobant » qui doit régir tous les aspects d'une vie.

Cette gauche islamique existe également en Tunisie. Hmida Ennaifer, l'un des fondateurs d'Ennahda, lui-même abreuvé à la pensée des Frères musulmans, s'est laissé séduire par ce concept, toujours avec cette arrière-pensée qui vise à faire cohabiter islamistes et gauchistes. Il faut dire qu'à l'issue de la « révolution du Jasmin », les deux tendances ont pu faire un bout de chemin ensemble. Il a créé un mouvement baptisé les « islamistes progressistes » dans la continuité des théories de Hassan Hanafi. Ainsi, au nom d'une prétendue « réconciliation nationale » qui devait unir tous les Tunisiens après le départ de Zine el-Abidine Ben Ali, le président déchu, les éléments d'Ennahda – des islamistes, tendance Frères musulmans – et une partie de la gauche, notamment celle entourant Moncef Marzouki, qui allait devenir président, ont scellé une vraie alliance. Elle a permis, quelques années plus tard, à Rached Ghannouchi, tête de file des islamistes, dans le passé bête noire du laïc Habib Bourguiba et de son successeur Ben Ali, de s'installer comme patron du Parlement et à son parti de gagner en respectabilité et en légitimité, et ainsi d'infuser, dans le pays arabe qui s'était le mieux sécularisé et qui avait accordé le plus de droits aux femmes, l'idéologie réactionnaire qui fait régresser toutes les sociétés. « L'obnubilation par un danger qui n'existe pas ! Les élites se sont focalisées depuis vingt ans sur le danger islamiste. Et ce que je reproche à notre gauche, à force de haïr l'islamisme, c'est d'avoir oublié la question sociale ! Je viens de cette gauche, mais je ne me suis jamais trompé sur l'adversaire : la dictature, la corruption, la pauvreté. Pas l'islamiste, pas l'autre Tunisien[1] », affirmait Moncef Marzouki, en 2014, dans un entretien accordé au *Point*.

Je n'oublie pas dans cette énumération non exhaustive de rappeler aussi l'existence des Antikapitalist Müslümanlar, en d'autres termes « Les musulmans anticapitalistes », qui sont constitués en association dans le but de lutter contre les idées capitalistes. Il s'agit d'une organisation turque qui se réclame des idées de l'islam politique tout en prétendant faire la promotion d'idées de gauche, notamment celles qui se disent « égalitaristes ». De création récente (début des années 2010), ce mouvement a été fondé par des étudiants très sensibles aux thèses islamistes, sans s'accommoder des pensées salafistes, tout en étant perméables aux idées gauchistes.

1. Interview réalisée par Benoît Delmas, « Tunisie – Marzouki : “La haine de l'islamisme a conduit les élites à oublier la question sociale” », *Le Point*, 9 décembre 2014.

L'idéologue du groupe, Ihsan Eliaçik, est devenu, en quelques années seulement, très populaire en Turquie. Très engagé au sein du mouvement Akinci gençler (Jeunes cavaliers), il quitte ce groupe au début des années 2000 et lance une idée qu'il présente comme « moderniste » et dont l'objectif vise à théoriser un islam social, compatible avec la démocratie, mais par ailleurs révolutionnaire. Il va jusqu'à faire une traduction du Coran inédite et en donner une interprétation pour essayer de démontrer que le marxisme n'est pas contradictoire avec la religion musulmane. Ainsi, il souligne un lien entre la propriété privée, la *zakat* (l'aumône obligatoire) et les questions plus temporelles de capitaux et de travail. Il soutient alors que l'islam est beaucoup plus compatible avec les idées de gauche qu'avec le capitalisme. À travers ses pensées, il critique le pouvoir de l'AKP et cette nouvelle bourgeoisie turque qui s'est laissé embrigader par le parti de Recep Tayyip Erdoğan.

J'ai voulu rappeler tous ces éléments pour permettre au lecteur d'avoir une vision globale et de sortir du cadre franco-français ou strictement occidental.

Nous connaissons l'islamo-gauchisme qui gangrène les grandes démocraties, mais beaucoup ignorent qu'il s'agit d'une pensée qui est donc totalement décomplexée dans le monde dit « arabo-musulman ». Tout cela mériterait d'être exploré, d'une manière plus complète, car cela aiderait probablement à constater que les convergences entre deux mouvements antagonistes sont à la fois bien réelles, d'un point de vue opérationnel, on l'a vu, mais aussi idéologique, et ce, même si, je le précise à nouveau, dans ces unions contre nature, ce sont les idées islamistes qui finissent par l'emporter.

On peut croire que seuls les mouvements prônant un islam politique acceptent de s'allier avec la gauche. Il n'en est rien. J'ai eu l'occasion de raconter les rapprochements inattendus entre des mouvements gauchistes et les islamistes en Algérie. À l'époque, même la tête de file du Parti des travailleurs (PT), Louisa Hanoune, pourtant sur une ligne internationaliste et laïque, a rompu avec la tradition du mouvement et s'est mise à montrer une certaine complaisance envers les actions djihadistes, adoptant une attitude des plus ambiguës. Non pas qu'elle cautionnait les faits criminels, mais ses dénonciations souffraient d'un déficit de clarté et elle était plutôt prompte à attaquer le pouvoir que la mouvance islamiste, tant et si bien qu'Ali Belhadj, la tête de pont des salafistes algériens, a fini par prononcer cette phrase qui deviendra célèbre : « Elle est le seul homme politique du pays. » Dans une société où le patriarcat est la règle, *a fortiori* prononcée par un extrémiste, cette citation illustre quelque chose de très précis.

Pour mieux comprendre, il faudrait aussi jeter un coup d'œil sur les déclarations de Daesh sur les mouvements de gauche en général. Ainsi, dans le numéro de *Black Flag*, journal de propagande, de janvier 2015, voici comment les djihadistes théorisaient l'islamo-gauchisme : sous le titre explicite « Les musulmans[1] européens s'allient aux militants de gauche », l'auteur explique qu'une « population croissante d'activistes de gauche (personnes qui sont contre les abus humains/animaux, contre le sionisme et les mesures d'austérité, etc.) considère les musulmans comme une force suffisamment puissante pour lutter contre les injustices du monde. »

Le texte de propagande cite ensuite en référence un écrit paru en Italie qui parle d'alliances entre

1. Une précision importante : dans la littérature islamiste, n'est désigné comme « musulman » que celui qui suit leur doctrine. En d'autres termes, pour la mouvance djihadiste, ceux parmi les musulmans qui rejettent leur doctrine et condamnent la violence ou qui refusent d'y souscrire sont considérés, le plus souvent, comme des apostats. C'est dire que dans l'ensemble des textes djihadistes, lorsqu'on lit « musulman », il faut comprendre « adepte de l'islam politique », à tout le moins.

islamistes et anarchistes pour combattre l'extrême droite et « les politiciens riches », et estime que ces mêmes gauchistes « donneront des renseignements, partageront des armes et feront un travail d'infiltration pour les musulmans pour ouvrir la voie à la conquête de Rome[1] ».

L'article italien commence ainsi :

> Si vous avez déjà participé à une manifestation pro-Palestine/anti-Israël, vous verrez de nombreux militants qui ne sont pas même les musulmans qui soutiennent ce que les musulmans appellent [la chute du sionisme]. C'est le plus probablement ici que des liens entre musulmans et militants de gauche seront établis, et une partie d'entre eux se rendront compte que les manifestations ne sont pas efficaces et que le combat armé est l'alternative. Donc ils commenceront à travailler ensemble dans de petites cellules pour lutter et saboter.

L'auteur rappelle que lors d'une manifestation en Italie, un groupuscule a défilé avec une banderole sur laquelle était apposé le nom des « Brigades rouges » en italien et en arabe.

Le texte poursuit le raisonnement et offre une sorte de mode opératoire, de scénario rêvé. Même s'il paraît simpliste, il est intéressant de voir la perception du mouvement djihadiste à l'égard des milieux d'extrême gauche. L'auteur précise : « Les gouvernements les considéreront [les musulmans] comme la "menace interne »" [...], cela stigmatisera davantage les populations musulmanes qui réaliseront alors qu'il n'y a de protection que parmi les leurs. Ce scénario s'appliquera partout en Europe. » L'auteur explique ensuite :

1. Dans la rhétorique islamiste, « Rome » permet généralement de désigner l'Europe ou le monde chrétien.

> Regardez l'ordre des évènements dans la révolution syrienne pour avoir une bonne perspective de la façon dont les musulmans et le reste du monde connaîtront une situation similaire [...]. De nombreux musulmans vont protester contre les injustices, et de nombreux antifascistes non racistes protesteront à côté d'eux. Cependant, la police ne sera pas forte et les néonazis nuiront aux manifestants, simplement parce que le gouvernement d'extrême droite les soutient. En conséquence, certains musulmans loups solitaires travailleront avec leurs armes primitives et attaqueront les milices néonazies armées. Si l'un d'eux tombe, ou meurt, les musulmans prendront son arme comme *ghanema* [butin de guerre]. C'est exactement ce qui s'est passé en Syrie. Des loups solitaires de la communauté se lèveront. Cela inclura en particulier les anciens délinquants et les membres de gangs qui ont également accès aux armes. Les soldats qui sont issus de minorités ethniques quitteront les rangs de l'armée, car celles-ci deviennent de plus en plus racistes et pronazies. La formation qu'ils ont reçue sera utilisée pour enseigner à leurs frères.

Dans ce fantasme, ou scénario catastrophe, l'auteur poursuit son « raisonnement » après avoir donné quelques exemples de désertions ou de radicalisation dans les armées occidentales. « Avec quelques armes capturées, ils pourront entraîner et attaquer l'ennemi et récupérer encore plus d'armes [...] afin qu'ils puissent former une génération de résistants armés. [...] Nul doute que la police sera également envoyée dès que les musulmans seront armés, cependant ces derniers consolideront leurs quartiers et leurs mosquées pour repousser une attaque des milices néonazies ou de policiers[1]. »

1. Traduction de l'auteur.

On l'aura saisi, si les naïfs, les idiots utiles ou les cyniques pensent que les islamistes sont des ignorants qui ne comprennent rien à la société occidentale et à son fonctionnement, ils se trompent. Ceux-ci connaissent mieux les démocraties que celles-ci ne les connaissent. Il y a, à la fois, une volonté d'instrumentaliser les milieux de gauche comme alliés politiques, mais aussi, chez les djihadistes, de créer les conditions d'une synergie opérationnelle avec les militants d'extrême gauche. Il ne s'agit pas d'idées saugrenues sorties de l'esprit d'un journaliste angoissé, mais le constat froid établi à partir de déclarations et d'écrits disponibles et accessibles à tous ceux qui veulent les voir.

Conclusion

Je ne sais pas si à ce stade, le lecteur peut encore croire à la théorie qui prétend que « l'islamo-gauchisme n'existe pas ». Qu'il s'agirait seulement d'une invective, une sorte d'envolée, un peu beauf, pour faire taire des personnes supposément pétries de grandes valeurs. À l'heure de la novlangue, le plus important consiste à ne pas se laisser impressionner par des « dénonciations » qui visent à disqualifier ni à céder à la pression d'une certaine bien-pensance qui alimente, consciemment ou pas, les tenants de l'islam politique et simultanément, l'extrême droite. Autant ceux qui ne sont pas haineux et qui sont sûrs de leurs convictions républicaines n'ont pas à être pétrifiés par l'accusation d'« islamophobie » – mot qu'il nous faut bannir –, en d'autres termes de racisme, lorsque celle-ci n'est ni justifiée ni fondée, autant il est fondamental de ne pas récuser le vocable « islamo-gauchisme » quand on n'est pas soi-même dans cette démarche qui cherche à faciliter la tâche ou à faire le jeu de l'islamisme. Car encore une fois, et je crois que cette enquête le démontre amplement, l'islamo-gauchisme est malheureusement une réalité qu'il nous faut combattre. L'islamo-gauchisme est en train de devenir une réalité idéologique pour au moins deux raisons : d'abord parce que depuis la chute du mur de Berlin et la mort politique du communisme en Europe, le prolétariat a disparu. Or, pour plusieurs

« partis de gauche », il fallait remplacer le « prolétariat » par les activistes musulmans, considérés comme les « damnés de la terre », pour reprendre l'expression et le titre du livre de Frantz Fanon. Ensuite, parce que c'est une situation de fait : les défenseurs de l'islam politique, comme les identitaires structurés autour du référent islamique, ont infiltré des associations antiracistes, certaines formations politiques et une partie du monde syndical, et sont devenus des figures influentes au sein d'importantes structures, traditionnellement proches de la gauche[1].

Pour lutter contre un problème, il est d'abord nécessaire de l'identifier. Et de ce point de vue, je pense que seuls ceux qui sont aveuglés par des dogmes antidémocratiques, ceux qui occupent désormais la place de fossoyeurs de la République, ne voient pas que l'islam politique est une affaire grave qui touche toutes les sociétés. Il s'agit d'un phénomène dangereux, parce qu'il génère de la violence, en l'occurrence du terrorisme. Mais aussi parce que là où il s'exprime, il sape les fondements d'un pays sécularisé, laïque, égalitaire et démocratique pour banaliser une vision totalitaire et un projet de société archaïque qui diffuse de la haine, de l'homophobie, de l'antisémitisme et de la misogynie, et qui fissure aussi toute structure sociale, bouleverse sa cohésion et devient un écueil pour toute la nation.

Il n'est guère excessif de rappeler que l'islamisme représente un danger stratégique pour la République et que ses alliés sont les suppôts d'une entreprise dangereuse. Ceux-là, il faut les identifier, ainsi que leurs agissements, prendre à témoin l'opinion publique, lui expliquer, avec pédagogie, preuve et éléments tangibles à l'appui. Libre à chacun de s'emparer des arguments contenus dans cet ouvrage et de les utiliser dans un

1. Voir Mohamed Sifaoui, *Taqiyya !*, *op. cit.*

cadre nécessaire de réarmement intellectuel. Une fois les enjeux cernés, il est fondamental de lutter contre les phénomènes décrits en puisant une riposte appropriée dans le corpus démocratique de l'État de droit. La mise en échec de l'activisme islamiste et des agissements islamo-gauchistes doit passer par des combats idéologiques. Il ne s'agit pas d'un face-à-face entre un gouvernement et les tenants de l'islam politique seulement, loin de là. C'est davantage un combat de civilisation – à ne pas confondre avec « guerre des civilisations » – entre ceux qui veulent une République démocratique, égalitaire et laïque, dans le cadre de valeurs universelles, et les fossoyeurs de la République de Clemenceau, de Jaurès, de Léon Blum ou de Charles de Gaulle. C'est une lutte idéologique entre toute la société, tous les démocrates d'un côté et les partisans de la haine, du meurtre et du racisme de l'autre.

Je ne sais plus quel auteur a écrit en substance – il m'excusera de ne pas le citer – que l'Allemagne nazie avait asservi la France ; l'Union soviétique, ses meilleurs esprits. Je suis un homme de gauche, ce sont les valeurs de la gauche qui m'ont permis de façonner ma pensée et de refuser les totalitarismes, dont l'islam politique. Ce sont ses principes qui m'ont enseigné les arguments nécessaires pour apprendre à déconstruire et à répondre aux haines, au racisme et à l'antisémitisme. À rejeter la misogynie et l'homophobie. C'est son histoire qui m'a donné le goût de m'intéresser à l'avènement des Lumières, l'envie de lire leurs philosophes, de me nourrir de laïcité et enfin de saisir les raisons profondes qui poussent un citoyen à être opposé, par humanisme et par humanité, à la peine de mort, y compris pour ceux qui en sont dénués, y compris pour les pires criminels.

Je devais initialement écrire un livre peu volumineux. Mon idée était d'explorer un phénomène dont j'avais vu l'existence d'abord dans le monde arabo-musulman. J'avais été confronté à ce fléau durant la guerre civile algérienne, ensuite dans les débats franco-français, mais aussi européens. La chose m'a souvent interpellé : un islamiste est toujours mieux considéré qu'une personne liée culturellement au monde musulman, mais totalement laïque. J'observe que les femmes qui se battent pour porter le voile, partout, tout le temps, sont plus soutenues, mieux protégées politiquement que celles qui luttent contre le patriarcat musulman ou contre le diktat islamiste.

J'ai préféré ne pas faire uniquement un essai pour partager un point de vue, mais, autant que possible, l'étayer par une enquête, des faits et des documents. J'étais loin de m'imaginer que j'allais m'engager dans un véritable labyrinthe. C'est incontestablement un jeu interminable de tiroirs qui s'offre à ceux qui s'aventurent dans l'exploration de ce phénomène. C'est un peu aussi des poupées russes. On ne peut aborder Tariq Ramadan sans parler d'Edgar Morin ; on ne peut évoquer certaines associations proches des Frères musulmans sans traiter de l'Observatoire de la laïcité ; il est difficile de comprendre la pensée défendue par Edwy Plenel sans revisiter les « péripéties » de *Charlie Hebdo* ; il n'est guère possible, par ailleurs, de s'attarder sur l'histoire du journal satirique sans s'arrêter sur l'affaire des caricatures ; il n'est pas imaginable de citer ce parcours tragique, sans rappeler la toxicité des Indigènes de la République et de celle des discours de Rokhaya Diallo ; et il serait utopique d'étudier ce sujet sans souligner les renoncements, les compromissions et les trahisons. On ne peut pas parler de Benoît Hamon sans analyser les attaques et la diabolisation subies par Manuel Valls ; et il est, là aussi, inconcevable de comprendre l'engagement de Philippe Val sans lire la posture des décoloniaux. Dans le même sillage, comment traiter les virus idéologiques qui gangrènent l'université française sans détailler la banalisation, dans la société, de la pensée islamiste d'un côté et l'activisme des « racisés » sur les réseaux sociaux de l'autre, et de cette posture victimaire à la mode qui complaît désormais à plusieurs acteurs.

Ce livre est volumineux parce qu'il fallait aller au-delà de l'analyse historique et du décryptage idéologique. Il était nécessaire d'identifier les comportements, les attitudes, les discours, les textes et de déchiffrer l'ensemble, car rien ne doit être banalisé. Ce qu'a vécu Sarah El Haïry, la secrétaire d'État, lors d'une rencontre avec des jeunes à Poitiers est symptomatique et grave. Les attaques contre Caroline Fourest, il y a quelques années dans une université à Bruxelles, pour l'empêcher de s'exprimer ne sont pas anodines. La diabolisation constante de l'imam Chalghoumi montre que certains ne font pas que le livrer aux chiens – pour reprendre une expression désormais connue – mais rêvent du jour où des hyènes lui feront la peau. Et nous le savons, vous le savez, je l'ai déjà expliqué, ce n'est pas en raison de son accent « blédard » à couper au couteau, mais bien pour le fond de son propos. Si des organisations islamistes – beaucoup d'entre elles sponsorisées ou encouragées par la Turquie d'Erdoğan et par quelques milieux politiques – répètent partout que la France est un « État raciste », ce n'est pas un incident banal. Je peux citer plusieurs dizaines d'exemples et nous savons tous que la situation est grave et qu'elle mérite un vrai sursaut, une réaction citoyenne, juste et républicaine.

Certains trouveront peut-être aussi que ce livre est incomplet. Ils auront raison à certains égards. Je ne parle pas ici de Jean-Louis Bianco et de Nicolas Cadène, fossoyeurs d'un Observatoire de la laïcité qui a servi à légitimer des associations proches des Frères musulmans ou à valider une pensée qui promeut le communautarisme et le relativisme culturel, et qui défend le port du voile. C'était un choix, car je considère qu'ils font partie du passé. Et qu'en plus leur compromission avec les thèses islamo-gauchistes sont désormais connues de tous. J'aurais pu évoquer plus longuement Edgar Morin, Edwy Plenel, Pascal Boniface, comprendre leurs liens avec Tariq Ramadan, mais pas seulement, avec aussi d'autres associations et milieux islamistes. Rappeler pour Boniface les méthodes douteuses qu'il utilise, à partir d'un statut d'« universitaire », pour essayer de disqualifier des acteurs républicains du débat public. En gardien des élégances, celui qui ne perd jamais une occasion pour jeter le discrédit sur Bernard-Henri Lévy avait piscine à chaque fois qu'il fallait souligner les tartufferies de Tariq Ramadan. Naturellement, les postures de BHL et ses chemises blanches sont probablement plus dangereuses pour la République qu'un islamiste. Pourfendeur de tout ce qui défend la République, Boniface assume ses amitiés avec les fossoyeurs de celle-ci, dont le rappeur communautariste Médine.

Oui, il y a beaucoup de choses qui auraient mérité un traitement beaucoup plus approfondi. Mais j'ai fait des choix. Le mal est si profond qu'il aurait été trop pour un seul ouvrage de tout traiter. Si la France subit cette idéologie islamo-gauchiste, elle est aussi le pays qui s'oppose le plus à cette pensée qui fait la part belle aux islamistes à partir d'« idées de gauche » ; et si on devait comparer la situation hexagonale à celle qui prévaut dans des pays comme la Belgique ou la Grande-Bretagne, notamment, l'on s'apercevrait que la France est certainement, à travers beaucoup de ses responsables politiques et de sa société civile, l'État qui résiste le mieux aux poussées islamistes. De plus, ce refus de l'infâme s'opère très largement dans le respect de l'État de droit et des principes démocratiques. C'est fondamental ! En d'autres termes, la France ne s'est pas reniée, elle demeure jalouse de sa laïcité et de son caractère républicain, et elle n'a ni trahi ses valeurs égalitaires ni réduit les espaces de liberté. Voilà le juste équilibre. Quoi que puissent en penser les oiseaux de mauvais augure.

C'est donc cet équilibre fragile, cette ligne de crête qu'il est nécessaire, essentiel, de sauvegarder, de respecter et de préserver.

Pourquoi « fossoyeurs de la République » ? Choisir un tel titre pourrait procéder d'une dramatisation. Mais je l'assume complètement. Car la République est véritablement en danger de mort. Je parle de ses valeurs. De ses lois. Je parle de la République « une et indivisible », de la République « laïque, démocratique et sociale ».

J'ai voulu aussi me réapproprier une sémantique parfois prise en otage par les milieux xénophobes qui n'ont eu de cesse de la détourner de son usage premier pour en faire une arme de diabolisation massive. Il est important de refuser cette idée, quelque peu lâche, qui amène certains à rejeter un mot, dès lors qu'il devient un credo de l'extrême droite. Je pense, surtout en ce qui concerne la nécessaire lutte contre l'islamisme et ses alliés, qu'il ne faut surtout pas délaisser les concepts et les épithètes, les abandonner à ceux qui, de toute manière, ne savent pas les utiliser.

Des courants de gauche font croire qu'ils la défendent quand ils fragilisent le cadre laïque, ils se prétendent « antiracistes », mais s'attaquent de la plus vile des manières à tout ce qui constitue le socle universaliste du projet de société que les Français ont choisi pour eux-mêmes depuis la Révolution. Ils se présentent comme « humanistes » tandis qu'au nom du relativisme culturel, ils ferment les yeux devant des comportements qui offensent la dignité humaine. Ils sont capables de s'offusquer lorsqu'on leur dit qu'il est nécessaire de lutter contre des pratiques inacceptables en République, surtout celles qui bafouent les droits des femmes : les mariages forcés, les certificats de virginité, le voilement des mineurs, les violences familiales, physiques ou psychologiques, la déscolarisation de certaines jeunes filles, obligées parfois de quitter l'école sous la pression sociale ou encore l'endoctrinement. Mais les mêmes baissent la tête ou détournent le regard quand il est question de dénoncer ce qui doit l'être réellement. En premier lieu les méfaits que je viens de citer.

Lors de son excellente plaidoirie à l'issue du procès des complices des attentats de janvier 2015, Richard Malka, l'avocat historique de *Charlie Hebdo*, qui est plus qu'un ami, un compagnon de route, a convoqué une mémoire toujours vivace pour souligner, avec une précision chirurgicale, les complicités inconscientes, pas celles des islamo-gauchistes, celles des cyniques et des calculateurs. Celle d'un Dominique de Villepin – qui ne cachera pas plus tard ses intérêts comme avocat avec l'émirat du Qatar – qui, au lieu de soutenir le journal satirique, appellera, en tant que Premier ministre, à éviter ce qui « blesse inutilement, et en particulier dans le domaine religieux » ; un Pascal Clément, à l'époque ministre de la Justice, qui dira en substance qu'il faudra faire de la satire avec les catholiques – parce qu'ils sont habitués – mais pas avec les musulmans (quel mépris !) ; un Philippe Douste-Blazy, ministre des Affaires étrangères, qui jugera qu'il est « anormal de de caricaturer l'ensemble d'une religion » alors qu'on n'a eu de cesse de répéter que le dessin de Cabu visait les islamistes et non pas les musulmans ; Jean-Marie Le Pen, qui dira que « les croyants ont droit au respect ». Tous ceux-là ne sont pas islamo-gauchistes. Ils sont de droite. D'extrême droite en ce qui concerne l'un d'entre eux. Mais par cynisme, ils étalent une posture qui, *in fine*, va rejoindre celle des islamo-gauchistes et des islamistes réunis, et va encercler un journal, toute une rédaction, l'isoler et ainsi la condamner à la potence.

C'est ce que subira, toutes proportions gardées, quelques années plus tard, en octobre 2020, Samuel Paty. Décrié, injustement accusé, insuffisamment soutenu, voire lâché par certains de ses pairs, jeté en pâture sur les réseaux sociaux et enfin tué et décapité en plein après-midi dans une zone pavillonnaire, à la sortie de son collège, en région parisienne, en France. Et certains estimeront qu'on en fait trop lorsqu'on s'insurge devant ce fait grave.

Lorsque j'ai voulu faire réagir le recteur de la grande mosquée de Paris, le courageux Chems-Eddine Hafiz, au lendemain de ce crime horrible, il m'a donné une réponse surprenante : « Qu'est-ce que je vais pouvoir répondre, en tant que musulman et comme l'un des représentants du culte musulman, au fils de Samuel Paty si, dans une quinzaine d'années, ou plus, une fois adulte, il me croise et me demande : "Pourquoi un homme se réclamant de l'islam a-t-il assassiné mon père qui n'a rien fait d'autre que son métier d'enseignant ?" »

Que répondront ceux qui parmi les collègues de Samuel Paty ont choisi de ne pas le soutenir ? Que répondront ceux qui ont estimé que le fait de montrer, à des collégiens, une caricature de Mahomet, lors d'un cours d'éducation morale et civique, était un acte raciste ? Que diront les partis de gauche qui soutiennent le terrorisme en essayant de trouver à leurs auteurs des justifications socio-économiques ? Mais enfin que répondrons-nous collectivement ? Que rétorquera la société ?

L'un des documents des services de renseignement français que j'ai cité dans cet ouvrage dit en conclusion la chose suivante : « En dépit de son caractère nébuleux, la mouvance "islamo-gauchiste" constitue une menace réelle pour la laïcité et la cohésion sociale » ; elle est à même de « porter avec succès des revendications séparatistes », souligne le rapport, qui termine avec cette précision résumant l'ensemble de l'enjeu : l'activisme de l'extrême gauche « fait le jeu de la mouvance d'ultradroite qui se pose désormais en défenderesse des valeurs républicaines ». Voilà pourquoi l'heure est grave : les Français, en premier lieu les responsables politiques et les élus, à moins de vouloir jouer avec le feu, ne peuvent laisser s'installer des face-à-face qui opposeraient d'un côté les tenants des thèses séparatistes, les islamo-gauchistes et les cercles décoloniaux et, d'un autre, ceux de l'ultradroite, de l'extrême droite et les identitaires.

Bibliographie

Une liste non exhaustive de livres qui ont nourrit ma réflexion et cet ouvrage :

ARENDT Hannah, *Le Système totalitaire*, Points, 2005.

BIRNBAUM Jean, *Un silence religieux*, Le Seuil, 2016.

COLOSIMO Jean-François, *Le Sabre et le turban*, Le Cerf, 2020.

DAGENAIS Daniel (dir.), *Hannah Arendt, le totalitarisme et le monde contemporain*, Presses de l'université de Laval, 2003.

FOUREST Caroline, *Génération offensée*, Grasset, 2020.

FRÉMEAUX Jacques, *La Question d'Orient*, Fayard, 2014.

KEPEL Gilles, *Le Prophète et Pharaon*, Le Seuil, 1993.

OBIN Jean-Pierre, *Comment on a laissé l'islamisme pénétrer l'école*, Hermann, 2020.

STORA Benjamin, *Une mémoire algérienne*, Bouquins, 2020.

VAL Philippe, *Malaise dans l'inculture*, Grasset, 2015.

WINOCK Michel (dir.), *Les Figures de proue de la gauche depuis 1789*, Perrin, 2019.

WINOCK Michel, *La France républicaine*, Robert Laffont, coll. « Bouquins », 2017.

WOLTON Thierry, *Le Négationnisme de gauche*, Grasset, 2019.

Remerciements

Je tiens à remercier :

Mes éditrices Muriel Beyer et Séverine Courtaud. Leur soutien et leurs conseils sont précieux.

Tous ceux qui ont accepté de répondre à mes questions, ouvertement, ou sous couvert de l'anonymat.

Ceux qui ont travaillé sur ce livre.

Table

2e PARTIE

LES FONDEMENTS

Composition et mise en pages
Nord Compo à Villeneuve-d'Ascq

Achevé d'imprimer en avril 2021
sur les presses de Normandie Roto Impression s.a.s.
61250 Lonrai
N° d'impression : 2102062

Imprimé en France

PEFC
10-31-2541
Certifié PEFC
Ce produit est issu de forêts gérées durablement et de sources contrôlées
www.pefc-france.org